खाईये

ऋजुता दिवकर

अनुवाद

प्रभा दीक्षित

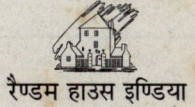

रैण्डम हाउस इण्डिया

रैण्डम हाउस इण्डिया द्वारा प्रकाशित 2009

कॉपीराइट © : ऋजुता दिवेकर
अनुवाद © : प्रभा दीक्षित

मूल्य : 195

रैण्डम हाउस पब्लिशर्स इण्डिया प्राइवेट लिमिटेड
माइण्डमिल कार्पोरेट टॉवर, सेकेण्ड फ़्लोर, प्लॉट नम्बर 24ए
सेक्टर 16ए, नॉइडा, 201 301, उत्तर प्रदेश

रैण्डम हाउस ग्रूप लिमिटेड
20 वॉक्सहॉल ब्रिज रोड
लण्डन एस डब्लयू IV 2 एस ए
यूनाइटेड किंगडम

ISBN : 97 88 184 000 689

यह पुस्तक इस शर्त पर बेची गयी है कि प्रकाशन की पूर्वानूमति के बिना,
प्रस्तुत प्रकाशन के आवरण और जिल्दबन्दी से भिन्न किसी आवरण और जिल्दबन्दी में,
व्यापार के लिए अथवा अन्यथा,
उधार, पुनः विक्रय, किराए पर अथवा अन्य किसी प्रकार के वितरण के लिए
नहीं दी जाएगी और
हर अगले खरीदार पर भी यही शर्त लागू किए बिना नहीं बेची जाएगी।

टाइपसेट : रूद्राक्ष राज एण्टरप्राइज़
मुद्रण और जिल्दसाज़ी : रेप्लिका प्रेस प्राइवेट लिमिटेड

Khaiye aur Vazan Ghataaiye by Rujuta Diwekar
Translated by Prabha Dixit

तुम्हारे लिए, बेबो

अनुक्रम

दो शब्द : करीना कपूर 1

परिचय 3

- सादगी में गहराई है
- इस किताब के बारे मे
- इस किताब का इस्तेमाल कैसे करे

1. इसे डाइट नहीं कहते 11

- डाइट : एक सजा, डाइट : एक मुआवज़ा
- डाइट में 'अति' से काम चल नहीं सकता : ज़हर-उतार डाइट
- व्यायाम और डाइटिंग परस्पर विरोधी हैं-नहीं, बिलकुल नहीं
- शारीरिक संरचना का माप
- एक माप में सब नहीं समाते
- चर्बी-कम, चीनी-मुक्त विकल्पों का सच
- हर भोजन अच्छा है
- समाधान क्या है?

2. कैसे खाएँ : पुनः पाठ 47
- पेट के साथ जान-पहचान
- अतिभोज और अतिभोज की हद
- पोषक तत्त्वाहार बढ़ाने के पाँच बुनियादी नियम
- और छठा नियम-शान्त मनःस्थिति

3. क्या खायें : पुनर्विचार 79
- कार्ब के बारे में सब कुछ
- प्रोटीन के बारे में सब कुछ
- वसा के बारे में सब कुछ
- विटामिन और खनिज के बारे में सबकुछ
- पूरक आपूर्तियाँ
- जल

4. सही भोजन के चार सिद्धांत 149
- पहला सिद्धांत
- दूसरा सिद्धांत
- तीसरा सिद्धांत
- चौथा सिद्धांत

5. सतर्कता का समावेशन   181
   - सतर्कता के बिना सूचना व्यर्थ है
   - आहार एवं गतिविधि : पुनः स्मरण के कुछ विशेष नमूने

6. पुल के पार : ज्ञान से कर्म तक   233
   - स्वस्थ जीवन शैली की दिशा में बुनियादी क़दम
   - आरम्भ का सर्वोत्तम समय : अभी इसी वक्त

परिशिष्ट   249

1. करीना का टशन
2. व्यायाम : जीवन का एक अंग – यहाँ कोई समझौता नहीं
3. आहार पुनः स्मरण

दो शब्द

बहुत दिनों तक मैं यह सोचा करती थी कि डाइटिंग का मतलब भूखे मरना और खुद को सज़ा देना है और मैं ही एक अकेली नहीं थी। और भी बहुत से लोग ऐसा ही सोचते थे।

फिर मैं ऋजुता से मिली।

उसने डाइट और डाइटिंग के बारे में मेरा नज़रिया पूरी तरह से बदल दिया। पहले तो उसने मुझे यह बताया कि इसका मतलब भूखे मरना नहीं, बल्कि अच्छी तरह से खाना, सही तरह से खाना और नियमित रूप से खाना है। मैंने कहा, 'मैं कपूर खानदान की हूँ, और मुझे मेरा परांठा और चीज़ और पनीर बहुत प्यारा है।' ऋजुता ने जवाब दिया, 'चालू रखिए, सब कुछ खाइये, पहले से बढ़कर खाइये।' मैं तो जैसे कूल, कब से शुरू करें?

ऋजुता के साथ काम शुरू करने का समय तकरीबन वही था जब मैंने टशन में काम शुरू किया था और नतीजा सबके सामने था : मेरा साइज़ ज़ीरो राष्ट्रीय रुचि का विषय बन गया था। मीडिया ने मुझसे पूछा, यह पूरी तरह से डाइट का नतीजा था या कसरत का या दोनो। मेरा जवाब : सत्तर प्रतिशत डाइट और तीस परसेन्ट कसरत (कसरत का मतलब योग और वज़न उठाने का मिलाजुला कार्यक्रम था।)

ऋजुता ने मेरे काम और मेरी जीवन शैली को समझाने में काफ़ी वक्त खर्च किया और मुझे पूरी तरह से मेरी ज़रूरतों के हिसाब से ढली हुई डाइट दी। काम के दिनों की मेरी डाइट, शूटिंग के दिनों की डाइट से बिल्कुल अलग है और शूटिंग के दिनों में भी मेरी डाइट इस हिसाब से अलग-अलग होती है। कि उस दिन मुझे नाचना है या नहीं। हर भोजन कामकाज की व्यस्तता के स्तर हिसाब से तय होता है।

जब मैं बम्बई में होती हूँ तो नाश्ते में म्यूसली और दूध, या चिल्ला या पराठा (न चाय, न कॉफी)-

जब मैं लद्दाख में शूट कर रही थी तब ताज़े फल और बिना दूध की पुदीना-चाय का नाश्ता होता था, लद्दाख में मैं मोमो ओर थुकपा भी खाती थी। (शूटिंग

के अखिरी दिन तो मुझे एक पिज़्ज़ा की इज़ाज़त भी मिली!) केरल में मैंने इडली और अप्पम खाया, और इटली में रिसोतो और गॉर्गोनज़ोला के साथ पास्ता (हालाँकि पूरा नहीं, सिर्फ़ आधा परोसा) मैं हर दो घण्टे पर कुछ खाना तय करके रखती हूँ, और मेरे खाने या टूँगने में सैण्डविच से लेकर सोया-दूध का एक गिलास तक, कुछ भी हो सकता है। ऋजुता का ध्यान सिर्फ कैलोरी पर नहीं, पोषण पर रहता है और ताज्जुब है कि जितनी भी कैलोरी मैं खाऊँ, उनकी तुलना में भोजन का पोषण-मूल्य ऊँचा रखने में वह मेरी मददगार होती है। और खाना फिर भी मज़ेदार होता है।

मैंने सीख लिया है कि ऋजुता जब कहती है कि 'खाने में स्मार्ट बनिए' तो उसका मतलब क्या है, और शुक्र है, कि अब उसकी किताब आ गयी है और आप भी ऐसा कर सकते हैं। ज़रूर यह आपको इतनी अच्छी लगेगी कि आप इसको खा जाना चाहेंगे।

करीना कपूर
मुम्बई, 2008

परिचय

मैं गोमुख ग्लेशियर (ऊँचाई : समुद्र तल से 4000 मीटर) से तपोवन (ऊँचाई : 4400 मीटर) तक छः किलोमीटर की चढ़ाई चढ़ते हुए हर कदम के साथ उम्मीद भी चढ़ रही थी, मेरा दिल मेरे कानों में धक-धक कर रहा था। 'सिमला बाबा' के बारे में मैंने बहुत कुछ सुन रखा था, तपोवन में वे कितने सालों से रह रहे थे; सख़्त सर्दियों में छः-छः फ़ुट तक के हिमपातों से गुजरे थे, कितनी तपस्याएँ की थीं; आँखों में सितारे लिए मैं उनसे कोई बहुत गहरी बात सीखने की उम्मीद में थी। तपोवन पहुँच कर मैं सीधे उनकी कुटिया पर गई और मैंने पूछा, 'बाबा यहाँ आपको कौन लाया?'

'जो तन्ने यहाँ लाया, वोही मन्ने यहाँ लाया,' बाबा ने निर्विकार चेहरे के साथ जवाब दिया।

'बस केवल यही?' निराश भाव से मैंने सोचा।

यह समझ पाने में अभी मुझे कई वर्ष और बहुत से अहसास होने बाकी थे कि सादगी में गहराई है।

सादगी में ही गहराई है

पेट भरने जैसी आसान सी बात को जटिल बना कर अपना सिर मत खपाइये। 'वज़न घटाइये, भेजा न चटाइए'; इस छोटी सी बात में एक बड़ा सा सन्देश छिपा है। जैसा कि आप इस किताब के अन्त तक पहुँचते-पहुँचते (उम्मीद है कि) समझ सकेंगे; वज़न का घटना सांयोगिक है; भोजन के लिए, सही तरह के भोजन के लिए अक्लमन्द नज़रिए का एक सह-उत्पाद।

लेकिन सादगी (Simplicity) और सादापन्ती (Simplification) के बीच एक सूक्ष्म अन्तर है और जैसा कि हर कहावत के साथ होता है, सादापन्ती

में से असली मुद्दा पूरी तरह से गुम हो जाता है। सन्तुलित भोजन स्वास्थ्य का मूलमन्त्र है : यह एक सरल तथ्य का सरल बयान है। जितना कम खाओगे, उतना पतले हो जाओगे : यह सादापन्ती आमबयानी (Generalization) करती है। ब्लड ग्रूप, GM (Genetically Modified) पत्तागोभी सूप और सन्तरा जूस के डाइट आमबयानी के कुछ और उदाहरण हैं।

बात कुछ बेतुकी है, लेकिन सादापन्ती एक रहस्य खड़ाकर उसके ज़रिये कारगर होती है। सिद्धान्त के हिसाब से दोनों के एक दूसरे के उलट होने के बावजूद यह एक कारगर योग है और इस योग का सबसे बढ़िया उदाहरण : चमत्कारी भोजन। सुनने में जितना अजब लगे उतना ही अनूठा; चाइना सीड, अकाई बेरी, क्विनोवा वगैरह-वगैरह। हम सचमुच ही यकीन करना चाहते हैं कि अपने शरीर के साथ जो कुछ भी गड़बड़ हमने की है (और की तो है ही, हम सब जानते हैं), उनको वह अनकिया कर देगा, लेकिन 'कैसे' का कोई अन्दाज़ा न तो है, और न हम जानना ही चाहते हैं।

दस साल पहले जब मैंने न्यूट्रीशनिस्ट की तरह कैरियर की शुरुआत की थी, तो मुझे 'दुरुस्ती-तन्दुरुस्ती-उद्योग' (उद्योग तो खैर क्या, लेकिन फिर भी) में अपनी जगह बनाने के लिए जूझना पड़ा था। शुरुआत में मुझे 'स्वस्थ' के घिसेपिटे साँचे से उलझना पड़ा-(गदबदी, हो सके तो दोहरी चिबुक वाली न्यूट्रीशनिस्ट ना कि दुबली और दुरुस्त) साड़ी और ऐप्रन पहने हुए डायटीशियन, जबकि मैं तो अभी जीन्स और टाइट्स के ठाठ में एक युवा पोस्टग्रैजुएट ही थी। और मेरे पास आने वाले यह सुन के भौंचक्के रह जाते थे कि मैं दुरुस्त रहने के लिए योगासन करने, दौड़ लगाने और वज़न उठाने को बढ़ावा दे रही थी।

"जो कसरत ही करनी हो तो तुम्हारे पास कोई क्यों आए?", एक फ़िक्रमन्द भलेमानुस ने पूछा था। सब यही पूछते थे कि मैं कितना वज़न घटवाने की गारण्टी दे सकती थी, या घटे हुए वज़न के प्रति किलो की दर से कितना वसूल करने वाली थी, (लगता था कि जैसे मैं प्याज़ बेचने बैठी हूँ)। लोगों को यह यकीन दिला कर बेवकूफ़ बनाना आसान था कि भूखों मरना ही वज़न घटाने का सही तरीका था, पता नहीं कैसे, 'न केला, न कसरत, न खाना, केवल जूस'

जैसी किसी भी चीज़ के लिए एक बनी बनाई दुकानदारी मौजूद थी। 'सही वक्त पर सही मात्रा में खाना' जैसी जो चीज़ मैं तजवीज रही थी उसमें कोई सनसनी नहीं थी। फिर भी मैं अपने कदम जमाने के लिए जूझती रही। मुझे भरोसा था कि आखिरकार लोगों को एहसास होगा (जाहिर है, कुछ फिटनेस प्रोफ़ेशनलों, कुछ जानकारियों और कुछ ज़बदरस्त अनुभवों की मदद से) कि वज़न घटाने और बदन बनाने का मतलब सिर्फ इतना ही नहीं है कि हफ़्ते भर या छः महीनों में कितने ग्राम या किलोग्राम कम कर लिए बल्कि असल मुद्दा कुछ और ही है।

इस किताब के बारे में

इस किताब के ज़रिए से मैं आप लोगों के साथ डाइटिंग के बारे में अपना ख़्याल बाँटना चाहती हूँ। डाइटिंग या डाइट अंग्रेज़ी भाषा ज़्यादा ग़लत समझा जानेवाला शब्द है। **'डाइट' के साथ 'ऑन' या 'ऑफ' डाइट (यानी डाइट पर होने या न होने) जैसी कोई बात नहीं होती।'** सही तरीके से खाना' जीवन भर का वादा है, और आप का डाइट' इस बात का प्रतिबिम्ब होना चाहिए। इसके हिसाब से ऐसी किसी भी 'बेहद' या 'अत्ति' (Extreme) या 'ताबड़तोड़' (Crash) किस्म की 'डाइट' का सवाल कायदे के बाहर है जिसके साथ 'ऑफ़' या 'ऑन' की ज़रूरत पड़ती हो। डाइट यानी जो कुछ भी आपका भोजन हो, उसे आपकी सक्रियता, जीने के ढंग, तन्दुरुस्ती, पसन्द, नापसन्द और जैविकता वगैरह के हिसाब से तय किया जाना चाहिए। यह हमारे दैनिक जीवन का हिस्सा होना चाहिए जैसे कि दाँत साफ करना। डाइट को कारगर बनाने के लिए उसे व्यक्ति के हिसाब से विशिष्ट बनाना ज़रूरी है।

सादापन्ती (Simplification) या आमबयानी (Generalization) कभी कारगर नहीं हो सकती। हम सब अपने शरीर के अलग-अलग हिस्सों में चरबी जमा करने के लिए आनुवांशिक रूप से ही उन्मुख हैं। तो मज़े के लिए ही सही, किताब की वह वाली प्रति चुनिए जिसके कवर पृष्ठ पर आप के साथ मेल खाती आकृति बनी है-सेब या नाशपाती (लेकिन जान रखिए कि चरबी घटाने और तन्दुरुस्ती के साथ जीने की बुनियादें आपके आक़ार, नाप, लिंग, उम्र, देश वगैरह से बेख़बर, एक ही रहती हैं)।

मेरा दूसरा विश्वास (जो आप इस किताब में पाएँगे) यह है कि हर भोजन स्वास्थ्यवर्धक है। हर भोजन के अन्दर ऐसे पोषण मौजूद हैं जिनकी हमारे शरीर में अपनी कोई भूमिका है। हमें हर तरह के पोषण की ज़रूरत है, जैसे कार्ब, प्रोटीन, वसा, विटामिन और मिनरल और इनमें से किसी एक से भी शरीर को वंचित रखने का मतलब असन्तुलन पैदा करना है। और **वज़न घटाने में कोई बहादुरी की बात है भी नहीं। यह तो आप बीमार पड़ कर भी कर** लेंगे। ज़्यादा बड़ी बात यही है कि आप अपने को लेकर सन्तुष्ट महसूस करें, अपने साथ अच्छा बर्त्ताव करें और **ख़ुद से सही भोजन और व्यायाम का वादा करें**; और वज़न बल्कि चरबी, का घटना अपने आप हो जाएगा। पोषणवंचित भोज से खुद को दण्डित करना (केवल तरल भोजन, लो कार्ब, हाई प्रोटीन या कोई भी और ख़ब्ती भोजन) कभी कारगर नहीं होने वाला। वजन तो आप घटा लेंगे लेकिन किस कीमत पर? कहना न होगा कि सारा वज़न वापस लौट के आएगा, और दरअसल जितना घटाया था, उसका दुगुना।

मेरी किताब मेरे भोज-दर्शन के बारे में है, योग, आयुर्वेद और खेलविज्ञान व पोषण में स्नातकोत्तर अवधि के वर्षों में जो मैंने सीखा और अब भी सीख रही हूँ उस सबका संगम। इतना मैंने समझ लिया है कि जो कुछ भी हम करते या नहीं करते है वह संतुष्टि की प्रबल इच्छा से प्रेरित होता है। वज़न हम इसीलिए घटाना चाहते हैं कि हमारा ख़्याल है कि इससे हम सन्तुष्ट होंगे। और अगर वह पेस्ट्री हमें हर हाल मे खानी ही है तो इसलिए, क्योंकि खाकर हम तृप्त होंगे। करेले की सब्ज़ी हमको नहीं खानी है क्योंकि उससे तृप्ति नहीं होती। दिक्कत यह है कि हम गलत जगह पर तृप्ति की तलाश कर रहे हैं। ख़ुशी हमारे भीतर है (पिटी पिटाई बात लेकिन सच्ची और जब हम अपने साथ, अपने असली आपे के साथ, संपर्क कायम कर पाते हैं, तब हम अपनी ख़ुशी को भी खोज लेते हैं। डाइटिंग या सही तरीके से भोजन अपने भीतर जाने की एक प्रक्रिया को सीखने का एक औजार है। और जब हम अपने भीतर उस सत्य की एक झलक देखेंगे या अनुभव करेंगे तो उसकी परछाईं हमारे भौतिक शरीर में भी दिखेगी (दिख कर रहेगी)।

विकीपीडिया में क्रैश-डाइट

'क्रैश डाइट' भोजन की ऐसी विधि है जो पोषक तत्त्वों से अतिशय वंचित, कैलोरी ग्रहण में कठोरतापूर्वक नियंत्रित होती है। इसका उद्देश्य वज़न में ताबड़तोड़ घाटा करना होता है। और यह सीधे भूखे मरने से बस ज़रा सा ही अलग होती है। इसको समय की लम्बी अवधि तक नहीं चलाया जा सकता, हद से हद कुछ सप्ताह। खास बात यह है कि इस शब्द के अर्थ में ही उचित पोषण के लिए पूरी लापरवाही निहित है।

उपरोक्त वक्तव्य में अन्तिम वाक्य सचमुच भयभीत करने वाला है। हम सचमुच इस ओर से, अपने आप को सही पोषण देने के वादे की ओर से लापरवाह दिखाई देते हैं। मेरे पास आने वाले लोग अक्सर पूछते हैं कि तथाकथित डाइट-विशेषज्ञों, (या डाइट थेरापिस्ट, या डाइट डॉक्टर या जो भी), के बारे में मेरा क्या ख्याल है जो वज़न घटाने की गारण्टी देकर किसी खास अंग से वज़न घटाने, कायाग्नि का स्तर बढ़ाने के नाम पर लोगों को 'ताबड़तोड़ डाइटिंग' नुमा बकवास पर भेजते रहते हैं? मेरा ख्याल है कि हम यहाँ गलत चढ़ाई पर चढ़ रहे हैं। मामला यहाँ सीधा सादा माँग और पूर्ति का है। लोग जब ख़ुद को दण्डित करना बन्द करेंगे तो सनकी डाइटविधियाँ ख़ुद-ब-ख़ुद लुप्त हो जाएँगी। यह बात अलग है कि बहुत से डाइटविद बेरोज़गार रह जाएँगे।

इस किताब के इस्तेमाल का तरीका

इस किताब की केन्द्रीय विषयवस्तु 'खाने के मामले में अक्ल और समझ का इस्तेमाल' है। मैंने अपने ख्यालों को इस तरह से रखने की कोशिश की है कि सब लोगों को समझ आ सके, पोषण और तन्दुरुस्ती की कोई पृष्ठभूमि उनके पास हो या न हो। पूरी किताब में मैंने अपने ग्राहकों के अनुभवों का और उनकी कही हुई आश्चर्यजनक कहानियों का अपने मुद्दों के बेहतर निरूपण के लिए और इसको आपके-अपने पाठकों के-साथ जोड़ने के लिए उदाहरण की तरह इस्तेमाल किया है। मेरा ख़याल है कि हम सब किसी न किसी स्तर पर खुद को इन वास्तविक जीवित उदाहरणों के साथ जुड़ा पाएँगे। बेशक, जरूरत के हिसाब से नकली नामों को इस्तेमाल भी किया गया है।

किसी किसी जगह पर मैंने राजनीति या धर्म या कार जैसी, भोजन से बिल्कुल असम्बद्ध और अप्रासंगिक चीज़ों में सम्बन्ध और प्रसंग भी खोज निकाला है। लेकिन मेरे अनुभव के हिसाब से हम अपने देश की राजनीति या अपनी कार के हाल-चाल को अपने शरीर से कहीं बेहतर समझते हैं। ये तुलनाएँ इसलिए की गई हैं। मैं सिर्फ डाइट और डाइटिंग को रहस्यमुक्त करने की कोशिश कर रही हूँ। चौथा अध्याय 'सही भोजन के चार सिद्धान्त' मेरे भोजदर्शन का आधारस्तंभ है। इसको आप एक सम्पुट में 'पूरी पुस्तक' कह सकते हैं।

इसके अलावा बेहद, बेहद व्यस्त लोगों के लिए मैंने हर अध्याय के अन्त में छलछन्द का एक पर्चा/पुर्ज़ा भी लगा दिया है जिसमें अध्याय के सारे खास मुद्दे संक्षेप में दे दिये गये हैं। इनको आप चाहें तो किताब से निकाल कर साथ ले जा सकते हैं।

पूरी किताब में शुरू से आख़िर मैंने 'बॉक्सों' का इस्तेमाल किया है-डाइट से जुड़े झूठों के भण्डाफोड़ के लिए, मज़ेदार कहानियों के लिए, या फिर अध्याय में दी गयी किसी बात के समर्थन मे कुछ कहने के लिए। 'क्रैश-डाइट' के बारे में दिया गया बॉक्स इसी मुद्दे का एक उदाहरण है। इनको लिखने में मैंने सबसे ज़्यादा मज़ेदार वक्त गुज़ारा और मुझे उम्मीद है कि इनको बार-बार पढ़ने में आपको भी उतना ही मज़ा आएगा।

यह किताब आपको अपने शरीर, भोजन और खाने की क्रिया के बारे में अलग ढंग से सोचने के लिए उकसाएगी। कम से कम मैं चाहती तो यही हूँ कि यह ऐसा करे। मैं दिल से उम्मीद करती हूँ कि ऐसा होगा। जहाँ तक इस बात का सवाल है कि आपने कितना वज़न घटाया, दो बातें। पहली तो यह कि जान रखिये, जब भी आज वज़न घटाने की बात करें, आप दरअसल चरबी घटाने जा रहे हैं। दूसरी बात, अपना ध्यान सही भोजन और सही वक्त पर भोजन पर एकाग्र रखिए। याद रहे, चरबी अपने आप घट जाएगी अगर एक बार आप समझने में आसान और (ताज्जुब कि) करने में भी आसान इन कायदों को मानेंगे तो आप देखेंगे कि आप दो सप्ताहों की छोटी सी अवधि में ही कुछ

दूसरा सा महसूस करने लगे हैं। अपने भोजन के बारे में आपकी प्रज्ञा जाग उठेगी, आप बेहतर सोएँगे, और कहीं अधिक स्फूर्ति का अनुभव करेंगे। तीन महीनों में यह परिवर्तन प्रत्यक्ष हो जाएगा और आपके कपड़े दो नाप कम हो जाएँगे। आप यह भी पाएँगे कि आप स्वाभाविक तौर पर फालतू खाएँगे ही नहीं, और ख़ुद ही समझेंगे कि वह पेस्ट्री किस वक्त और कैसे खानी है, चैन और शान्ति का आनन्द लेंगे और, सबसे ज़रूरी बात यह कि, अपने वज़न के बारे में चिन्ता छोड़ देंगे।

पढ़ने के आनन्द के लिए शुभकामनाओं सहित।

ऋजुता दिवेकर
मुम्बई, 2008

1
इसे डाइट नहीं कहते

मेरे पास आने वाले अक्सर मुझसे पूछते हैं, 'यानी कि मैं नारियल की चटनी, आलू का पराठा और पूरी भाजी खा सकता हूँ? लेकिन इसमें डाइट क्या है? उन्हें निराशा होती है। डाइट शब्द वज़न के, सेहत के, ऊर्जा के, शारीरिक अग्निस्तर के और सबसे बढ़कर होशहवास के प्रचण्ड घाटे का पर्याय बन गया है! डाइट एक ऐसा अपशब्द शब्द बन गया है जो कि दरअस्ल वह नहीं है।

मेरा दृढ़ विश्वास है कि आपकी डाइट का मतलब ऐसा आहार होना चाहिए जिसे आप जीवन भर शौक से खाते रहेंगे। इसे आपकी जैविकी, आपकी पसन्द नापसन्द, आपके कामकाज, आपकी सक्रियता के स्तर के अनुसार सच्चा और ईमानदार होना चाहिए, और केवल तब इसके सफल होने की कोई संभावना है। क्या आप इस तरह जीने के लिए तैयार है कि आपको दिनभर में खाने के नाम पर केवल पपीता और लौकी का जूस मिले? अगर आपका जवाब 'ना' है तो आप ऐसी डाइट पर न जाएँ। **डाइट का मतलब भूखे मरना नहीं है।**

डाइट का मतलब केवल वज़न घटाना नहीं, उससे ज़्यादा कुछ पाना होता है। वज़न का घटना, दरअस्ल चर्बी का घटना, तो जीने के ढंग को बदलने के अनेक अद्भुत प्रभावों में से केवल एक है। जिस डाइटिंग का प्राथमिक लक्ष्य केवल वज़न घटाना हो वह आपके डाइटिंग पर जाने के पहले ही असफल हो चुकी है। मानो आप किसी फ़ौजी प्रशिक्षण शिविर में जाएँ और वहाँ से खुद को मार कर, दुबले होकर लौटें। घर लौटकर चैन मिलता है और वापसी के चार दिन के भीतर-भीतर आप फिर से स्वस्थ

(पढ़िए मोटे) हो जाते हैं। चुनौती फ़ौजी शिविर की दिनचर्या को कायम रखने की है लेकिन आपके कामकाज की समयसारिणी, नींद के घण्टे, जिम्मेदारियाँ, बाकी व्यावहारिक समस्याएँ देखते हुए ऐसा कर पाना असंभव होता है। डाइटिंग का मतलब डाइट पर 'जाना भर' नहीं है।

आइए, डाइट से जुड़ी कुछ लोकप्रिय किस्म की ख़ब्तों पर नज़र डालें, और देखें कि वे कैसे आपके ख़िलाफ़ काम करती है।

डाइट : एक सज़ा, डाइट : एक मुआवज़ा

जीता जागता उदाहरण : कम्पेन्सेशन डाइट ! वह क्या होता है? मैंने पूछा।

'क्या?' (धक्का खा कर, जोर का धक्का) तुमको नहीं पता?'

मैंने अपना सिर हिन्दुस्तानी तरीके से 'ना मुझे नहीं पता' कहने के लिए हिलाया।

मैं उस वक्त दक्षिण मुम्बई के एक जिम में मौजूद थी जिसके मालिक मुझे 'सबर्ब से आई एक आला पोषणविद' के तौर पर पेश कर रहे थे। और मेरे सामने जो महिला बैठी थीं वे शुरु करने के पहले ही ठगी सी महसूस कर रही थीं, क्योंकि ऐसा तो उन्होंने कभी सोचा भी नहीं था कि एक डाइटीशियन को भी कॅम्पेन्सेशन डाइट' का मतलब समझाना पड़ सकता है। लेकिन सौभाग्य से वे एक करुणामयी महिला थीं।

ऋजुता, तुमको अपना क ख ग तो सीख कर रखना चाहिए', उन्होंने चेतावनी दी,' देखो, अगर पिछली रात को खाने पीने में ज़्यादती हो गई हो तो अगली सुबह अपने डाइटीशियन के पास जाकर कॅम्पेन्सेशन डाइट लिखवा लो। मतलब यह कि अगले दिन या तो बहुत थोड़ा सा खाओ, या ना ही खाओ और ज़्यादा व्यायाम करो और पिछली रात जो फालतू खाया था उसको भस्म कर लो।'

'या फिर', वे कहती गई,' अगर पहले से पता हो कि आज रात एक बड़ी पार्टी में जाना है तो दिन में कुछ मत खाओ। लंच गोल कर दो, लेकिन लो-फ़ैट क्रैकर, सूखा भेल, चाय, कॉफी वगैरह ले सकते हो। तो रात का

मुआवज़ा पहले ही भर जाएगा।

वाह! 'मुझे मालूम तो था कि लोग ऐसा करते हैं,' मैंने कहा, 'लेकिन मैं यह नहीं जानती थी कि इसको कम्पेन्सेशन डाइट कहा जाता है।'

तुम पक्की घाटन हो', (अकल की घोंचू पर मिजाज़ की अकड़ू मराठिन के लिए चालू भाषा), उन्होंने मज़ाक किया। लेकिन बोलने की अब मेरी बारी थी।

'लेकिन मैं इसको अपराध और दण्ड' कहती हूँ। अपराध : हद से ज़्यादा खाया। दण्ड : खाने का हक गँवाया। लेकिन मेरे ख्याल से खाने के साथ हमारा रिश्ता अपराध और दण्ड का नहीं होना चाहिए। हम सभी कभी कभार खाने में ज़्यादती कर जाते हैं। तो क्या? जी भर कर खाओ। खा कर भूल जाओ। अगले दिन से फिर अपना नॉर्मल खाना और कसरत चालू कर दो। शरीर के भीतर कोई खास ऐसी जगह नहीं होती है, जहाँ वह पिछली रात की कैलोरियाँ अलग से बटोर करके रखेगा, और जब आप अगले दिन ट्रेडमिल पर खुद को मार रहे होंगे तो उन्हीं को अलग से भस्म करेगा। ख़ुद को इतने से ज़रा ज़्यादा जगह दीजिए। कभी कभार ज़रूरत से ज़्यादा खा लेने में कोई बुराई नहीं है, लेकिन उसका बोझ हमेशा सिर पर लादे न घूमिए। **अभी इसी वक्त** अपने डाइट प्लान पर लौट चलिए।

'शायद तुम ऐसा कह सकती हो, क्योंकि तुम्हारे पास खाने की 'गुंजाइश' है। महिला ने कहा।

'और आप के पास भी।' मैंने उन्हें आश्वस्त किया।

'तुम्हारे जैसे शरीर के लिए तो मैं जान भी दे दूँ।'

'ग्रेट, लेकिन ध्यान से, कहीं मुआवज़ा में न जान दे बैठिएगा। जीवन के संग चले चलिए। मान लो अगर एक रात किसी दूसरे के संग बिता भी ली तो क्या हुआ, अगले दिन से वैवाहिक जीवन फिर पटरी पर, ठीक?'

'तुम तो सचमुच घाटन हो।'

डाइट में 'अति' से काम चल ही नहीं सकता : जहर-उतार डाइट

ज़्यादातर डाइटों को निभाना मुश्किल होता है क्योंकि वे हमेशा हद के बाहर किसी चीज़ की सिफ़ारिश करती हैं। वे निभाने में मुश्किल होने के अलावा, आपके लिए शारीरिक और मानसिक रूप से नुकसानदेह भी होती हैं। आइए, मेरे एक प्रिय सदाबहार विषय की बात करें : वज़न घटाने और कायम रखने का 'ज़हर-उतार कार्यक्रम।'

आह! मेरा यह प्यारा सदाबहार। डाइटिंग का सबसे ज़्यादा फ़ैशनेबल शब्द 'डीटॉक्स' यानी 'जहर उतार डाइट'। पहले तो आप यह मानकर चलिए कि अपने शरीर को आपने जो कुछ भी खिलाया वह ज़हर है, फिर सप्ताह भर को सन्त हो जाइए और अब वह ज़हर उतारिए। और कैसे? बेशक जूस से। खुद को मोटापे का दण्ड देने के लिए एक से एक जी-मचलाने वाली सब्ज़ियाँ चुनिए और उनका जूस निकालिए : करेला, लौकी, तुरई वगैरह और कारगिल के सिपाही जैसी बहादुरी से गटक जाइए।

जीता जागता उदाहरण : करीना ने मुझे एक बार एक दुखद घटना सुनाई। उसकी एक सहेली वज़न घटाने के लिए बेताब थी। उसने एक बहुत 'सफल' 'डाइटीशियन' व 'नैचुरोपैथ' की देख रेख में वजन घटाने का कार्यक्रम शुरू किया। वे केवल पन्द्रह दिन में जादू कर देने के लिए नामी थे। बेबो और उसकी सहेली एक दिन खाने की मेज़ पर बैठे थे, सहेली जो तब तक 'सफलतापूर्वक' 7 दिन में 10 किलो घटा भी चुकी थी, अचानक फूट पड़ी। बेबो से उसने पूछा, 'तुम पनीर कैसे खा सकती हो?'

बेबो ने जवाब दिया, 'खा रही हूँ, इसीलिए घटा रही हूँ।' लेकिन तब तक उसकी सहेली बेतहाशा सुबकने लगी थी। वज़न तो उसने घटाया था लेकिन साथ में ऊर्जा और होश-हवास भी घट गए थे। और घटते भी कैसे नहीं? पिछले पूरे हफ़्ते वह दिन भर में चार गिलास लौकी का जूस और तीन सन्तरों की डाइट पर रही थी। इससे भी बदतर, कि भूख के सिरदर्द से

निपटने के लिए उसे छ:प्याला चाय या कॉफ़ी तजवीज किए गए थे। जाहिर है कि लड़की की माँ बेहद परेशान थीं; उनकी बेटी उस हफ़्ते में दो बार बेहोश हो चुकी थी लेकिन अपने 'ज़हरउतार डाइट' से डिगने को तैयार नहीं थी। अगले दिन चिन्तित माँ ने बेबो को फ़ोन किया और कहा कि उनकी बेटी को अपनी डाइट का राज़ बता दे।

बेशक इस लड़की की डाइट की योजना बेबो की डाइट से अलग ढंग से की जानी थी, लेकिन एक बात तो तय थी: खाना पड़ेगा।

जीता जागता उदाहरण : मेरी एक क्लाइंट (मेरे पास आने के पहले) एक प्रसिद्ध 'नैचुरोपैथ' के पास जाती थीं। 'नैचुरोपैथ' इसलिए प्रसिद्ध थे कि उनकी तजवीज की हुई चीज़ आपको अपनी किचन में मौजूद मिलती और बेशक, कसरत की कोई ज़रूरत नहीं थी। (यह चीज़ हमेशा एक विशेष 'आकर्षण' की तरह बेची जाती है। मेरे विचार से यह ग्राहकों को मन्द और आलसी रखने का पूरा षड्यन्त्र है।) ज़हर–उतार डाइट में रात भर के भीगे हुए मेथीदाने और काजू किशमिश सुबह-सुबह सबसे पहले खाने का विधान था, उसके बाद दो अंजीर, दो अखरोट, दो पिस्ता, और एक सेब, दोपहर के खाने में सलाद और एक गिलास छाछ। रात के खाने में एक गिलास दूध, चार तरह सूखे मेवे (हर एक की गिनती ढाई, दो घण्टे भिगो कर पीसे हुए। और ध्यान रहे, ग्राइण्डर से नहीं, हाथ के पीसे हुए।)

वाह, वाकई यह तो ज़हर–उतार है!' मैंने कहा, 'तो आपको अब कैसा लग रहा है? बेहतर, या भीगे हुए बादाम के उतरे हुए छिलके जैसा?

'बिल्कुल ऐसा ही,' मेरी क्लाइंट ने कहा,' पिछले दो दिन से मैं छिलके जैसा महसूस कर रही हूँ। थकी और निचुड़ी हुई।

अब, सूखे मेवे बेशक अच्छी चीज़ है लेकिन केवल सूखे मेवे खाना और उनके अलावा कुछ भी और न खाना हद दर्जे की बेवकूफ़ी है।

तो मेरी बात लिख कर रख लीजिए, ज़हर-उतार डाइट भी, 'अति' वाली बाकी हर डाइट की तरह धोखाधड़ी है।

ऐसी किसी भी डाइट के अन्त में (और अन्त तो अन्तत: होगा ही)

लोगों के मन और शरीर बुढ़े हो जाते हैं और अग्नि का स्तर पहले कभी से कहीं ज़्यादा गिर जाता है। तो जब वे वापस अपनी 'कायम' डाइट पर लौटते हैं (जो आम तौर से वही होती है जो वे 'ज़हर उतार' के पहले खा रहे थे) तो चर्बी उनके शरीर को फिर से (खुद उनके लिए) कुरूप बनाते हुए वापिस आ सरकती है, और उनके आत्म विश्वास के साथ जो करती है, वह तो बयान के बाहर है। इस यातना से अपने शरीर को गुज़ार चुकने वाले लोग खुद को वज़न घटाने में असमर्थ समझने लगते हैं। डाइट ने उनके आवयविक संगठन को भीतर से कितना नुकसान पहुँचाया है, यह देखने की बजाए वे ख़ुद को अनुशासनहीन समझने लगते हैं (क्योंकि ऐसी ताबड़तोड़ डाइट के बाद शरीर चकरा जाता है और कैलोरी-समृद्ध भोजन की माँग करने लगता है।) और मान लेते हैं कि वे मोटापे के ही लायक हैं।

ऐसे डाइट-प्लान पर कभी न जाइए जो आपको भोजन से वंचित रखता या सिर्फ़ एक किस्म का भोजन करने को कहता हो। मुद्दा यह है कि जो वज़न घटाया जाए वह लौट कर वापस कभी न आए। ऐसा हो सके, इसके लिए ज़रूरी तौर पर आपको यह समझना होगा कि आपका शरीर कैसे काम करता है, और सही वक्त पर सही भोजन करने के लिए संकल्प करना होगा। **इस किताब के लिए यही ध्यान का प्रमुख केन्द्रबिन्दु है।**

जड़ी बूटी का जादू : सचमुच?

जीता जागता उदारहण : मैं अभी हाल में ही एक महिला से मिली, वे एक इन्वेस्टमेंट बैंकर हैं और उनको भारत के प्रमुख बैंकों में से एक बैंक में बहुत ऊँचे पद पर होने का बहुत अभिमान है। मददगार पति और क्रमशः तीन साल व आठ माह के दो बच्चे! लेकिन जब सासू माँ ने कहा कि ये तो बैंक में 'मस्ती मारे' और वह बैठ कर इनके बच्चों की आयागिरी करती रहें, ऐसा अब और नहीं चलेगा तो उन्हें काम से मजबूरन एक लम्बा अवकाश लेना पड़ा। सासू माँ से तो उन्हें कोई शिकायत नहीं, लेकिन हमारी बैंकर ने सोचा

कि वर्ष भर लम्बे अवकाश का कोई सही इस्तेमाल करें। तो उन्होंने अपनी ज़िन्दगी पर एक निगाह डाली और तय किया कि, अगर कमी कोई थी, तो बस एक सुन्दर शरीर की और उन्होंने वही किया जो उनकी हालत में ज़्यादातर अक्लमंद लोग करते : एक जिम की सदस्यता ली और एक 'विशेषज्ञ' डाइटीशियन की देखरेख में डाइट पर गईं। वज़न तो उन्होंने सब घटा डाला, सब का मतलब पूरा सब नही : छ: महीने में 16 किलो। किस्सा-ए-कामयाबी? शायद नहीं। इस अरसे के बाद उनसे मिलने वाले दोस्तों ने उन्हें देखा और पूछा कि वे इतनी फीकी क्यों लग रही थीं। उनके चेहरे की त्वचा बहुत बदल चुकी थी, काफ़ी साँवली हो गई थी, कई जगहों पर झाइयाँ पड़ गयी थीं, बैग का ज़िप खोलने की कोशिश में नाखूनों से चिप्पियाँ उखड़ जाती थीं और बाल (बान्द्रा के एक सबसे बढ़िया सैलूनों में से एक सैलून में दो हफ़्ते के हेयर-स्पा के बावजूद) रूखे-सूखे थे। वक्ष में एक गाँठ भी पड़ गयी थी जो, शुक्र है कि सांघातिक नहीं थी।

बैंकर के पास एक विश्लेषण करने वाला दिमाग़ था और वे भारत के सबसे बड़े बिजनेस स्कूलों में से एक में प्रशिक्षित हुई थीं। अपने डाइट में तरह-तरह के पोषक तत्त्वों की संपूर्ति की ज़रूरत और उनके कार्य को समझने की कोशिश करते हुए भी उन्होंने अपनी डाइटीशियन के बताए हुए प्रोटीन-शेक और विटामिन लेने की जहमत एक बार भी नहीं उठाई (क्योंकि उनका ख़याल था कि डाइटीशियन केवल जिम का बिज़नेस बढ़ा रही थी); लेकिन हर्बल दवाइयाँ वे खुशी-खुशी ले रही थीं, क्योंकि उनको वे 'सुरक्षित' मानती थीं।

हर्बल हर चीज़ ज़रूरी तौर पर सुरक्षित नहीं होती। गाँजा और चरस भी हर्बल ही होते हैं, इस्तेमाल करने वाले 'सेहत के लिए' उनके फायदों की गवाही देंगे!

दूर दूर तक भी 'हर्बल' जैसी किसी चीज़ के इस्तेमाल के पहले निश्चय कर लीजिए कि वह आपके शारीरिक विधान से तालमेल रखती है या नहीं। गोलियाँ निगलने या शर्बत सुड़कने के पहले किसी योग्य आयुर्वेदाचार्य

अथवा वैद्य की सलाह लीजिए। आयुर्वेद एक बहुत जटिल विज्ञान है और उसको समझने के लिए एक पूरी ज़िन्दग़ी भी कम है। दक्षिण भारत या थाइलैण्ड में तीन महीने का कोर्स या हर वाक्य के बाद वात-कफ़-पित्त और प्राण का उच्चारण किसी को उपचार की योग्यता नहीं दे देता। भारत में ही एक असली वैद्य अथवा आयुर्वेदिक डॉक्टर खोज पाना खासी चुनौती की बात है; अगर आप विदेश में रहते हैं तो यह लगभग असंभव होगा। मुझे न्यूयॉर्क-सिटी-योगा-सेन्टर में एक बार कच्ची दाल, पूरी, और बिग़ड़े हुए रूप वाली एक खिचड़ी आयुर्वेदिक भोजन के नाम पर परोसी गई थी।

मेरी बैंकर के साथ गड़बड़ यह हुई कि उन्होंने कसरत बहुत ज़्यादा की, खाया बहुत कम और हर्बल गोलियाँ निगलती रहीं जिन्होंने उनके हार्मोनीय सन्तुलन और थायरॉयड स्तर को बदल दिया। उन्होंने प्रोटीन, विटामिन और मिनरल के बारे में तो सवाल पूछे लेकिन हर्बल उत्पादों की असलियत पर एक बार भी सन्देह नहीं किया।

प्रयोगशाला में बनी हर चीज़ 'नकली या ख़तरनाक नहीं होती है। और हर्बल या जड़ी बूटी के नाम से बिकनेवाली हर चीज़ सुरक्षित नहीं है। दर-अस्ल बहुत से हर्बल उत्पाद कृत्रिम रूप से प्रयोगशाला में बनाए जाते हैं, या फ़ैक्ट्री में सफ़ाई और शोधन के बाद पैक किए जाए हैं अत: उन्हें भी 'कृत्रिम' कहा जा सकता है।

लेकिन मुद्दा कृत्रिम या प्राकृतिक का नहीं है, मुद्दा यह जानने का है कि जिस वस्तु का आप प्रयोग कर रहे हैं वह आपके लिए सुरक्षित है भी या नहीं। और यह बात आपको सिर्फ़ सही प्रोफ़ेशनल के पास जाने और यह निश्चित करने से पता चल सकती है आपके सारे सवालों के जवाब (चाहे कितने भी छोटे या बेवक़ूफ़ाना) आपको आमफ़हम भाषा में, सहानुभूति और धीरज के साथ दिए जाएँ। टिप : अपने साथ अपने प्रश्नों की सूची और एक पेन या पेंसिल लेकर जाएँ। जिन प्रश्नों के जवाब मिलते जाएँ, उन पर निशान लगा दें। किसी भी प्रश्न के उत्तर में 'क्योंकि मैं कहता हूँ' जैसी व्याख्या मत स्वीकार कीजिए।

व्यायाम और डाइटिंग परस्पर विरोधी हैं-नहीं, बिल्कुल नहीं

जीता जागता उदाहरण : मैं जिस जिम में सलाहकार हूँ, उसकी रिसेप्शनिस्ट एक दिन मेरे पास एक विचित्र अनुरोध के साथ आई। एक आदमी मुझसे मिलना चाहता था लेकिन उसे डाइट पर नहीं जाना था। वह सिर्फ बात करना चाहता था। रिसेप्शनिस्ट मुझसे यह पूछ रही थी कि मुझे कोई ऐतराज़ तो नहीं। 'वह दिखने में कैसा है?' मैंने पूछा। कहीं यह मेरे ऊपर लाइन मारने का एक बहाना तो नहीं था?

'नहीं, नहीं,' रिसेप्शनिस्ट ने मुझे आश्वस्त किया, 'उसका बेटा आठवें स्टैण्डर्ड में पढ़ता है और जिम में कसरत कर रहा है। उसकी पत्नी का अभी कुछ समय पहले ही देहान्त हुआ है और वह डाइट के लिए रज़ामंद होने के पहले तुम्हारे साथ सेहत के कुछ मुद्दों पर बात करना चाहता है।'

'ठीक है,' मैंने कहा 'तुम जिम्मा लेती हो तो मैं मिल लेती हूँ लेकिन सिर्फ दस मिनट।' (मेरे पास दुनिया भर का वक्त था, लेकिन तब मैं बड़े जोश-खरोश के साथ प्रोफ़ेशनल होना सीख रही थी।)

'हैलो मैडम,' वृद्ध सज्जन ने कहा, 'मुझसे मिलने के लिए शुक्रिया। मैं चाहूँगा कि आप मेरी तरफ़ देखें। फिर उन्होंने पूछा कि मेरे ख़्याल से उनकी उम्र क्या होगी।

लेकिन अब, मैं थी एक स्मार्ट लड़की और अपनी कन्सल्टेन्सी स्थापित करने के कुछ ही महीनों के भीतर सीख चुकी थी कि इस सवाल का जवाब तो **कभी देना ही नहीं**। वेल, मैं अटकल नहीं लगाती। आप खुद ही अपनी उम्र मुझे क्यों नहीं बता देते?' मैंने कहा।

'मेरी उम्र 48 साल है।' आँय! दिखने में वे साठ साल के थे। मेरा वज़न कितना होगा?' एक और सवाल, जिसका जवाब 'कभी न देना' मैं सीख चुकी थी।

'मेरा वज़न 68 किलो हैं,' उन्होंने बताया। मुझे वे 88 से 90 किलो के बीच कहीं लग रहे थे। फिर उन्होंने 'बॉम्बे टाइम्स' अखबार की एक कटिंग

जेब से निकाली। उन्होंने वज़न घटाने वाली एक क्लीनिक-शृंखला के विशाल विज्ञापन की ओर इशारा किया जिसमें एक व्यक्ति की 'पहले और बाद में' वाली तस्वीरें थीं। 'देखिए मैं हूँ।'

'बधाई,' मैंने जैसे तैसे कहा। वे दरअस्ल जो दिख रहे थे उसकी तुलना में तस्वीर में तो सुपर स्टार लग रहे थे। मुझे बताया गया कि सेन्टर के दूसरे ग्राहक उनको अपने लिए प्रेरणा का स्रोत समझते थे और क्लीनिक-चेन की तरफ़ से उन्हें नई शाखा के उद्घाटन के लिए हवाई यात्रा से दिल्ली ले जाया और पाँच सितारा होटल में ठहराया जाने वाला था 'बहुत बढ़िया,' मैंने कहा। लेकिन मुझसे उन्हें क्या चाहिए था?' मैं चाहता हूँ कि मेरे साथ आप चेन्जिंग रूम में आकर एक बार मुझको देखें।' क्या? पहली बार मेरे सामने किसी ग्राहक ने कपड़े उतारने की पेशकश की थी। (लेकिन यह घटना केवल इस वजह से स्मरणीय नहीं।) तनदुरुस्ती उद्योग में तीन साल से ज़्यादा समय रह चुकने के बाद मैं लोगों से उनके शरीर, उनके यौन-जीवन, प्रसाधन कक्ष में लुका छिपी की मुलाकातों आदि के विवरण विस्तार से सुनने की आदी हो चुकी थी, लेकिन यह पहली दफ़ा थी। मैं उनके साथ मेन्स-लॉकर-रूम तक गई और उन्होंने अपने कपड़े उतारे।

फ़्लॉप! उनका पेट बाहर आते ही घुटनों की तरफ़ लटक गया। 'ये,' उन्होंने अपने थुलथुल पिलपिल माँस को दोनों हाथों में पकड़ा, 'मैं इससे छुटकारा चाहता हूँ। 'ठीक है, चलिए, बाहर चलकर बात करें।' मैंने कहा। किसी तरह अपना मनोभाव मैंने छिपा लिया लेकिन मुझे उनके लिए सहानुभूति और जुगुप्सा एक साथ भयंकर तीव्रता के साथ महसूस हुईं। इस आदमी ने अपने साथ यह क्या किया था, और क्यों?

'आप क्या करते रहे हैं?' मैंने पूछा। 'खैर, एक साल पहले, जब मेरी पत्नी का देहान्त हुआ, मेरा वज़न 116 किलो था। मेरा बेटा आठवें स्टैण्डर्ड में है और मेरे लिए अकेले उसकी देखभाल कर पाना कठिन है। बिज़नेस में मैं खासा अच्छा पैसा बना रहा हूँ और दुबारा विवाह करना चाहता हूँ, क्योंकि मेरे बेटे को माँ की ज़रूरत है।'

'सचमुच?' मैंने खुद से कहा। 'खैर', उन्होंने कहा, 'एक किशोर बेटे के बाप, 116 किलो वज़न के विधुर से ब्याह के लिए कोई तैयार नहीं होती।' दोस्तों और परिवार वालों ने उनसे वज़न घटाने के लिए कहा। इसलिए उन्होंने वज़न घटाने के सेन्टर को एक लाख रूपये दिये और छः महीने के एक कार्यक्रम में दाख़िला लिया जहाँ उन्हें कुल इतना करना था कि 20 से 30 मिनट एक मेज़ पर लेटे रहें, जिसके दौरान बिजली की दर्दरहित तरंगे उनके शरीर पर अपने काम करें और वे एक ताबड़तोड़ डाइट पर जाएँ जिसमें उन्हें दिनभर में शायद ही कुछ खाने को मिला : चना, छाछ और कोई दाल।

प्रक्रिया को तेज़ करने के लिए, अगर उनको नतीजे जल्दी देखने थे तो, उनसे सुबह शाम रोज़ एक घण्टा टहलने के लिए कहा गया (कसरत, बेशक नहीं)। फिर सेन्टर ने एक और कार्यक्रम सुझाया : पेट की पेशियों को दृढ़ करने वाले 'जेल्स' का इस्तेमाल। लेकिन जेल्स और मसाज थैरेपी पर आधा लाख खर्च कर चुकने के बाद भी पेट लटका ही रहा। तो अब सेन्टर ने पेट को टँकवाने और सैर का समय बढ़ाकर रोज़ाना दो बार डेढ़ घण्टा कर देने का सुझाव दिया था। 'सैर तो मैंने शुरू कर दी है, लेकिन पेट को टँकवाने के बारे में तय नहीं कर पा रहा हूँ। पैसा बहुत लगेगा और ताज्जुब है कि 68 किलो पर भी मुझे अच्छा नहीं लग रहा है। मैं तो सोचता था कि 80 तक भी पहुँच गया तो मुझे बहुत बढ़िया लगेगा। मैं ज़िन्दगी में कभी इतना दुबला नहीं था, तो यह बताओ कि वज़न घटाने में इतनी कामयाबी के बाद भी मैं अच्छा क्यों नहीं लग रहा हूँ?' (प्रसंगवश, उनके बाल भी अधिकतर घट गए थे, जिसके लिए सेन्टर के पास बेशक एक और कार्यक्रम था, ऑएल मसाज, और एक वीविंग कार्यक्रम भी : ऑयल मसाज कार्यक्रम के लिए वे रज़ामन्दी दे भी चुके थे।

मैंने उनको इस विषय पर एक भाषण दिया कि कैसे वे अपना सारा 'लीन बॉडी वेट' (चर्बी से इतर शारीरिक वज़न) गँवा चुके हैं।' आपकी हड्डियों, माँसपेशियों को फिर से मज़बूत करने के लिए आपको भारोत्तोलन

व्यायाम करने होंगे, और बहुत धीरे-धीरे करके बढ़ाना होगा। आपको जो डाइट-प्लान मैं दूँगी वह आपके अब तक के प्लान से बहुत भिन्न होगा और पहले आपका वज़न थोड़ा बढ़ाएगा। आप तैयार हैं?

'बिल्कुल हूँ,' उन्होंने आजिज़ी से कहा, 'मैं सिर्फ़ थोड़ा बेहतर महसूस करना चाहता हूँ।'

हमारे वार्तालाप का अन्त मेरी इस चेतावनी से हुआ कि उन्हें इतनी सैर नहीं करनी चाहिए, उनके पास दिन भर क्या कोई और काम नहीं था? 'मेरे पास एक अच्छा स्टाफ़ है', उन्होंने कहा, 'लेकिन आप मेरी सैर घटाना क्यों चाहती हैं?'

'क्योंकि,' मैंने जवाब दिया, 'आपका वज़न ढोने वाले जोड़ आपकी ताबड़तोड़ डाइट के बाद कमज़ोर हो गए हैं और तीन घण्टे की सैर के दबाव को बर्दाश्त नहीं कर सकते।' मैंने पूछा कि वे क्या सचमुच दिल्ली वाले उद्घाटन के लिए जाएँगे। 'इस वज़न-घाटे ने आपका भला तो किया नहीं।'

'लेकिन सेन्टर में सबके साथ मेरे अच्छे सम्बन्ध हैं, और उन्होंने वज़न घटाने का असंभव काम पूरा करने में मेरी मदद की है (मुझे कुछ-कुछ समझ आने लगा था कि एक मोटे शरीर के भीतर रहने वाले दिमाग़ के अन्दर क्या चलता है।) , मैं कृतज्ञ हूँ। मैं जाउँगा।'

'लेकिन आप दूसरे बहुत से लोगों को बेवकूफ़ बना रहे होंगे।

'हाँ, लेकिन...'

मैंने बात वहीं छोड़ दी।

एक हफ़्ते बाद मेरी रिसेप्शनिस्ट ने बताया कि उन सज्जन ने अपना अपॉइन्टमेण्ट कैंसिल करने के लिए फ़ोन किया था।' ऋजुता, वह सज्जन आज नहीं आएँगे। कल सुबह वे सैर पर गए, स्पीडब्रेकर पर ठोकर खाई, गिरे और बाँह की कई हड्डियाँ टूट गईं।

'क्या?' तो ये एक सज्जन थे जो अपने शरीर का बहुत सारा 'लीन वेट' गँवा बैठे थे : व्यायाम की कमी से स्नायविक और पेशीय नियंत्रण कम हो जाता है, सुबह और दिन में लम्बे समय तक बिना खाए रहने से रक्त में ग्लूकोज़ का स्तर गिर जाता है।

इन सबका मिलाजुला असर यह हुआ कि सिर्फ़ स्पीडब्रेकर पर ठोकर खाने भर से, जिससे हद से हद बाँह पर नील या खँरोंच पड़ना चाहिए था, वे सज्जन कई जगह से अस्थिभंग करवा बैठे। अच्छी बात सिर्फ़ यह हुई कि वे दिल्लीवाले उद्घाटन के लिए नहीं गए।

वज़न घटाने में बहादुरी की क्या बात है? दस्त लगने की वजह से लोगों का वज़न घट जाता है। पीलिया, मलेरिया, टी.बी. की वजह से भी, एड्स और कैंसर की तो बात ही क्या। दर अस्ल जितनी बड़ी बीमारी, उतनी ही जल्दी वज़न का घटना। हम सोचते हैं कि वज़न घटने से हमें खुशी होगी, लेकिन एक और 'अति' वाली डाइट के अन्त में हम सिर्फ़ कुण्ठित और बुढ़ाया हुआ महसूस करते हैं, इसलिए इसके साथ शिकार बनने और ठगे जाने का एक प्रबल अहसास जुड़ा होता है। डाइट जैसे ही टूटती है वैसे ही सारा का सारा वज़न वापस आ धमकता है। और कृपया ध्यान दें कि इस बार का सारा वज़न सिर्फ़ चर्बी का वज़न होता है। हमारे शरीर का संघटन पहले कभी की अपेक्षा अब कही बदतर हो चुकता है। हमारी माँसपेशियों और हड्डियों की सघनता जा चुकती है, और हमारे शरीर में चर्बी का वज़न डाइट पर जाने के पहले की अपेक्षा कहीं अधिक बढ़ चुकता है।

बहुत से डाइटीशियन इसलिए लोकप्रिय होते हैं कि वे बिना किसी कसरत के, वजन घटाने का वादा करते हैं। कूल! है ना! और कुछ विज्ञापन इससे भी बढ़ चढ़ कर न डाइट, न व्यायाम, न गोलियाँ, केवल वज़न का घाटा। अगर आप मुम्बई लोकल के नियमित यात्री हैं (जैसे मैं), तो आपने भी अपना मनोरंजन (किसी के जूतों तले कुचल गए आपके पैरों के पंजे, वक्ष में चुभती हुई किसी की कोहनी, पीठ में गड़ती हुई किसी की छतरी की नोक) ऐसे किसी विज्ञापन को पढ़कर किया होगा: 'नो बॉस, नो टाइमिंग, नो पेपर वर्क, नो ट्रैवेल, नो सेलिंग-अर्न अप टू 100,000 पर मन्थ (न सर पर अफ़सर, न वक्त की पाबन्दी, न काग़ज़ पत्तर, न सफ़र, न बेचने का झण्झट-प्रतिमाह एक लाख तक कमाइए।') ऐसे विज्ञापनों के बारे में आप क्या

सोचते है? मैं 'नो एक्सरसाइज़, नो डाइट, नो पिल्स, ओन्ली वेट लॉस' वाले विज्ञापनों के बारे में ठीक वही सोचती हूँ।

व्यायाम के लिए हतोत्साहित करने वाला कोई भी कार्यक्रम दो कौड़ी का भी नहीं। डाइट से आपको वज़न घटाने में मदद मिल सकती है, लेकिन व्यायाम के बिना आप अपनी माँसपेशियों और अस्थियों की सघनता खो बैठते हैं। और माँस पेशियों तथा अस्थियों की सघनता खो देने का मतलब बुढ़ा हो जाना है। **मानवीय शरीर निरन्तर सक्रिय रहने के लिए डिज़ाइन किया गया है**। इसको सही आकार व दशा में रखने के लिए हम इसे कम से कम सप्ताह में तीन बार 30–45 मिनट का व्यायाम तो दे ही सकते हैं। शरीर एक बुनियादी नियम के अनुसार काम करता है : कमाओ, नहीं तो गँवाओ। याद है, मनुष्य दुम के साथ पैदा हुआ था? हमारी दुम खो गई क्योंकि हमने कभी उसका इस्तेमाल नहीं किया। हम शायद जल्दी ही अपनी माँसपेशियों और अस्थियों की सघनता भी खो देंगे क्योंकि हम इनको, अपने शरीर को कमा नहीं रहे हैं।

स्कूल में मुझे गणित से चिढ़ थी लेकिन एक शब्द से बहुत प्यार था– कोरोलैरी (उपसिद्धि)। अलजेबरा (बीजगणित) में यह शब्द सारा वक्त इस्तेमाल होता है। तो 'कमाओ, नहीं तो गँवाओ' के मिथक की यह उपसिद्धि है: जब तक आप नियमित व्यायाम कर रहे हैं, तब तक चाहे जो खाओ, सब ठीक है। 'वाकई? क्या आपका ख़्याल है कि जब तक कार को आप चला रहे हैं तब तक उसमें आप चाहे जो भर दें, केरोसिन, पेट्रोल, डीज़ल, कोई फ़र्क नहीं पड़ता? (लोग अपनी कार के बारे में अपने शरीर की अपेक्षा कहीं ज़्यादा अक्ल से काम लेते हैं।) नहीं! ग़लत! मैं अपने शरीर का नियमित रूप से इस्तेमाल करती हूँ, इसका यह मतलब बिल्कुल नहीं कि मैं इसका बेजा इस्तेमाल कर सकती हूँ। तो व्यायाम एक बेहतर जीवनपद्धति अपनाने का एक हिस्सा तो है, लेकिन सही तरीके से खाने का स्थानापन्न नहीं है। वस्तुतः लोग व्यायाम के जितने ही पाबन्द होते हैं, आम तौर से इस विषय

में उतना ही सावधान भी हो जाते हैं कि शरीर को उपयुक्त पोषण कैसे पहुँचाएँ।

आप जब सेहतमन्द ढंग से खाना और नियमित व्यायाम करना शुरू करते हैं, तो पहले पहल शरीर की चर्बी में तो कमी दिखाई देती है लेकिन वज़न में उतनी नहीं। लेकिन जब आप ताबड़तोड़ ढंग से डाइटिंग करते हैं तो वज़न भी बहुत घटा लेते हैं क्योंकि आपका 'लीन बॉडी वेट' घट जाता है, जब कि चर्बी जस की तस बरकरार रहती है, बल्कि कभी-कभी दर अस्ल बढ़ भी जाती है। चर्बी शरीर में बहुत सा आयतन घेरती है लेकिन वज़न में कम होती है। माँसपेशी, अधिक सघन होती है। इसलिए जगह कम घेरती है लेकिन भारी अधिक होती है। (एक किलो रूई की तुलना एक किलो चर्बी के साथ, और एक किलो माँसपेशी की तुलना एक किलो लोहे के साथ कीजिए। क्या आप मेरे कहने का मतलब समझ सकते हैं? दोनों का भार एक ही है लेकिन जितनी जगह अथवा आयतन वे घेरते हैं, उसमें कितना अन्तर है। इसीलिए डाइट से लौटने के बाद लोग अक्सर पिलपिले दिखाई देते हैं। तो अपने आपको तोल की मशीन पर फिरौती के लिए रखना बन्द कीजिए। यह जानने की आपको क्या ज़रूरत है कि आपका वज़न कितना है? वह आपकी सेहत या तन्दुरूस्ती का कोई प्रमाण नहीं है। यह जान रखिए कि आपका 'लीन बॉडी वेट' का अनुपात जितना ही अधिक है, चर्बी के ज्वलन की आपकी क्षमता भी उतनी ही ज़्यादा है। क्या आप ऐसे किसी गारण्टीशुदा वज़न-घाटे के प्रोग्राम पर सचमुच जाना चाहते (निश्चित रूप से लीन बॉडीवेट पर हमला करते हुए) और चर्बी के ज्वलन की अपनी क्षमता खो देना चाहते हैं?

आपके मापयंत्र झूठ क्यों बोलते हैं

आपका देहभार दो हिस्सों से बना है: चर्बी का वज़न और चर्बी के अतिरिक्त वज़न (एल.बी.डबलू. अथवा लीन बॉडी वेट) चर्बीरहित देहभार आपकी अस्थियों और माँसपेशियों का भार है, और चर्बी के भार का अर्थ ठीक वही है जो इसका नाम ख़ुद को बताता है। तोल की मशीन को देख कर अपनी सेहत के बारे में फ़ैसला कभी मत कीजिए। पूरे देहभार की अपेक्षा, देखने की चीज़ है चर्बी का वज़न (और आपके शरीर में कितनी चर्बी है, अर्थात् आपका वसा प्रतिशत)। उदाहरण के लिए सेरेना विलियम का कुल देहभार उसके चर्बीरहित देहभार के कारण अधिक हो सकता है लेकिन उसके शरीर में वसा-प्रतिशत बहुत कम है। फ़ैशन टी.वी. की मॉडल्स तोल-मशीन के अनुसार वज़न में कम और देखने में कृशकाय हो सकती हैं लेकिन उनमें से कुछ का वसा-प्रतिशत खासा ऊँचा (लगभग 30%) है। आदर्श वसा-प्रतिशत पुरुषों के लिए 20% से कम और स्त्रियों के लिए 25% से कम होना चाहिए। और इसी कारण से आपको अपने स्वास्थ्य के बारे में कभी बी.एम.आई. (बॉडी मास इण्डेक्स = वज़न (किलोग्राम) /लम्बाई (मीटर)^2 के आधार पर फ़ैसला नहीं करना चाहिए क्योंकि बी.एम.आई का सम्बन्ध समस्त देहभार के साथ है, और उसमें यह हिसाब नहीं रखा जाता कि समस्त भार में चर्बी के भार का प्रतिशत कितना है (समान समस्त देहभार वाले लोग अपने वसा प्रतिशत के कारण देखने मे एक दूसरे से बहुत भिन्न हो सकते हैं। वसा के उच्चतर प्रतिशत वाला व्यक्ति पिलपिला एवं दुर्बल प्रतीत होगा जबकि निम्नतर वसा-प्रतिशत वाला व्यक्ति छरहरा और कसा हुआ दिखेगा)।

शारीरिक संघटना की माप

डुएल एनर्जी एक्सरे, DXA (पहले DEXA के नाम से ज्ञात) शारीरिक संघटना को नापने का बढ़िया तरीका है (हालाँकि उसका मौलिक उद्देश्य कभी यह नहीं था), इससे आपको न केवल यह पता चलेगा कि आप कितनी चर्बी ढो रहे हैं बल्कि हड्डियों की सघनता के बारे में भी जानकारी

मिलेगी। (अगर आप एक दर्दरहित ज़िन्दगी, छरहरा दिखना और सुन्दरता के साथ बुढ़ाना चाहते हैं तो हड्डियों की हालत जानना बहुत ज़रूरी है।)

वसा-प्रतिशत का बिल्कुल सही माप पानी के भीतर तोल से संभव होता है, लेकिन वह एक बहुत जटिल तरीका है जबकि DXA अपेक्षाकृत कमखर्च, तुरत और पहुँच के भीतर है।

DXA स्कैन अधिकतर बहुउद्देशीय अस्पतालों और परीक्षण क्लीनिको में उपलब्ध रहता है। हर मशीन में एक भीतरी बुनियादी त्रुटि रहती है और नियमित रूप से उसका मीजान मिलाया जाना चाहिए। अतः ध्यान रखिए कि अपना वज़न हर बार एक ही मशीन पर लें, या कम से कम एक ही निर्माता की बनाई हुई मशीन पर, ताकि मशीन में कोई त्रुटि अगर हो तो उसका हिसाब रखा जा सके।

शारीरिक वसा-सारिणी		
विवरण	स्त्री	पुरुष
अनिवार्य वसा	12–15%	2–5%
खिलाड़ी	16–20%	6–9%
तन्दुरुस्ती	21–24%	14–17%
स्वीकार्य	25–31%	18–25%
मुटापा	32%	25%

नोट : यह वक्तव्य आपके देहभार के बारे में नहीं है। अगर आपके वज़न के 25% से कम का वज़न अग्नि की दृष्टि से निष्क्रिय ऊतकों से आता है तो आपका समस्त देहभार चाहे जो भी हो, (अग्नि-सक्रिय ऊतक : अस्थि, माँसपेशी, अन्य अंग, जल इत्यादि अर्थात वसा के अतिरिक्त हर वस्तु) + अग्नि-निष्क्रिय (अर्थात वसा), आप स्वस्थ हैं।

एक नाप में सब नहीं समाते

जीवन से उदाहरण : एक इतवार मेरी मुलाकात एक आर्ट-प्रमोटर के साथ हुई। वाक्चतुर, संवेदनशील, बिँधी हुई नाक, बाँधनी का घाघरा, नूडल् स्ट्रैप, टॉप, स्टोल से ढँकी ढीली बाँहें (फ़ैब इण्डिया का चलता फिरता विज्ञापन) और गोल मटोल गालों से ध्यान हटाने के लिए चमकीली आँखों के गिर्द मोटा मोटा काजल।

'सुनिए, मुझे बताइए, मैं क्या करूँ? आजकल तो हर कोई आपकी ही बात कर रहा है,' उन्होंने मुझसे अपनी खाल पर खिंचने के निशानों की तरफ़ इशारा करते हुए कहा जो वक्ष से शुरू होकर बाँहों तक फैले हुए थे और जिन्हें वह अपने स्टोल में छिपाने की सख़्त कोशिश कर रही थीं। 'मुझे हमेशा से आपके जैसे शरीर की तमन्ना थी।'

'शुक्रिया', मैंने कहा, (हमेशा कहती हूँ।)

'मैं बिना नागा योगा करती हूँ।' उन्होंने बताया।

'बहुत अच्छे', मैंने टीप दी

'लेकिन क्या फ़ायदा', मेरी टीप से कुण्ठित होकर उन्होंने कहा। मेरी बाँहों को देखो, मैं चाहती हूँ कि इस ड्रेस को स्टोल के बिना पहनूँ, लेकिन नहीं पहन सकती, बिल्कुल नहीं।

एक बार फिर, अनचित्ते ही मैने खुद को काउंसिलर की भूमिका में पाया। 'आपको अपने खाने की परवाह भी करनी होगी, खाली व्यायाम का कोई मतलब नहीं।' आह, अब मैं वहाँ पहुँच भी चुकी थी जहाँ मुझे जाना ही नहीं था।

'अरे, मैंने सब करके देख लिया। पिछले तीन महीने से में पपीता, लंच के समय सलाद और अण्डे की सफ़ेदी, रात को चिकेनब्रेस्ट और सूप-बस यही खा रही हूँ।' अब उनका रंग पपीता पिंक हुआ जा रहा था। 'सारा वक्त मैं भूखी, हताश और कब्ज़ की शिकार रहती हूँ और अगले रविवार को मुझे एक नुमाइश का इन्तज़ाम करना है और मैं इस परेशानी में गले गले तक

फँसी हूँ। यह मेरी नुमाइशों की नुमाइश, सबकी बाप है और देखो मेरी हालत, ऐसी दिख रही हूँ जैसे...जैसे... ...'वे सही शब्द की तलाश में थी'

उनका वाक्य पूरा करते हुए मैंने कहा, 'जैसे बासी पिज़्ज़ा पर रंग-बिरंगी टॉपिंग', (शुक्र है कि मन ही मन!)

फिर उन्होंने अपना वाइन का ग्लास उठाकर पीठ पीछे छिपा लिया, और कहती गयी, 'ठीक है, इस एक ग्लास वाइन को छोड़ दो तो बाकी मैंने कोई बेइमानी नहीं की है, लेकिन मेरा वज़न तो ज़रा खिसका तक नहीं है, दो सौ ग्राम भी नहीं।' (लोग कैसे और क्यों अपने वज़न का हिसाब ग्रामों में रख लेते हैं, यह बात मेरे लिए हमेशा रहस्य ही रहेगी) खैर, मैं अब दिक्कत में थी। मुझे कुछ कहना था, अपनी 'विशेषज्ञ' सलाह देनी थी, और ब्रंच पर मौजूद हर आदमी उसको सुनना चाहता था। लेकिन ऐसे किसी व्यक्ति से आप क्या कह सकते हैं जो ख़ुद अपने आप से, और अपने भोजन से इस कदर नाराज़ और हताश हो? आप चाहे जो भी कहें, वह फ़ालतू और बकवास ही होगा।

मैंने अपने हाथ उनके कन्धों पर रखे। 'शान्त हो जाइये' का इशारा किया।

'मैंने अपने साथ यह किया क्या है? मेरे कुछ दोस्तों और खरीदारों ने हाई प्रोटीन की सलाह दी तो वही मैंने मानी, हाँ?' उन्होंने बख़ूबी अपने आँसू ज़ब्त करते हुए कहा।

'यह आपका अपना शरीर है, और इससे कहीं ज़्यादा इज़्ज़त का हकदार है, 'मैंने कहा, 'और मेरा ख़याल है कि आप बहुत अच्छी दिखती हैं, 'आपको अपने जीवन और अपने भोजन में सिर्फ थोड़ी मस्ती और मसाला डालने की ज़रूरत है। और मेरे ख़्याल से तो आप मोटी भी नहीं हैं।'

'सिर्फ़ चार या पाँच किलो, बस इतना ही घटाना चाहती हूँ।'

'वही तो सबसे ज़्यादा कठिन होता है' यह सारा नाटक देखते हुए तमाशबीनों में से एक ने कहा। (ब्रंच सफल रहा था, हर एक के पास अपने साथ वापस ले जाने के लिए एक कहानी थी।)

'ओहो, मुझे वॉटरप्रूफ़ काजल लेना चाहिए।' आर्ट-प्रमोटर ने ख़ुद को तुरत-फुरत सँभालते हुए कहा। सब हँस पड़े। तनाव छँट गया। थैंक गॉड!

मेरा दिल उन सबके लिए मसोसता है जो इन्टरनेट और चमकीली पत्रिकाओं से लेकर कानाफूसी तक में अवतरित होने वाली हर चीज़ को आजमा कर देखते हैं। डाइटिंग रॉकेट-विज्ञान भले न हो, फिर भी अपने आप में एक विज्ञान है। भोजन और डाइटिंग के साथ बेतरतीब किस्म के प्रयोग हमेशा पलटवार करते हैं। मेरा सचमुच यह समझा बूझा ख़याल है कि हम अपनी गाड़ियों के साथ अपने शरीर से कहीं ज़्यादा इज़्ज़त के साथ बर्त्ताव करते हैं।

मेरे सारे पाठकों के लिए यह एक बहुत ज़रूरी सलाह है : कभी भूलकर भी ऐसी डाइट को 'बस आज़माइश' के लिए अपना कर न देखिए जिसके नाम पर आपके अति उत्साही दोस्त, ग्राहक, मुवक्किल वगैरह कसमें खाते हैं। उनके लिए वह भले कारगर रही हो, (हालाँकि मुझे शक है), लेकिन यह ज़रूरी नहीं कि आपके लिए भी वह कारगर होगी। डाइट की सचमुच परवाह करने वाले लोग आपको हमेशा अपने न्यूट्रिशनिस्ट और डाइटीशियन से सलाह लेने को कहेंगे। जहाँ तक डाइट का सवाल है, एक नाप सबको नहीं अँटती। डाइट को आपकी अपनी ज़रूरतों, तन्दुरुस्ती के स्तर, व्यायाम की बारम्बारता, व्यवसाय वातावरण और खाने के स्वाद के अनुसार निजी और व्यक्तिगत तौर पर रचा जाना चाहिए। इस किताब का मकसद आपकी अपनी आजकी खाने की आदतों को लेकर उन्हें बेहतर बनाने की कोशिश करना है : आपको अपना डाइट प्लान खुद रचना होगा। मैं कुल इतना करूँगी कि आपकी मदद के लिए आपको कुछ बुनियादी नियम समझा दूँ।

चर्बी-कम, चीनी-मुक्त विकल्पों का सच

जीता जागता उदाहरण : 'अरे क्या कर रहे हो? अच्छा इधर रख दो,' करिश्मा ने अपने सोफ़े के पीछे प्लास्टिक बैग छिपाते हुए कहा।

'क्या छिपा रही हो?' मैंने पूछा।

कुछ नहीं यार! छिः, मुझे पता था, तुम पूछोगी।'

'दिखाओ,' मैंने इशारा किया।

मुँह चुराते हुए उसने सोफ़े के पीछे से बैग खींच निकाला। वह दुनिया भर के वसा-कम, वसा-मुक्त, चीनी-मुक्त सामान से उफ़ना पड़ रहा था। हर किस्म के वसा-कम चिप्स; सोया, मेथी, नाचणी, किसी भी चीज़ का नाम ले लो। बेक्ड चकली, झाग वाले और बिना झाग वाले शर्करामुक्त पेय।

'किसको बेवकूफ़ बना रही हो? मैंने धमकाया।

'किसी को नहीं, ना। क्यों, इनमें क्या बुराई हैं? मेरी सब सहेलियाँ खाती है।' अब सुलह की मुद्रा में लोलो ने अपनी बेक्ड चकली का एक पैकेट खोला और मेरी तरफ़ बढ़ाया, 'खा कर देखो ऋजुता, पसन्द आएगा।'

'अब छोड़ो भी, तुमको पता है, तुम जो कर रही हो वो करने की बात नहीं है, इसीलिए तो छिपा रही हो।'

'रहने दो ना, बेक की हुई हैं।'

तो? मैंने एक चकली उठा कर करिश्मा को दी। 'तोड़ो। अब यह टुकड़ा अलग रख दो और अपनी उँगली को देखो। क्या देखा?'

अरब सागर पर डूबते सूरज ने लोलो की उँगली पर कौंधा मारा और उसकी उँगलियों की नोक पर कुछ चमक उठा।

'नहीं!! छिः ना!!

'बोलो, क्या देखा?

'तेल। हाँ, ये मोटी-मोटी बूँदें।'

और, दुखद है कि, यही चर्बी-कम, चीनी-कम, बेक्ड चीज़ों के साथ उसके प्रेम प्रसंग का आकस्मिक अन्त था।

बेक्ड चकली, वसा-रहित आइसक्रीम, रेशे से भरपूर बिस्कुट, इत्यादि और कुछ नहीं, गलत सूचना के लेप में कचराभोजन है जिसे कोई तेज़-दिमाग़ विक्रेता भोली जनता को बेचने की कोशिश में हैं जो वसामुक्त के नाम से किसी भी चीज़ में दाँत गड़ाने को तैयार बैठी है।

मजा लेने के लिए एक प्रयोग कीजिए। ज़रा देखिए, कि चर्बी-कम,

चीनी–कम, चीनी–मुक्त किस्म को खाने वाले लोग हैं कौन? आप पाएँगे कि यह कचरा खाने वाले लोग पहले से ही मोटे हैं। इसकी बजाए अगर वे पूर्ण-वसायुक्त आइसक्रीम, तली हुई चकली, क्रीम वाले बिस्कुट खाएँ तो उनके लिए बेहतर हो। क्योंकि तब आपको कम से कम मालूम तो है कि आप कचरा खा रहे हैं और आप खाने की मात्रा को सीमित रखते हैं। और, मज़ाक नहीं, अगर आप सिर्फ एकाध चकली, एकाध क्रीम बिस्कुट हफ़्ते में एक दो बार खा भी लेंगे तो वह वज़न घटाने के रास्ते में आड़े नहीं आएगा। लेकिन चर्बी चीनी कम वाला कचरा रोज़–रोज़ खाना आपका वज़न घटने में बेशक बाधा डालेगा। ताज्जुब नहीं कि वसामुक्त, चीनीमुक्त कचरा खरीदने वाले सारे लोग वज़न घटाने के लिए जूझते रहते हैं।

तो क्या आप इनको बिल्कुल खाएँ ही नहीं? बेशक आप इन्हें खा सकते हैं, लेकिन यह जानते हुए खाइए कि ये उतने ही नुक़सानदेह हैं, जितने कि पूर्ण–वसा, पूर्ण–शर्करा वाले तले भुने भोजन होते हैं।

बल्कि कभी–कभी ज़्यादा भी। करिश्मा ने माना कि वह दबा के चकली और चिप्स खा रही थी क्योंकि उसने सोचा कि ये सेहतमन्द हैं और कभी भी उसको मोटा नहीं करेंगे। ये चीज़े खाते हुए हम इसी तरह असावधान रहते हैं क्योंकि वे कम वसा वाली हैं लेकिन कम वसा का मतलब यह नहीं कि वह शारीरिक चर्बी में नहीं बदलेगी। इसके अलावा कम वसा वाले भोजन पूर्ण वसा वाले संस्करण की अपेक्षा मुश्किल से एक या दो ग्राम ही कम होंगे। सबसे ज़्यादा गड़बड़ बात तो यह है कि ऐसे ज़्यादातर उत्पाद ट्रान्स–फ़ैट का प्रयोग करते हैं, जो भोजन को सही कणिकता देने और ज़्यादा टिकाऊ बनाने के साथ–साथ आपको मोटा और आपकी धमनियों को अवरुद्ध करते हैं;आपको हृदयरोग के लिए उन्मुख भी करते हैं।

चिप्स और चकली अगर आपको खाने ही है तो उन्हें घर पर बनाइए और तलिए। आप अच्छे तेल का इस्तेमाल करेंगे और इनको गरमागरम खाएँगे, स्वाद भी बेहतर होगा और पोषण भी। फिर यह चूँकि एक लम्बी प्रक्रिया है इसलिए आप इसे महीने में एक बार या हद से हद पखवाड़े

में एक बार ही कर पाएँगे। दूसरी तरफ, बेक्ड चीज़ों को आसानी से खरीदा और भण्डार में रखा जा सकता है इसलिए वे रोज़-रोज़ आपकी पहुँच में रहती हैं। मर्ज़ी है आपकी : पैक किया हुआ कचरा भोजन घर के बाहर निकाल फेंकिए।

(नकली) मीठे के बारे में कड़ुआ सच

क्या आपको शर्करा के बदले कोई मधुरक (स्वीटनर) इस्तेमाल करना चाहिए? खास तौर से यदि आप मधुमेह के रोगी हों, या फिर वज़न घटाने की कोशिश कर रहे हों? साफ़ जवाब है 'ना' क्यों? क्या यह कैलोरीमुक्त, मधुमेह के रोगियों के लिए एक वरदान और शरीर को बनाए रखने के लिए ग़ज़ब का तरीका नहीं है?, अगर आप इन मधुरकों को घेरे विज्ञापनों और बिक्री की होशियारियों पर विश्वास करते हैं तो हाँ! अगर आप मुझसे ईमानदारी चाहते हैं तो नहीं!

चीनीमुक्त चॉकलेट, चीनीमुक्त मिठाई, चीनीमुक्त पेय और वह हर चीज़ जिसके साथ 'डाइट' विशेषण लगा हुआ है, इन मधुरकों का इस्तेमाल करती है;जैसे अधिकतर डाइट पेय, डाइट आइसक्रीम, डाइट योगर्ट, सूची अनन्त है।

कोस्ता में यह किताब लिखते समय मैंने एक बार फिर पाया कि कैसे अधिकतर मोटे लोगों ने चीनी से भरपूर बिस्कोत्ती का जम कर सेवन किया, कभी-कभी तो एक अतिरिक्त परोसा भी माँगते हुए। मधुरक भी ठीक यही करते हैं; वे आपको कैलोरीशून्य लस्सी, चाय या कॉफ़ी पिलाते हैं। शरीर इससे चकरा जाता है और लगभग फ़ौरन कैलोरीसघन भोजन की माँग करता है। क्या यह कनेक्शन आपको दिखाई दिया : डाइट पेय (कभी-कभी मुफ़्त का पुनःपरोसा भी) के साथ कैलोरीसघन पिज़्ज़ा और बर्गर;चाय या कॉफ़ी के साथ बिस्किट? आप क्या कैलोरीज़ या तीव्र गति कार्बोहाइड्रेट से बचने की कोशिश में हैं? साफ़ है कि सफल नहीं हो पा रहे हैं, और यह एक घातक योग है।

पूरी ईमानदारी से कहूँ तो, एकाध बार का मधुरक प्रयोग आपको नुकसान नहीं करेगा लेकिन इसका नियमित इस्तेमाल अपने शरीर को नुकसान पहुँचाने

का एक विलम्बित और पीड़नप्रिय तरीका है (मोटा होने के लिए खुद को दण्डित करने का एक और ढंग)? हर तरह के मधुरक प्रयोग का सम्बन्ध किसी प्रकार के कैंसर, थायरॉयड के अपकार्य, स्मृतिभ्रंश, पेट में जलन, मोटापा आदि के साथ जुड़ा है। और सचमुच एक या दो चम्मच चीनी के इस्तेमाल (नियमित भी) से आपको उतना नुकसान नहीं होगा जितना इन मधुरकों के इस्तेमाल से हो सकता है। क्या सचमुच यह समझना (और मान लेना) इतना मुश्किल है कि देह की चर्बी घटाने का एकमात्र तरीका सही समय पर सही भोजन और नियमित व्यायाम है? न गोली, न चूर्ण, मधुरक तो और भी नहीं, देह की चर्बी भस्म करने या उसको जादू की तरह पिघलाने में सफल हो सकते हैं। दिमाग़ का इस्तेमाल कीजिए, बुलबुले के भीतर रहना बन्द कीजिए।

तो शर्करामुक्त या शर्करायुक्त, मधुरक को अपनी चाय से निकाल बाहर कीजिए। हर मधुरक केवल एक काम में आपकी मदद करेगा : मोटापा बढ़ाने में।

हर भोजन अच्छा है

किसी एक तरह के भोजन को ताली और किसी दूसरे भोजन को गाली देना शायद अनेक लोगों के लिए लुभावना (और रोज़ी रोटी का सवाल) हो लेकिन सही नहीं है। बहुत से 'विशेषज्ञ' फलों को भोजनों में 'महान' मानते और रोज़ ढेर का ढेर खाने की सलाह देते हैं। आप में से कई लोगों ने यह सलाह पाई होगी कि रात के भोजन के मधुर-समापन में फल खाना आपके लिए बेहतर है। मैं ऐसे परिवारों को जानती हूँ जिनमें रोज़ रात खाने के बाद नियमित रूप से इस ख़याल के साथ सेब काटा और खाया जाता है कि सबसे अच्छा, करने के लायक काम यही है। फलों में भी फ़रिश्ते और शैतान हैं। भारत में लगभग सभी डाइटीशियन आपको बताएँगे कि केले, कस्टर्ड-सेब, चीकू और अंगूर मोटापा लाएँगे जबकि सन्तरा, पपीता, और तरबूज़ कम वसा वाले हैं। कोई मिथक अगर काफ़ी समय तक चलता रहता है तो कभी-कभी सच भी बन जाता है। मुम्बई की झोपड़पट्टियों की तरह। ग़ैरकानूनी-

हाँ। ज़मीन की झपटमार–बेशक। लेकिन अगर काफ़ी समय तक वे बनी रह गयीं तो ज़मीन पर झोपड़पट्टी वालों का हक होता है और नेता लोग उनको कानूनी हैसियत, पानी, बिजली, राशन कार्ड वगैरह दिलवाने के लिए लड़ते हैं।

फलों पर आएँ। पोषणविद्या की नवीनतम जानकारियों से खुद को लैस करना हम सारे पोषणविदों पर ख़ुद अपना और अपने ग्राहकों का कर्ज़ा है जिसे चुकाना ज़रूरी है। कुछ वर्ष पहले यह पाया गया कि फ्रक्टोज़ (फलों से मिलने वाली शर्करा) ट्राइग्लिसराइड में बदल जाती है। (खास तौर से फल यदि भरे पेट पर खाए गए हों तो), वसा का एक ऐसा प्रकार जो हमारे रक्तप्रवाह में संचरित होता है। ट्राइग्लिसराइड का ऊँचा स्तर हृदयरोग, इंसुलिन की निष्प्रभाविता, और निस्संदेह बृहत्तर वसा–कोषिकाओं के लिए जिम्मेदार होता है। और हमारा शरीर सचमुच सम्प्रदाय–निरपेक्ष है : वह हर तरह के फ्रक्टोज़ के साथ समान व्यवहार करता है। आप चाहे जो फल खाएँ, फ़र्क नहीं पड़ता, वह आपको फ्रक्टोज़ तो देगा ही। तो अपना फल खाइए लेकिन यह मत सोचिए कि मधुर समापन में फल खाना ज़्यादा सुरक्षित है। इसके पोषक तत्त्व हमारे लिए तभी कारगर हैं यदि हम इसे अपने अपने आप में सम्पूर्ण आहार की तरह खाएँ : सुबह–सुबह का एक आहार, या व्यायाम के बाद। रात के खाने के बाद 'मधुरेण समापयेत' की तर्ज पर नहीं।

जूस

हमारे पास दाँत और मसूढ़े हैं, जिनका काम भोजन को चबाना है। फलों और सब्ज़ियों का जूस निकालने से (फल चाहे जितना भी ताजा, जूस निकालने की मशीन चाहे कितनी भी महँगी हो, कोई फ़र्क नहीं पड़ता) उनके सारे विटामिन और मिनरल नष्ट हो जाते हैं। और अगर आप रेशे बचा लेते हैं या अपने जूस में उन्हें वापस मिला देते हैं, तो भी आपने उसकी संरचना नष्ट कर दी है। अब आप रंगीन पानी पी रहे हैं जिसके सारे पोषक तत्त्व खो चुके हैं; क्योंकि फल का सतह-क्षेत्र बढ़ गया है, और हवा तथा परिवेश के साथ सम्पर्क से उसके पोषकों का लौहीकरण हो चुका है। फलों में ऐण्टीऑक्सीडेण्टस होते हैं। आदर्शतः उन्हें देह के भीतर ही घुलना चाहिए, बाहर नहीं।

फल को साबुत खाना निस्संदेह एक बेहतर दाँव है। उसमे सारे विटामिन और मिनरल बचे रहते हैं, चबाने से मसूढ़ों की मालिश होती है, और रेशों से आपके शरीर के खोखल साफ़ होते हैं। जहाँ तक फल की बात है-पीजिए नहीं, खाइए।

दूसरा उदाहण सोया का है। एक वक्त था जब सोया 'यही, बस यही' किस्म का भोजन था, मूड के उतार चढ़ाव से लेकर वज़न बढ़ाने और हृदयरोग तक हर चीज़ का जादुई उपचार। सोया के लिए ऐसा पागलपन था कि एक डॉक्टर/डाइटीशियन ने सोया चकली, सोया आटा, सोया बिस्किट, सोया दूध, सोया दही, सोया पानी वगैरह-वगैरह बेच कर मैदान मार लिया। क्या लोगों ने वज़न घटाया? बेशक घटाया, बहुत-बहुत घटाया। लेकिन फिर जो लोग इस प्लान पर लम्बे अरसे तक रहे थे, उनमें व्याधियाँ उभरने लगीं। त्वचा पर खींच के निशान, ट्राइग्लिसराइड का बढ़ा हुआ स्तर, अवसाद, कैंसर तक। लगभग उसी समय सोया को वक्ष के कैंसर के साथ जोड़ती हुई रपटें भी आई थीं। समस्या यहाँ यह है कि हमने चीज़ों को समग्रता में देखने की अपनी ताकत खो दी है। लोगों को ये व्याधियाँ सोया की वजह से नहीं, इसलिए भुगतनी पड़ीं कि उन्होंने अपने भोजन से बाकी के सारे पोषक तत्त्व

काट दिए थे। उन्हें भोजन की दूसरी कोटियों के कोई भी पोषण नहीं मिल पा रहे थे क्योंकि वे अति स्वास्थ्यकर सोया को लेकर अति कर रहे थे।

आज भी सोया को वक्ष कैंसर के साथ जोड़नेवाला कोई ठोस सबूत नहीं है लेकिन इतना असंदिग्ध है कि कैंसर उन लोगों में अधिक संभावित है जो तनावग्रस्त रहते हैं, व्यायाम बहुत कम या बिल्कुल नहीं करते हैं, और जिनके भोजन में पोषण बहुत कम लेकिन कैलोरीज़ बहुत अधिक होती हैं।

क्या आपने कभी कार या बाइक खरीदी है? या कम से कम वे विज्ञापन तो देखे ही होंगे जो नयी कार के 14 किलोमीटर प्रति लीटर के माइलेज का दावा करते हैं। लेकिन जब कार वाकई ख़रीदते और चलाना शुरू करते हैं, तो वह आपको केवल 10 किलोमीटर प्रति-लिटर देती है। फिर भी आप ख़ुश होते हैं क्योंकि अपनी कार के साथ हम अक्ल का खासा इस्तेमाल करते हैं। विज्ञापन अगर 14 कहता है तो हम जानते हैं कि 10 भी कुछ कम नहीं। हम सब समझते हैं कि ∗ का मतलब क्या है, जो कहता है 'प्रयोगशाला की स्थितियों में।' प्रयोगशाला की स्थितियों में आप अपनी लगभग हर कल्पना को प्रमाणित कर सकते हैं। लेकिन आपके शोध का असल ज़िन्दगी में जो रूप होता है, वह अलग ही एक किस्सा है। तो अपने सारे नियमित भोजनों को, सोया अथवा पपीता या जो भी चालू फ़ैशन हो, उसमें बदल डालने के पहले अक्ल का इस्तेमाल कीजिए।

हम चाहे फलों की बात कर रहे हों, या सोया की या अन्य किसी जादुई प्रकार के भोजन की, एक बात निश्चित है : आज अगर उसकी महिमा गाती रपट हैं तो बरस दो बरस में यह बताती रपट भी होगी कि वह आपके लिए नुकसानदेह है। तो आपके पास विकल्प क्या है? मौसम के नवीनतम स्वाद के अनुसार खाएँ? नहीं, एकमात्र तर्कसम्मत समाधान इस जादुई शब्द में है : मध्यम मार्ग। और बेशक अक्लमन्दी भी। तो सोया अगर कमाल का है तो खाइए, लेकिन सावधान, खाने की बाकी हर चीज़ की जगह सोया को मत दे दीजिए। उचित ढंग से लीजिए, शायद दिन में एक बार एक परोसा, फिर अपने शरीर और पेट से बात कीजिए। अगर

शरीर ने इसे पसन्द किया, तो लेते रहिए। नहीं, तो भूल जाइए।

सारांश के रूप में: 'सुरक्षित भोजन' और 'स्थूलकारी भोजन' जैसी कोई चीज़ सचमुच नहीं है। हर चीज़ जिसे आप उचित ढंग से, सही समय पर सही मात्रा में खाते हैं, वह आपके लिए अच्छी है।

हर भोजन हमें कोई विशिष्ट पोषण प्रदान करता है जो हमारी काया और कायाग्नि के लिए अनूठी भूमिका निभाता है। जब हम एक तरह के भोजन को दैवी और दूसरी किसी तरह के भोजन को दानवी कहते हैं तो असली मुद्दा बिल्कुल अनदेखा छूट जाता है। इस बारे में मैं क्या खाएँ शीर्षक में ज़्यादा गहराई से बात करूँगी जहाँ मैं आपके लिए पाँचो प्रमुख प्रकार के पौष्टिक तत्त्वों का विश्लेषण करूँगी।

उम्मीद है कि पुस्तक के अन्त तक आप समझ सकेंगे कि सारा भोजन वसा को भस्म करने में सहायक है-स्वयं वसा भी!

समाधान क्या है?

सबसे अच्छा समाधान तो यही है कि डाइट पर कभी जाया ही न जाए। मज़ाक नहीं। अगर एक डाइटीशियन की हैसियत से मैं यह बात कह रही हूँ तो या तो मेरा 'भेजा गुल' है या फिर मैं किसी नई ज़मीनतोड़ 'जीन-थैरेपी' की बात कर रही हूँ। लेकिन दोनों में से एक भी बात नहीं है। सच यह है कि शरीर में एक स्थायी परिवर्तन के लिए और सारा जीवन तन्वंग (या बिकनी-तत्पर भी) बने रहने के लिए, आपको तय करना होगा कि आप डाइट पर कभी न 'जाएँ।' (डाइट आते जाते रहने की जगह नहीं हैं-अनु.) इसके बदले डाइट को अपने भीतर शामिल कर लीजिए। दूसरे शब्दों में, अपने जीने के ढंग को संशोधित कीजिए, यानी सही ढंग से खाइए, कसरत कीजिए और अपने बारे में सही ढंग से सोचिए। ताबड़तोड़ डाइट का मतलब एक बदमाश लड़के के प्यार में फँस जाना है। (जब तक फँसी हैं, तब तक भी जानती हैं कि यह लम्बे समय तक चलने वाला नहीं है); और जीने के ढंग को संशोधित करने का मतलब एक प्रतिबद्ध प्यार है (कभी कभी ऊबाऊ भी

हो सकता है लेकिन वही आपके शारिरिक और मानसिक तोष की कुंजी है) विश्वास कीजिए, जीने का एक स्वस्थ ढंग अपनाना उतना कठिन नहीं है ज़ितना दाम्पत्त्य में वफ़ादार बने रहना या अपने संगी को आजीवन प्यार करते चले जाना। दरअसल यह उससे कहीं ज़्यादा कठिन है, क्योंकि इसका मतलब अपने आप को और अपने शरीर को बिना शर्त प्यार और स्वीकार करना है।

मेरा मानना है कि लोग अपने शरीर और भोजन के प्रति एक अस्वस्थ रवैये के कारण पहने अपना वज़न बढ़ने देते हैं, फिर डाइट की अति से खुद को दण्डित करते हैं। दरअसल मैं अपने किसी भी नये ग्राहक के लिए डाइट प्लान करने के पहले, कम से कम दो ढाई घण्टे उसका इण्टरव्यू लेती हूँ, क्योंकि मेरा विश्वास है कि भोजन की अपनी आदतों को बदलने के पहले उन्हें अपने सोच को बदलने की ज़रूरत है–और इसके लिए मुझे यह जानना ज़रूरी है कि उनका दिमाग कैसे काम करता है।

'भेजा मत चटाइए वज़न घटाइए' में देखूँगी कि कैसे हम खाने के ग़लत तरीकों और अच्छे या बुरे भोजन के बारे में ग़लत ख़यालों में फँस जाते हैं। दरअसल मुझे उम्मीद है कि पुस्तक के अन्त तक आते आते आप यह महसूस कर लेंगे कि अच्छा या बुरा भोजन जैसी कोई चीज़ नहीं होती। सब इस बात पर निर्भर है कि हम उसे कब और कैसे खाते हैं। आप वाकई आलू का पराठा खाकर भी वज़न के बारे में निश्चिंत रह सकते हैं। आपको कुल इतना करने की ज़रूरत है कि भोजन करना फिर से सीखिए, जानिए कि आपका शरीर कैसे काम करता है, और उन चार आसान नियमों का पालन कीजिए जो मेरे ख़याल से सही भोजन के आधारस्तंभ हैं।

अगले कुछ अध्यायों में मेरी कोशिश आपको यह बताने की होगी कि पोषक तत्त्व कितने प्रकार के होते हैं, हमारे शरीर में उनकी क्या भूमिका होती है, उन्हें अपने जीवन के ढंग के अनुसार कैसे सन्तुलित करें और कैसे एक कसा हुआ, छरहरा शरीर पाएँ।

पुरज़ा-परचा

- डाइट की अति पर कभी, कभी मत जाइए-उनको निभाना असंभव है और वे कारगर भी नहीं।
- डाइटिंग का मतलब भूखे मरना नहीं है; वज़न घटाने के लिए खाना ज़रूरी है।
- अलग-अलग किस्म के भोजनों में किसी को दैवी, किसी को दानवी मत बनाइए:अच्छा या बुरा होने में सब भोजन एक समान हैं।
- जैसे हर व्यक्ति दूसरे से अलग है, उसी तरह हर व्यक्ति की डाइट भी दूसरे से अलग होनी ज़रूरी है। किसी दूसरे की प्रणाली मत आजमाइए।
- ज़रूर जान लीजिए कि चिकनी-कम चीनीमुक्त खाद्य सामग्री में क्या होता है; वे उतनी स्वास्थ्यवर्द्धक नहीं और उनको खाने में ज़्यादती नहीं होनी चाहिए।
- व्यायाम को लेकर कोई समझौता नहीं। व्यायाम नहीं होगा तो खाने की सारी अच्छी आदतों के बावजूद नतीजा कभी काफ़ी नहीं होगा।
- डाइट पर कभी मत जाइए। जीने के ढंग को सुधारिए।

2
कैसे खाएँ : पुनर्पाठ

पेट के साथ जान-पहचान

तो अपने दिल के बारे में हम क्या-क्या जानते है? हम जानते हैं कि दिल हमारी मुट्ठी की नाप का है, हमारे वक्ष में पीछे, थोड़ा बाँई तरफ है, सारे शरीर को रक्त देता है और यदि हम कसरत न करें या हमारा वज़न बढ़ जाए तो दिल पर भार पड़ता है। अच्छे, बहुत अच्छे!

फिर, हम अपने फेफड़ों के बारे में क्या जानते हैं? कि वे हमारी पसलियों के भीतर है और धूम्रपान से उन्हे नुकसान पहुँचता है। और नियमित व्यायाम से उनकी सेहत में सुधार होता है। वे शरीर को ऑक्सीजन देते हैं और कार्बन डाइ ऑक्साइड को बाहर फेंकते हैं। शाबाश।

अब, हम अपने पेट के बारे में क्या ज़ानते हैं? अपने पेट की नाप? इसकी जगह? हमारे लिए यह काम क्या करता है? कौन इसको नुकसान कर सकता है? हमारे दिल और फेफड़ों की तरह हमारा पेट भी स्वयंचलित अंग है लेकिन ताज्जुब है कि हममें से ज़्यादातर लोग पेट के बारे में खास कुछ नहीं जानते। हम अन्दाज़ा लगा सकते हैं कि वह वक्ष और नितम्ब के बीच कहीं किसी जगह पर है, कि यह अँतड़ियों से अलग हैं (छोटी अँतड़ियाँ और बड़ी अँतड़ियाँ:बड़ी अँतड़ियाँ दरअसल छोटी हैं और छोटी अँतड़ियाँ बड़ी है, कुल मिलाकर 4000 वर्ग मीटर)।

पेट पर इतना कम ध्यान क्यों दिया जाता है? क्या इसलिए कि यह कभी हम पर आघात नहीं करता? हम सबने हृदयाघात या हार्ट-अटैक के बारे में सुना है लेकिन जठराघात या स्टमक-अटैक? नहीं।पेट कभी आघात करता

नहीं प्रतीत होता।(असल में हार्ट अटैक भी एक ग़लत नाम है। हमारा दिल हमारे लिए तब से काम करना शुरू कर देता है जब हम माँ की कोख में होते हैं। दर अस्ल यह उन अंगों में से एक है जिनका विकास पहले पहल होता है, गर्भावस्था के लगभग छठे सप्ताह में। जो हृदय हमारा जीवनदाता है, वह कभी हम पर आघात कर ही नहीं सकता लेकिन हम ज़रूर अपनी खाने की आदतों से, अपने आलस्य और व्यायाम की कमी से इस पर आघात करते रहते हैं। और 'उल्टा चोर कोतवाल को डाँटे' वाले मामले की तरह, इसको हार्ट अटैक भी कहते हैं।)

मेरे ख़्याल से हम अपने पेट और पाचन संस्थान की इतनी कम परवाह करते हैं क्योंकि इनका चाहे जितना भी बेज़ा इस्तेमाल कर लें, वह कभी मौत की वजह नहीं बनता। ज़्यादा से ज़्यादा होगा तो काम से हफ़्ते भर का अवकाश। मैं ऐसे लोगों को जानती हूँ जिनके पेट एसिडिटी, अफ़ारा, कब्ज़, डकार, पाद, मिचली वगैरह के ज़रिए ध्यान के लिए पुकारते रहते हैं लेकिन वे इन इशारों की तरफ़ कान देने को तैयार नहीं होते। ऐण्टासिड, सॉल्ट्स और लैक्ज़ेटिव इन लोगों के लिए लगभग रोज़ की रस्म, जीने का ढंग बन चुका है।

कभी आपने यह मुहावरा सुना है, 'अपमान हजम कर जाना'? पेट के साथ हमने सचमुच गाली-गलौज़ का रिश्ता रखा है, दुनिया भर का कचरा खाते हैं और फिर जैसे प्रतिशोध के भाव से 'ज़हर उतार' अवकाश पर चले जाते हैं, अवकाश से लौट कर आते हैं और फिर प्रतिशोध के भाव से कचरा खाने पर जुट जाते हैं। इससे भी बढ़कर, हम 'केवल जूस' वाली और शर्तिया वज़न घटाने के दावे वाली ताबड़तोड़ डाइट पर जाते और सपाट दो हफ़्तों के भीतर सारा वज़न (माफ़ कीजिए, दुगुना) वापस पाते हैं। कुछ और लोग है जो शरीर के वज़न की इस चकईझूल को जीने का ढंग बना लेते हैं। शादी पर जाना है? दावत खाना है? पतले हो जाइए। हो चुका? फिर मोटे हो जाइए।

हम अपने साथ ऐसा क्यों करते हैं? क्या हम सचमुच खुद से इतनी नफ़रत करते हैं? सतह पर देखने से ऐसा लगता है कि हमको अपनी बहुत

परवाह है, कपड़े बढ़िया पहनते हैं, नख-शिख को सजाते सँवारते हैं, सबसे बढ़िया कार और सबसे बढ़िया मकान खरीदते हैं, बढ़िया से बढ़िया जो हमारा पैसा हमें दिला सके, अपने संगी से प्यार और सम्मान की आशा रखते हैं। लेकिन अगर हम खुद से इतना प्यार करते हैं तो हमें प्यार और पोषण देने वाले अपने संस्थान के इस भीतरी अंग का इतना बेजा इस्तेमाल क्यों करते हैं; अपने पाचन संस्थान का?

अगर हमे चाहिए कसा हुआ, मांसल शरीर, उस काली ड्रेस में फ़िट हो पाना, खाल पर खींच के निशान न पाना, और 24/7 बिकिनी-तत्पर रहना तो हमें अपने पेट के साथ एक अच्छा रिश्ता कायम करने की ज़रूरत है। परस्पर प्यार और सम्मान का रिश्ता।

पेट में अगर पचाने की ताकत न हो तो उसको ठूँसना अपराध है। यह मानवाधिकार के हनन का मामला है। ज़िन्दा रहने के ऐसे ढंग बिल्कुल ग़लत हैं, जहाँ शाम तक हम कुछ भी न खाएँ, और रात को ठूँस-ठूँस कर भरना शुरू कर दें। जैसे कि नौ बजे सुबह से पाँच बजे शाम तक के लिए काम पर रखे गए किसी आदमी को पाँच बजे तक बहुत थोड़ा या बिल्कुल काम न दिया जाए, और जैसे ही वह छुट्टी के लिए उठने को हो, उसके सिर पर दुनिया भर के काम और फ़ाइलें लाद दी जाएँ। मुझे आपको यह बताने की ज़रूरत नहीं कि, इस किस्म के बॉस को अपने स्टाफ़ से प्यार या सम्मान नहीं मिलता। और ऐसा भी नहीं कि इस किस्म का बॉस खुद अपने स्टाफ़ को प्यार और सम्मान देता हो। इस किस्म का व्यवहार उत्पादकता, रचनात्मकता, समय और संस्था के स्वास्थ्य का बुनियादी क्षय हुआ करता है।

ऐण्टासिड का सच

एक बार में बहुत अधिक खा लें या दो भोजनों के बीच बहुत लम्बा फ़ासला रखें और आपको ऐण्टासिड की याद आएगी। लेकिन ऐण्टासिड में गड़बड़ क्या है? गड़बड़ दर अस्ल आपमें है, खास तौर से अगर आपको लगभग रोज़ इसकी ज़रूरत पड़ती है तो!

एक बार में ज़रूरत से ज़्यादा खाने या दो भोजनों के बीच ज़रूरत से ज़्यादा फ़ासला रखने के अलावा (जो अपने आप में ज़रूरत से ज़्यादा खाने की वजह बन जाता है), तनाव (अति आहार का एक और कारण : आह, भोजन से मिलने वाला चैन), मिर्च मसाले वाला भोजन, सख़्त दवाइयाँ, संक्षेप में 'हरी, वरी और करी' (मिर्च मसाला, हड़बड़ी और चिन्ता सबसे बड़ी), की वजह से जलन, डकार, कब्ज़, अफ़ारा और बीच की बाकी हर चीज़ पैदा होती है।

ऐण्टासिड के मैग्नीशियम और ऐल्यूमिनियम व अन्य तत्त्व जुलाब का प्रभाव उत्पन्न करते हैं (लाभकर बैक्टीरिया को अँतड़ियों से धो देते हैं, जिससे पाचन की समस्या और भी प्रबल बन जाती है), और हार्मोन के असन्तुलन, बारम्बार मूत्रविसर्जन, भूख न लगने, जलाल्पता, और मूड की गड़बड़ी की ओर ले जाते हैं।

अपने लक्षणों के इलाज के लिए उस कैप्स्यूल, सॉल्ट या सिरप की तरफ़ हाथ बढ़ाने के पहले रूकिए, लक्षण की बजाए कारण पर विचार कीज़िए, और सही ढंग से खाना शुरू कीजिए। अभी बहुत देर नहीं हुई है, कभी बहुत देर नहीं होती है।

इसकी तुलना अपनी खाने की आदतों के साथ करे। सूरज नीचे जाता है। उसके साथ खाने को पचाने और सोखने की हमारी क्षमता भी। इसके पहले दिनभर हमने अपने पेट को न कोई काम दिया और इसलिए न कोई पोषण। इसकी पाचन क्षमता सुबह सात से दस तक अपने शिखर पर होती है, और उस वक्त हममें से कई उसे चाय, कॉफ़ी, सिगरेट देते है। इस तरह हम सचमुच बड़ी मेहनत मशक्कत से अपने पेट को सुस्त और और पाचक

रसों को दुर्लभ बनाने का काम करते है। दोपहर का भोजन जैसे तैसे निपटा भर लेते है और आमतौर से पाँच बजे शाम तक कुछ हल्का-फुलका खाते रहते है। और उसके बाद जैसे ही पेट काम समेटना और आराम चाहना शुरू करता है, हम उसको भेलपुरी, सेबपुरी, ग्रिल्ड सैण्डविच, चाय, कॉफी तथा सिगरेट से ठूँसना शुरू कर देते हैं। बाद में साढ़े नौ से साढ़े ग्यारह के बीच पेट जब शाम के चटपटे-चरपरे हमले से थका और परेशान होता है, हम इसे पास्ता या चावल और सब्जी रोटी का भारी भरकम रात्रिभोज देते हैं। और हाँ, भोजनोपरान्त अपना प्यारा मिष्ठान्न भी (क्योंकि मिष्ठान्न रात के खाने के बाद सबसे ज्यादा स्वादिष्ट लगता है) और रात में हम खाते भी अच्छा खासा ढेर सा है, क्योंकि यही एक वक्त है जब पूरा परिवार साथ बैठकर खाता है। यह बात अलग है कि खाने के दौरान हमारा पूरा ध्यान अपने लाड़ले टी.वी. पर रहता है। और हमारा पेट इस तरह रात-दिन बरसोबरस यह बेजा इस्तेमाल और दुर्व्यवहार सहता रहता है। फ़िर कहीं जाकर यह अफ़ारे, पाद और डकार से हमको मदद के लिए पुकारता है, और हम सोचते है कि पेट कमज़ोर और बदतमीज़ है इसलिए इसकी मदद की पुकार को शामक और रेचक (ऐण्टासिड और लैक्ज़ेटिव) से दबा दो।

कुछ लोग, एकदम आगे बढ़कर, खाने के साथ ही इस ख़्याल से ऐण्टासिड और सॉल्ट्स खा बैठते हैं, कि पेट के विद्रोह को शुरू में ही कुचल दो। इस व्यवहार को बढ़ावा देने के लिए कुछ मजेदार विज्ञापन भी सूझबूझ वाले विज्ञापनकारों ने बनाए है। वह वाला विज्ञापन याद कीजिए जिसमें एक दामाद को जबर्दस्ती लड्डू ठुँसाए जा रहे हैं और वह चार-पाँच लड्डुओं से ज्यादा नहीं खा पाता। झाग उठाता जादूई सॉल्ट प्रगट होता है। वीर बहादुर नायक उसको गट-गट कर पी जाता है और अपने पेट को हमलों के लिए तैयार पाता है। 'अब ससुराल जाने की कोई टेंशन नहीं'। वाह, यह दामाद तो हर सास का सच हुआ सपना है, जो सब कुछ वे इसके लिए पकाती है, दाब जाता है।

ऐसे भी वक़्त होते जब मेरे साथ मीटिंग में बैठे हुए क्लाइंट डकार लेते

हैं और मैं उनके पिछले भोजन का पूरा इतिहास लिख सकती हूँ। उस डकार में समोसा, कढ़ी, भाजी, हर चीज़ की गन्ध होती है। सबका सब वहाँ सारी दुनिया के सूँघने के लिए अनपचा धरा है। किसी अक़्लमन्द ने सही कहा है, 'पाद में क्यों करो बरबाद, डकारो, फिर से लो स्वाद।' आप अगर ऐसे वक्त पर खाएँगे जब पाचक रसों का स्राव बन्द होता है, जब पेट में कोई पाचक क्षमता बाकी नहीं रहती है, जब पेट में 'प्राण' (जीवनशक्ति) नहीं बचता है, तब आप खाना पचने की उम्मीद कैसे कर सकते हैं? और पेट पर ऐण्टासिड-लैक्ज़ेटिव के लगातार हमलों की बजाय क्या आपको सिर्फ़ सही वक़्त पर सही तरीके से खाना नहीं सीख लेना चाहिए?

अमरीका ने अफगानिस्तान और ईराक पर बमबारी की, बुरा किया। इसके बाद जले पर नमक छिड़कने की तरह, वहाँ मदद भी भेजना चाहता है। अफगानी ईराकी और बाकी मुस्लिम संसार अगर अमेरिका से नफरत करता है तो कोई ताज्जुब नहीं। तय कर लो अमरीका, या तो बमबारी रोको या मदद देना बन्द करो। और पूरी सम्भावना है कि बमबारी एक बार बंद हो जाए तो मदद की ज़रूरत भी न हो। उसी तरह आपका अति-आहार रुक जाए, तो पाचन के लिए मदद की ज़रूरत भी नहीं पड़ेगी।

उपवास : योगविधि

उपवास योग के आध्यात्मिक अभ्यास का एक शक्तिशाली साधन है, लेकिन आजकल 'विशेषज्ञ' इसका इस्तेमाल प्रमुख रूप से वज़न घटाने के औजार की तरह करते हैं। 'स्वास्थ्य विशेषज्ञ' पाचन संस्थान को आराम देने को एक ढंग की तरह उपवास की सिफ़ारिश करते हैं। क्या आपने कभी अपने हृदय को आराम देने की सोची है? नहीं? तो पाचन संस्थान को ऐसा कुछ क्यों समझते हैं जिसे आराम की ज़रूरत हो? पाचन संस्थान भी, हृदय की तरह, अनैच्छिक संस्थान है (निरन्तर कार्य के लिए गढ़ा गया) और इसको आराम से रखने के लिए ज़रूरत कुल इस बात की है कि एक बार में थोड़ा सा खाएँ। योग वस्तुतः कुछ लोगों के विचार के विपरीत, 'अत्ति' के ख़िलाफ़ है, उपवास की अत्ति के भी। और उपवास का फायदा ही क्या अगर आपकी कुल सोच भोजन के बारे में हो? योग के अनुसार शरीर और मन एक दूसरे से युक्त है, इसलिए अगर आप भोजन के बारे में केवल सोच रहे हैं तो भी आपको अपने भौतिक शरीर पर फ़ौरन असर दिखाई देगा। इसका मतलब यह है कि चॉकलेट पेस्ट्री के बारे में केवल सोचना भी वज़न के बढ़ने का कारण भी बन सकता है।

अतिभोज और अतिभोज की हद

आर्युवेद के अनुसार अतिभोज या हद से ज्यादा खाना सारी बीमारियों की जड़ है। **अतिभोज की परिभाषा समय विशेष पर शरीर की पचाने की क्षमता से अधिक मात्रा में खाना है।** इसका मतलब केवल गलत किस्म का खाना या अधिक खाना नहीं है। यदि किसी समय विशेष पर जठराग्नि (कायाग्नि भी यही है) अथवा पेट की पाचन क्षमता क्षीण है तो सेब की एक फाँक भी अति भोजन मानी जा सकती है। अतः अति भोजन का मतलब केवल अधिक मात्रा में भोजन नहीं, बल्कि उस भोजन को गलत वक्त पर खाना है।

कथा है कि भारत के अतिश्रद्धेय ऋषियों में से एक, अगस्त्य मुनि एक

बार पूरा समुद्र पी गए थे! वस्तुतः आप जितना चाहे उतना खा सकते हैं लेकिन आपके पास उसे पचाने की ताकत होनी चाहिए। इसका अर्थ है कि आपकी जठराग्नि या कायाग्नि को सक्रिय और निपुण होना चाहिए। अनुशासित जीवनविधि, नियमित व्यायाम और आशावादी प्रवृति से आप अपनी अग्नि को सक्रिय रख सकते हैं। आज हमारी बुनियादी समस्या यह है कि हमारी पाचन क्षमता (या अग्नि) घट रही है और भोग बढ़ रहा है।

अतिभोज की सीमा रेखा एक बेहद बारीक रेखा है। ठीक सही मात्रा में भोजन और अति भोजन के बीच का फ़ासला केवल एक ग्रास, एक कौर या एक भर चम्मच से पार हो जाता है। इस हद या सीमा रेखा के प्रति सजग होना बेहद जरूरी है, क्योंकि एक बार यह लक्ष्मण रेखा पार हुई तो आप खाते चले जा सकते हैं। इन्द्रियाँ सुन्न हो जाती है और आप अपने पेट की क्षमता से पाँच-छः गुना ज़्यादा तक खाते जा सकते है। जाहिर है कि आप इसके लाजिमी नतीजों को जानते हैं: आप अगली सुबह अफ़ारे के साथ, सुस्त, थके, चिड़चिड़े उठते हैं। माफ़ कीजिए, पर यह कहना तो भूल ही गई कि शरीर पर चर्बी चढ़ाने का यह शर्तिया कामयाब तरीका है।

दो उदाहरणों से आपको बताऊँ कि हम कैसे अनजाने ही अति भोजन की हद पार कर जाते हैं।

पहला उदाहरण। कल रात मैंने अपनी एक सहेली को खाने पर बुलाया था। हमने दाल, पनीर की सब्जी और रोटी का सादा और पौष्टिक भोजन किया। मेरी सहेली अपना खाना खत्म कर चुकी लेकिन मुझको आधी रोटी और खानी थी। मेरी सेविका ने बाकी बची आधी रोटी मेरी सहेली को परोस दी, कि बेकार न जाए। प्रिया को और नहीं खाना था लेकिन उसने वह फालतू की आधी बिना सोचे खा ली और इस तरह उसने अति की हद पार कर ली। अक्सर हम अपनी प्रिय दाल या चिकन का फालतू परोसा ले लेते है, हालाँकि हम जानते हैं कि हम अपना भोजन पूरा कर चुके हैं। और जितनी बार हम ऐसा करते हैं अपनी लक्ष्मणरेखा के पार जाते हैं। लड़कियों का वजन शादी के बाद अक्सर बढ़ जाता है क्योंकि किसी और के साथ भोजन

करते समय हम अपनी सामान्य क्षमता के परे चले जाया करते है, हालाँकि अधिकतर बहुओं को इस परिवर्तन का पता नहीं चलता, क्योंकि अपने पति से तो वे फिर भी कम ही खा रही होती हैं।

दूसरा उदाहरण। आप मैरियोत या ग्रैण्ड हयात या किसी शादी में हैं और आप के सामने एक विशाल खड़ाभोज (बुफ़े) परसा हुआ है। आप अपने चारों ओर यह स्वादिष्ट भोज देखते हैं और विस्मित हुए बिना रह नहीं पाते कि इस शानदार विस्तरण के साथ कोई कैसे न्याय कर सकता है। फिर भी आप सिर्फ़ सलाद और सब्जियाँ, एकाध ग्रिल्ड या तन्दूरी चीज़ और ज्यादा से ज्यादा आधी रोटी या थोड़ा सा पास्ता लेकर भले मानस जैसी शुरूआत करते हैं। आपका खाना ख़त्म होते-होते आपके दोस्तों में से कोई अपनी प्लेट में बेहद स्वादिष्ट से दिखते मधुर के साथ आता है। आप बिल्कुल भर चुके है, खाने का मन भी नहीं है, लेकिन दिखने में वह मधुर बेहद स्वादिष्ट है और आपके दोस्त की मुखमुद्रा भी इसका प्रमाण दे रही है। तो आप अपने दोस्त की प्लेट में से ही बिल्कुल ज़रा सा चख लेने का फ़ैसला करते है। उम्म्म...क्या स्वाद है। आप एक ऐन्द्रिक अतिभार के अनुभव से गुजर रहे हैं, और लीजिए, आप लक्ष्मणरेखा पार कर गए। अब आपका अभियान 'मधुर विस्तरण' की दिशा में है। आप तीन या चार प्रकार के मधुर अपनी प्लेट में परोसते हैं, और हाँ, उस स्वादिष्टदर्शी पेस्ट्री का पूरा टुकड़ा भी। अपनी मेज़ पर वापस आकर अपनी प्लेट का सारा का सारा मधुर भार सफ़ाचट कर जाते है।

इस उदाहरण का ऐन्द्रिक अतिभार और आनंद की गहरी अनुभूति केवल जरा देर को ही कायम रहती है। बाकी बची रहती है काजू कतरी या पेस्ट्री के आधे टुकड़े पर रुक न पाने की शरम और एक अपराधभाव। लेकिन वह आधा टुकड़ा खाते ही आप अति भोज की हद के पार जा चुके थे। उसके बाद हर चीज़ इतनी तेजी से हुई कि आपको रुकने का, तर्क और विवेक को लागू करने का मौका नहीं मिला। मानों कोई दुर्घटना हो। आप

नुकसान को देख तो सकते हैं लेकिन ठीक-ठीक जानते नहीं कि कैसे क्या हुआ।

इन डाइट-दुर्घटनाओं से बच निकलने का एक मात्रा तरीका अपनी भावनाओं का निरीक्षण और स्वीकृति है। ऐसी स्थितियों में मान लीजिए कि आप पेस्ट्री या काजूकतरी पर लुब्ध हो जाते हैं लेकिन उनको वाकई खाने से 'ना' कीजिए। छोटी सी कट्टी या आधा टुकड़ा भी नहीं क्योंकि उसके बाद तो सिर्फ़ अधोगामी चक्कर है। दुखद है कि बारबार के अनुभवों के बावजूद हम अतीत से सबक लेने से साफ इन्कार करते है।

टिप : अपने घर में मीठा और तला हुआ भोजन रखिए ही मत। त्यौहार के समय उपहार में मिठाई वगैरह आ जाती है। एकाध टुकड़े का पूरा आनन्द लेने के बाद, इनको दोस्तों और रिश्तेदारों में बाँट दीजिए, दफ़्तर में सबको खिलाएँ, बाई और दरबार को दे दीजिए, वगैरह वगैरह।

उपरान्त टिप : यह फ़ालतू सब का सब किसी एक ही व्यक्ति पर न उँड़ेल दीजिए। उदारता के लिए अलग-अलग लोगों को चुनिए लेकिन इन चीजों को नजरों से दूर हटाइए।

भोजन: बोरियत से बचने का तरीका या मनोरंजन का साधन

पिक्चर देख रहे हैं? पॉपकॉर्न खाइए। ऐसी किसी दावत में फँस गए हैं जहाँ कोई दिलचस्प व्यक्ति मौजूद नहीं है? कोने में बैठकर भरे तेल के तले हुए शुरूआती व्यंजन कुतरिए। वही-वही दाल रोटी सब्जी रोटी खाते-खाते ऊब चुके? पिज़्ज़ा मँगवाइए। प्यार से बेज़ार है? एक पेस्ट्री खा लीजिए। बहुत अक्सर हम खाने का इस्तेमाल उबरने के लिए या गहरी जड़ जमाए बैठे डर या अन्य भावो से ध्यान हटाने के लिए करते है। इसीको स्त्रियों की पत्रिकाएँ चैन-भोज (कम्फ़र्ड-फूड) कहती है। 'भोजन' या खाने की क्रिया चैन या तसल्ली का सबसे आदिम रूप है, लेकिन यह समझना हमारे लिए जरूरी है कि खाना शरीर को पोषण देने के लिए है, उब से या बासी रिश्तों से उबरने के लिए नहीं। और क्या आपने गौर किया है कि जब कभी आप मनोरंजन के लिए या किसी कुतरते हुए विचार से ध्यान हटाने के लिए खाते हैं, हमेशा कुछ कैलोरी-सघन, बेहद मीठा या बेहद नमकीन ही खाते हैं।

लेकिन नहीं, वह पेस्ट्री या चिप्स खा लेने के बाद भी आपकी ऊब या विचार ग़ायब नहीं हो जाते, बल्कि वे वहीं, बिल्कुल वहीं मौजूद रहते हैं? अब आप क्या करेंगे? 'एक और' के लिए हाथ बढ़ाएँगे?

जीता जागता उदाहरण **:** मेरा कज़िन सिद्धार्थ दोस्तों और घरवालों के बीच गला घुट जाने तक खाते चले जाने के लिए बदनाम था। और वह सबकुछ खाता था। पनीर टिक्का, शेज़वाँ राइस, पूरी भाजी, दाल चावल, नूडल, किसी भी चीज का नाम लो। पेट से लेकर मल द्वार तक पूरा जब तक ठूँस न जाए तब तक ख़ुद को भरता चला जाता। खाने के बाद उसे बोदा, आलसी, थका हुआ, निँदासा महसूस होता। वह तेज सिरदर्द के नियमित हमलों का शिकार था और उसने गौर किया था कि अगर वह भूखा रहता तो सिरदर्द उठ आता। तो सिरदर्द रोकने के लिए उसने ठूँस-ठूँस कर खाना शुरू किया लेकिन चीज़ें इससे बदतर हुई। काम पर उसका ध्यान एकाग्र नहीं होता और काम का पूरा दिन बरबाद हो जाता। सिद्धार्थ को काम का नशा है और

काम-का-दिन-बरबाद के सिवाय सबकुछ बर्दाश्त किया जा सकता था। वह अपने पिता के व्यापार में शामिल होकर उसे दूसरी ही ऊँचाइयों तक ले गया था। लेकिन उसके साथ-साथ अपनी कमर का नाप शरीर का वजन और कोलेस्ट्रॉल का स्तर भी आसमान की ऊँचाइयों तक पहुँचा आया था।

पिछले वर्ष जब यह खबर मिली की वह अपने दूसरे बच्चे का पिता बनने वाला है तो उसके मन में अपने वजन के लिए संजीदग़ी से कुछ करने की उकसाहट हुई। और क्योंकि मैं अब उसकी प्रिय स्टार (के.के) की डाइटीशियन थी इसलिए मुझको भी उसने कुछ संजीदग़ी से लिया। उसका गला भावावेश से रूँध गया, जब मैंने उसको बताया कि वह अपनी रोटी, घी, चीज़, पनीर, पराँठा, कोकी और सिन्धी कढ़ी खाता रह सकता था। (वह एक सिन्धी से विवाहित और सिन्धीभोज का प्रेमी है।)

मैंने सिद्धार्थ को धीमे खाने की और थोड़ा-थोड़ा परसने की आदत डलवाई, कायदा यह था, आमतौर से जितना उसे खाना है, उसका आधा ही परसना है। फिर मैंने उससे अपने चार नियमों का पालन और हर दो घण्टों पर छोटे-छोटे भोजन करवाना शुरू करवाया। तो सिद्धार्थ अति भोजन छोड़कर ठीक सही भोजन की ओर गया। (पुरूष सौभाग्यशाली हैं कि उनके पास प्यार करने वाली पत्नियाँ होती है ओर उनकी डाइट और व्यायाम में सहारा देने के लिए उनके साथ आखिर तक जाती है। शालू, सिद्धार्थ की पत्नी, रोज खाने के छः डिब्बे पैक करती थी और ड्राइवर, बाई और दफ़्तर के चपरासी को आदेश देकर रखती थी कि साहब को हर दो घण्टे में खाने की याद दिला दें। और यह सब कुछ वह अपनी गर्भावस्था की अवधि में, दो वर्ष के बच्चे की देखभाल के साथ-साथ करती रही।)

और क्या यात्रा थी। बिल्कुल बिना कसरत से सप्ताह में तीन बार की कसरत, रोज़ दो भारी भरकम भोजनों से दिन भर में सात हल्के फुल्के भोजन, 98 किलो से 82 किलो वज़न, 38 इंच से तीस इंच कमर, सिद्धार्थ बहुत दूर निकल आया है और उसकी भोजन की आदतें भी। आज वह अपने प्यारे बेटों के लिए दुनिया का सबसे फुर्त्तीला डैड, व्यापार में कहीं अधिक

सफल है और सबसे बढ़कर यह कि अब उसे अतिभोज में कोई रुचि नहीं रही, दोस्त और घरवाले अपनी आँखों पर भरोसा नहीं कर पाते जब देखते हैं कि वह दो चपाती पर रुक जाता है। 'इससे ज़्यादा अब मैं खा ही नहीं सकता,' वह कबूलता है, 'मेरा पेट सिकुड़ गया है।'

पेट पर काबू

पेट को सिकोड़ना सम्भव है क्या? हाँ, है। लेकिन इसके लिए आपको सिद्धार्थ की तरह अपनी खाने की आदतें बदलनी पड़ेंगी।

सबसे बड़ी कौन सी बात हमें सीखनी होगी? सबसे बड़ा पाठ, अतिभोज की हद पर पहुँचने के पहले रुक जाना है। सवाल यह कि अतिभोज की हद के पहले हम कैसे रुकें? और इस हद को हम कैसे पहचानें?

अतिभोज की हद अलग-अलग लोगों के लिए अलग-अलग होती है। और एक ही आदमी के लिए भी उम्र, तनाव, व्यायाम, दिन का वक्त, मौसम इत्यादि के अनुसार बदलती रहती है। लेकिन नहीं, आपके लिए अपनी हद की पहचान कोई जटिल काम नहीं है। इसके लिए आपको रक्त, मूत्र या मल का परीक्षण नहीं करवाना पड़ेगा।

हद के भीतर रहने का रहस्य है सिद्धार्थ की तरह छोटे-छोटे और बारम्बार भोजन। (आगे अध्याय चार, 'सही भोजन के चार सिद्धान्तों में इस विषय पर और) लेकिन छोटे से हमारा क्या मतलब है? पेट की नाप असल में दो हथेलियों के बराबर है। एक बार में जितना भोजन इसमें समा सकता है, वह आपकी दो हथेलियों के बराबर है। क्या आपने भिक्षा और भोजन के लिए अंजलि बाँधे हुए बौद्ध और जैन साधुओं के चित्र देखे हैं? एक आदर्श जगत में हमारे पेट को भोजन की इतनी ही मात्रा एक बार में मिलनी चाहिए। लेकिन लगातार अपनी क्षमता से अधिक खाते-खाते हम पेट को फैला कर इतना बड़ा कर देते हैं कि वह पचाने की क्षमता से अधिक भोजन लेने लगता है। इसीलिए मैं छोटे बारम्बार भोजनों की वकालत करती हूँ। पेट को जो चाहिए, उसकी एक खुराक दीजिए। जब उतना पचाने का काम यह पूरा कर

चुके, तब अगली खुराक दीजिए। अब भी आप अपने पेट को भरपूर खुराक दे रहे हैं, केवल खुद को खिलाने की प्रक्रिया को लम्बा कर रहे हैं। सिद्धार्थ अब भी अच्छा खासा खा रहा था और अपने प्रिय भोजनों में से उसने छोड़ा कुछ भी नहीं था लेकिन खाने की मात्रा कम करने और दिन भर में थोड़ा-थोड़ा करके खाने से उसने अपना अतिभोजन छोड़ दिया था। लेकिन हममे से ज़्यादातर लोग खाने की आदर्श मात्रा पर टिके नहीं रह पाएँगे। कम से कम शुरू में तो नहीं। अक्सर जब हम किसी दावत या रेस्तराँ में होते हैं तो यह हमारे बस में होता भी नहीं कि हमारी प्लेट में भोजन की कितनी मात्रा हो और जैसा कि मैंने कहा, आपकी हद इस पर निर्भर है कि आप जीवन के किस चरण में हैं, इसलिए अपनी हद में रहने की कुंजी यह है कि अपने भोजन पर ध्यान दीजिए। अपने खाने के एक-एक कण का आनन्द लीजिए, धीमे-धीमे ध्यानपूर्वक, और आपको स्वाभाविक रूप से अपनी हद मिल जाएगी। खुद को कुल यह सिखाने की ज़रूरत है कि पेट पर ध्यान दीजिए।

खाने की प्रक्रिया को देखिए। आप अपने हाथों से अपने भोजन को उठाते हैं, मुख में ले जाते हैं, और चबाते हैं, फिर आगे अन्दर अपने पेट में ले जाते हैं, जहाँ से यह अँतड़ियों की ओर यात्रा करता है। वहाँ इसे मथा जाता है और जो कुछ भी इसमें उपयोगी हो उसे उठाकर शरीर की कोषिकाओं को भेज दिया जाता है और जो कुछ अनुपयोगी है उसे मलद्वार से संस्थान के बाहर ठेल दिया जाता है। हम सब स्कूल में यह पढ़ते हैं।

तो खाना आत्मसात करने की प्रक्रिया है। अगर खाने में हमारी एक संवेदन-इन्द्रिय, रसना, नियुक्त है तो क्या अन्य इन्द्रियों को भी इस सारभूत प्रक्रिया को सहारा नहीं देना चाहिए? हमारे पास पाँच इन्द्रियाँ हैं जो हमारी पाँच संवेदनाओं की प्रतिक्रिया का निर्णय करती हैं : आँख, कान, नाक, जिह्वा और त्वचा। देखना, सुनना, सूँघना, चखना और छूना। ये ही औजार हैं जिनसे काम लेकर हम अपने आपको जान और समझ सकते हैं। इसकी बजाए हम इनको ध्यान भटकाने के काम में लाते हैं। हम सारा समय इनको बाहर के संसार पर एकाग्र किए रखते हैं। आँखे, टी.वी देखती हैं, कान फ़ोन

या स्पीकर पर आवाज़ सुनते हैं, त्वचा काँटा, चम्मच, की बोर्ड या रिमोट-कन्ट्रोल छूती है, और जिह्वा खाने के मीठे-नमकीन स्वाद में भटकी रहती है। हम खाने के अन्य स्वादों की ओर सुन्न बने रहते हैं।

हमें **मिताहार** का अनुभव सीखना चाहिए। वह क्या होता है? मित: मधुर और आहार : भोजन, या डाइट। मेरे विचार से डाइट शब्द का असली अर्थ मिताहार है।

नहीं, मैंने यह नहीं कहा, कि आपको चॉकलेट, पेस्ट्री, और मिठाई खानी चाहिए। मैं कहती हूँ कि भोजन को हमेशा एक 'मधुर' भावना की ओर ले जाने वाला होना चाहिए। जिस तरह आप कहें, 'ओह, कितना मीठा बच्चा,' या 'कितनी मीठी बात'; तो इसका अर्थ होगा कि इस बच्चे या बात का मेरा अनुभव सुखद रहा है। इसी तरह हमको अपना खाना उस हद के भीतर ही रखना सीखना है जहाँ तक भोजन का हमारा अनुभव मधुर या सुखद रहता है और जब तक हमारा शरीर ताज़ा और हलका महसूस करता है।

इस मधुरता या मिताहार का अनुभव करने के लिए हमको अपनी सारी इन्द्रियाँ लगानी पड़ेंगी: जिह्वा, नाक, आँखें, कान और त्वचा। इसलिए आप खाते समय अपने प्रिय धारावाहिक का आनन्द या विदेश के अपने मित्रों की खोज-खबर नहीं ले सकते। आपकी आँखों को आपके भोजन के रंग देखने चाहिए:सब्ज़ी का हरा, फलों का लाल, दाल का पीला, चपाती का हलका भूरा। नाक को खाने की खुशबू पर ध्यान देना पड़ेगा, त्वचा को खाने की कणिकता को महसूस करना होगा (तब आप चम्मच से नहीं खा सकते), कानों को वह 'मौन' सुनना होगा जो खाते समय आप धारण करते हैं। हमारे दिमाग़ को हमें यह बताने में समय लगता है कि हम खा चुके हैं। और जब तक हमें सूचना मिलती है तब तक दरअसल हम क्षमता से अधिक खा चुके होते हैं। भोजन का धीमे-धीमे अनुभव करना–मिताहार का सार–हमें हमारी देह और दिमाग़ के संसर्ग में रखता है। और इसका मतलब यह है कि हम हद तक पहुँच कर खुद रुक जाएँगे।

अरे नहीं, सुनने में जितना जटिल लगता है, असल में उसका आधा भी नहीं है। चलिए, फिर से देखिए। आँखें खाने का रंग देखती हैं, नाक खाने की खुशबू सूँघती है, त्वचा उँगलियों के द्वारा खाने के खानेपन को महसूस करती है, कान मौन को सुनते हैं और जीभ खाने के विविध स्वादों के लिए खुल जाती है। अब भी गले नहीं उतरा?

चलिए, वह वक्त याद कीजिए जब आपने ड्राइविंग सीखना शुरू किया था 'रँगीला' से प्रेरित, ड्राइवर-होना-चाहता एक गन्धाता हुआ आमिरखान एक फ़ालतू ब्रेक ओर क्लचवाली खटारा कार में आपके बराबर बैठा था। फिर उसने 'इंगलिश' में कहा था: 'न्यूटन, प्रेस क्लच, फर्स्ट गियर में डालो, और अब धीरे-धीरे क्लच छोड़ो।' आह, आपने कोशिश पर कोशिश की थी लेकिन हर बार जब आपने धीरे-धीरे क्लच छोड़ा, या तो इंजन बन्द पड़ गया था या फिर गाड़ी लगभग पाँच मीटर दौड़ कर घेंचती हुई खड़ी हो गई थी। लेकिन ज़्यादा से ज़्यादा आठ दिन बीते और आप गाड़ी को माखन की तरह चलाने लगते हैं। क्लच छोड़ने या ऐक्सीलरेटर दबाने में अब दिमाग़ लगाने की ज़रूरत नहीं लेकिन ड्राइविंग की कक्षा के पहले हफ़्ते में हम सब ख़ुद पर सन्देह की यातना सहते और उन लोगों के लिए संभ्रम का अनुभव करते हैं, जो कपड़े बदलने से ज़्यादा तेज़ गियर बदल लेते हैं।' मैं भी क्या कभी इस तरह गाड़ी चला पाउँगा? गतिरोधक पर तीसरे गियर से दूसरे गियर में जा सकूँगा? लेकिन इसके पहले कि आप जान सकें, आप तथाकथित अच्छे ड्राइवरों को पीछे छोड़ चुके होते हैं। ड्राइविंग आपकी दूसरी प्रकृति बन चुकती है आप अब गाड़ी चलाते हुए तेज़ संगीत सुन सकते हैं, (हालाँकि गैरकानूनी), अपने ब्लैकबेरी पर ईमेल टाइप कर सकते हैं, अपना मेक-अप सुधार सकते हैं, और अपनी कॉफ़ी का घूँट ले सकते हैं। लेकिन शुरू के दिनों में, जब आप अभी सीख ही रहे थे, सेल फ़ोन का बजना भी आपको नर्वस कर जाता था। मिताहार के साथ भी लगभग यही मामला है। शुरू में आपको अकेले में खाना और खाने पर अपनी सारी इन्द्रियों को लगाना पड़ेगा। यह करना आपके लिए ज़रूरी है क्योंकि आपको मिताहार का

अनुभव करना है, भोजन के साथ वह मधुर अनुभव, और उस पर रुक जाना सीखना है। ठीक उसी तरह आप अपने इंजन के गुरगुराते मीठे शोर पर रुकना सीख जाते हैं, जिसके परे आप ऐक्सीलरेटर नहीं दबाते और क्लच को छोड़ देते हैं। गाड़ी तब बढ़िया और चिकनी चलती है।

निर्देश

खाने के पहले

- अपने फ़ोन, टीवी और कम्प्यूटर का स्विच ऑफ़ कर दीजिए।
- अपने हाथ धोइए (साबुन का इस्तेमाल कीजिए)।
- एक सुन्दर साफ़ प्लेट में अपनी सामान्य ख़ुराक का आधा परोसिए।
- हो सकें तो पालथी मार कर बैठिए, नहीं तो खाने की अपनी सामान्य जगह पर।

खाते समय

- एक गिलास पानी पीजिए।
- खाना शुरू कीजिए।
- खाने को धीरे-धीरे ध्यानपूर्वक चबाएँ।
- खाना पूरे मुँह में घुमाएँ, जबड़े की केवल एक साइड से चबा कर न रह जाएँ।
- मुँह में जब तक भोजन है, तब तक प्लेट से अगला ग्रास न उठाएँ। (हाथ में या चम्मच में अगला ग्रास तैयार रखने का मतलब यह कि तेज़ी से खा रहे हैं और अन्ततः अधिक खा लेंगे।
- अपनी सारी इन्द्रियाँ लगा कर खाइए और सोचिए कि भोजन आपको भीतर से कैसे पुष्ट कर रहा है।
- अब अगर आप और खाना चाहते हैं तो बाकी बचे आधे में से अगला परोसा प्लेट में लीजिए, लेकिन पूरा मत ख़त्म कीजिए।

खाने के बाद

- उठने और चल देने की हड़बड़ी न करें। अपनी जगह पर थोड़ी देर बैठे रहें।
- अगर आपको अपने आप सब समेटना और सँभालना है तो अपनी प्लेट उठाइए और सिंक में छोड़ने के पहले पानी से धो दीजिए। (प्लेट पर सूखा हुआ खाना धोने के बाद भी कई बार प्लेट से चिपका रह जाता है और पेट के लिए तकलीफ़ पैदा कर सकता है।

शिशु और मिताहार

शिशुओं को इस बात का सहजबोध होता है कि कितना खाएँ और कब रुक जाएँ। इतना ही नहीं, खाने के लिए उनका समय बोध भी घड़ी की तरह चलता है। किसी भी नवजात की माँ से पूछिए। शिशु हमेशा अपने नियमित समय पर उठ ही जाता है, सुबह के चाहे दो बजे हों, या छ:। वे कभी अपने आहार का समय भूलेंगे नहीं, माँ के लिए चाहे यह कितना ही असुविधाजनक क्यों न हो! और एक बार पूरा पा लेने के बाद वे एक चुस्की भी अधिक लेने को तैयार नहीं। माँ अगर बच्चे को वक्ष से लगाए रखे तो भी वह चूसने, काटने, खेलने लगेगा, बूँद भर से अधिक नहीं पिएगा। बच्चे के आहार समय में कोई परिवर्तन हो तो निश्चित समझिए कि वह अस्वस्थ या बेचैन है।

मिताहार का अनुभव इस तरह होता है। शुरू-शुरू में सीखने के लिए अकेले मिताहार करने का ख़याल अच्छा है। और एक बार जब आप इसे लगातार करते हैं तो शरीर इसे एक सहज प्रतिक्रिया की तरह अपना लेता है। ड्राइविंग की तरह यह भी अभ्यास की बात है, और नियमित अभ्यास आपको पूर्णता की ओर ले जाएगा। तो समय के साथ आप तेज़ संगीत वाली जगहों पर, या लंच-मीटिंग में अपने मुद्दे सामने रखते हुए, दोस्तों के साथ गप्प मारते हुए, काँटे, चम्मच, चॉप्सटिक से खाना उठाते हुए या प्रेज़ेन्टेशन, टीवी या लैपटॉप को घूरते हुए खाते-खाते भी मिताहार के बिन्दु पर रुक जाना संभव पाएँगे। (हालाँकि ऐसी स्थितियों में खाने की सिफ़ारिश मैं नहीं

करती, क्योंकि जिस कला का विकास आपने किया है, यह उसका बेजा इस्तेमाल है और इसे न्यूनतम ही रखना चाहिए।)

प्लेट में खाना छोड़ना

हम सब यह मानते हुए बड़े हुए हैं कि प्लेट में खाना छोड़ना अशिष्टता और स्वयं अन्न देवता का अपमान है। बहुत बार हम अपनी थाली के खाने को ज़बर्दस्ती ख़तम करते हैं, भले ही इच्छा न हो या पेट पहले ही भर चुका हो (अति भोज की हद एक बार फिर पार)। थाल में खाना छूट जाएगा तो हर रात भूखे सोने वाले लाखों का अपमान नहीं होगा (जब आप भारत जैसे ग़रीब देश के वासी हों तो अशिष्टता और अन्न देवता के अपमान के अलावा यह एक और बात सारा खाना ख़तम न करने के साथ जुड़ी है। लेकिन पेट को भर-भर के ठूँसने से ग़रीबों का कोई भला नहीं होता (न कभी होगा), और आपका तो बिल्कुल नहीं।

एक स्वस्थ व्यक्ति समाज में परिवर्तन लाने में कहीं अधिक समर्थ है। हर रात भूखे सोने वालों के बारे में बहुत प्रबलता से महसूस करते हैं? अपने आपको स्वस्थ बनाइए और सामाजिक कार्यक्रमों में अपना समय (केवल धन नहीं), लगाना शुरू कीजिए। और हाँ, अगर पेट भर गया है तो खाना थाली में छोड़ दीजिए। मिताहार के नियमों का पालन कीजिए, थाली में थोड़ा-थोड़ा करके परोसने से शुरुआत कीजिए।

पोषक तत्त्वाहार बढ़ाने के पाँच बुनियादी नियम

ठीक है, दर्ज कर लियाः मौन पूर्वक एकान्त में, अपनी संगत का आनन्द उठाते हुए खाना चाहिए। अब अगला सवाल यह है कि क्या खाना चाहिए। इसका उत्तर मैं अगले अध्याय में दूँगी लेकिन इसके पहले यहाँ **पोषक तत्त्वाहार बढ़ाने के पाँच बुनियादी नियम** हाज़िर हैं। पोषक तत्त्व से मेरा मतलब कार्बोहाइड्रेट, प्रोटीन, फ़ैट, विटामिन, मिनरल और हाँ, पानी। इनमें से कार्बोहाइड्रेट, प्रोटीन और फ़ैट को बृहत्-पोषक कहते हैं क्योंकि हमारे शरीर को अधिक मात्रा में इनकी ज़रूरत होती है और विटामिन

तथा मिनरल को सूक्ष्म अथवा लघु पोषक कहते हैं क्योंकि शरीर को उनकी ज़रूरत लघुतर मात्रा में होती है। हमारे शरीर का 70 प्रतिशत जल है, इसलिए शरीर को इसकी ज़रूरत हर समय बनी रहती है।

1. ताज़ा पका हुआ खाना खाइए और पकाने के तीन घण्टों के भीतर-भीतर खा लीजिए। इसका मतलब यह कि अगले दिन के लिए खाना फ्रिज में न रखिए। पके हुए खाने को डीप फ्रीज मत कीजिए। मुझे मालूम है कि नियमित कामकाजी लोगों में से अधिकतर के लिए दोपहर का ताज़ा खाना लगभग असंभव है लेकिन कम से कम सुबह के नाश्ते और रात के खाने के लिए इस नियम को मान लीजिए और इसका दृढ़तापूर्वक पालन कीजिए। भारत के अधिकतर घरों में सुबह के समय कामवाली बाई आती है। तो इस सुविधा का इस्तेमाल कीजिए।
2. खाना जितने ही कम लोगों के लिए पकाया जाता है, उतना ही इसके पोषक तत्त्व सुरक्षित रहते हैं। लोग जितने ही ज़्यादा होते हैं, उतनी ही जल्दी खाने को पकाना भी शुरू हो जाता है, और जितनी ही अधिक पकने वाले खाने की मात्रा होती है, उतना ही अधिक तेल और ताप का इस्तेमाल आप करते हैं। इसीलिए रेस्तराँ के खाने की तुलना कभी घर के खाने के साथ नहीं की जा सकती । और इसीलिए अपने प्रिय सलाद-बार से बना बनाया सलाद ले लेने की बजाए अपने साथ खीरा टमाटर लेकर जाइए और आपके अपने 'चलने-को-तैयार' सलाद की तरह खाइए।
3. अपनी सब्जियाँ और फल टुकड़ों में काटने की बजाए साबुत खाइए, क्योंकि काटने पर उनकी सतह के विटामिन नष्ट हो जाते हैं। खुली सतह जितनी ही अधिक होगी उतना ही बड़ा पोषक तत्त्वों का घाटा भी होगा। इसलिए सेब, नाशपाती, आलूचे को टुकड़ों मे काटिए मत, पूरा खाइए। और अगर फल का आकार इतना बड़ा है कि काटना ही पड़ेगा, जैसे पपीता या खरबूजा तो काँटे से खाने लायक टुकड़ों में काटने की बजाए, बड़ी-बड़ी फाँकों में काटिए। फाँक को हाथों में पकड़ कर

खाइए और रस बहता है तो बहने दीजिए। चिपचिप और सौंद-सान बेशक होगी लेकिन आह! कितनी तृप्ति। सब्ज़ियों को कभी पहले से काट कर मत रखिए। सुपर-मार्केट से कभी भी कटे कटाए फल सब्ज़ियाँ मत खरीदिए। मान लीजिए कि इसका मतलब सड़ा-गला सामान खरीदना है। इसके अलावा इसका मतलब साथ में आने वाली पैकेजिंग को बर्बाद करना भी है। (और जूसर या मिक्सर में गूदा या जूस निकाल कर फल की हत्या मत कीजिए। रेशों को बचा रखने पर भी नहीं। फलों के जूस पर बॉक्स देखिए)।

4. अपनी आनुवंशिकी के लिए वफ़ादार बने रहिए और वही खाइए जो आप बचपन से खाते रहे हैं। अगर आप पंजाबी हैं तो अपना पराठा खाइए, तमिल हैं, तो इडली, वगैरह। जब आप माँ की कोख में थे उस वक्त से आपका शरीर कुछ भोजनों को खाने, पचाने और समाने का आदी रहा है। एक पंजाबी के सिवाय लगभग हर व्यक्ति छोले (चने) खाने के बाद पेट-खराब की शिकायत करेगा। इसके दो कारण है। अः दूसरे लोग छोलों (चनों) को उतनी अच्छी तरह पकाते नहीं हैं। बः उनके शरीर में छोलों (चनों) को पचाने वाले पाचक रसों की कमी होती है। हममें से अधिकतर विश्वग्राम के वासी लोग अब तरह-तरह का भोजन खाने लगे हैं। लेकिन अपनी आनुवंशिकी को प्रतिबिम्बित करने वाला कम से कम एक आहार रोज़ खाने की कोशिश कीजिए। मेरी सम्पादिका बंगाली हैं और माछेर झोल, भात खाकर बड़ी हुई है। लेकिन अब वह दिल्ली में रहती और उत्तर भारतीय खाना खाती हैं। मैंने उनसे कहा कि कोशिश करके माछ भात अधिक खाएँ क्योंकि आपकी जीन उसी भोजन को जानती और चाहती है।

5. जहाँ तक हो सके, स्थानीय उत्पाद और मौसमी भोजन खाएँ। जलवायु, ऊँचाई, नमी, हवा, मिट्टी वगैरह हमारे पाचन संस्थान को और भोजन के स्थानीय उत्पाद को प्रभावित करते हैं। आयुर्वेद में भोजन की आदतों और जीने के ढंग में ॠतु अथवा मौसम के अनुसार कतरब्यौंत के लिए

कहा गया है। लद्दाख में करीना ने मोमो खाए और उनसे भी वज़न घटने में मदद मिली क्योंकि 3500 की ऊँचाई पर लद्दाख में हवाएँ तेज़, मौसम बर्फ़ानी और रूखा है। अगर उसने वही मोमो आमची मुम्बई में खाए होते जो समुद्रतल पर, गर्म और नम है, तो वह मोटी हुई होती। गर्मियों में आम बहुत बढ़िया हैं। दिन में एक बार अपने आप में पूरे अल्पाहार की तरह खाइए और आपको पूरे मौसम के लिए क्षरण-रोधकों ('ऐण्टीऑक्सीडेण्ट्स') की आपूर्ति मिल जाएगी। उनको अपने फ़ण्डू फ्रिज में बरसात के लिए जमा कर रखिए पर उतना मज़ा आएगा ही नहीं: स्वाद में वे आधे भी नहीं होंगे और अपना अधिकतर पोषण खो चुके होंगें।

और छँठा नियम - शान्त मन:स्थिति

जीता जागता उदाहरण : मैंने और मेरी योगसंगिनी प्रेमा (उनका सांसारिक नाम स्टीफ़ानी है, वे पैरिस की एक निवेश बैंकर हैं) ने उत्तरकाशी के पास सिवानन्दा आश्रम में दो सप्ताह के सघन साधना शिविर के बाद हिमालय में गंगोत्री की तीर्थयात्रा का निश्चय किया। आश्रम में हमने दो सप्ताह तक लगभग नौ घण्टे प्रतिदिन सघन योगाभ्यास में गुज़ारे थे और बहुत अनुशासित जीवन जिया था।

आश्रम से लगभग सौ मील दूर गंगोत्री की तरफ़ ड्राइव करते हुए हम, गंगोत्री से तीस किलोमीटर पहले हरसिल पर रुके। अब यह हिमालय के भारतीय इलाके में सबसे ज़्यादा ख़ूबसूरत वादी है और मेरी सर्वदाप्रिय जगहों में से एक है। यात्रा में विश्राम ले कर, रात में टिकने का प्रबन्ध करते हुए हमने हरसिल में उगने वाले सेब के हज़ारों पेड़ों में से एक को देखा। सितम्बर का अन्त था। पेड़ अपने पूरे यौवन पर थे, पके लाल फलों से लदे और हरी-हरी पत्तियों से ढके। वह एक ताज़गी भरे फेनिल झरने के पास, साफ नीले आकाश और हिमालय की बर्फ़ानी चोटियों की पृष्ठभूमि पर खड़ा था। मैंने पेड़ के नीचे बैठी, चटनी बनाने के लिए सेब काटती, सुखाती

औरतों को देखा। 'क्या ये सेब बेचती भी हो?' मैंने एक से पूछा। उसने सिर हिलाया, हाँ। 'कितने में?' बीस रुपए किलो, उसने माँगा। हम इस बात से इतने खुश हुए कि वे सेब बेचने को तैयार थीं कि हम दोनो ने एक-एक किलो खरीदा। एक औरत ने झरने में दो सेब धोए और हमें खाने को दिए (मुफ़्त, क्योंकि हमने दो किलो खरीदे थे।)

मैंने सेब में अपने दाँत गड़ाए,...ऊऊह, आआह... सेब इतना कड़क और रसीला था और मेरे मुँह में ऐसे पिघल गया, मैंने अपनी कोहनी तक कुछ बहता महसूस किया, और देखने के लिए आँखें खोलीं (मैंने कभी इतना रसीला सेब नहीं खाया था जिसका रस कोहनी तक बह गया हो), तो मैंने प्रेमा का चेहरा देखा। उसके मुख पर भी परम आनन्द का वही भाव था जो शायद मेरे मुख पर रहा होगा। अगर कहीं ईश्वर है तो उस सेब में हमने ऐश्वर्य का दर्शन किया था।

थोड़ी देर बाद प्रेमा उस मौन को भंग कर पाई। हमने एक दूसरे से वादा किया कि अगर हमें दुबारा कभी ऐसा कोई अनुभव हुआ तो दूसरे को हम बताएँगे ज़रूर। मैं अपने मन में जानती हूँ कि वह पूरे जीवन में कभी एक बार मिल पाने वाला अनुभव था। और वैसे किसी अनुभव का दूर-दूर तक भी दुबारा मिल पाने का संयोग, बस दूर ही है।

शर्तिया, उस सेब में से पोषण के कण-कण को हम दोनो ने समोया था। हमने मिताहार के सारे नियमों का अनुपालन किया था। हमने उसे अपनी सारी ऐन्द्रिय संवेदनाओं के साथ खाया था। उसे हमने अपने हाथों में पकड़ा था; उसकी ताज़ा सेब जैसी खुशबू को सूंघा था; उसमें दाँत गड़ाते समय उसकी कुरकुरी आवाज़ को सुना था; उसके पके लाल रंग को देखा था; और हाँ, अपनी रसना से उसकी मिठास का स्वाद तो लिया ही था। आनन्द!

मिताहार के पाँचों नियमों के पालन और पाँचों ऐन्द्रिय संवेदनों के साथ खाने के अलावा एक और बड़ा कारण था जो हमें उस आनन्द की ओर ले गया: हमारी मानसिक स्थिति। दो सप्ताह से हम बाकी दुनिया से कटे रहे थे। भागीरथी के पास एक आश्रम में रहे थे (गंगा को देवप्रयाग में अलकनन्दा

में मिलने के पहले इसी नाम से पुकारते हैं), अपवादस्वरूप अतिशय अनुशासित जीवन जिया था, जल्दी जागे थे, जल्दी सोए थे, रोज़ योगाभ्यास किया था, आध्यात्मिक किताबें पढ़ी थीं, कर्मयोग (निःस्वार्थ कर्म) का व्यवहार किया था, बिना मसाले या बहुत कम मसाले का, बहुत ताजा वहीं उगने वाला भोजन किया था। अभी-अभी आश्रम से निकले होने की वजह से हमारी मानसिक दशा बिल्कुल शान्त थी। शान्त मनोदशा वस्तुतः हमारे भोजन का सारा पोषण समोने में हमारी मदद करती है। मेरी बात कैसी लगी? नीरस उपदेशी? अच्छा, तो यह लीजिए: शान्त मनोदशा वस्तुतः खाने को चर्बी में बदलने से रोकती है। हाँ अब कुछ बात बनी, है न? मनोदशा जब शान्त और सुयोजित रहती है, पाचक रसों का स्राव सही रहता है। इसका मतलब यह है कि अब आप आहार को ग्रहण करने के लिए, उसको घुलाने के लिए, पचाने और समोने के लिए तैयार हैं। तब आपका भोजन आपके भीतर गहराइयों में, उन सब ऊतकों और कोषिकाओं तक पहुँचने को तैयार है जिन्हें ऊर्जा की ज़रूरत है।

मन जब तनावग्रस्त, उत्तेजित, परेशान, उदास, नाराज़ और भटका हुआ रहता है, तो आपके पाचक रसों का स्राव बाधित हो जाता है। आप खाते तो हैं लेकिन पचाते या समोते नहीं हैं। क्योंकि आप मन में तनाव और परेशानी का अनुभव कर रहे हैं (जिसे आपका शरीर अपने जीवन के लिए ख़तरे की तरह देखता है), अधिकांश भोजन चर्बी में परिवर्तित हो जाता है (शरीर जब भी ख़तरा महसूस करता है, यही उसकी स्वाभाविक प्रतिक्रिया होती है)। तनाव (कारण : काम की अधिकता, आर्थिक स्थिति, रिश्ते, ट्रैफ़िक, नींद की कमी इत्यादि) शरीर में 'कोर्टिज़ोल' के स्राव का कारण बनता है। 'कोर्टिज़ोल' का काम कायाग्नि स्तर को नीचा रखना, चर्बी को दाह से रोकना और भोजन को चर्बी बनाने में मदद करना है। शरीर ने यह प्रतिक्रिया सूखा, बाढ़, अकाल जैसी विपत्तियों से लड़ने के लिए सीखी है। यही क्षमता मानवीय प्रजाति को गुफ़ापुरुष या गुफ़ानारी की जीवनविधि से आज की हमारी स्थिति तक के जीवन लाभ और विकास की ओर ले गयी। शरीर यह

तो नहीं नाप सकता कि कोई काम पूरा करने की अवधिसीमा, टूट-फूट, कर्जा-उधारी, क्या पहनें जैसी टुच्ची समस्याओं को लेकर तनाव की ऐसी भी क्या बात है, लेकिन अगर हम तनावग्रस्त हों तो उसे जीवन के लिए खतरे का सिगनल ज़रूर मान लेता है और खुद को बचाने में जी-जान से जुट जाता है। संरक्षण का तरीका है मोटापा। इसलिए जिन कोषिकाओं को ऊर्जा की ज़रूरत है वे वंचित रह जाती हैं और चर्बी के पहले से ही भारी भरकम कोष और भी भारी भरकम हो जाते हैं। अब आप खाने को नहीं खा रहे, खाना आपको खा रहा है।

लेकिन हम अनुशासित जीवन जीकर अपना कोर्टिज़ोल उत्पादन घटा सकते हैं-प्रतिदिन सूरज उगने के साथ जाग कर, दैनिक व्यायाम, आत्माभिव्यक्ति का माध्यम खोजकर, अपनी सारी इन्द्रियों को एक वक्त में एक ही वस्तु पर केन्द्रित रखकर (बेशक आदर्श स्थिति तो सही है। अन्तिम अध्याय में मैं बताऊँगी कि आदर्श को हम दैनिक जीवन का हिस्सा कैसे बना सकते हैं।) खाने के बारे में यह विशेष रूप से सच है। इसलिए खाते समय अगर आप शान्त मनोदशा चाहते हैं तो आप अपनी ऊर्जाओं का क्षरण नहीं होने दे सकते। आपकी सारी इन्द्रियाँ एक ही वस्तु पर केन्द्रित होनी चाहिए-भोजन। इस तरह आप खाने को खाएँगे (खाना आपको नहीं खाएगा); और अपने पाचक रसों को स्रावित करेंगे, और पोषण हर उस कोषिका तक पहुँचेगा जिसे ऊर्जा की ज़रूरत है, चर्बी में परिवर्तित नहीं होगा।

अग्नि और पाचन

आपकी अग्नि अथवा पाचक दाह को उद्दीप्त और उज्ज्वल जलना चाहिए। यदि यह अग्नि सक्रिय और सबल होती है तो आप अपने खाने का हर पोषण पचाते और समोते हैं और केवल इतना ही नहीं, अग्नि आपके भोजन को उसके विषाक्त अंशों से भी शुद्ध कर देती है। हमारी अग्नि की उज्ज्वलता मनोदशा पर निर्भर है। हिमालय के भारतीय क्षेत्र में यात्रा करते समय भले ही आपके हाथों में दुनिया भर की नकदी हो, एक शिविर से दूसरे शिविर तक जाते हुए आप कुल एक प्याला चाय खरीद सकते हैं (वह भी अगर किस्मत हुई तो)। लेकिन बेशक अपनी लम्बी गिरियात्रा पर आप अपने सहयात्रियों के साथ बिस्कुट, चॉकलेट वगैरह की साझेदारी करते हैं। फिर शिविर पहुँच कर जो कुछ पा जाएँ, सब खा जाते है–पकौड़ा, पराठा, सब कुछ। इसकी तुलना आप अपने न्यूयॉर्क अवकाश के साथ कीजिए। सारा दिन (फ़िफ़्थ अवेन्यू पर, और कहाँ?) खरीदारी करते हुए चलते रहे। खरीदारी, जब तक कि पड़ नहीं गए और फिर खाया, सावधानी से ही, लेकिन खाया तो सही (अब मान भी लीजिए, खरीदारी में थकान होती है, और आप का वज़न बढ़ गया है (क्या! फिर से?) और जो कपड़े आपने खरीदे हैं, आपको पूरे नहीं पड़ रहे। हिमालय की गिरियात्रा से लौटकर भी कपड़े आपको पूरे नहीं पड़ते लेकिन इसलिए कि आपकी नाप घट गई है।

आप न्यूयॉर्क में चलते हैं और आप हिमालय में भी चले थे। आपने न्यूयॉर्क में खाया और हिमालय में भी। अन्तर बेशक मनोदशा का था। शहर और खरीदारी हमारी इन्द्रियों को दसों दिशाओं में भटकाते हैं, पहाड़, नदियाँ, पेड़ आकाश उन्हें अंतर्मुख बनाते और हमें केन्द्रिकता का अनुभव कराते हैं। तो संवेदन जब शान्त होते हैं तो अग्नि अधिक उज्ज्वल जलती है, और इस तरह वह अधिक वसा का दाह करती है।

पोषक तत्त्व और कैलोरी का अनुपात: पनीर-पराठा पिज़्ज़ा से बेहतर क्यों

एक स्वस्थ संतुष्ट ज़िन्दग़ी के लिए कैलोरी ज़रूरी है। भोजन सबसे ज़्यादा महत्त्वपूर्ण काम यही करता है कि हमें कैलोरी अथवा ऊर्जा प्रदान करता है। बच्चा जन्म लेता है तो नाभिनाल कटने के बाद पहला काम (रोने के बाद) वह यही करता है कि कैलोरी के उपभोग के लिए माँ का दूध पीता है। जन्म लेते ही कैलोरी का उपभोग हमारा पहला काम है। इसलिए कैलोरी गिनना छोड़िए। जिस चीज़ की चिन्ता हमें करनी चाहिए (अगर करनी ही हो तो), वह यह कि क्या हम पोषक तत्त्वों और कैलोरी के बीच सही अनुपात रख रहे हैं या नहीं। सरल शब्दों में, हर कैलोरी, जिसका हम उपभोग करे, वह पोषण से भरपूर होनी चाहिए।

कसे हुए शरीर और बेहतर स्वास्थ्य स्तर पाने की कोशिश करने वाले किसी भी व्यक्ति के लिए सबसे अधिक व्यर्थ सवाल है 'कितनी कैलोरी?' (दूसरा सबसे व्यर्थ सवाल, 'मैं कितनी कैलोरी खर्च कर रहा हूँ?' तीसरा, 'मेरा वज़न क्या है?' चौथा, 'परोसा कितना बड़ा हो?' कैलोरी को मारो गोली। सचमुच।)

दुर्भाग्यवश, हमारे विकृत दिमाग़ों ने बिना किसी पोषण बहुत सी कैलोरी के उपभोग का तरीका खोज लिया है। हम अपने भोजन का इस हद तक शोधन करते हैं कि उसके सारे पोषक तत्त्व मर जाते हैं, रेशे नष्ट हो जाते है, (जो भोजन को राशि प्रदान करते है: क्या आपने कभी गौर किया कि भूरा (बिना पॉलिश का) चावल आप मुश्किल से कुछ ही ग्रास खा पाते हैं जब कि सफ़ेद चावल आप इस कदर ठूँसते चले जाते है कि जैसे कल नहीं होगा) विटामिन और मिनरल घट जाते हैं और भोजन शब्दश: खोखला रह जाता है। यह खोखल फिर ट्रान्स-फ़ैट्स, इमल्सीफ़ायर, प्रिज़र्वेटिव, सॉल्ट्स, शुगर वगैरह-वगैरह से भरा जाता है (आजकल तो इंस्टैंन्ट नूडल भी 'कैल्शियम, आइरन, प्रोटीन' से प्रबलित होकर आता है। प्लीज़, थोड़ा तो दम लेने दो।

यह तो मानो किसी स्त्री के साथ बलात्कार करने के बाद, उससे शादी कर के उस बलात्कार को उचित ठहरा दिया जाए।)

वसा के लिए शरीर की तैयारी

अगर कोई शादी, पार्टी, क्रिसमस या दीवाली की दावत आने वाली है जहाँ आपको वह पुडिंग, मोदक, लड्डू, जलेबी या खास मिठाई खानी ही पड़ेगी, तो क्या करेंगे? कह देंगे कि आप डाइट पर हैं और उस स्वादिष्ट मिष्ठान्न या मधुर समापन में से खुद को कुछ से वंचित रखेंगे? या पेट खराब होने का बहाना करेंगे? बदतर, कि दावत में पहुँचेंगे ही नहीं? नहीं भाई, यह तो बहुत बोर बकवास है। इस सबकी बजाए अपने सबसे अच्छे दोस्त अपने शरीर को बता दीजिए कि दीवाली है, या क्रिसमस, ईद, आपकी वर्षगाँठ, या पार्टी, वगैरह और आपको सामान्य से ज़्यादा खाना पड़ेगा। आपके शरीर को राज़दार बनना अच्छा लगता है, (किसे नहीं लगता) और इस सूचना के जवाब में पाचक रसों के अधिक स्राव से और पेट की ओर अधिक रक्त प्रवाह से वह आपकी कायाग्नि का स्तर बढ़ा देता है। तो अब आपका शरीर और मन दोनो भोजन और उसके साथ आने वाले कैलोरी के हमले के लिए तैयार हैं। क्योंकि आपने शरीर को यह विश्वास दिलाकर बेवकूफ़ नहीं बनाया कि आपको खाना नहीं है और अन्तिम क्षण में (अनजान शरीर को बिल्कुल अचानक पकड़ कर, और सामान्य अग्नि स्तर को झकझोर कर) मुँह को भर/ठूँस लिया। आपका शरीर भी फ़ालतू कैलोरियों का वसा के रूप में संचय न करके आपको पुरस्कृत करेगा। भोजन और तनाव वाला खण्ड याद है? अगर आप किसी भी प्रकार से चिन्तित हैं तो आप अधिकतम भोजन को वसा में बदल देंगे। तो उस सुस्वादु पेस्ट्री या गुलाबजामुन में प्रेम से दाँत गड़ाइए। शान्त मनोदशा किसी भी अति के लिए सबसे बढ़िया तैयारी है।

ध्यान रखिए कि आपका भोजन 'खोखला' और 'प्रॉसेस्ड' न हो; प्राकृतिक और पौष्टिक हो, जैसे पनीर, चीज, मूँगफली, मेवे, दूध, दही और साबुत अन्न। ज़रा विस्तार से कहूँ। अगर आपको 'स्थूलकारी' मूँगफली और वसामुक्त, रेशायुक्त बिस्कुट के बीच चुनाव करना हो तो आप क्या चुनेंगे? अगर

आपका विश्वास है कि विवाह से बलात्कार सही हो जाता है तो, बेशक बिस्कुट, नहीं तो मूँगफली चुनिए। 'गुड फ़ैटी एसिड्स' वाली आपकी मूँगफली न केवल आपका एच.डी.एल. या अच्छा 'कोलेस्ट्राल' बढ़ाकर आपके हृदय की रक्षा करेगी बल्कि प्रोटीन, विटामिन बी3, फ़ॉलिक एसिड, फ़ाइबर या रेशा, अर्गिनाइन जैसे एमिनो एसिड्स और उनके उच्चस्तरीय ऐण्टीऑक्सीडेण्ट्स आपकी त्वचा को ताज़गी, पाचन को मदद और देर तक रहने वाली ऊर्जा भी प्रदान करेंगे। हर कैलोरी से आपने पोषण का संचय किया है: यह अनुभव भर देने वाला है खाली करने वाला नहीं। प्रोटीन और रेशे से समृद्ध किया गया बिस्कुट आपको कुछ नहीं देता।

एक और उदाहरण। कम वसा या सामान्य वसा वाली चीज़ का पिज़्ज़ा खाकर खुश है, लेकिन पनीर पराठा से बचते हैं? पनीर-पराठा रेशे, ऐण्टीऑक्सीडेण्ट्स, ऐमिनो एसिड्स, फ़ैटी एसिड्स, कैल्शियम आदि मिनरल जैसे पोषक तत्त्वों से भरपूर है। तो कैलोरी की नज़र से पनीर पराठा खाने का मतलब शायद पिज़्ज़ा की दो या तीन स्लाइस खाने के बराबर हो। लेकिन डार्लिंग, पोषण की नज़र से पिज़्ज़ा खोखला है।

मेरा एक और प्रिय उदाहरण यह विचित्र व्यवहार है कि लोग इडली या डोसा के साथ नारियल की चटनी या नारियल के तेल में तले हुए केले के चिप्स खाने से तो बचते हैं लेकिन 'कम वसा वाले' या 'ट्रांसवसा' चिप्स खुशी-खुशी खाते हैं। अब दक्षिण भारतीय खाना खाते हुए आप चटनी क्यों छोड़ देते हैं? चटनी का नारियल इडली या डोसा के कार्बोहाइड्रेट में वसा मिलाकर उसके ग्लाइसीमिक इंडेक्स अर्थात उसके चर्बी में बदलने की गति को घटा देता है। इसके अलावा नारियल में एमसीटी अथवा मीडियम ट्राइग्लिसराइड होते हैं जो पाचन में मदद करते हैं और अग्नि के लिए लाभकारी हैं। एमसीटी का प्रयोग वज़न घटाने और शक्ति बढ़ाने वाले 'सप्लीमेन्ट' तत्त्वों की तरह किया जाता है क्योंकि उनका वसा की तरह संचय नहीं, ऊर्जा की तरह तुरन्त दाह होता है। और केले के चिप्स को नारियल के तेल में तलिए और बाज़ार में बिकने वाले 'प्रिज़र्वेटिव' से लदे चिप्स के बदले इन्हें

खाइए। बेशक मैं आदर्श रूप से कभी किसी को नियमित रूप से तला हुआ खाने की सलाह नहीं दूँगी, लेकिन कम से कम आपके केला चिप्स में वसा के साथ कुछ दूसरे तत्त्व भी तो है। **आखिरी बातः भोजन के बारे में सोचें तो पोषण की सोचे, कैलोरी की नहीं।**

पुरज़ा-पर्चा

- खाते समय ध्यान को खाने पर एकाग्र करना है। सही तरह से खाने का मूल-मंत्र : टी.वी. और मोबाईल फ़ोन का स्विच बंद कर दीजिये।
- सुबह सात बजे से दस बजे के बीच आप अधिकतम भोजन पचा सकते हैं।
- तनाव आपको मोटा कर सकता है।
- पिछली रात की बची हुई दाल, सब्जी में अगले दिन बहुत कम पौष्टिकता रह जाती है।
- सोचो जहान की, खाओ अपने थान की; चिन्नई में दोसा, लद्दाख में मोमों और इटली में पास्ता खाइये।
- अपनी आनुवंशिकी (जीन्स) के निकट रहिये: जहाँ तक हो सके वही भोजन खाइये जिसे खाते हुए आप और आपका परिवार बड़े हुए हैं।
- खाने में मनमानी करने वाले हों तो अपने शरीर को बता कर रखिये। जो फालतू वसा इत्यादि आप खाने वाले हैं, उससे निपटने में शरीर आपकी मदद करेगा।
- आपके लिये पिज़्ज़ा खाने से बेहतर है पनीर पराठा। किसी आहार में कितनी कैलोरी है, इससे ज़्यादा महत्वपूर्ण बात यह है कि उसमें कितने पोषक तत्व हैं।

3
क्या खाएँ : पुनर्विचार

अब हम जान चुके हैं कि खाया कैसे जाए। अगला सवाल यह है कि खाया क्या जाए। यह तो शायद सभी जानते हैं कि क्या नहीं खाना है। (मिठाइयाँ, तला-भुना वगैरह), लेकिन क्या-खाया-जाए को लेकर असमंजस है। यहाँ मैं इन सवालों का जवाब देने की कोशिश कर रही हूँ।

कार्ब के बारे में सब-कुछ

रोज़मर्रा के कामों में हमें जिस ऊर्जा की ज़रूरत होती है वह हमें कार्बोहाइड्रेट या शर्करा से मिलती है। इसके अलावा भी इसकी कुछ ज़रूरी भूमिकाएँ हैं।

- कार्ब्स डी.एन.ए. और आर.एन.ए. का संश्लेषण और रचना करती हैं।
- कोलेस्ट्राल जैसे हार्मोन और फ़ैटी एसिड्स का संश्लेषण करती है।
- शक्तिशाली ऐण्टी-ऑक्सीडेण्ट्स को उत्पन्न करके हमारे कोशाणुओं को क्षति से तथा बुढ़ा होने से बचाती है।
- शरीर की सफ़ाई करती है।
- हार्मोन तथा रोग-प्रतिरोध शक्ति को सक्रिय रखने में मदद करती है।
- रेशेदार तत्त्वों के द्वारा अँतड़ियों को सक्रिय और पाचन को नियमित रखती है।

और सबसे ज़्यादा ज़रूरी यह कि मस्तिष्क के कोशाणुओं तथा न्यूरॉन्स को काम करने में मदद करती है। **कार्बोहाइड्रेट्स के बिना शरीर काम तो कर सकता है, लेकिन सोच नहीं सकता।** हम सभी ने इसका अनुभव किया है। अगर हम भूखे हों या बहुत देर तक न खाया हो, तो हम चिड़चिड़े

और तुनकमिजाज़ होजाते हैं, और सामान्यतः अपने होशो हवास और विवेक तक खो बैठते हैं।

कार्बोहाइड्रेट्स सभी प्रकार के वनस्पतीय भोजनों में पाए जाते हैं-फल, सब्जियाँ, अनाज, फलियाँ इत्यादि और दूध तथा दूध के उत्पाद। (माँस और माँस के उत्पादों में नहीं होते)। कार्बोहाइड्रेट्स दो वर्गो के होते है, हम सब इतना जानते हैं-साधारण कार्बोहाइड्रेट और जटिल कार्बोहाइड्रेट। इतना और जानने व समझने की ज़रूरत है कि कार्बोहाइड्रेट का एक वर्गीकरण इनके ग्लाईसीमिक इण्डेक्स (जी.आई.)[1] तथा ग्लाईसीमिक लोड (जी.एल.) के अनुसार भी होता है।[2] ग्लाईसीमिक इण्डेक्स के अनुसार कार्बोहाइड्रेट्स के वर्ग इस बात से तय होते हैं कि वे हमारे रक्त में कितनी जल्दी ग्लूकोज : और इंसुलिन के स्तरों को बढ़ाते हैं। 'हाई जी.आई.' या तुरत कार्ब खून में ग्लूकोज़ के स्तर को बहुत तेज़ी से बढ़ाते हैं जबकि 'लो जी. आई.' या मन्द कार्ब धीमी गति से क्रमशः ऐसा करते हैं। 'हाई जी. आई.' वाले खाद्य-पदार्थ तेज़ी से चर्बी में बदल जाते हैं, 'लो जी. आई.' वाले खाद्य पदार्थ चर्बी की तरह शरीर में जमने की बजाए ऊर्जा के रूप में इस्तेमाल होने की ज़्यादा संभावना रखते है।

ग्लाईसीमिक इण्डेक्स और भोजन के अंश अथवा परोसे के आकार पर ग्लाईसीमिक लोड आधारित होता है। किसी खाद्य के कार्ब-तत्त्व को उसकी ग्लाईसीमिक इण्डेक्स के साथ गुणा करके 100 से भाग दे दो, ग्लाईसीमिक लोड मिल जाएगा। एक बार के आहार में लिए गए सभी खाद्यों का कुल ग्लाईसीमिक भार जी. एल. अथवा ग्लाईसीमिक लोड कहा जाता है। अर्थात अगर आप बड़ी मात्रा में 'लो जी. आई.' पदार्थो का भोजन करते हैं तो शरीर पर उनका वही प्रभाव होगा जो 'हाइ जी. आई.' की छोटी मात्रा के भोजन से होता है।

---

1. जी.आई. : रक्त में शर्करा के घुलने की गति
2. जी.एल. : रक्त में शर्करा की नाप और भार

कार्बरहित और कम कार्ब युक्त भोजन को लेकर होहल्ला तो बहुत हो रहा है लेकिन कार्ब छोड़ना या घटाना क्या समझदारी की बात है? अगर आप भारतीय हैं तो नहीं, बिल्कुल नहीं! भारतीय आहारों मे कार्बोहाइड्रेट्स की मात्रा हमेशा से ज़्यादा रही है। वेब पर खोजिए, ग्लाईसीमिक इण्डेक्स और ग्लाइसीमिक लोड के बारे में आपको एक ख़बर-ख़ज़ाना मिल जाएगा लेकिन क्या यह ख़ज़ाना जीने का एक सेहतमन्द ढंग अपनाने और तन्दुरुस्त बना रहने में हमारे किसी काम का है? उल्टा लोग, मैंने देखा है कि जिसे मैं 'डाइट-अतिसार' कहती हूँ, उसके शिकार हो जाते हैं। उनको एक दूसरे से उलटी और उलझाने वाली इतनी सूचनाओं का ढेर मिलता है कि वे न पचा पाते हैं, न समो पाते हैं। अंततः उनका सारा पढ़ा लिखा ग़ायब या बेकार हो जाता है। बच रहता है मानसिक थकावट का अहसास। और फ़ैसला फिर भी नहीं हो पाता कि कार्ब्स उन्हें खाने चाहिए या नहीं।

ठीक इन्हीं वजहों से इस किताब के केन्द्र में साधारण व्यवहारबुद्धि या अक्लमन्दी को रखा जा रहा है जो अनिल अम्बानी के हिसाब से दुनिया की सबसे अधिक असाधारण वस्तु है। कार्बोहाइड्रेट्स हमारे शरीर को ज़रूरी पोषण और रेशे देते हैं। रेशों से रक्तधारा में शर्करा के प्रवेश की गति धीमी होती है और भोजन का ग्लाईसीमिक इण्डेक्स घट जाता है। रेशे पेट को भरे होने की तृप्ति भी देते हैं और पाचन व पेट की सफ़ाई में मदद भी।

सही कार्बों का चुनाव

तो, मैं क्या कहने की कोशिश कर रही हूँ? अगर आपको अपनी सेहत की चिंता है तो कार्ब खाइये। कार्बोहाइड्रेट के जो काम ऊपर गिनाये गये है और जिनको आपने जीव विज्ञान की कक्षा में पढ़ा है उनके अलावा वह चर्बी के ज्वलन करने का काम करती है और चर्बी को तो हम सभी जलाना चाहते हैं, है ना? **दरअसल कार्ब के बिना ऊर्जा के लिये चर्बी का इस्तेमाल नहीं हो सकता।** इसलिये रोटी, चावल, डोसा, इडली, पोहा, उपमा या पराठा

अपनी प्लेट में वापस रख लीजिये।

सिर्फ इस बात का ध्यान रखिये कि मंदगति कार्ब का चुनाव करें। रेशेदार कार्बो में जी.आई. मंद होती है; सफ़ेद चावल और भूरे चावल को देखें तो दोनों में अंतर रेशा-तत्व के कारण है। भूरे चावल में रेशे की मात्रा पूरी-पूरी है इसीलिये इसमें पोषक तत्वों की अधिकता और चर्बी को भस्म करने के बेहतर गुण होते हैं। दूसरी ओर सफ़ेद चावल ने शोधन की प्रक्रिया में अपना सारा पोषण और रेशा तत्व गवाँ दिया है इसलिये यह **जी.आई.** में बढ़कर और चर्बी को भस्म करने में घटकर होता है। मंद गति **जी.आई.** वाले अन्य पदार्थ हैं : ज्वार, जौ, बाजरा, नाचणी, राजमा, साबुत गेहूँ और दालें। सब मिठाईयाँ, बिस्कुट, डिब्बा बंद जूस, शरबत, जैम और जेली में तीव्र गति **जी.आई.** की ऊँची मात्रा होती हैं क्योंकि इनमें रेशा बिल्कुल नहीं होता। इनसे मिलने वाली शर्करा को हमारा शरीर आनन-फानन में चर्बी में बदल देता है इसलिये एक सामान्य सिद्धान्त की तरह मंद गति **जी.आई.** आहार पर ही निर्भर कीजिये। **केवल व्यायाम के तुरन्त बाद ही आपका शरीर तीव्र गति जी.आई. आहार ग्रहण कर सकता है क्योंकि तब उसे तत्काल शर्करा की ज़रूरत होती है।**

अब आप उस सारी सूचना का इस्तेमाल कैसे करेंगे जो आपने ग्लाईसेमिक भार के बारे में पाई है? अगर आप जमकर भूरा चावल खाते हैं तो मंद गति **जी.आई.** के बावजूद आपके भोजन का जी.एल. (ग्लाईसेमिक लोड अथवा भार) बढ़ जायेगा क्योंकि आप एक बार के भोजन में ही बहुत सारी कार्ब हज़म कर चुके होगें। यह फिर भोजन को चर्बी में बदल देगा क्योंकि फिर एक बार में शक्कर का भार बहुत अधिक हो जायेगा इसलिये अक्ल से काम लीजिये। एक बार में भरपूर मत खाइये क्योंकि यही आपके लिये बेहतर है। हमेशा अपने पेट की सुनिये और सजग रहिये कि अत्याहार या अतिभोज की हद के पार न जायें।

आज़ादी की लड़ाई में कार्ब

अंग्रेज़ी शासन काल में शासन के विरुद्ध सीधा प्रचार संभव नहीं था। स्वतंत्रता सेनानी अपने संदेश का प्रसार करते हुये आध्यात्मिक गुरुओं, नर्तकों, नाटक मंडलियों, गायकों आदि के रूप में घूमते रहते थे। मेरे पितामह राज के ख़िलाफ एक पुराना मराठी गीत हर बार गाया करते थे, जब भी मैं उनकी चाय में अपना मेरी बिस्कुट डुबोती (उनके पास हर बात के लिए एक गीत था: सुबह जगाने के लिये, सुलाने के लिये, चिल्लपों से निपटने के लिये, कपड़े पहनाने के लिये, किसी उत्सव में जाने के लिये, होमवर्क कराने के लिये)-पाव, बिस्कुट, खानूनी बनला, बनला दारूबाज़ परकयाँ च्यां लता खता पर नाहीं तुम्हां लाज, नका नका नका हो सोडो परवसता।

(श्री राज ठाकरे की इज़ाज़त के बिना) हिन्दी में इसका शिथिल अनुवाद इस तरह होगा : तुम खाओ ब्रेड और बिस्कुट और हमलावर (अंग्रेज़) की तरह बनो दारूबाज़, खाओ उनकी लात, पर नहीं तुमको लाज, बपौती को अपनी रखो संभाल। यह गीत बताता है कि अंग्रेजों ने भारतीय भोजन पद्धति को कैसे प्रभावित किया और कैसी भव्य शैली में पाव बिस्कुट का परिचय कराया। डबलरोटी, बिस्कुट, शराब हानिकारक तीव्र-गति कार्ब हैं जो मस्तिष्क को कोई पोषण नहीं देते। भारतीय मस्तिष्क भी पौष्टिकता से वंचित हुआ और आसानी से गुलामी की स्वीकृति की ओर गया। शोधित किया हुआ भोजन मतिमंदता और आलस्य का कारण है। जब कोई खाने में (जमुहाने में नहीं) आप की नकल करने लगे तो जान लीजिये कि आपने उसे पूरी तरह से पराजित कर दिया है। बेशक आजकल हम सब 'सरहदें ही क्यों?' की दिशा में बढ़ना चाहते और (रॉक ऑन में) फरहान अख्तर की तरह सोचना चाहते हैं लेकिन उस ज़माने मे यह गीत प्रासंगिक था और कोंकण में इसने बहुतों के मर्म को छुआ था।

एटकिंस ऐटीट्यूड और सदर्न बिच

पश्चिम में कार्बों को बहुधा रेशा-रहित करके खाया जाता है: उनकी ब्रेड,

केक, पास्ता, पिज़्ज़ा सभी में मैदा इस्तेमाल होता है। पश्चिमी भोजन में दाल–सब्जी (दोनों पदार्थ रेशेदार हैं) की धारणा प्रायः नदारद ही रहती है। सब्जियाँ अगर शामिल भी होती हैं तो सलाद क्रोटन या मोटापा लाने वाली ड्रेसिंग में ढकी मुंदी होती हैं। उनके भोजन में अच्छे मंद गति कार्बों की मात्रा तथा रेशे का तत्व नाम के वास्ते ही होते हैं सीरियल को भी भूसी उतार कर और चीनी चढ़ाकर प्रस्तुत किया जाता है। एटकिंस डाइट और साउथ बीच डाइट बड़े पैमाने पर हिट हुईं क्योंकि इनको अपनाने का मतलब बेगल, पिज़्ज़ा, पास्ता, मफिन इत्यादि भोजनों का त्याग था जो शरीर को कोई पोषण नहीं देते। लोगों ने इससे अपना वज़न घटाया, लेकिन अफसोस की बात यह है कि साथ में सेहत भी घटा बैठे। इन डाइटों में कार्बों पर इतनी सख़्त रोक लगाई गई थी कि इसकी वज़ह से डाइट पर जाने वालों के लिए रोज़ का कामकाज और सोचना–समझना भी मुश्किल हो गया था। वास्तव मे एटकिंस ऐटीट्यूड के बारे में यह तथ्य अच्छी तरह दर्ज और प्रमाणित हैं। कार्बों की मात्रा भोजन में कम होने का नतीज़ा यह होता है कि सेरोटोनिन कम हो जाता है। सेरोटोनिन मस्तिष्क में एक न्यूरोट्रांसमीटर है जिससे प्रसन्नता, संतुष्टि और भले चंगे होने का अहसास मिलता है। एटकिंस ऐटीट्यूड आपके मूड के 'दक्खिन' (यानि कि खराब) हो जाता है। 'साउथ बीच' की तुक 'साउथ बिच' से मिलती है (इस डाइट पर जाने वाली स्त्रियों के साथ यही होता है)। चिड़चिड़ाहट, बेचैनी, उदासी और व्यग्रता स्त्रियों में विशेष रूप से समान लक्षण बन जाते हैं क्योंकि उनके शरीर में ऐसे हार्मोन होते हैं जिनका संतुलन कम कार्ब वाले भोजन के कारण भंग हो जाता है और सब कुछ उलट–पलट जाता है । इससे भी बढ़कर बुरा तो यह है कि इस सारी कवायद के बाद भी जितना वज़न खोया था वह वापस आ जाता है, और वह भी दुगुना होकर। पूरे भारी भरकम डाइट–ड्रामा के अंत में जो सचमुच खो जाता है वह है आपका आत्मविश्वास और अपनी मूल्यवत्ता का अहसास।

एटकिंस ऐटीट्यूड से उबरने के लिये आहारविद् भारतीय आहार में प्रयुक्त संश्लिष्ट मंद–गति कार्ब लेने की सलाह देते हैं (भारतीय विदेश में भी

भारतीय भोजन ही करते हैं। भोजन और उसके अद्भुत साहचर्य की मदद से कैलगिरी में पिंड, न्यूजर्सी में सूरत, क्वीन्स में अहमदाबाद और ओमान में कोचीन रच लिया जाता है। लेकिन मेरे भारत महान् के वे राजा और रानी (वे पुरुष और स्त्रियाँ जो जीवन के बारे में ज़रूरी सारी सूचनाओं और मनोरंजन के लिए गूगल पर भरोसा करते हैं, उसकी एक खिड़की हमेशा खुली रखते और बेसब्री से ऐसी किसी चीज़ की तलाश करते रहते है जो उन्हें हर हाल में जाननी चाहिये) आँखें मूंदकर पश्चिम के अल्पकार्बीय भोजन की ख़ब्त की नकल में लगे, लेकिन हॉलीवुड के सितारे की तरह (ऐसा ही अल्प कार्बीय भोजन का वायदा था, समझे ना?) लगने की बजाय पिचके-पसरे पिज़्ज़ा की तरह लगते हुये पाये गये। अपनी अक्ल का इस्तेमाल कीजिये, कार्ब को अलविदा कभी मत कहिये। खासतौर से उन आहारों में, जो आप घर में खाते हैं, जहाँ आप चक्की का आटा इस्तेमाल करते हैं और गर्मा-गरम नाश्ता करते हैं। कार्ब चर्बी भस्म करने में आपकी मदद करते हैं, आपकी अंतड़ियों को साफ़ रखते हैं, अफ़ारा घटाते हैं और अग्नि को प्रबल बनाते हैं (क्योंकि वे सबसे अधिक महत्वपूर्ण विटामिन बी भी प्रदान करते हैं जो भोजन को ऊर्जा में बदलता है)।

भारत में हों या कहीं और, भारतीयों के एजेंडा पर कार्ब से कतराना महत्त्वपूर्ण गिनती पर नहीं होना चाहिये। भारतीय भोजन पर नज़र डालिये: पोहा, उपमा, पराठा, इडली, डोसा, ढोकला, चावल, दाल रोटी, सब्जी, राजमा, छोले इत्यादि। हमारे ज़्यादातर कार्बोहाइड्रेट का शोधन नहीं किया जाता, उनके खनिज तत्व, विटामिन बी और रेशे बरक़रार रहते हैं। उसके अलावा, अपने खाना पकाने की विधि को भी देखें तो हर चीज़ में एक या दो चम्मच घी/तेल में सरसों, जीरा जैसे किसी बीज का तड़का या छौंक लगाई जाती है। (जो भोजन में अनिवार्य फैटी एसिड, खनिज, विटामिन और रेशा तत्व का इज़ाफ़ा कर देते हैं)। तड़के में घी या तेल जैसी चिकनाई जुड़ने से भोजन की जी.आई. घट जाती है। भारत में हम जो भी आहार प्राथमिक रूप से प्रयोग में लाते हैं उन्हें पकाने की हमारी जो विधियाँ हैं और भोजनों के

हमारे जो संयोजन हैं, सब मिलकर भोजन में ग्लाईसेमिक इंडेक्स को घटाने और रेशा तत्व को बढ़ाने में योग देते हैं।

अब अगर हम भारतीय विधि से खा रहे हों, फर्श पर चटाई बिछाकर पालथी या सुखासन की मुद्रा में बैठकर, अपनी प्रार्थनाएँ कहते हुये (भारत एक संस्कृतिबहुल और धार्मिक देश है, और सभी धर्म भोजन के पहले प्रार्थना का निर्देश देते हैं) जहाँ हम अपना भोजन ईश्वर को निवेदित करते हैं और बाकी बचे हुये को प्रसाद या ईश्वरीय आशीर्वाद की तरह ग्रहण करते हैं, तो हम सुपर डुपर दुबले और चंगे बने रहेंगे। तो अधिक रेशातत्व वाला कार्बोहाइड्रेट जितना हो सके खाइये और बिस्कुट, केक, पेस्ट्री, पिज़्ज़ा तथा कम रेशे वाली कोई भी चीज़ त्याग दीजिये। इस खंड के अंत में मैंने ऐसे कार्बों की सूची दी है जिन्हें आप बेपरवाह होकर खाइये और ऐसे कार्बों की भी एक सूची जिन्हें आपको आदर्श रूप से तो अपने आहार से निकाल ही देना चाहिये या फिर घटा देना चाहिये।

इस बात पर जितना भी ज़ोर दिया जाये कम है कि 'खाओ लोकल, सोचो ग्लोबल' अथवा 'खाओ अपने थान की, सोचो जहान की'। पंजाब की महान् धरती के पंजाबी पुत्तर आलू का पराठा सिर्फ सुबह के नाश्ते में खाते हैं, दिल्ली, मुम्बई और बंगलौर के लोगो की तरह डिनर में नहीं (जहाँ पराठे को वज़न बढ़ाने के लिये कोसा जाता है)। दक्षिण भारत में बग़ैर पॉलिश का चावल खाया जाता है जिसमें ब्रैन (ऊपरी परत) रेशा और विटामिन बरक़रार रहते हैं। लेकिन एक बार शहर पहुँचिये तो पॉलिश वाले सफ़ेद चावल मिलेंगे, इतने सफ़ेद कि आपके हीरे भी मात खा जायें।

टाईप 2 मधुमेह

मधुमेह की चपेट में आने का ख़तरा भारतीयों के लिये अधिक है। यह इंसुलिन के प्रतिरोध का परिणाम है। इंसुलिन के प्रतिरोध का कारण तनाव, मोटापा और निष्क्रियता के अलावा हानिकारक अथवा शीघ्रगति कार्बों का अत्याधिक उपयोग है। इस स्थिति पर बड़ी आसानी से काबू पाया जा सकता है। इसके लिये एक बार के आहार में ग्लाईसेमिक भार की मात्रा को घटाना होगा, अर्थात दिन में कई बार थोड़ी-थोड़ी मात्रा में खाना और मंद गति जी.आई. कार्बों को ग्रहण करना चाहिये।

आहार के पाचन में पक्वाशय (पैनक्रियाज़) की भूमिका महत्वपूर्ण होती है। इसके पाचक स्राव (एन्ज़ाइम्स) छोटी आंत में चर्बी, स्टार्च और प्रोटीन को घुलाते हैं। पक्वाशय की बीटा कोशिकायें इंसुलिन तथा ग्लाईकोजिन का उत्पादन करती हैं, जिससे शर्करा का स्तर गिर जाता है। जब रक्त में शर्करा स्तर बढ़ जाता है तो बीटा कोशिकाएँ इंसुलिन का स्राव करती हैं जो शरीर की कोशिकाओं को ग्लूकोज़ को ज़ज्ब करने के लिये उत्तेजित कर देती है और ग्लूकोज का स्तर नीचे आ जाता है। यह लीवर को यह निर्देश भी देती है कि ग्लूकोज़ को ग्लाईकोजिन (भंडारित ग्लूकोज़) के रूप में संचित करे। जब ग्लूकोज़ स्तर एक निश्चित बिंदु अथवा अभीष्ट सीमा के नीचे चला जाता है तब अल्फा कोशिकाएँ ग्लाइकोजिन का स्राव करती हैं जो लीवर को संदेश देता है कि ग्लाईकोजिन को पुनः ग्लूकोज़ में बदल दे। पक्वाशय के ये दोनों स्राव रक्त में ग्लूकोज़ के स्वस्थ स्तर को कायम रखते हैं। तीव्रगति जी.आई. अथवा शोधित कार्ब के उपभोग से रक्त में ग्लूकोज़ का स्तर तीव्रता से बढ़ जाता है, बाद में पुनः तीव्रता से घट भी जाता है; जो इन दोनों अत्यन्त संवेदनशील स्रावों पर अतिरिक्त बोझ डाल देता है और मोटापे का कारण बनता है, पेट के आसपास ख़ासतौर से। एक लंबे अर्से तक ऐसा होता रहे तो ये हार्मोन रक्त के शर्करा स्तर के प्रति अपनी संवेदनशीलता खो बैठते हैं इसी को इंसुलिन के लिये असंवेदनशीलता अथवा तनाव द्वारा उत्पन्न टाईप 2 मधुमेह कहा जाता है।

नुकसान पर नियंत्रण : अपना गुलाब जामुन खालो और बचा भी लो

मिष्ठान्नों में ग्लाईसेमिक इंडेक्स की दर ऊँची होती है क्योंकि उसमें हर चीज़ शोधित है: चीनी और मैदा। तो क्या आपको इनसे पूरा परहेज़ करना चाहिये? डाइट प्लान शुरू करने के पहले मेरे बहुत से ग्राहक पूछते हैं: 'इसका मतलब क्या यह है कि अब हम अपने ब्राउनी, गुलाब जामुन, पिज़्ज़ा, बर्गर कभी नहीं चख पायेंगें?' जवाब यह है: आप इत्मीनान से अपना ब्राउनी, गुलाब जामुन वगैरह मोटापे के बिना खा सकते हैं लेकिन दो बाते हैं: सप्ताह में एक बार से अधिक न खायें (आपको अधिक से अधिक इतने की ही इजाज़त है) और इन्हें किसी भोजन के साथ न खायें। एक शाही भोज के बाद केक या मिष्ठान्न का पक्का परिणाम चर्बी में बदलना ही है क्योंकि ग्लाईसेमिक इंडेक्स और ग्लाइसीमिक भार दोनों ही इस वक्त ऊँचे स्तर पर हैं। लेकिन अगर आपको पूरी चाशनी समेत गुलाब जामुन खाना है और आप एक से अधिक न खाने के लिये खुद को अनुशासित कर चुके हैं तो आप इसको एक स्वयंपूर्ण आहार की तरह खाइये। इस तरह ग्लाईसेमिक इंडेक्स की ऊँची दर ग्लाईसेमिक भार की नीची मात्रा से संतुलित हो जायेगी और इस बात की संभावना बढ़ जायेगी कि आपका शरीर मिठाई के आनंद को चर्बी में तब्दील नहीं करेगा। वास्तव में यही संभावित है कि यह चर्बी में तब्दील नहीं होगा, अत: आप अपना पिज़्ज़ा खाइये लेकिन एक टुकड़े के बाद रूक जाइये। जहाँ ग्लाईसेमिक इंडेक्स की दर ऊँची हो वहाँ भार घटा दीजिये। मैं पहले भी कह चुकी हूँ ऊँची जी.आई. दर वाले आहार को खाने का सबसे अच्छा समय व्यायाम के फौरन बाद है।

फल कब खायें

फल खाने का समय उपवास की दशा अथवा लीवर का भंडार खाली होने पर है: अतः सुबह के समय खाली पेट, या व्यायाम के फौरन बाद। इसके अतिरिक्त शेष समय में शरीर फ्रक्टोज़ को ट्राईग्लाईसेराइड में बदल देता है (यह पहले अध्याय में स्पष्ट किया जा चुका है)। इसलिये मैं फलों के रस की शौकीन नहीं। फलों के रस एक फल के परोसे की तुलना में आपको न केवल चार पाँच गुना अधिक फ्रक्टोज़ देते हैं बल्कि ये रेशा रहित होने कारण फल के गुण से रिक्त भी होते हैं इसलिये अपना फल सुबह-सुबह सबसे पहली चीज़ की तरह खाइये-लेकिन सुबह के नाश्ते के पहले, उसके साथ नहीं।

मदिरा

मादक द्रव्य शरीर के लिये एक विजातीय तत्व हैं इसलिए मदिरा में कैलोरी गिनने के बजाय याद रखने की पहली बात यही है (वैसे कार्बोहाइड्रेट की प्रति ग्राम सात कैलोरी की तुलना में यह दुगनी होती है)। इसलिये हम जब भी किसी प्रकार की मदिरा का पान करते है, शरीर तुरन्त चर्बी भस्म करने की प्रक्रिया पर रोक लगा देता है और मदिरा का चयापचय (मेटाबॉलाईज़) करने के काम में लग जाता है क्योंकि उसे विजातीय तत्व से छुटकारा पाना है। इसलिये शरीर न केवल एक उच्चत्तर कैलोरी वाला पदार्थ ग्रहण कर रहा है बल्कि उसी समय पर चर्बी भस्म करने की प्रक्रिया पर रोक भी लगा रहा है। याद रखने लायक दूसरी बात यह है कि मदिरा से शरीर में एस्ट्रोजन बढ़ जाता है इसीलिये नशे में धुत पुरुष ठेठ 'औरताना' हरकतें करते दिखाई देते हैं, जैसे भावुक हो उठना, रो पड़ना, खिलखिल करना और ऊँची आवाज़ में बोलना। मदिरा का नतीजा 'बियर बेली' भी है। स्त्रियों में प्राकृतिक रूप से पेट पर अधिक चर्बी होती है। पिंड वहीं पलता है: यही प्रकृति का उद्देश्य है, और एस्ट्रोजन पुरुष में इसकी पुनरावृत्ति कर देता है। रोचक बात है कि स्त्रियाँ एस्ट्रोजन के कारण ही पुरुषों की तरह मदिरा पान नहीं कर सकती है। अब क्या आप आज रात भी मदिरापान करेगें? जारी...

अगर हाँ, तो ध्यान रखिये कि पहले कुछ खा लें। पेट में भोजन हानि को सीमित रखने के लिये एक आड़ का काम करेगा। इसके अतिरिक्त हर गिलास/पेग/परोसे के बाद कम से कम दो गिलास पानी पियें। मदिरा के इतना अधिक ख़तरनाक होने का एक कारण यह भी है कि यह शरीर का निर्जलीकरण करती है (कभी देखा है कि सूट-बूट वाला आदमी भी ज़िप खोलकर आपके प्रिय नाईट क्लब पर धार छोड़ने के लिये खड़ा हो जाता है/या फटने-फटने को तैयार ब्लैडर के साथ महिलायें 'लू' का रास्ता नापती नज़र आती है)। अधिकतर ग्राहक शिकायती स्वर में कहते है कि बीच-बीच में पानी के गिलास से पीने का मज़ा ही किरकिरा हो जायेगा। हाँ, लेकिन यह कम से कम आपको नुकसान से तो बचायेगा। इसलिये अगर आपको पीना ही है तो हफ़्ते में एक बार से ज़्यादा न पियें और हमेशा भोजन के बाद (या इसके साथ, लेकिन खाली पेट कभी नहीं) और कम से कम एक गिलास पानी के साथ (हैलो, बियर और वाईन भी मदिरा है इसलिये उनको भी उतनी ही गंभीरता से लीजिये जिस तरह व्हिस्की, रम, वोदका इत्यादि को)।

कार्ब जो आपको कभी नहीं खानी चाहिये	इन्हें छला कैसे जाये
1. बिस्कुट	एक लंबी शारीरिक गतिविधि जैसे ट्रेकिंग, दो या दो घंटे से ज़्यादा की सैर या शापिंग के बाद इन्हें खाइये। दिन प्रतिदिन के जीवन में इन्हें सप्ताह में केवल एक तक सीमित रखिये।
2. केक और पेस्ट्री	अगर आपको अपनी प्रिय चॉकलेट पेस्ट्री छोड़ना बर्दाश्त नहीं है तो आपके लिये अच्छी ख़बर है। सुबह सबसे पहली चीज़ इसे खाइये। अपने पौष्टिक भोजन की जगह इसको मत दीजिये, बल्कि उसके अतिरिक्त इसे लीजिये। क्रोईसां को प्यार करने वालों, आप भी आगे बढ़िये। लेकिन महीने में एक या दो बार से ज़्यादा की छूट अपने को मत दीजिये।
3. पिज़्ज़ा	एक आहार के रूप में केवल एक स्लाईस (हम फास्ट फूड पिज़्ज़ा की बात कर रहे हैं)। एक लंबी बोरिंग मीटिंग के बाद बिल्कुल सही।
4. ड्रिंक सिरप, ठंडे पेय (शर्बत इत्यादि समेत इनसे बने सभी पेय)	धूप में काफी लंबे समय रहने के बाद लें, चीनी का असर कम होगा। एक लंबे दिन के बाद या आप अगर छुट्टी मना रहे हैं, तो दो या तीन दिन में एक लीजिये। जारी...

5. मिठाई तथा अन्य डेज़र्ट्स (चॉकलेट, वग़ैरह शामिल हैं।)	एक आहार के रूप में लीजिये। अपने लंच के डेढ़ घंटे के बाद या सुबह सबसे पहली चीज़ और यदि लेना ही है तो महीने में सिर्फ एक बार।
6. गहरे तले खाद्य पदार्थ जैसे समोसा, पकौड़ा, वड़ा, भुजिया और कचौड़ी	सुबह सबसे पहले खाइये। अपने भोजन को आधा कर दीजिये और अपने तले-भुने पकवान इसके साथ खाइये, या देर दोपहर में इन्हें एक आहार के रूप में लीजिये। और इसके साथ मिठाई मत खाइये। इस तरह के भोज सप्ताह में एक बार लीजिये, लेकिन तभी जब आप सप्ताह के सातों दिन सही ढंग से खा रहे थे और एक सप्ताह में कम से कम तीन घंटे का व्यायाम कर रहे थे।
7. चीनी	एक दिन में ज़्यादा से ज़्यादा 2 चम्मच। ध्यान में रहे कि आपमें से अधिकांश लोग इसे चाय या कॉफी में ले लेते हैं।
8. मदिरा	खाने के साथ या खाने के बाद। खाली पेट कभी नहीं और इसके साथ तला-भुना कुछ भी नहीं।

सर्वोत्तम वसा दहन और लगातार रक्त-शर्करा के स्राव के लिये कार्ब्स को दिन के दौरान खाइये (यह मन्द जीआई खाद्य है):	व्यायाम या किसी भी तनावपूर्ण गतिविधि के बाद खाई जाने वाली कार्ब्स (तीव्र जीआई खाद्यः
चोकर सहित आटे के फुल्के या रोटी, ज्वार, बाजरा, नाचणी/रागी और इडली, डोसा, उत्तपम, अप्पम, पनीर, पोहा, उपमा, भूरा चावल, ब्राउन ब्रेड, ओट, जौ, सूजी/रवा, सब्जी पराठा, घर का बना खाखरा, ढोकला, इड्डाद, बेसन या मूँगदाल का चिल्ला, शकरकंदी, कच्चा केला और सभी दालें	उबले आलू सभी फल सफेद चावल-दाल सफेद डबलरोटी की सैण्डविच या टोस्ट फलों का रस घर के बने लड्डू
इन्हें कैसे खायें	**इन्हें कैसे खायें**
सब्ज़ी के साथ छोटी मात्रा में। ये आपके ब्रेकफास्ट, लंच और शाम के 5.30-6 के भोजन का हिस्सा हो सकते हैं।	व्यायाम के दस मिनट के भीतर। आमतौर से मैं फलों के रस की सलाह नहीं देती हूँ, लेकिन इन्हें लेने का यही एक सुरक्षित समय है। जो लोग घर में काम कर रहे हैं उनके लिये चावल-दाल एक विकल्प हो सकता है, पर यह उनके व्यायाम के समय पर निर्भर करता है। आप सुबह सबसे पहले फल भी खा सकते हैं।

प्रोटीन के बारे में सब कुछ

प्रोटीन शब्द ग्रीक भाषा के 'प्रोटियोज़' शब्द से आया है जिसका अर्थ है प्राथमिक। यह हमारे शरीर में अनेक भूमिकायें निभाता है जिनके बिना शरीर की सामान्य क्रियाओं में बाधा पड़ सकती है। इनमें से कुछ क्रियायें निम्न लिखित हैं:

1. ऐन्टीबाडीज़ (प्रतिरक्षी) का निर्माण करना जो संक्रमण (इंफेक्शन) के खिलाफ हमारा प्राथमिक रक्षा तंत्र है।
2. माँसपेशियों की गति और संकुचन, जो हमें आकुंची (कॉन्ट्रैक्टाइल) प्रोटीन से प्राप्त होता है। (जिसके बिना कुछ भी नहीं किया जा सकता)।
3. पाचक रसों द्वारा चयापचयी (मैटाबोलिक) तथा जीव-रासायनिक प्रतिक्रियाओं का उत्प्रेरण : शरीर की सभी रासायनिक क्रियाओं में पाचक रसों की भागीदारी होती है। उदाहरण : पाचक रस भोजन को घुलाने में पाचन तंत्र की मदद करते हैं।
4. शरीर से संदेश ग्रहण और उपयुक्त कोशिका तक उसका प्रेषण; हार्मोन प्रोटीन संदेशवाहक का काम करते है। (जैसे इंसुलिन)।
5. कोशिकाओं तथा ऊतकों का निर्माण, कैराटीन, मज्जा तथा इलैस्टिन आदि संरचनात्मक प्रोटीन जोड़ने वाले ऊतकों, नसों और स्नायुओं की रचना का महत्वपूर्ण काम करते हैं। (जो हमारे केश, त्वचा और नख को स्वस्थ रखते हैं)।
6. कोशिकाओं को शरीर के एक भाग से दूसरे भाग तक पहुँचाने में मदद; हिमोग्लोबिन यह काम करता है।

प्रोटीन का प्राथमिक काम हमारे शरीर का निर्माण और उसकी टूट-फूट की मरम्मत करना है। वास्तव में एमिनो एसिड, जो प्रोटीन के बिल्डिंग ब्लॉक हैं, हमारे शरीर के विभिन्न अंगों का निर्माण करते हैं। लगभग 20 प्रकार के एमिनो एसिड है। इनकी तुलना वर्णमाला की जा सकती है। केश,

स्नायु या अस्थियों का आंतरिक द्रव्य, कोमलास्थि, हार्मोन, पाचक रस का निर्माण, विभिन्न प्रकार के एमिनो एसिडों द्वारा मिलकर बनाये गये विशेष प्रोटीनों से होता है। काफी कुछ वैसे ही जैसे विभिन्न वर्णों के संयोजन से शब्द बनता है। सभी प्रकार की शारीरिक प्रक्रियाओं के लिये भी ये ही उत्तरदायी हैं, जैसे ऊर्जा का उत्पादन, रोग से उबरना, शरीर और उसके विकास को क़ायम रखना, चर्बी को भस्म करना और मस्तिष्क और मन: स्थिति के काम भी। एमिनो एसिड दो प्रमुख कोटियों में विभाजित हैं : अनिवार्य एमिनो एसिड (Indispensible Amino Acid : IAA) और निवारणीय एमिनो एसिड (Dispensible Amino Acid : DAA) जैसा कि इनके नाम से ही प्रकट है आईएए (IAA) शरीर को भोजन के द्वारा ही प्राप्त होते हैं और शरीर स्वयं इनका उत्पादन नहीं कर सकता। दूसरी ओर डीएए (DAA) का उत्पादन शरीर के द्वारा हो सकता है अत: उन्हें भोजन के द्वारा ग्रहण करना इतना ज़रूरी नहीं है।

कार्बोहाइड्रेट के समान प्रोटीन भी छरहरा और स्वस्थ होने के लिये आपका मित्र है। पहली बात चर्बी को भस्म करने में यह आपका सहायक है। चर्बी को घटाने के लिये ज़रूरी है कि संचित चर्बी का संचरण और संचलन बढ़ाया जाये। फिर चर्बी को ऊर्जा में बदलना होता है (सामान्यत: इसे चर्बी को भस्म करना कहते हैं)। संचित चर्बी के संचरण को बेहतर बनाने और उसे ऊर्जा में बदलने के लिये शरीर को अनेक पोषक तत्वों की आवश्यकता होती है। शरीर के लिये सर्वाधिक महत्वपूर्ण पोषक तत्वों में से एक है मिथियोनाइन (Methionine), एक **आईएए** तत्व। संतुलित आहार द्वारा उपयुक्त मात्रा में शरीर को मिथियोनाइन की आपूर्ति की जा सकती है, जिसमें अच्छी गुणवत्ता वाले प्रोटीनों को शामिल होना चाहिये जैसे मछली, अंडा, दूध के उत्पाद, छेने का पानी। प्रोटीन पर रोक लगाने वाली डाइट में मिथियोनाइन की कमी हो जायेगी और वह डाइट चर्बी को भस्म करने में सुविधाजनक नहीं होगी।

एमिनो एसिड और निद्रा

अनिद्रा और उचटी हुई नींद एक सामान्य समस्या है। अपने भोजन में एमिनो एसिड तत्व को बढ़ाना गहरी नींद को सुनिश्चित करने का सुंदर तरीक़ा है, अत: अपने भोजन में उपयुक्त संशोधन कीजिये। नींद की गोलियाँ आपको बेहोश करके सुला देतीं हैं और आप सुबह-सुबह ही थके हुये उठते हैं। ट्रिप्टोफैन नामक एमिनो एसिड सिरोटोनिन और मेलाटोनिन की मात्रा बढ़ाकर आपको प्राकृतिक रूप से सुला सकता है। ये न्यूरोट्रांस्मीटर हैं जो मस्तिष्क को शांत करते हैं और नींद दिला सकते हैं। ट्रिप्टोफैन लगभग सभी डेयरी उत्पादों में पाया जाता है। देर रात के नाश्ते में एक गिलास दूध (बिना शक्कर, बिना मधुरक) या रात के भोजन में पनीर जैसा कोई दूध का उत्पाद शामिल करके आप ट्रिप्टोफैन की अपनी ख़ुराक प़ा सकते हैं। गेहूँ, ज्वार, बाजरा या नाचणी जैसे साबुत अन्नों के साथ इसका उपयोग आपको चैन की नींद दिला सकता है।

दूसरे, शारीरिक गतिविधि में लगे किसी भी व्यक्ति के लिये यह अनिवार्य रूप से आवश्यक है। किसी भी प्रकार के व्यायाम के दौरान हमारे शरीर, विशेष रूप से मांस पेशियों में सूक्ष्म टूट-फूट और उनका क्षय बढ़ती उम्र के साथ जुड़ा है और एक मात्र वस्तु जो व्यायाम को वृद्धता-विरोधी गतिविधि में बदल सकती है वह प्रोटीन है। क्यों? इसलिये कि एमिनो एसिड हमारे ऊतकों की मरम्मत करते हैं और शरीर पर व्यायाम से पड़ने वाले तनाव से उबरने में हमारी मदद करते हैं। व्यायाम के बाद शरीर को कुछ तीव्रगति कार्बों की आवश्यकता पड़ती है (एकमात्र समय अब शरीर को तीव्रगति ग्लाईसेमिक इंडेक्स कार्बोहाइड्रेट की ज़रूरत होती है, व्यायाम के बाद का समय है) और एमिनो एसिड की तुरन्त आपूर्ति की ज़रूरत पड़ती है। तीव्रगति कार्बोहाइड्रेट से शरीर में इंसुलिन के स्तर में उछाल आता है। व्यायाम के कठिन परिश्रम से शीघ्र उबरने के लिये शरीर की कोशिकायें ग्लूकोज़ और एमिनो एसिड जज़्ब कर लेती है। प्रोटीन के बिना व्यायाम

निष्फल होता है। आश्चर्य की बात नहीं कि आहार पर ध्यान दिये बिना व्यायाम करने वाले लोग अंतत: इस निष्कर्ष पर पहुँचते हैं कि उनके लिये व्यायाम कारगर नहीं है। वसा और कार्बोहाइड्रेट हमें ऊर्जा दे सकते हैं, लेकिन टूट-फूट की मरम्मत और स्वास्थ्य लाभ का काम नहीं कर सकते जो प्रोटीन हमारे लिये करता है। **मैं तो यहाँ तक कहूँगी कि यदि आप व्यायाम के उपरांत आहार में प्रोटीन तथा तीव्रगति जी आई कार्ब का प्रबंध नहीं कर सकते तो व्यायाम न करना ही बेहतर है। वैसे ही जैसे आप के पास पेट्रोल के लिये पैसा न हो तो ड्राइव न करना बेहतर है।**

जो कारगर नहीं है - हाई प्रोटीन डाइट

हाल के वर्षों में डाइटिंग की दुनियाँ पर प्रोटीन का पागलपन सवार रहा है। वज़न घटाने के इच्छुक लोग हाई प्रोटीन डाइट की क़समें खाते हैं। प्यारी पुरानी रोटी और चावल को दर बदर कर दिया गया है और अंडे की सफेदी, मुर्गे की बादशाहत चल रही है, लेकिन किस क़ीमत पर?

जीवन से उदाहरण :

'हाई, सुनो अभी कुल चार दिन हुये हैं और मैंने एक किलो घटा लिया है। ऐसा हो सकता है? तुम जादूगरनी हो या क्या? हे भगवान् मैं कितना खा रही हूँ! मेरा वज़न घट कैसे सकता है? और मेरे सिर पर कोई बोझा तक नहीं, हाँ, ऐसा लगता ही नहीं कि मैं डाइट पर हूँ। बेबसी, गुस्सा, चिड़चिड़ाहट कुछ भी महसूस नहीं हो रहा। ऋजुता, जैसा हो रहा है क्या वैसा होना चाहिये? मैं बहुत खुश हूँ। क्या मुझे खुश होना चाहिये क्योंकि जब मैं डाइट पर होती हूँ तो खुश नहीं हुआ करती।'

सात बजे सुबह मेरे ग्राहक का ई-मेल, 'उम्मीद है कि मैं तुम्हारे साथ अपना पैसा बरबाद नहीं कर रही हूँ और उम्मीद है कि तुम जानती हो कि तुम क्या कर रही हो'।

शुरूआती सलाह-मशविरे के लिये मैंने आमी के साथ ढाई घंटे बिताये जबकि सामान्यत: यह समय डेढ़ घंटा होता है। (मेरी सहायिका प्राची को

पूरा घंटा भर अधिक लगा देने के लिये मेरे ऊपर झुँझलाहट हो रही थी। उसने मुझे इसलिये बख्शा कि वह उस दिन की आख़िरी मुलाकात थी)। सलाह-मशविरे के दौरान आमी मेरे तजवीज किये हुये खाने पर अपनी नाखुशी ज़ाहिर करती रही। उसकी बुनियादी दिक्कत यह थी कि उसको यह प्लान डाइट सरीखा ज़रा भी नहीं लग रहा था। वह अभी-अभी हाल में ही लंदन से जगह बदलकर घाटकोपर आई थी (मध्य बम्बई का उपनगर, धनाढ्य गुज्जुओं से खचाखच भरा।)

'कृपया समझिये, मुझको वज़न घटाना है', उसने अनुरोध किया, 'और मैं आपके ऊपर अच्छा ख़ासा पैसा लगा रही हूँ।' (गुज्जू सरासर गुज्जू)। 'आपके प्लान से मैं अपनी बिटिया के रूई-ठूँसे खिलौने जैसी नज़र आऊँगी, लेकिन मैं बार्बी जैसी दिखना चाहती हूँ।' 'ऐसा है तो खाइये', मैंने समझाने की कोशिश की। 'अगर न खाकर आप बार्बी जैसी दिख पातीं, तो आप अब तक वैसी दिखने लगीं होतीं। लेकिन ज़ाहिर है कि ऐसा नहीं हुआ।' आमी की इच्छाशक्ति ज़बरदस्त थी, (डाइट के सिलसिले में) वह सब कुछ करके देख चुकी थी जिसमें वह अधिकतम 'नतीजे' देख पाई वह 'शेक डाइट' थी। सुबह, दोपहर, शाम-हर भोजन में वह किसी मंहगे प्रोटीन शेक के सहारे ज़िंदा रही। और बस यही। इसके अलावा उसने और कुछ भी नहीं खाया। हाँ, उसका वज़न घटा और सारा का सारा उसे वापस भी मिल गया, माफ कीजिये, उस सारे वज़न का दुगना, और वह भी आधे समय में। हाँ, बेशक, क्योंकि ये तथाकथित डाइट एकमात्र इस पैटर्न पर चलते हैं।

आमी को इस बात से दिक्क़त थी कि उसे सुबह के नाश्ते में ढोकला और दोपहर के खाने में फुल्का, सब्ज़ी, कढ़ी वगैरह दिया जा रहा था। 'मुझे सिर्फ हाई प्रोटीन वाली डाइट की ज़रूरत है। सच पूछो तो मैं डाइटिंग के बारे में खुद ही इतना जानती हूँ कि अपने आप किसी भी डाइट को अपना भी सकती हूँ। मैंने अपने बहुत से दोस्तों को डाइटिंग करवाई है और उन्होंने वज़न भी घटाया है, आमी ने कहा। वह स्वयं दस वर्ष पहले जितनी थी उससे तीस किलो अधिक हो गई थी। कम उम्र में विवाह, विदेश में निवास,

बच्चे का जन्म, आमी अभी तीस के पेटे में थी और इन सब कारणों ने उसके वज़न में इज़ाफ़ा किया था। 'देखो, मुझे पता है, करीना कपूर कहती रहती है कि वह सुबह के नाश्ते में पराठा और बाकी सब्ज़ी, दाल, रोटी, पास्ता, वगैरह सब खाती है लेक़िन मैं इतनी भी बेवकूफ नहीं कि भरोसा कर लूँ। साईज़ ज़ीरो ऐसे कैसे होगा। आपसे तो मैं इसलिए मिलना चाहती थी कि इस डाइट को समझ लूँ। असल में बात है क्या?

'आमी, मज़ाक नहीं, आप खायेंगी सिर्फ तभी वज़न घटायेगी, कुछ न खाने से क्या होता है, आपने खुद करके देखा है। आप अपने शरीर को सेहतमन्द ढंग से खाने का और खाने का मज़ा लेने में मौका क्यों नहीं देतीं? आखिरकार उसने बेमन से 'इसको भी आज़मा कर देखने का' फैसला किया। कहने की ज़रूरत नहीं कि चार दिन में एक किलो वज़न घटाकर, और वह भी 'खाते हुए' घटाकार वह खुशी से छलक उठी। आमी के अनुसार यह एक करिश्मा था, मेरे अनुसार या सिर्फ सही ढंग से खाने का एक स्वाभाविक नतीजा था।

आमी और मेरी पहले अध्याय वाली कला प्रोत्साहिका दोनों ने अपने तरीक़े से हाई प्रोटीन डाइटों को आज़माया था। वे सफल क्यों नहीं हुई? प्रोटीन को जो करना चाहिए (विकास, टूट-फूट की मरम्मत, सेहत को क़ायम रखना, जीन की अभिव्यक्ति, आदि) वह कर पाने के लिए ज़रूरी है कि शरीर को कार्बोहाइड्रेट और वसा की अपनी पूरी आपूर्ति मिले। इन पोषक तत्वों के बिना प्रोटीन बेकार चली जाती है। तथाकथित हाईप्रोटीन डाइट आपके कार्बोहाइड्रेट और वसा तत्वों की जगह पर भी प्रोटीन से भरपूर भोजन रख देती है। आपको प्रोटीन की आवश्यक दैनिक खुराक पहुँचाने का यह कोई तरीक़ा नहीं है। अगर आपकी प्रोटीन की दैनिक आवश्यकता पूरी हो भी रही हो तो वह कार्ब और वसा के बिना बेकार चली जायेगी। **एक बार में अत्यधिक प्रोटीन खा लेने का मतलब यह नहीं है कि वह भविष्य के प्रयोग के लिए संचित हो जायेगी, बल्कि यह डिएमिनेशन (Deamination) नामक प्रक्रिया के द्वारा चर्बी में बदल जाती है।**

यह केवल लीवर के ऊपर बोझ लाद देगी जहाँ घुला कर ग्लूकोज़ बना दी जायेगी। इसलिये आपके मँहगे और पचाने में कठिन प्रोटीन (हाँ, मुर्गी, मछली, अण्डे की सफेदी आपके पाचन तन्त्र के लिये भारी है) ऊर्जा के लिये इस्तेमाल हो रहे हैं, जबकि यह काम आसानी से एक केले से हो सकता था (जेब के लिये हल्का और पचाने में आसान)।

अपने प्रोटीन के संग सयानापन सीखिये। इसका जो भी स्रोत आप चुने-शाकाहारी, माँसाहारी या कोई पूरक, जान रखिये कि एक सन्तुलित आहार के आधार के बिना प्रोटीन अपने आप में चिड़चिड़ाहट, अनिद्रा, कब्ज़, मूड के उछाल-डूब और पेशी के अपचय अथवा क्षय की ओर ले जायेगा। क्या वह वज़न भी घटायेगा? हाँ, घटायेगा। शरीर को जब केवल प्रोटीन मिलता है और कार्बोहाइड्रेट बहुत थोड़ा या बिल्कुल नहीं दिया जाता, तो शरीर पहले अपने संचित ग्लाईकोजिन (लीवर और पेशी में संग्रहीत ग्लूकोज़ या शर्करा) का निपटारा करता है और जल का लोप करता है। इसके बाद वह दरअसल पेशी के ऊतकों पर हमला करके ऊर्जा के लिए एमिनो एसिड भस्म करने लगता है। नतीजा है पेशी का अपचय और चर्बी रहित वज़न का घटना। इसी प्रकार नियमित व्यायाम और समझदारी के साथ आहार में कार्बोहाईड्रेट के प्रयोग से प्रोटीन बचा रहता है, अर्थात् प्रोटीन ऊर्जा के लिये भस्म नहीं किया जाता, बल्कि अपने उपयुक्त उद्देश्य के लिये काम में लाया जाता है।

यह भी काम नहीं आता : लो प्रोटीन डाइट

दूसरी ओर ऐसे भी लोग है जो प्रोटीन से इतने भयभीत हैं कि हर क़ीमत पर उससे बचना चाहते हैं।

जीवन से उदाहरण :

मेरे ग्राहक अपने डाइट के इतिहास को लेकर मुझे कभी निराश नहीं करते। ऐसी ही एक मुलाक़ात में केदार ने मेरे साथ बैठकर मुझे अपनी डाइट कथा सुनाई। वह मोटा नहीं दिखता था और उसे स्वस्थ भोजन की लत थी।

'याद रखना मैडम, मैं पक्का निरामिष हूँ। कोई फल, कोई सब्ज़ी, कोई सूप, कोई दिक्क़त नहीं, जो कहेंगी सो खाऊँगा'। उसके कोलेस्ट्रॉल का स्तर ऊँचा था। उसके जिस दोस्त ने उसको मुझसे मिलने की सलाह दी थी वह यूरिक एसिड का ऊँचा स्तर लेकर मेरे पास आया था। 'अच्छा, यह तो बताइये कि उसको प्रोटीन क्यों दिया? और प्रोटीन खाकर उसका यूरिक स्तर घट कैसे गया? राज़ क्या है मैडम? कुछ गोली देते हो, मंतर फूँकते हो?

'अपना किस्सा कहो केदार,' मैंने माँग की।

'अच्छा देखिये, सुबह के समय एक किलो फल खाता हूँ, दोपहर में केवल एक अन्न, ज्वार हरी सब्ज़ी, फिर रात में सूप, सलाद और फल। और सिस्टम की सफाई के लिये लाईम-शाट लेता हूँ। 'वह क्या होता है?' मैंने पूछा। 'अरे, पन्द्रह-सोलह नींबू निचोड़ने का और पीने का। क्या साफ होता है टोटल सिस्टम। अरे, ऐसा पता चलता है कि सब साफ हो रहा है अन्दर से'। इसके बाद वह मस्ती से सरक कर उदासी में जाने लगा। 'अभी क्या है कि वज़न तो घट गया (बीस किलो) लेकिन कोलेस्ट्रॉल बढ़ गया है। मैंने इतनी कहानियाँ सुन रखी हैं, दिल के दौरे की। अभी क्या है समझे, मैं चालिस का हो रहा हूँ, बिजनेस बहुत अच्छा चल रहा है, नो टेंशन, फैमिली का टेंशन तो चलता रहता है पर कुछ सीरियस नहीं, लेकिन यह वज़न घटने के बाद कोलेस्ट्रॉल कैसे बढ़ा क्या पता?

'केदार, पहले तुम अपना राज़ बताओ। मंतर पढ़कर निकलते हो सारा दिन? खाली फल खाकर कैसे रहते हो? मैंने पूछा।

'अरे, मैं फलाहारी हूँ। जब मैं पहले पहल डाइट पर गया, तब मैंने दो महीने तक फल के सिवा कुछ नहीं खाया तभी तो वज़न घटा। वज़न तो घटाना पड़ता है मैडम, आपको तो पता होगा? उसके बाद पिछले महीने से मेरे नैचुरोपैथ-न्यूट्रिशियनिस्ट (वह उसके नाम की कसम खाता है) ने ज्वार की एक रोटी चालू किया। वेरी हाई आयरन, आपको तो पता होगा।

'नहीं, यह सब मुझे नहीं मालूल,' मैंने उसे बताया।

'मज़ाक ना?' उसने कहा, चकित।

'नो, सीरियस'। यह मज़ाक नहीं है केदार। आयरन, क्या आयरन? आयरन को जज़्ब करने के लिए उसका हिमोग्लोबिन बनाने के लिये शरीर को कुछ चाहिये कि नहीं?'

'हाँ, इसीलिये तो एक किलो फ्रूट मैडम'।

केदार की कहानी मेरे लिए नई नहीं थी, जिसे वह 'प्राकृतिक आहार' समझता है उसको अपनाने का उत्साह भी नया नहीं था। डाइट के पहले उसका वज़न 20 किलो अधिक था। प्रोटीन रहित भोजन के कारण उसका वज़न गिर गया था। उसका आत्मविश्वास बुलन्द होना चाहिए था (वह बिल्कुल बिन्दास टाईप का है), लेकिन उसे कही कुछ गड़बड़ सा महसूस हो रहा था। वह मुझसे मिलने आया था क्योंकि वह समझ नहीं पा रहा था कि ऐसा क्यूँ। लोग उससे यह क्यों पूछते कि, बीमार हो गये थे क्या?' बजाय यह कहने कि 'वाह, क्या आमिर/शाहरूख जैसे लग रहे हो'।

'लेकिन मेरा चहेता तो मैडम, रेस का सैफ है। सच्ची, आपको ऐसा लगेगा कि वह आपका क्लाइंट है इसलिए, लेकिन उसने जो रेस में स्टाईल मारा है...(सम्मान और प्रशंसा के मिले-जुले भाव से उसकी आँखे चमक उठीं।) वाह! नवाब स्टाईल एकदम, अनिल कपूर को तो खा डाला। मतलब मैंने तो बिपाशा को भी नहीं देखा, सच्ची'।

'आप बोलो अभी मेरे डाइट से अच्छा और कुछ हो सकता है? फल, सब्ज़ी-नो ऑयल, और सूप। परफेक्ट, फिर भी यह प्रॉब्लम, ऐसा कि, मोटा था-तो नो प्रॉब्लम। अब वज़न घट गया-लेकिन कोलेस्ट्राल प्रॉब्लम। क्या करे आदमी बोलो'।

आप जान रहे होंगे मेरा क्या मतलब है। प्रोटीन बिल्कुल नहीं लेकिन केवल कार्ब, वह भी बहुत सीमित मात्रा में और हाँ थोड़ा बहुत रेशा। लेक़िन प्रोटीन और वसा से पूरा परहेज़ इसके बदले गुर्दे, लीवर की 'सफाई' के लिए नींबू पानी। मेरे ख़याल से अगर इससे कुछ पूरी तरह से साफ होता है तो केवल दिमाग़। तो आपको अब इस बात से बोर न किया जाये कि क्या सब ग़लत हुआ होगा जिसकी वज़ह से केदार बुढ़ा हो गया था (तीस बरस का

लगते-लगते वह अड़तीस का क्यूँ लगने लगा?))। कोलेस्ट्रॉल बढ़ गया, हिमोग्लोबिन घट गया (जिसकी वज़ह से दोपहर के भोजन 'आयरन रिच' अकेली एक ज्वार की रोटी का प्रवेश हुआ। केदार की डाइट में रोक केवल वसा पर नहीं, प्रोटीन पर भी थी। जब हम प्रोटीन जैसे पोषक तत्व से वंचित रखे जाते हैं तो, वज़न घट जाता है क्योंकि शरीर एमिनो एसिड के परिणामी अभाव को दूर करने के लिए अपनी पेशियों को घुलाने लगता है। आपका लिपिड प्रोफाइल, कोलेस्ट्रॉल और ट्राईग्लेसेराइड के स्तर बढ़ जाते हैं क्योंकि प्रोटीन जैसे प्राथमिक पोषक के अभाव में शरीर तनावग्रस्त हो जाता है। इसके अलावा, हिमोग्लोबिन केवल लौह (आयरन) नहीं बल्कि लौह (हेम) + प्रोटीन (ग्लोबिन)। प्रोटीन और कैलोरी से वंचित रहने की स्थिति में यह सोचना कि ज्वार लौह को जज़्ब करने में और हिमोग्लोबिन के स्तर को सामान्य करने में समर्थ होगा महज़ मूर्खता है, वह भी विनम्रतापूर्वक कहा जाये तो, कैलोरी वंचित दशा में शरीर के पास ऐसा कोई पोषक नहीं जिससे वह हिमोग्लोबिन बनाये।

यह सब कुछ मैंने जब केदार को समझाया तो वह चकनाचूर सा लगा। 'मतबल, यह सब मेहनत करके मैं तो चूतिया बन गया! सॉरी मैडम'।

'कोई बात नहीं केदार। मैं समझ सकती हूँ, तुम्हें कैसा लग रहा है'।

'पर ऋषि मुनि तो यही खाते थे न?' उसने पूछा। उसका इशारा अपने केवल 'फलाहार' डाइट की ओर था। 'हाँ, केदार, पर तुम ऋषि मुनि हो क्या? तुम शेयर बाजार में पैसा लगाते हो। तुम जंगल में रह कर के ध्यान धारणा तो नहीं कर रहे? तुम्हारा जीने का ढंग अलग है, ठीक?'

'हाँ, वह तो है। सिर्फ लक्ष्मीजी की पूजा करता हूँ, सुबह निकलने के पहले। आपको भी मैडम, लक्ष्मीजी को बैठी मुद्रा में रखना चाहिये, खड़ी नहीं, नहीं तो क्या है, चंचल हैं ना, निकल जाती हैं'।

ख़ैर, तो अब मैंने केदार के लिये डाइट प्लान बनाया। फिर वही सवाल, 'इतना खाऊँगा तो पतला कैसे रहूँगा?'

'केदार, नहीं खाओगे तो रहोगे क्या, पहले यह सोचो। कोलेस्ट्रॉल बढ़

गया है ट्राईग्लाईसेराईड भी बढ़ सकता है (वह पहले ही हद पर पहुँचा हुआ है) और बढ़ा तो मधुमेह भी हो सकता है। एक के बाद एक। तुमको क्यों करने का है बोलो? यंग दिखने का है? बाल सिर पर चाहिये? तो पहला बॉडी को कुछ करो उसमें थोड़ा इन्वेस्ट करो। न्यूट्रीशन डालना पड़ेगा। असली गृहस्थ की तरह खाओ, ऋषि मुनि की तरह नहीं'।

'हाँ, यह सही बात है मैडम। आखिर मैं एक घरबार वाला आदमी हूँ।

मेरे विचार से डाइट के बारे में पहले से पाली हुई तमाम धारणाएँ प्रोटीन के अभाव से जुड़ी हैं-आँखों के नीचे काले दायरे, घिसे-टूटे नाख़ून, बालों का झड़ना, कुंठा और क्रोध। बालों की सामान्य बढ़त और चमक, मज़बूत नाख़ून और चिकनी त्वचा के लिये एमिनो एसिड ज़रूरी है। इनके अभाव में न केवल इस बात पर प्रभाव पड़ेगा कि आप कैसे दिखते हैं बल्कि इस बात पर भी कि आप कितनी चर्बी भस्म कर सकते हैं।

दुखद है कि जहाँ तक सही ढंग से खाने का सवाल है, कोई शॉर्टकट नहीं। हाई प्रोटीन अथवा लो प्रोटीन दोनों प्रकार की डाइट सेहत और शरीर के संयोजन के सुधार में असमर्थ रहती है। इस सुधार का अर्थ चर्बी का घटना और चर्बी रहित वज़न का बढ़ना है। 'डाइट पर जाने का' बुनियादी आधार अपने भले-चंगे होने के अहसास को बढ़ाना और सेहत को सुधारना है। प्रोटीन को लेकर सबसे ज्यादा समझदारी की बात मध्यम मार्ग अपनाना है, अर्थात प्रोटीन की यथोचित मात्रा का सेवन कीजिये और ऐसा आहार लीजिये जिसमें वसा और कार्बोहाइड्रेट की सन्तुलित मात्रा शामिल हो जिससे कि प्रोटीन अपने प्राथमिक कार्यों को पूरा कर सके। **हमारी प्रोटीन की आवश्यकता मोटे तौर पर शरीर के वज़न के प्रति किलोग्राम पर एक ग्राम के दर से होती है।** इसलिए अगर आपका वज़न 60 किलोग्राम है तो आपको एक दिन में 60 ग्राम प्रोटीन चाहिये। हम में से अधिकतर को प्रोटीन की पूरी ख़ुराक नहीं मिलती, और एक पेशेवर डाईटीशियन ही एक ऐसा व्यक्ति है जो सचमुच अनुमान लगा सकता है कि हमें पर्याप्त प्रोटीन मिल रहा है या नहीं।

प्रोटीन की आवश्यकता जीवन के विभिन्न चरणों के अनुसार बढ़ती रहती है। छोटे बच्चे और किशोर, गर्भवती और स्तनपान कराने वाली स्त्रियाँ, वृद्ध होते हुये अथवा तनावग्रस्त व्यक्तियों को इस अनुमानित एक ग्राम प्रति किलो देह भार के अनुपात से अधिक प्रोटीन की आवश्यकता होती है। नियमित व्यायाम, बारम्बार यात्रा, इत्यादि भी शरीर में प्रोटीन की ज़रूरत को बढ़ा देती है। मानसिक तनाव, सर्जरी, लम्बी बीमारी और भोजन के अभाव के कुछ ही दिनों के अनुभव में शरीर अपने प्रोटीन के लगभग 40 प्रतिशत को व्यर्थ कर देता है। ऐसे समय में न केवल प्रोटीन बल्कि कैलोरी के उपभोग की सम्पूर्ण मात्रा को भी बढ़ाना जरूरी है। अब आप उपयुक्त मात्रा में प्रोटीन ग्रहण करते है। तब अपने भीतर ताक़त महसूह करते हैं, अच्छी नींद सोते हैं और भव्य लगते हैं।

अगर आप चारो सिद्धान्तों का अनुसरण करते हैं और कैलोरी के अनुपात में पोषण तत्व में वृद्धि करते हैं तो ठीक है लेक़िन अगर आप काम पर जाते हैं, बहुत यात्राएँ करते हैं तो मैं सलाह दूँगी कि आप प्रोटीन की पूरक ख़ुराक लें।

तुम्हारा पिछवाड़ा लॉलीपॉप हो गया है

शीर्षासन लगाते ही मैं काँपने और डगमगाने लगी। 'तुम्हारा पिछवाड़ा लॉलीपॉप हो गया है,' मेरे योग गुरू कोबाद ने कहा। सुनते ही मैं फर्श पर ढेर हो गई। 'तुम क्या करती रही हो?' कोबाद सर ने पूछा। मैं अभी सिक्किम में ट्रेकिंग करके लौटी थी, वहाँ मैं दिन में लगभग 16 किलोमीटर चल रही थी। 'ठीक से खा पी तो रही हो? तुम्हारी पेशियाँ इतनी कमज़ोर हो गई हैं, कूल्हे में वह ताक़त नहीं कि तुम्हारे शीर्षासन को सँभाल सकें। ठीक से खाना शुरू करो और खाने में प्रोटीन बढ़ाओ'।

कोबाद सर को छोड़कर बाकी सबने ट्रेकिंग में घटे हुये मेरे वज़न पर प्रशंसात्मक टिप्पणी की थी। ठीक-ठीक कहूँ तो तीन किलो, और कुल मिलाकर सिर्फ सात दिन में। 'जैसे बीमार पड़ गई हो,' कोबाद सर ने कहा। 'वज़न गया, ताकत भी गई। क्या फायदा? एक बार मुझे भी डाँट पड़ गई।

रोज़ 1.6 किलोमीटर से भी कम चलने वाली मैंने वहाँ दिन में 16 किलो मीटर चलकर अपने शरीर को बहुत भुगतवा लिया था। इसके अलावा सारा वक्त मैं चढ़ती उतरती रहती थी और लगभग 3800 मीटर की ऊँचाई तक चढ़ी थी, लेकिन क्या मैंने इस सारी टूट-फूट की भरपाई के लिये प्रोटीन की मात्रा बढ़ाई थी? नहीं! मैंने ग़लती कर दी थी। हाँ, मैं भी ग़लती करती हूँ। ताज्जुब नहीं कि मैं शीर्षासन में लुढ़क गई। प्रोटीन बढ़ाये बिना गतिविधि को बढ़ाने का नतीज़ा माँसपेशी का क्षय है-मैंने इस सच्चाई का पूरा अनुभव कर लिया था।

सही प्रोटीन का चुनाव

माँस, मछली, अण्डा, फली का दाना, दूध, दूध के उत्पाद और सोया में पाया जाता है। शेष सारे भोजन में भी अल्प मात्रा में मौज़ूद रहता है। छेने के पानी का प्रोटीन, दूध के पाउडर का एक उत्पाद (आगामी पृष्ठों पर बाक्स देखिये) जैविक मूल्य की दृष्टि से सबसे अच्छा प्रोटीन होता है और आपकी दैनिक आवश्यकताओं को पूरा करने के काम आ सकता है; या आपके भोजन में पूरक प्रोटीन बन सकता है। फली वाला अन्न जैसे दालें, राजमा, छोले न

केवल प्रोटीन का अच्छा स्रोत हैं, बल्कि अनिवार्य कार्ब और रेशे भी प्रदान करते हैं।

यद्यपि, माँसाहार में प्रोटीन की मात्रा अधिक होती है (मात्रा और गुणवत्ता दोनों ही क्योंकि इनमे **आइएए** और **डीएए** दोनों मौज़ूद होते हैं।) लेक़िन इसमें प्राय: चर्बी का तत्व भी अधिक होता है। ख़ासतौर से जमने वाली हानिकारक चर्बी। और इसमें रेशे का भी अभाव होता है। **यही वजह है कि मैं अपने ग्राहकों को लाल माँस से बचने की सलाह देती हूँ (जमने वाली चर्बी का आधिक्य) या फिर इसे अधिक से अधिक सप्ताह में एक बार तक सीमित रखने का निर्देश देती हूँ।**

लाल माँस का भोजन करते समय यह सावधानी रखनी चाहिए कि न्यूनतम चर्बी वाले वे हिस्से चुने जिनसे चर्बी और चमड़ी को पूरी तरह से निकाल दिया गया है।

बाकी सब प्रकार के प्रोटीन रोज़ खाये जा सकते हैं। मछली और अण्डा मुर्गी से बेहतर है; मछली के नम्बर सबसे ज्यादा हैं क्योंकि वह ओमेगा-3 नामक फैटी ऐसिड का समृद्ध स्रोत है, लेक़िन याद रखिये : सारे माँसाहारी प्रोटीन आपके शरीर के लिए सख़्त और पचाने में कठिन होते है। सोया बहुत बढ़िया है लेक़िन वह आपके शरीर में एस्ट्रोज़न (फिमेल हार्मोन) का स्तर बढ़ा सकता हैं इसलिए इसकी मात्रा को 'उपयुक्त' से अधिक नहीं लेना चाहिये। अगर आपको अपना सोया पसन्द है तो दिन में सोया से बनी एक वस्तु खा सकते हैं किन्तु इससे अधिक नहीं।

कुछ शाकाहारी अपनी प्रोटीन के लिए लगभग पूरी तरह से सोया पर निर्भर होते हैं। यह कोई अच्छा ख़याल नहीं है। प्रोटीन को विभिन्न स्रोतों से ग्रहण करना बेहतर है क्योंकि प्रत्येक स्रोत में एमिनो एसिड तत्व का कोई भिन्न प्रकार होता है। शाकाहारियों को हमेशा सम्मिश्रित किस्म का आहार लेना चाहिये अधिकांश शाकाहारी स्रोतों में एमिनों एसिड की मात्रा सीमित होती है इसलिए आपकी रोटी में एमिनो एसिड की जो कमी होती है वह दाल से पूरी हो जाती है, या जो आपके चावल में नहीं है वह आपको कढ़ी, (दही से निर्मित) में मिलता है। कुछ सब्जियों में जो कमी

छेना जल का प्रोटीन

छेना जल को व्हिस्की, जिन, रम, वाईन, बियर यहाँ तक भाँग और गाँजे से ज़्यादा बदनामी मिली है। छेना जल (व्हे) का प्रोटीन दूध से बनाया गया एक पाउडर है जिसमें पानी मिलाकर पेय बनाया जाता है। इसमें प्रोटीन की सर्वश्रेष्ठ जैविक गुणवत्ता है; इसका मतलब है कि जितना आप ग्रहण करते हैं उसकी एक-एक बूँद उसके उद्देश्य को पूरा करने के लिए शरीर के द्वारा जज़्ब कर ली जाती है। व्हे आईसोलेट जो व्हे प्रोटीन का एक उत्पाद है, मेरे जैसे शाकाहारियों के लिये एक वरदान है जो लैक्टोज़ (दुग्ध शर्करा) को सहन नहीं कर पाते और यह पेट और अँतड़ियों को उत्तेजित नहीं करता।

व्हे प्रोटीन पर गुर्दे, ज़िगर और दिल को प्रभावित करने का आरोप लगाया गया है, लेक़िन यह सच नहीं है। यद्यपि सुपर सितारे, क्रिकेटर और डॉक्टर तथाकथित 'प्रोटीन ड्रिंक' का विज्ञापन करते हैं (ख़ासतौर से बच्चों के लिये; शायद सबसे सरल निशाना, और उनके माता-पिता का नाम भी न लें जो बच्चों की लम्बाई के ख़याल के ख़ब्ती है। सच्चाई यह है कि इन पेयों में शक्कर इतनी भरपूर और प्रोटीन की मात्रा इतनी कम है (बेचारे जैविक मूल्य की तो बात ही न कीजिये) कि ये वस्तुतः भले की अपेक्षा कहीं ज़्यादा बुरा नतीज़ा देते हैं। और कोई भी पोषक कभी केवल किसी विशेष आयु वर्ग के लिये लाभकारी नहीं होता। दूसरी ओर व्हे प्रोटीन शरीर के लिये कोमल, शक्कर में शून्य और पचाने में आसान होता है। अगर आप वज़न उठाने की कसरत करते हैं या लम्बी दूरियों की दौड़ लगाते हैं तो आपके लिये व्हे प्रोटीन आवश्यक हो जायेगा (यह सभी प्रकार के स्वादों में मिलता है : चॉकलेट, वैनिला, स्ट्राबेरी, और भी बहुत से)।

सावधान : व्हे प्रोटीन केवल पूरक आपूर्ति है इसे सही तरह खाने के विकल्प की तरह इस्तेमाल नहीं करना चाहिये। एक सन्तुलित आहार के माध्यम से प्रोटीन, कार्ब और वसा का यथोचित मात्रा में उपभोग अनिवार्य है। केवल उसके बाद व्हे प्रोटीन कोई मदद कर सकता है। बाकी हर वस्तु की तरह इसमें भी अगर आप हद के पार चले जायें अथवा केवल इसी पर अपने प्रोटीन के लिये निर्भर हो जायें तो आपको नुक़सान होगा और इससे मिलने वाला फ़ायदा भी मिट जायेगा।

होती है वह भारतीय पाक क्रिया में इस्तेमाल होने वाले जीरा और तिल जैसे बीज़ो से पूरी कर दी जाती है। जैसा कि मैंने पहले भी कहा था, प्रोटीन में महत्व की चीज़ एमिनो एसिड है, विशेष रूप से **आईएए। आईएए** की संख्या 8 है और हमारे प्रमुख आहारों में इन आठों को होना चाहिये। ऐसा करना माँसाहारियों के लिये अधिक आसान है, लेकिन दिन भर में विभिन्न प्रकार के भोजनों के चुनाव से निश्चित कर सकते हैं कि हम **आईएए** की कमी न होंने दें। शाकाहारी लोग भी अगर यह याद रखें कि उन्हें दिन भर मे तरह-तरह के खाद्य पदार्थ लेने हैं तो उन्हें हर प्रकार के **आईएए** प्राप्त हो सकते हैं।

अपने प्रोटीन का सेवन कैसे करें।

जितना प्रोटीन हम खाते हैं उसमें से वस्तुतः कितना अपने उपयुक्त स्थानों तक पहुँचता है और अपने उपयुक्त उद्देश्यों के लिये प्रयुक्त होता है, इसका निश्चय निम्नलिखित तरीक़ों से होता है :

- आपके आहार का सम्पूर्ण कैलोरी मूल्य : यदि आपके आहार का कैलोरी कोटा यथोचित से कम है, तो जो प्रोटीन आपने ग्रहण किया है उसका उपयोग ऊर्जा उत्पन्न करने में हो जायेगा, टूट-फूट की मरम्मत का काम नहीं होगा।
- प्रोटीन की पाक विधि : अधिकतर प्रोटीन को अच्छी तरह पकाना ज़रूरी है जिससे वह पचाने में आसान हो जाता है। यह बात हर प्रकार माँस, अण्डे और दालों पर लागू होती है। केवल मछली और डेयरी उत्पाद बिना पकाये खाया जा सकता है। कम पका हुआ प्रोटीन एक संकट है। प्रोटीन को एक निश्चित शोधन की आवश्यकता होती है। अगर आपने कभी कम पका हुआ मुर्गे का सीना या राजमा, चावल खाया हो तो मैं अपनी बात यहीं पूरी करती हूँ।
- खाते समय आपकी मनःस्थिति सबसे अधिक महत्वपूर्ण है। भले

ही सोनू और मोनू समान मात्रा में प्रोटीन खाते हों और एक-दूसरे के बिल्कुल बराबर एमिनो एसिड ग्रहण करते हों उनका शरीर इस प्रोटीन का प्रयोग कितनी अच्छी तरह कर पायेगा (चाहे चिकन हो या राजमा चावल) इसमें अन्तर होगा। सोनू नियमित व्यायाम करता है (उसके अवयव, विशेष रूप से आँते, स्वस्थ और मज़बूत होंगे) खाते समय टी.वी. देखने या फोन पर गप्प मारने का कार्य नहीं करता है, उसका भोजन अच्छी तरह पका हुआ है और वह खाते समय अपनी गर्ल फ्रेंड की संगत में कुछ रूमानी गपशप करता है। मोनू को व्यायाम पर विश्वास नहीं (पेट और पाचन क्षमता कमज़ोर) और आधे-अधूरे मन से खाते हुये वह फोन पर किसी से लड़ रहा है। दोनों में कौन अपने प्रोटीन को अच्छी तरह से जज़्ब करेगा? सोनू! हाँ, आपको फुल मार्क्स। बेशक यह नियम हर तरह के भोजन पर लागू होता है, लेकिन प्रोटीन पर ख़ासतौर से क्योंकि पचाने में यही सबसे कठिन पोषक है।

शाकाहार बनाम माँसाहार

मैं शाकाहार बनाम माँसाहार की बहस को छेड़े बिना प्रोटीन के बारे में बात नहीं कर सकती। इस अनंत बहस का विषय सम्पूर्ण और अपूर्ण प्रोटीन से परे है, लेक़िन प्रोटीन के संदर्भ में इस पर ख़ासतौर से ध्यान देना ज़रूरी है।

क्या बेहतर है, शाकाहार या माँसाहार? बहुत से लोगों को अपने शाकाहारी होने पर बेहद अभिमान है। शाकाहारवाद के पीछे का विचार सबके प्रति अहिंसा तथा करूणा है। तो जब आप वेजी मैक के साथ केक, वेजी डिलाइट पिज़्ज़ा के साथ पेप्सी, पूरी-भाजी, श्रीखण्ड, छोले-भटूरे, दाल बाटी, जलेबी, चूरमा, रसगुल्ला, आदि का आर्डर देते हैं तो क्या कोई हिंसा नहीं होती? आप खुद अपने पेट की हत्या कर रहे हैं। अत्याहार या अतिभोज भी एक तरह का अत्याचार है : आप स्वयं अपने पेट के प्रति निष्ठुर हो रहे हैं।

आप शायद ठुँसे हुये वाहनों में पैक किये गये मुर्गों को या वेदी पर बकरों को देखकर सिकुड़ जाते होंगे। अपनी डायनिंग टेबल पर चिकन या किसी माँसाहारी डिश का विचार भी आपको असहनीय लगता होगा : आप माँसाहारियों को घृणा से देखते होंगे। लेक़िन क्या आप सचमुच करूणामय हैं? या आपकी करूणा केवल पशुओं के लिये है (मेनका गांधी से क्षमा याचना सहित)। इस बात का पर्याप्त प्रमाण है कि शाकाहारी भोजन मानवीय पाचन तन्त्र के अधिक अनुकूल है। इसके अतिरिक्त कहा जाता है कि शाकाहारी भोजन विश्व की खाद्य समस्या को घटाता है (यहाँ तक की ग्लोबल वार्मिंग भी। मवेशियों द्वारा निर्गत CO_2 ग्लोबल वार्मिंग को तेज़ी से बढ़ा रही है), लेकिन हमें यह समझना चाहिये कि शाकाहार या माँसाहार : हमारा भोजन व्यक्तिगत चुनाव का मामला है।

शाकाहारियों (मैं भी, मैं जन्म और इच्छा से शाकाहारी हूँ) को यह समझना चाहिये कि शाकाहार का मतलब स्वयं अपने समेत सभी के प्रति अहिंसा और करूणा की अनुभूति है। बिना अण्डे की पेस्ट्री खाना, पड़ोस में माँसाहारी रेस्तरां न खुलने देना या पड़ोस के हर रेस्तरां को शाकाहारी भोजन

जारी...

परोसने के लिये मज़बूर करना जैसी सतही बातों की अपेक्षा अहिंसा एक कहीं अधिक गहरा दर्शन है (इसने एम.के. गाँधी को महात्मा बना दिया और समूचे राष्ट्र की कल्पनाशक्ति को अपनी मुट्ठी में पकड़ लिया)। शेष हर वस्तु की तरह अहिंसा भी अपने प्रति दयालु और करूणामय होने से आरम्भ होती है। यदि हम अपने पेट को बोझ से लादते रहेंगे तो शाकाहार के सभी लाभ नष्ट हो जायेंगे। एक ठूँसा हुआ पेट स्पीड ब्रेकर से गुज़रते हुये ठुँसे हुये वाहन में मुर्गी की अपेक्षा कहीं अधिक तरस खाने लायक है। दूसरी ओर माँसाहारी हैं जो बेचारे घास-फूस भोजी शाकाहारियों पर तरस खाते नहीं थकते। उनके अनुसार शाकाहारी प्रोटीन से भरपूर और स्वाद में लाजवाब माँस से वंचित रहते हैं। लेकिन मुझे बताइये कि आपका शरीर आख़िर कितना प्रोटीन जज़्ब कर लेगा जब आपने इस तरह चिकन बिरयानी ठूँसी हो जैसे कल कभी होगा ही नहीं या 'बड़े मियाँ' में तीन बजे सुबह हर रूप, आकार और नाप का मटन और चिकन खाने के पहले रात भर क्लब में नशे में शराबोर हुये हों?

एक बार फिर, हमारे शरीर की प्रोटीन को हज़म और जज़्ब करने की क्षमता इस बात पर निर्भर करती है कि हमारी मानसिक स्थिति कैसी है, दिन का कौन सा समय है और इससे भी अधिक, हमारा पेट कितना भरा हुआ लग रहा है। इसलिये अगर आप अपनी मनपसन्द चिकन डिश को यह समझकर दबा जाते हैं कि प्रोटीन है इसलिए इसकी चर्बी नहीं बनेगी तो आप ज़रूरत से ज्यादा आशावान हैं।

शाकाहार या माँसाहार, आप चाहे जो खायें, अपने ऊपर और अपने पेट पर रहम करें और एक बार में थोड़ा सा खायें। इस सुनहरे नियम को याद रखें, पेट को एक बार में आधा ही भरें। ऐसा करने से माँसाहार के बावजूद आप अहिंसा का पालन कर रहे होंगे। वास्तविकता यह है कि शाकाहारियों और माँसाहारियों-दोनों के द्वारा प्रोटीन केवल तब जज़्ब की जा सकती जब वे अपनी सारी सम्वेदनाओं के साथ खायें, पोषक तत्वों के उपभोग के पाँच बुनियादी नियमों का पालन करें और पेट को कभी ठूँस कर न खायें।

प्रोटीन जिन्हें आपको कभी नहीं खाना चाहिये (ये चर्बी से भरपूर होते हैं।)	**इन्हें कैसे छला जाये**
1. सॉसेज 2. शोधित किया हुआ माँस और कोल्ड कट 3. गोमाँस 4. बकरे का गोश्त 5. सुअर का गोश्त	इन्हें पहले खाने की तरह, व्यायाम के बाद एक आहार की तरह खायें। चार बुनियादी नियमों का पालन करते हुये तथा सप्ताह में तीन बार का व्यायाम करके सप्ताह में एक बार खाइये।
चर्बी सर्वाधिक भस्म हो सके तथा रक्त में शर्करा का स्त्राव लगातार होता रहे इसलिए दिन के दौरान इन प्रोटीनों को खाईये।	**प्रोटीन को व्यायाम या किसी भी मेहनतवाली गतिविधि के बाद खाइये।**
अण्डा, मुर्गी, मछली, दूध के सभी उत्पाद (पनीर, चीज़, दही, दूध), सोया, दूध, तोफू, अंकुरित मूँग, अनाज, दाल, गिरी।	प्रोटीन पाउडर (हर परोसे में कम-से-कम 20 ग्राम, यह अच्छी गुणवत्ता वाला प्रोटीन देता है या 4-5 अण्डों की सफेदी। यह ज़रूरी है।
इन्हें कैसे खायें।	**इन्हें कैसे खायें**
सब्जी के साथ, कार्ब या अलग से अकेले। अण्डे, दालें, डेयरी के उत्पाद, सोया और मछली खा सकते हैं। मुर्गे को दिन का काम खत्म करके खाना चाहिये क्योंकि इसको पचाना अपेक्षाकृत कठिन है और काम के घण्टों में खाने से आपके शरीर की गति धीमी पड़ सकती है। शाम 6-7 का समय मछली और मुर्गी खाने के लिये उपयुक्त है क्योंकि शरीर को मरम्मत के लिये इन पोषकों की आवश्यकता होती है।	व्यायाम के दस मिनट के भीतर

वसा के बारे में सबकुछ

'यह देखो, हर तरफ से तो मैं परफेक्ट हूँ, सिर्फ इतना ही घटाना है', वह बोली। उसने अपनी लो वेस्ट जीन्स के ठीक ऊपर के थुल-थुल माँस को पकड़कर दिखाया, फिर जाँघ के ऊपरी और नितम्ब के नीचे के हिस्से पर उभरी माँस की थैलियों की और इशारा किया। 'राधिका की बात से हमारे जैसे कितने ही लोग सहमत हो सकते हैं, राधिका के पति महेश ने कहा। 'मेरी भी समस्या केवल यह है' अपनी गोल-मटोल तोंद की ओर इशारा करते हुये उसने कहा, 'वरना मैं भी परफेक्ट हूँ।'

देखिये, हम सब जैसे हैं वैसे ही परफ़ेक्ट हैं, लेक़िन हम बहुत सी, 'इम्पर्फ़ेक्ट' चीज़ों को करने में बहुत व्यस्त रहते हैं। उनमें से एक है, अपने भोजन में वसा का निषेध। हमारे शरीर में वसा की एक बड़ी भूमिका है। सबसे महत्वपूर्ण बात यह है कि लम्बे मानसिक एवं शारीरिक तनाव बीमारी और लम्बी भुखमरी के दौरान यह जीवित रहने में हमारी मदद करती है। शरीर में वसा ऐडीपोज़ ऊतक में संचित रहती है जहाँ से कठिन समय में शरीर ऊर्जा ग्रहण करता है। इसी क्षमता के कारण मानव जाति बची रही और विकसित हुई। अतः, वसा हमारे शरीर का बुरे दिनों का हल है। यही एकमात्र पोषक तत्व है जो हमारी ज़िन्दगी के सबसे कठिन दौर में ज़िन्दा रहने में हमारी मदद कर सकता है। अतः आपके तथाकथित दुर्बल दिन आपको वस्तुतः स्थूल बनायेंगे। सहज निष्कर्ष : स्थूल अथवा सुखद दिन आपको दुबला करेंगे। **अतः वसा खाइये तो वसा घटाइये।** वसा भरपूर ऊर्जा वाला पदार्थ है जो हमें प्रति ग्राम 9 कैलोरी प्रदान करता है। जीवन दान के अतिरिक्त वसा हमारे शरीर में निम्नलिखित कार्य करती है।

1. विटामिन ए, ई, के, डी जो वसा में घुलनशीन विटामिन हैं, के परिवहन सा काम करती है।
2. दिल, गुर्दे, जिगर, फेफड़े जैसे मर्मस्थलों की रक्षा करती हैं।

3. शरीर के ताप को बचाकर रखने के लिए इन्सुलेटर का काम करती है।
4. स्नायु के रक्षक आवरण का एक अंग होती है और स्नायविक संचरण में मदद करती है।
5. गॉलब्लैडर को खाली करने के लिए पित्त प्रवाह को उत्तेजित करती है।
6. गर्भवती स्त्रियों में, गर्भस्थ शिशु के सामान्य विकास के लिये और दूध के उत्पादन के लिए आवश्यक होती है।
7. मस्तिष्क के अधिकांश की रचना करती है। (60% से अधिक), और सुचारू रूप से काम करने में उसकी मदद करती है।
8. शरीर के जोड़ों को चिकना रखती है।

संक्षेप में, वसा न केवल सर्वोत्तम स्वास्थ्य के लिये, बल्कि स्वयं जीवन को बनाये रखने के लिये आवश्यक होती है।

वसा के अनेक प्रकार हैं और शरीर में हर एक की अपनी भूमिका होती है। मोटे तौर पर इन्हें निम्न कोटियों में बाँटा जा सकता है :

सैचुरेटेड वसा (ठोस वसा)

ये वसायें कमरे के तापमान में जमकर ठोस हो जाती हैं; मक्खन, पशु-वसा (विशेष रूप लाल माँस), दूध और दूध के उत्पाद, नारियल और ताड़ के तेल। पशु वसा में लम्बी चेन वाले फैटी एसिड पाये जाते हैं। घी (क्योंकि यह दूध को दही, बनाने, मक्खन निकालने और मक्खन को गरम अथवा साफ करने की प्रक्रिया से बनता है) में छोटी चेन वाले फैटी एसिड होते हैं। ये पचाने में आसान और स्वास्थ्यवर्धक हैं। सामान्य रूप से पशु वसा शरीर के लिये भारी पड़ती है, जबकि डेयरी उत्पादों में पाई जाने वाली वसा आसानी से जज़्ब हो जाती है।

वृद्धता के विरूद्ध (ऐन्टी एजिंग)

चेहरे और शरीर को बुढ़ापे से बचाने के लिये, देह भार को सर्वोत्तम अनुपात में रखने का प्रयास करें। यह सोचकर ढील न दें कि यदि 25 की उम्र में 65 किलो के थे तो 40 की उम्र में 80 किलो के हो सकते हैं। नहीं, यदि आप एक युवा मुखड़ा चाहते हैं, तो बिल्कुल नहीं। युवा मुखड़ा पाने के लिये आपको गुरूत्वाकर्षण की शक्ति को घटाना होगा जो उस पर आज़माईश कर रही है; इसका सीधा मतलब यह है कि अपने देह भार को उसके आदर्श अनुपात से ऊपर मत जाने दो (और यह अनुपात प्रायः वही होता है जो आप की 18 से 25 की उम्र के चढ़ते यौवन में था)।

करने लायक दूसरी ज़रूरी बात यह है कि अपने आहार में स्वास्थ्यवर्धक वसा को शामिल कीजिये, जैसे गिरी (मूँगफली भी इसमें शामिल है), चीज़, घी, पनीर और मछली वसा आपके चेहरे की त्वचा को न केवल नमी और झुर्रियों से बचाने वाले तत्व प्रदान करती है, बल्कि चेहरे की वसा को भस्म करने में सहायक भी होती है और आपके देह भार में वसा के स्तर को ऊपर नहीं जाने देती। आपके मुखड़े से बुढ़ापे को दूर रखने में वसा के समान दूसरी कोई वस्तु नहीं है (बेशक, सही मात्रा में; उस मात्रा में जो आपके देहभार को सर्वोत्तम अनुपात में रखता है)। चेहरे पर झुर्रियों का आना और लचीलेपन का ग़ायब होना वास्तव में चेहरे से आवश्यक चर्बी के घटने का परिणाम है।

अनसैचुरेटेड वसा (पिघली हुई वसा)

ये वसायें कमरे के तापमान पर तरल रूप में होती हैं; अतः नारियल के तेल को छोड़कर अन्य सभी प्रकार के तेल इस कोटि में आते हैं। जिस तरह प्रोटीन में अनिवार्य एमिनो एसिडस (IAA) निहित होते हैं जिन्हें शरीर स्वयं संश्लेषित नहीं कर पाता, अतः जिन्हें आहार के द्वारा ग्रहण करना ज़रूरी होता है, उसी प्रकार वसा में भी अनिवार्य फैटी एसिड्स **ईफए** होते हैं (एसेंशियल फैटी एसिड्स) और सर्वोत्तम स्वास्थ्य के लिए इन्हें आहार के

द्वारा प्राप्त करना अनिवार्य है। अनसैचुरेटेड वसायें तीन वर्गों में विभाजित होती हैं।

मोनो अनसैचुरेटेड फैटी एसिड (MUFA)

ये वसायें मूँगफली, जैतून एवोकैडो और बादाम में पाई जाती हैं। ह्दय के स्वास्थ्य को बनाये रखने के लिये ये बेहद ज़रूरी है। पिछले कुछ वर्षों में जैतून की लोकप्रियता बहुत तेज़ी से बढ़ी है और यह समझ भी कि जैतून कितना लाभदायक है। भारतीयों ने, विशेषरूप से शहरों में, जैतून के तेल (वह भी एक्सट्रा वर्जिन) का इस्तेमाल शुरू कर दिया है क्योंकि इसका स्वागत एक रक्षक के रूप में किया जा रहा है (विदेशी हर वस्तु के लिये हमारा प्यार!) इसे पढ़ते समय आप सोच रहे होंगे कि इसमें बुरा क्या है? कुछ भी नहीं, लेकिन ख़ुद अपने घर में मौज़ूद मूँगफली का तेल (जो हमेशा अपने पास था) और नवांगतुक चावल के खोल का तेल (Rice Bran oil) में (MUFA) तत्व की अधिकता है। उनका फैटी एसिड तत्व जैतून के समकक्ष है, और उनका स्वाद और सुगन्ध जैतून की अपेक्षा भारतीय पाक विधि के लिये अधिक अनुकूल है। ओलेइक एसिड (Oleic Acid) जो MUFA का एक अंग है, त्वचा की नमी के लिये बहुत लाभकर है, उसकी चमक को क़ायम रखता है; बाल बढ़ाने के कुछ विटामिन भी इसमें निर्मित किये जाते हैं।

पोली अनसैचुरेटेड फैटी एसिड्स-पीयूएफए (Polley Unsaturated Fatty Acids—PUFA)

ये दो प्रकार के होते हैं-ओमेगा-3 और ओमेगा-6। सूरजमुखी के फूल, करड़ी या कुसुम्भ और सोयाबीन के तेलों में पाया जाता है। अधिकतर वनस्पतीय तेलों में प्रचुर मात्रा में पीयूएफए (PUFA) तत्व होता है। ओमेगा-3 अलसी, अखरोट और मछली के तेल में मिलता है। पोली अनसैचुरेटेड फैट ह्दय रक्षा का मूल्य भी रखती है। ओमेगा-3 और ओमेगा-6 का सेवन

बराबर अनुपात में करना चाहिये, किन्तु हमारे आज के आहारों में आमेगा-3 के मुक़ाबले ओमेगा-6 का अनुपात 20:1 जितना विषम हो गया है जिसके कारण धमनियों में सख़्ती आ जाती है और ह्रदय रोग की सम्भावना बढ़ जाती है।

ट्राँसफैट्स (Trans fats)

यह एक नई प्रकार की वसा है जिसका निर्माण भोजन को संरक्षण और कण-विन्यास (Texture) देने के लिये किया गया है। इसका निर्माण हाईड्रोजनीकरण की प्रक्रिया द्वारा अनसैचुरेड फैट को सैचुरेटेड फैट में बदल देता है। ट्राँस फैट का प्रयोग प्रायः रेस्तरां, फास्ट फूड चेन्स और व्यवसायिक उद्देश्य से बड़े पैमाने पर खाद्य पदार्थों का उत्पादन करने वाली कम्पनियों द्वारा किया जाता है क्योंकि यह सस्ता बैठता है। शोधित किये गये सभी पदार्थों में, स्टोर से ख़रीदे गए केक, बिस्कुट और फ़ास्ट फ़ूड जैसे पिज़्ज़ा, बर्गर और फ्राईज़, इत्यादि में यही वसा प्रयोग में लाई जाती है। इसे ठीक ही खराब वसा कहा जाता है क्योंकि यह हमारे शरीर में लो डेन्सिटी लिपो-प्रोटीन अथवा हानिकारक कोलेस्टेरॉल का स्तर बढ़ा देती है। वसा की इस किस्म से बचकर रहना ही बेहतर है। जिस भी सनकी डाइट पर आप 'गये', उससे फटाफट लौट भी आये। खामियाजा हमारे बेचारे शरीर को भुगतना पड़ा। इस दुर्व्यवहार का गूँगा शिकार केवल यही कर सकता था कि चकई की तरह एक वज़न से दूसरे वज़न के बीच अनंत रूप से झूलता रहे। राधिका की तरह हम सभी अंत में अपने शरीर के थुलथलपन की चिन्ता को अपने सिर पर सवार पाते हैं। हमारी हिमाक़त तो देखें, जिस अंग के साथ सबसे ज्यादा दुर्व्यवहार हुआ उसे प्रॉब्लम एरिया बताया जा रहा है। और हाँ, ढक दो, छिपा दो, लगभग सब कुछ कर डालो, सिवाय उसे वस्तुतः पोषण और प्यार देने के : आपके 'प्रॉब्लम एरिया का एक मात्र दीर्घ स्थायी और प्रभावशाली समाधान। जब भी आप किसी ताबड़तोड़ डाइट पर जाते हैं अथवा अपने शरीर को आहार के द्वारा अनिवार्य फैटी एसिड्स प्रदान नहीं

करते हैं तब आपका शरीर संस्थान एक तनाव के पूर्वानुमान से वसा का संचय करने लगता है और इसके लिये आप अपने शरीर को दोष नहीं दे सकते। वह तो केवल अपने रक्षात्मक तंत्र को सक्रिय कर रहा है ताकि आपको तनाव के परिणामस्वरूप होने वाली हानि से बचा सके : जीवित रहने की आपकी सम्भावनाओं को बढ़ाने के लिये चर्बी के भस्म होने पर रोक लगा देता है और आपकी कायाग्नि (Metabolic rate) को मन्द कर देता है।

हाँ, कुछ चतुर 'मार्केटिंग प्रोफेशनल्स' हैं जो आपके 'कभी ऑन कभी ऑफ' सम्बन्धों के कारण अपने बैंक खाते को मोटा कर चुके हैं। लो फैट बिस्कुट, लो फैट मक्खन (बेवकूफी और बेईमानी की हद), लो फैट चाकलेट्स, लो फैट चिप्स, लो फैट चकली, लो फैट चीज़, लो फैट आइसक्रीम, लो फैट हर वस्तु का आगमन, और लोग किस क़दर उन्हें ख़रीदने को झपट पड़ते हैं। 'मैं वेफर्स नहीं खाता, सिर्फ यह बेक्ड या लो फैट चिप्स लेता हूँ। 'नही, यह नार्मल आईसक्रीम नहीं, लो फैट वाली आईसक्रीम'। इतनी सारी 'लो फैट' कही जाने वाली चीज़ें असल में आपके पैसे की बर्बादी है। आप लो फैट चीज़ या मक्खन खरीदने के लिये बेहूदे तौर पर ऊँचे दाम चुकाते हैं, लेक़िन उसमें सामान्य 'फुल फैट' किस्म से एक या हद से हद दो ग्राम फैट कम होती है। 'लो फैट आईसक्रीम चीनी या मधुरक से भरपूर हुआ करती हैं। लो फैट चिप्स में नमक तेज़ होता है, और दावा है कि उन्हें तलने की बजाय बेक किया गया है; जिसमें भरे तेल में तलने की अपेक्षा शायद थोड़ा सा कम या लगभग उतनी ही वसा का प्रयोग होता है और यही इसका अन्त नहीं। दुखद है कि इन लो फैट और बेक की गई क़िस्मों में (हर शोधित वस्तु में) सबसे अधिक खराब वसा : ट्राँस फैट होती है। ट्राँस फैट के कारण धमनियाँ सख़्त पड़ जाती हैं, देहभार में चर्बी का अनुपात बढ़ जाता है और स्वास्थ्य की अनेक समस्यायें खड़ी हो जाती है (मोटापे से सम्बन्धित दशायें जैसे-इंसुलिन की प्रभावहीनता, हृदय-संकट, रक्तचाप, जोड़ों का दर्द, इत्यादि)

जीता-जागता उदाहरण : प्रत्यक्ष और अप्रत्यक्ष वसा

'मैं अपने खाने को लेकर बहुत सावधान रहती हूँ। फिर भी पता नहीं क्यों मैं मोटी हो रही हूँ। मेरा विवाह एक मारवाड़ी परिवार में हुआ है, तुम्हे पता ही है कि वे कैसे होते हैं (मारवाड़ी ससुराली सम्बन्धों की ओर सामान्य संकेत) उनको तो हर चीज़ में देसी घी लगता है। घी तो चाहे पी भी जायें (सच है, मैंने भी देखा है)। लेकिन हम उनसे अलग रहते हैं इसलिए रसोई पर मेरा कंट्रोल है। मैं महेश को रोटी, दाल या किसी चीज़ में घी नहीं देती। उसे शाम के नाश्ते में फरसान पसन्द है लेकिन हम सिर्फ लो फैट बिस्कुट, लो फैट चिप्स और बेक की हुई चकली खाते हैं, फिर भी हम दोनों के दोनों मोटे हैं। क्या करें?

राधिका डाइट पर जाने की आदत से मज़बूर और हिम्मतवाली थी। वह अपने प्रसव के कुछ महीने बाद ही '21 दिन तक 21 मॉरी बिस्कुट रोज़' के डाइट पर जा कर देख चुकी थी और उसने ग़जब के नतीजे पाये थे। उसका वज़न 21 दिनों में 7 किलो घट गया था। लेकिन इस समय तक उसकी इच्छाशक्ति ने जवाब दे दिया। भगवान का शुक्र है कि तुम्हारे पास 'इच्छाशक्ति नहीं बची', मैंने कहा।

हममें से बहुत से लोगों की तरह राधिका भी 'लो फैट' की बाजारू तिकड़म में फँस गई जिसे तकनीकी तौर पर अप्रत्यक्ष वसा भी कहा जाता है। इसका मतलब यह है कि जब आप चकली, बिस्कुट व चिप्स उठाते हैं तो उनमें आपको वसा दिखाई नहीं पड़ती और आप मान बैठते हैं कि वे वसा में परिवर्तित भी नहीं होंगे। घर की बनी तली हुई चकली या पकौड़े या चुपड़ी हुई रोटी में, कड़ाही में और खाने की वस्तु पर तेल दिखाई देता है : इसको प्रत्यक्ष वसा कहा जाता है। हमें लगता है कि हम वसा खा रहे हैं, यह वसा बन जायेगी लेकिन सच बात यह है कि अप्रत्यक्ष वसा वाले पदार्थ खराब वसा, ट्राँसफैट, से भरपूर हैं जो दिल के दौरे और इंसुलिन की प्रभावहीनता आदि का कारण हैं। वसा अप्रत्यक्ष हो तो आप अधिक मात्रा में खा बैठते हैं, ग्लाईसेमिक भार बढ़ जाता है और आपके मोटे होने के संयोग भी।

वसा का उपयोग कैसे करें

एक छरहरे, चर्बी रहित शरीर, स्वस्थ हृदय, लचीली त्वचा और चमकीले बालों के लिये वसा को अपने हर भोजन का हिस्सा बनाइए–या कम से कम तीन प्रमुख आहारों का अवश्य ही। केवल तेल में पका भोजन ही पर्याप्त नहीं है। अपने भोजन में गिरी, चीज़ तथा अन्य डेरी उत्पादों को भी शामिल कीजिये। स्वस्थ वसा का स्वस्थ मात्रा में (पढ़िये यथोचित) उपभोग आपके शरीर को समुचित सक्रियता तथा वसा भस्म करने की सर्वाधिक क्षमता देगा। वसाओं का उपयोग जब कार्ब और प्रोटीन के साथ किया जाता है तब वे भोजन में ग्लाईसेमिक इंडेक्स (देखिये, इसी अध्याय के पीछे कार्ब वाला अनुभव) को घटाने का काम करती हैं। वे रक्त में शर्करा के स्राव की गति को मन्द करती है। इससे वसा भस्म का कार्य प्रभावात्मक, रक्त शर्करा का स्तर स्थिर, भूख कम, मूड अच्छा और रंग–रूप दमकदार बनता है।

इसलिये सब्ज़ियाँ और दाल पकाने में अधिकांश भारतीयों की तरह तेल का प्रयोग कीजिये; इससे परहेज़ की कोशिश मत कीजिये। **बेहतर हो कि विभिन्न प्रकार के तेलों का प्रयोग करें इसलिए अगर लंच मूँगफली के तेल से बनाया है तो डिनर के लिये सोयाबीन या करड़ी के तेल का इस्तेमाल कीजिये।** अपने खाने में चीज़ और मूँगफली को शामिल कीजिये। इन्हें आप अपने आप में पूरा अल्पाहार भी बना सकते हैं।

आहार में वसाओं को शामिल करने से मूड का उछाल, डूब और अवसाद भी कम होता देखा गया है। जिन बच्चों को ओमेगा–3 पर्याप्त मात्रा में नहीं मिलता उनके सीखने की क्षमता में गड़बड़ी उत्पन्न हो जाती है। मासिक पूर्व कष्ट (PMS) के दौरान आपकी गर्ल फ्रेंड क्या आपको दुखी करती है? तो उसके लिये अलसी के बीजों का एक सप्लीमेंट खरीदिये या फिर महीने भर के लिये मेवे की आपूर्ति उपहार में दीजिये।

भरे तेल में तलना

तली हुई चीज़ों की मात्रा सीमित रखिये, पर उनसे पूरा परहेज़ मत करिये। घर के बने गरमागरम पकौड़े, भजिया, पूड़ी इत्यादि खाइये। भरे तेल का तला, लेकिन घर का बना भोजन आपके लिये अच्छा है। तेल का तलने में दुबारा प्रयोग नहीं होता (दुबारा प्रयोग करने से वसा का ऑक्सीकरण हो जाता है जो उसे विषैला बना देता है), और सोडा तथा अतिरिक्त नमक नहीं रहता (दोनों सूजन और गैस की मुसीबत का कारण हैं) तली हुई चीज़ को फौरन खाना याद रखिये। इन चीज़ों के तेल को टिश्यू पेपर या नैपकिन से पोंछिये मत जैसा कि अनेक लोग करते हैं। जब तक आप महीने में एक बार सात या आठ पकौड़े या तीन से चार पूड़ियाँ खाते हैं तब तक सचमुच सब ठीक है। आपका शरीर इसे ले सकता है। लेक़िन इसका उलट ठीक नहीं है; कि आप तला हुआ भोजन बार-बार बड़ी मात्रा में खायें (सात-आठ पकौड़े या तीन-चार पूड़ियों से ज्यादा। इसलिए आपको अतिरिक्त तेल को पोछ देना चाहिये) नहीं, चाहे जितना भी तेल आप पोंछकर निकाल दें, मोटे तो आप होंगे ही। इसलिए तलने के किस्से में से ज़्यादती को निकाल बाहर करें। तलें, लेक़िन महीने में एक बार।

इटैलियन लोग और जैतून का तेल

भारतीय घरों में जैतून का तेल अपने प्यारे पुराने मूँगफली के तेल, घी एवं अन्य पारम्परिक इस्तेमाल के तेलों और वसाओं की जगह ले रहा है। इतालवी संगमरमर हमारे फर्श पर, इतालवी चिकनी चमकीली मॉडुलर किचन और हाँ, उनका जैतून का तेल भी।

हम हर तरह के पाक-विधान के साथ प्रयोग करके देखें, यह बहुत बढ़िया है। लेक़िन हम कहीं भूल न जायें कि इस सारी विविधता का आलिंगन करते हुए हमें जैसा का तैसा इटैलियन या वस्तुतः कोई भी दूसरा, बनने की कोशिश नहीं करनी चाहिये; यद्यपि अध्ययन यह बताते हैं कि जैतून के तेल में

हृदय रक्षा के चमत्कारी गुण हैं, हमें भेड़-चाल में शामिल होने की जल्दबाज़ी नहीं करनी चाहिये। तस्वीर को पूरी तरह से देखिये।

केरल में पद्मनाभम् मन्दिर में विष्णु की एक सोती हुई प्रतिमा है। आप मन्दिर के चाहे किसी भी हिस्से में खड़े हों, विष्णु (सत्य का प्रतीक) को पूरा नहीं देख पाते। उनका केवल कुछ अंश ही दिखाई देता है। इस संसार में जहाँ माया का खेल चल रहा है, हम सत्य का केवल एक अंश ही देखते हैं, पूरा सत्य कभी नहीं। पहले तो हम याद रखें कि उपरोक्त सभी अध्ययन इतालवी लोगों पर आधारित थे। इतालवी हृदय की स्वस्थता का कारण केवल जैतून का तेल नहीं, बल्कि अन्य भी अनेक कारण होंगे। उनका आहार फल और हरी सब्ज़ियों से समृद्ध है। रेशे का तत्व अधिक है, और वे नियमित रूप से घर का खाना खाने के अभ्यस्त हैं (मातायें अपने बच्चों पर शासन रखती हैं और सामूहिक पारिवारिक भोजन की मेज़ पर हुक्म चलाती हैं)। और हाँ, उनके पास यह चमत्कारपूर्ण सहज रवैया और सामान्यतः चैन पूर्ण, तनाव रहित जीवन शैली भी है। जैसाकि मैंने हमेशा कहा है, आपका हृदय ठीक से काम करे और आप अच्छी सेहत का लुत्फ उठायें इसके लिये आपकी मनःस्थिति को अच्छा और तनाव रहित होना जरूरी है।

भारत में हम नौ बजे सुबह आरम्भ करके आठ या नौ बजे रात तक काम करते रहते हैं, व्यायाम बहुत थोड़ा या बिल्कुल नहीं करते, भीड़ भड़क्के वाले पास-पड़ोस में ज्यादातर टहलने नहीं निकलते, प्रदूषित शहरों में रहते हैं, दबाकर शोधित भोजन करते हैं, इत्यादि। लेक़िन, हैलो, अगर हम जैतून का तेल खायेंगे तो क्या वह हमें बचायेगा नहीं? नहीं, बिल्कुल नहीं। हमारी जीवन शैली काफी अलग है। अगर आप इतालवी जीवन की नकल करने चलें, तो पूरी-पूरी नक़ल करें, उनकी जीवन शैली का सिर्फ वही हिस्सा न उठा लें जो आपके लिये सुविधाजनक है। (दरअसल हमारे बीच कुछ बातें वाकई समान है : दोनों जगह मर्द माताओं के लाड़ले मुन्ने हुआ करते हैं और गर्दनतोड़ सासू माताएँ हैं जो बेटों पर कब्जा किये रखती हैं, पर इनमें से कुछ भी हृदय के लिए अच्छा नहीं है)।

वसा : आहार का अंतरंग

क्या आपने स्पिती का नाम सुना है? अगर नहीं सुना तो, हाँ, यह भारत में है। स्पिती हिमाचल प्रदेश में, हिमालय के परे सुन्दर शीतल प्रदेश है जो लद्दाख और तिब्बत के बीच में स्थित है। वहाँ जाने का मतलब काल में सौ साल पीछे जाना है। पूरा इलाक़ा बौद्ध है और शुक्र है कि बाहरी दुनिया के 'विकास' से अछूता है। लेक़िन मुझे ग़लत न समझें, उनके पास अच्छी सड़कों का जाल है, स्कूल हैं, हर गाँव में बिजली है। अगर सबसे छोटे गाँब दो-तीन घरों के ही हैं तो क्या?

स्पिती के लोगों के आहार में जौ की बहुतायत है, जो रेशे, मन्दगति **जीआई (GI)** कार्ब प्रोटीन, अनिवार्य विटामिन और खनिज, जैसे आयरन और कैलशियम, से भरपूर है। इस थोक भोजन के अलावा, उनके आहार में घी दूध और चीज़ की प्रधानता है जो हर घर के अपने मवेशियों के दूध से बनाये जाते हैं। ये मवेशी उनके परिवार के अपने सदस्य हैं, उनके साथ घर में रहते हैं और माईनस 35 डिग्री सेल्सियस के तापमान वाली सख़्त सर्दी में परिवार को उष्मा प्रदान करते हैं। ये मवेशी बहुत प्यार और ध्यान के साथ पाले जाते हैं, (उत्तम श्रेणी की घास) आज़ादी से चरते हैं, बेहतर सेहत के लिये जाने जाते हैं और इसलिए बेहतर गुणवत्ता वाला दूध देते है। इस दूध से निर्मित चीज़ और घी शक्ति और पोषण से भरपूर होते हैं। स्पिती के हर स्थानीय व्यंजन में घी शामिल होता है, और यह आपको अपने ग्लास से ऊपरी हिस्से पर लगा मिल जायेगा : किनारी के चारों ओर सजा हुआ जैसे मार्गरिटा के ग्लास के किनारे पर नमक। सख़्त मौसम और कठोर जीवन से जूझने वाले इन लोगों के लिये घी कृमिनाशक, पाचक, प्रतिरोध क्षमतावर्धक, कोमलास्थि और संधियों के लिये चिकनाई का काम करता है, और शरीर की धूप से रक्षा भी करता है। घी देवताओं को भी चढ़ाया जाता है और व्यक्ति के आध्यात्मिक पक्ष सामने लाने के लिये जाना जाता है। मारवाड़ी (राजस्थान के गर्म, सूखे, रेतीले वातावरण के परम्परागत निवासी) को यही घी तीव्र

वसा जिसे कभी नहीं खाना चाहिये (ये ट्राँसफैट हैं)	**इन्हें कैसे छला जाय**
1. वसा जो आपको लाल तथा शोधित किये हुए माँस से मिलती है।	इन्हें अपने पहले आहार या व्यायाम के बाद के भोजन की तरह खाइये। इन्हें सप्ताह में एक बार खाइये, बशर्ते यदि आप चार मुख्य नियमों का (अगला अध्याय देखिये) का अनुगमन करते हैं और सप्ताह में तीन घण्टे का व्यायाम करते हैं। खराब चर्बी को कभी तीव्र जीआई खाद्य के साथ मत जोड़िये, जैसे चावल और माँस या बिरयानी। बिरयानी से प्यार करने वालों, अपनी दावत को ईद के लिये बचाकर रखिये।
2. भरे तेल में तले हुए खाद्य की वसा (पकौड़ा, समोसा, भुजिया, इत्यादि)	इन्हें सुबह सबसे पहले खाइये। अपने भोजन की मात्रा को आधा कर दीजिये और उसके साथ खाइये या देर दोपहर में एक पूरे भोजन की तरह लीजिये, लेकिन एक तक ही सीमित रखिये। अपने स्नैक के साथ एक मिठाई मत खाएँ। यदि आप बाक़ी सभी छः दिन सही तरीके से खाते हैं और सप्ताह में तीन दिन व्यायाम करते हैं तो आप इनमें से एक का आनन्द सप्ताह में एक बार ले सकते हैं। जिस तेल में गहरा तला गया है उस तेल का इस्तेमाल दुबारा मत कीजिये। **टिप :** बड़ी पार्टियों में तले हुये खाद्य से बचिये, क्योंकि इन्हें दो बार भरे तेल में तला जाता है।

3. मिठाई, विशेषकर जो मेवों से बनती है।	इन्हें एक पूरे आहार की तरह लीजिये। अपने लंच के डेढ़ घण्टे बाद लीजिये। आप इसे सुबह पहली चीज़ की तरह भी ले सकते हैं। किन्तु अपने नियमित आहार के साथ इसे शामिल मत कीजिये।
4. केक और पेस्ट्री	अगर आपको अपनी प्यारी चॉकलेट पेस्ट्री छोड़ना बर्दाश्त नहीं है, आपके लिए खुशख़बरी है। सुबह सबसे पहले चीज़ की तरह इसे खाइये। अपने पौष्टिक आहार की जगह इसे मत लीजिये, बल्कि इसके अतिरिक्त लीजिये। क्रोईसाँ को प्यार करने वालों आप भी हाथ बढ़ाइये। लेकिन महीने में एक या दो बार से ज्यादा की छूट अपने को मत दीजिये।
5. बिस्कुट	इन्हें लम्बी मेहनतकश शारीरिक गतिविधि के बाद खाएँ, जैसे ट्रेकिंग, दो या दो घण्टे से ज्यादा की शॉपिंग। सामान्य जीवन में, सप्ताह में एक बार तक सीमित रखिये।
6. पिज़्ज़ा	1 स्लाईस (हम फास्ट फूड पिज़्ज़ा की बात कर रहे है) और अपने आप में एक पूरे भोजन की तरह। एक लम्बी बोरिंग मीटिंग के बाद बिल्कुल सही।

दिन के दौरान खाने वाली वसा जो चर्बी का सर्वाधिक दहन करती है और रक्त-शर्करा का स्राव लगातार बनाये रखती है।	वसा जिसे व्यायाम या मेहनतकश गतिविधि के बाद ग्रहण करना चाहिए।
गिरियाँ, ऐवोकैडो, जैतून, दूध तथा उसके सभी उत्पाद (चीज़, पनीर, घी, दही), खाना पकाने में इस्तेमाल होने वाले तेल, नारियल, अलसी, मछली।	यदि शरीर की चर्बी को घटाने या कोलेस्टेरॉल की समस्या है, तो ध्यान रहे कि आप अलसी के बीज जैसा फैटी एसिड् या एक ओमेगा-3 का पूरक ले।
इन्हें कैसे खायें	**इन्हें कैसे खायें**
तेल खाना पकाने के लिये, घी तड़का लगाने के लिये और बाकी सभी स्वयं पूरे आहार की तरह। इस बात का ध्यान रहे कि आपकी मात्रा सही हो और आप इनमें से 2 या तीन को अपनी रोज़ की डाइट में शामिल करते हैं। यदि एक मुख्य आहार के बाद आप शिथिल महसूस करते है और आपको चीनी या कॉफी की तलब लगती है, तो इसके बाद एक फैटी एसिड का पूरक लें, जैसे ओमेगा-3 से भरपूर मछली का तेल या अलसी के बीज।	इन्हें व्यायाम के दस मिनट के भीतर खाईये।

विटामिन और खनिज़ के बारे में सब कुछ

हमारे शरीर में विटामिन और खनिज उत्प्रेरक, सह-पाचक इस (पाचक रसों के सहायक), और सह-कारक (रासायनिक और मैटाबॉलिक प्रतिक्रियाओं के सहयोगी) के रूप में बेहद महत्त्वपूर्ण भूमिका निभाते हैं। वे हमारे शरीर को कोई ऊर्जा या कैलोरी नहीं प्रदान करते। लेक़िन वे इसलिये महत्वपूर्ण हैं कि हम अपनी ऊर्जा अथवा कैलोरी का सही इस्तेमाल कर पाएँ। शोधित खाद्य पदार्थ का अधिक मात्रा में उपभोग, धूमपान, देर रात तक जागना और निष्क्रियता इत्यादि जीवन शैली के तत्व विटामिन और खनिज की ज़रूरत को बढ़ाते और इनको जज़्ब करने की हमारी क्षमता को घटाते है। इनमें से कोई भी पोषक तत्व अकेला कार्य नहीं कर सकता। जैसे कैलशियम को शरीर में अपना काम करने के लिये 24 अन्य पोषक तत्वों को सही समय और सही मात्रा में मौजूद होने की जरूरत है; लोहे को हिमोग्लोबिन बनाने के लिए यथोचित मात्रा में प्रोटीन के साथ-साथ विटामिन बी और विटामिन सी की तत्काल आवश्यकता होती है। आपको एक संतुलित आहार, नियमित व्यायाम और मानसिक शान्ति की आवश्यकता होती है ताकि विटामिन और खनिज आपके शरीर में कुशलतापूर्वक सक्रिय हो सकें।

भारत के सबसे ज्यादा प्यारे और सबसे ज्यादा नफरत के पात्र राजनीतिज्ञ लालू प्रसाद यादव ने *हिन्दुस्तान टाइम्स* के शिखर सम्मेलन में हाल ही में कहा, 'कोअलिशन का ज़माना है।' यह हमारे शरीर में पोषक तत्वों की कार्यविधि के बारे में भी कही गई एक बात हो सकती है। वे दिन बीत गये जब राजनीति में केवल एक दल या भोजन में एक विटाामिन, खनिज या कार्ब, प्रोटीन या वसा जैसे बड़े पोषकों में से एक चुनाव का बोलबाला था। जैसे भारत को अहसास हो चुका है कि केन्द्रीय सरकार बनाने के लिये बड़े दलों को छोटे अनजाने दलों की मदद की ज़रूरत है उसी तरह हमें भी समझ लेना चाहिए कि चर्बी घटाने और छरहरा बदन पाने के लिये समाधान बहुमत या एक दलीय सरकार (अर्थात् हाई प्रोटीन, लो कार्बन या लो फैट-डाइट)

में नहीं है, बल्कि इसकी जगह पर संविद (संयुक्त विधायक दल) का राज चाहिये। हमारे आहार में विटामिन, खनिज, प्रोटीन, कार्ब और वसा, प्रत्येक का यथोचित प्रतिनिधित्व होना आवश्यक है ताकि उनमें से प्रत्येक अपने विशेष काम को अपनी सम्पूर्ण योग्यता के साथ पूरा कर पायें; केवल तभी तक हम सर्वोत्तम स्वास्थ्य का आनन्द पा सकते हैं (वैसे ही जैसे केंद्र में अडिग, आदर्श सरकार)।

विटामिन 'ए'

विटामिन 'ए' पूर्ण वसायुक्त तथा अल्प वसा युक्त दूध में, हरे पत्ते वाली सब्जियों में, नारंगी और पीले रंग की सभी सब्ज़ियों में और कलेजी व गुर्दे में पाया जाता है। पौधों के स्रोत से मिलने वाले विटामिन 'ए' के प्रकारों को कैरोटीन कहा जाता है। **विटामिन 'ए' हमारे लिए ज़रूरी है** क्योंकि यह हमारी रोग रोधक क्षमता को सहारा देता है, आँख की रोशनी बढ़ाता है, हमारे शरीर की बाढ़ और विकास के लिये अनिवार्य है तथा यह एक शक्तिशाली ऐन्टी ऑक्सीडेंट भी है जो शरीर की कोशिकाओं को फ्री रैडिकल्स से बचाता है।

यात्रा के दौरान या तनाव की स्थिति में विटामिन 'ए' लीजिए। सख़्त डाइटिंग, अत्यधिक व्यायाम या तनाव की लम्बी अवधि से गुजरने के तुरन्त बाद अक्सर बीमार पड़ जाने का कारण विटामिन 'ए' का अभाव है। यदि आपकी जीवन शैली तनावपूर्ण है तो आपको विटामिन 'ए' की अतिरिक्त आवश्यकता होगी और इसका सबसे अच्छा तरीक़ा भोजन में कैरोटीन तत्व को बढ़ाना है। तो अपनी प्लेट में और अधिक हरा, पीला और लाल शामिल कीजिये।

दिन के दौरान विटामिन 'ए' की पूरक आपूर्ति लेने का सबसे अच्छा समय सर्वाधिक तनावपूर्ण अवधि के बाद, कठोर व्यायाम या एक लम्बी हवाई यात्रा के उपरान्त होता है। कैरोटीन कील-मुहाँसों से बचने के लिए, कैंसर की रोकथाम के लिये, प्रजनन तंत्र के स्वास्थ्य के लिये तथा यौनिक

संक्रमण को घटाने के लिये भी एक अच्छा तरीका है।

विटामिन 'डी'

हमारा शरीर स्वयं धूप के सम्पर्क में आने पर विटामिन 'डी' का उत्पादन करता है। यह धूप का विटामिन है। और अपना विटामिन पाने के लिए आप धूप की दैनिक ख़ुराक लीजिये। इसके लिए सबसे अच्छा समय सूर्योदय के निकट का समय है (इस वक्त धूप त्वचा के लिए कठोर या हानिकारक नहीं होती। उत्तर भारत के निवासियों के लिए सर्दियों की यह एक प्रिय गतिविधि है–धूप स्नान अथवा धूप सेंकना। विटामिन 'डी' की दैनिक ख़ुराक का यह सबसे अच्छा तरीक़ा है और आप ख़ुद को गरमी भी दे लेते हैं। इसके अलावा विटामिन 'डी' हमें अण्डे की ज़रदी और मछली से भी मिलता है। इस एक विटामिन के लिये पौधे कोई अच्छा स्रोत नहीं हैं, लेक़िन हरे पत्ते वाली सब्ज़ियों में यह कुछ अंशों में मिल सकता है।

हमें इसकी ज़रूरत है क्योंकि यह कैलशियम को जज़्ब करने में सहायक होता है। टाँगों का झुक जाना, रीढ़ का कमान बन जाना, हड्डियों का पतला हो जाना, जोड़ो का दर्द और बेचैनी का कारण विटामिन 'डी' का अभाव है। बड़ी उम्र के लोग, ख़ासतौर से जिन्हें नर्सिंग होम में रहना पड़ता है, आमतौर से विटामिन 'डी' के अभाव से ग्रस्त रहते हैं क्योंकि उन्हें धूप नहीं मिलती। इसमें कैंसर प्रतिरोध, ख़ासतोर पर स्तन और आँत के कैंसर से सम्बन्धित, गुण भी होते हैं–ऐन्टी–कारसिनोजेनिक (Anti-Carcinogenic)। जहाँ धूप नहीं पहुँचती उन स्थानों पर ये कैंसर अधिक होते हैं।

विटामिन 'ई'

पोली अनसैचुरेटेड वनस्पतीय तेलों में विटामिन 'ई' पाया जाता है, जैसे कॉर्न, सोयाबीन, सूरजमुखी और करड़ी के तेल। इसके अतिरिक्त यह बीज, गिरी तथा साबुत अन्न में भी होता है। **भोजन को शोधित करने और यथोचित से अधिक देर तक पकाने पर विटामिन 'ई' का तत्व बेहद**

घट जाता है। इसीलिये जब आप गेहूँ का मैदा या पाव भाजी बनाने के लिए सब्ज़ियों का मलीदा बना देते हैं तो उनमें विटामिन 'ई' लगभग नहीं के बराबर बचता है। अस्पारागस, हरे पत्तों वाली सब्ज़ियाँ, बेरी और टमाटर इसके अच्छे स्रोत हैं।

यह हमारे लिए ज़रूरी हैं, क्योंकि यह हृदय को स्वस्थ करता है, त्वचा को युवा रखता है, स्नायविक और माँसपेशीय दुर्बलता को रोकता है और एक ताक़तवर ऑक्सीडेंट है। अगर अधिक मात्रा में तला-भुना, बेकरी उत्पाद और बड़ी मात्रा में वसा तत्व ग्रहण किया हो तो विटामिन 'ई' ज़रूर लीजिये। हमारे शरीर में वसा ऑक्सीडेशन कही जाने वाले प्रक्रिया से घुलकर नष्ट हो जाती है; विटामिन 'ई' शरीर में वसा को विषैला बन जाने से रोकता है इसलिये जब आप भुजिया और पकौड़े खाये तो अपने विटामिन 'ई' को न भूलें। व्यायाम, धूप, वायरल इन्फेक्शन और मधुमेह-ये सभी विटामिन 'ई' लेने की ज़रूरत को बढ़ा देते हैं।

विटामिन 'के'

पत्ते वाली हरी सब्ज़ियों, हरी मटर, हरी चाय, ओट्स और साबुत अन्न में पाया जाता है। इसके हिस्से में बेकद्री ही आई है क्योंकि इसकी कमी कभी विरले ही होती है।

हमें इसकी ज़रूरत पड़ती है क्योंकि यह ख़ून का थक्का जमाने में अहम भूमिका निभाता है, इसी वजह से यह जीवन रक्षक विटामिन है। हाल के शोध ने यह भी बताया है कि स्वस्थ हड्डियों के निर्माण में और ओस्टोपोरोसिस की रोकथाम और उपचार में भी यह महत्वपूर्ण होता है। स्त्रियों के लिये यह विटामिन महत्वपूर्ण है क्योंकि वे इस रोग के लिये अधिक असुरक्षित हैं।

यदि आप मासिक धर्म में अतिशय रक्त स्त्राव की शिकार हैं तो विटामिन 'के' लीजिये; अतिशय रक्त स्त्राव प्रायः विटामिन 'के' के निम्न स्तर का चिह्न है। विटामिन के किसी भी पूरक आपूर्ति से आपको अपने कोटा से अधिक प्राप्त हो जायेगा।

विटामिन 'सी'

अधिकतर फलों और सब्ज़ियों में पाया जाता है। प्रायः पशु अपना विटामिन 'सी' स्वयं बना लेते हैं। लेकिन मानव शरीर ऐसा नहीं कर सकता। अच्छी ख़बर यह है कि हमारे अधिकांश भोजन में विटामिन 'सी' प्रचुर मात्रा में मौज़ूद होता है। विटामिन 'बी' और 'सी' जल में घुलनशील हैं (और इसलिये शरीर से पानी निकलने पर ये भी निकल जाते हैं), इसलिये हमारे शरीर को इनकी दैनिक आपूर्ति की ज़रूरत होती है। **विटामिन 'सी' आसानी से नष्ट हो जाता है-फल और सब्ज़ी काटने जैसी सीधी सरल क्रिया से भी। फ्रिज में ढक्कर रखने से यह नाश और भी अधिक हो जाता है।** फलों और सब्ज़ियों को खुला छोड़ने वाली कोई भी बात विटामिन 'सी' को लगभग 90% नष्ट कर सकती है।

हमारे लिये ज़रूरी है क्योंकि यह हमारी रोग प्रतिरोध क्षमता के लिए अनिवार्य है, हार्मोन और मज्जा के उत्पादन में सहायक है, हमारे श्वसन तंत्र और फेफड़ों की कार्यशीलता को बनाये रखता है और एक शक्तिशाली ऐंटी ऑक्सीडेंट है। विटामिन 'सी' ह्दय रोग से हमारी रक्षा में भी एक भूमिका निभाता है और शरीर में विटामिन 'ई' की कार्यशीलता में सहायक होता है। यह शुक्राणुओं को हानि से बचाता है।

इसे एक नियमित पूरक के रूप में लीजिये। यदि आप (सक्रिय अथवा निष्क्रिय-दोनों ही) धूम्रपान करते हैं, बहुत व्यस्त सामाजिक जीवन जीते हैं और अत्यधिक तनाव का सामना करते हैं तो विटामिन 'सी' आपके लिए बेहद जरूरी है।

विटामिन 'बी'

इस नाम के अंतर्गत बहुत से विटामिनों का समूह आता है : थियामिन (बी), राईबोफ्लेविन (बी-2), नियासिन (बी-3), पैंटोथेनिक एसिड (बी-5), पायरीडॉक्सिन (बी-6), बॉयोटिन (बी-7), फोलिक ऐसिड (बी-9) और

कोबालैमिन (बी-12), ये सब मिलकर विटामिन 'बी' या 'बी' कॉम्पलेक्स बनाते हैं।

ताज़े फलों, सब्ज़ियों, साबुत अनाजों, गिरियों, अण्डों, मछलियों और चीज़ में मिलता है। विटामिन 'बी-12' अधिकतर माँसाहारी स्त्रोतों में पाया जाता है इसलिये शाकाहारियों को अपने आहार में 'बी-12' शामिल करने के लिए विशेष ध्यान देना पड़ता है। दूध में जामन प्रक्रिया के द्वारा निर्मित दही और चीज़ में विटामिन 'बी-12' का अच्छा स्तर प्राप्त होता है (जामन प्रक्रिया 'बी-12' की मात्रा बढ़ा देती है)।

हमारे लिये ज़रूरी होता है क्योंकि यह चयापचय प्रतिक्रियाओं में भाग लेता है, कार्बोहाइड्रेट के अपचय में सहायक होता है, पाचन में मदद करता है, स्नायविक कार्यशीलता में सुधार करता है और अवसाद में रोकथाम करता है।

दिन के आरम्भ में इसे एक पूरक की तरह नाश्ते के साथ लीजिये ताकि आप इसके पोषण को पूरे दिन बेहतर ढंग से प्रयोग में ला सकें। पीएमएस (PMS) और उखड़े हुये मूड को मासिक के ठीक पहले विटामिन 'बी' की यथेष्ट आपूर्ति से रोका जा सकता है। विटामिन 'बी' चाईनीज़ सिंड्रोमी (हल्के सिर दर्द, पेट में अफारा और कभी-कभी उबकाई के लक्षण) का प्रतिरोध करता है जो एम एस जी (MSG : अजीनो मोटो) के उपभोग से उत्पन्न होते हैं। शोधित भोजनों में एम एस जी का प्रयोग बहुतायत से होता है। चमकीले बालों और गुलाबी नाख़ूनों के लिये भी विटामिन 'बी' की मदद लीजिये।

रेशा

आपके आहार में यह एक ऐसा पोषक है जो न केवल कब्ज़ को रोकने और पाचन को नियमित करने के लिये अनिवार्य है बल्कि अत्याहार या अतिभोज पर रोक भी लगाता है। यह आपके भोजन की राशि को बढ़ाता हैं, किन्तु वस्तुतः कैलोरी शून्य होता है।

रेशे वाला भोजन चबाने में अधिक समय लेता है, इससे भोजन के समय में वृद्धि होती है, (मस्तिष्क को यह दर्ज करने में 20 मिनट लगते हैं कि पेट भर गया है) इससे शरीर को यह जानने का मौका भी मिलता है कि पेट भर चुका है और अत्याहार या अतिभोज की सम्भावना घट जाती है। रेशा जैसे-जैसे आँतों की तरफ बढ़ता है, रास्ते में कचरा बटोरता चलता है (लगभग झाड़ू की तरह) और (न केवल आपके आहार की) बल्कि मल की राशि को भी बढ़ा देता है। इसलिए शौचालय की यात्रा एक सुखद अनुभव बन जाती है और यहाँ 'डाउन लोडिंग' में लगने वाला समय भी घट जाता है। स्पष्ट है कि जिनको अपना पेट साफ, रूप रंग दमकता हुआ, बदन छरहरा और तन्दरुस्ती का स्तर अच्छा चाहिये, उनको आहार का रेशा तत्व अनेक लाभ पहुँचायेगा।

लेकिन रेशा वर्धित खाद्यान्न खरीदने की या अपने आटा, सब्ज़ी, छाछ में अलग से रेशा मिलाने की मूर्खता न करें। ऐसे बुद्धिहीन तरीके से आहार में रेशा तत्व बढ़ाने से कैल्शियम और लौह जैसे महत्वपूर्ण खनिजों को जज़्ब करना मुश्किल हो जाता है। इसके स्थान पर आप बिना शोधित किये हुए पौष्टिक खाद्यान्नों पर ध्यान दीजिये जो प्राकृतिक रूप से रेशे से भरपूर होते हैं। भूरा चावल, चोकर वाला आटा, जौ, रागी, ज्वार, बाजरा, छोले, फलियाँ, गिरियाँ, इत्यादि। बिस्कुट, सफेद डबल रोटी, बर्गर, पिज़्ज़ा और मैदे का बहिष्कार कीजिये। महत्वपूर्ण है कि सब्जियों को ज़्यादा देर न पकायें और जूसर में डालकर फलों और सब्ज़ियों की हत्या न करें।

खनिज

कैल्शियम

डेरी के उत्पादों, तोफ़ू, हरी साग-सब्ज़ियों, गिरियो, बीजों, वस्तुतः सभी अच्छे खाद्यान्नों में पाया जाता है। शरीर में सर्वाधिक प्रचुर मात्रा में प्राप्य खनिज यही है। हमारे लिये **यह बहुत ज़रूरी है** क्योंकि यह हड्डियों, जोड़ो और दाँतों को स्वस्थ रखता है, माँसपेशियों के कुंचन के लिये, खून का थक्का बनाने के लिये और तापमान को नियमित रखने के लिए भी उत्तरदायी है।

इसकी पूरक आपूर्ति रोज़ लीजिये। हड्डी शरीर का एक जीवित और गतिशील ऊतक है। वयस्कों तक में भी यह रोज़ क्षरित होता है और पुनः निर्मित होता है, अतः अस्थियों के अच्छे स्वास्थ्य को क़ायम रखने के लिये दैनिक आधार पर कैल्शियम की आपूर्ति अनिवार्य है। जिस आहार में शोधित भोजन, कैफ़ीन, मद, शक्कर और सोडियम की मात्रा अधिक होती है वह कैल्शियम को जज़्ब करने की क्षमता घटा देता है। ऐन्टासिड और लैक्सेटिव के नियमित प्रयोग का भी यही नतीजा होता है। अतः यह एक खनिज है जिसे हम सबको अपने आहार में पूरित करना चाहिये। यदि आप कैल्शियम पूरक का प्रयोग कर रहे हैं तो देख लीजिये कि उसमें किस कम्पाउंड का इस्तेमाल किया गया है। जिस कम्पाउंड में कैल्शियम साईट्रेट या लैक्टेट (घुलनशील रूप में) मौज़ूद हैं वह मानव शरीर द्वारा बेहतर ढ़ंग से जज़्ब किया जाता है, बनिस्बत कार्बेनिट या फॉस्फेट वाले लोकप्रिय कम्पाउंड के।

आदर्श स्वास्थ्य के लिये 1000 मिली ग्राम के पूरक कैल्शियम का दैनिक प्रयोग कीजिये।

लौह

माँस, मछली, अंडे (ये माँसाहारी स्त्रोत हैं) में पाया जाता है। शाकाहारी स्त्रोतों में गार्डन क्रेस (चनसूर) के बीज (गर्भवती और स्तन पान कराने

वाली स्त्रियों के लिये इसके लडडू बनाये जाते हैं) बाजरा, ज्वार, अन्य साबुत अनाज, ताजी सब्ज़ी और फल में पाया जाता है। लौह को भलीभांति जज़्ब करने के लिये हमें शरीर में विटामिन सी और बी (विशेषतः बी-12) की यथोचित मात्रा में आवश्यकता होती है।

यह हमारे लिये आवश्यक है क्योंकि यह हेमोग्लोबिन का अंश होता है जो ऑक्सीजन को शरीर के विभिन्न ऊतकों तक वहन करता है और ऊतकों से कार्बन डाईऑक्साईड लेकर फेफड़ों तंक वापस पहुँचाता है।

लौह पूरक मत लीजिये। शोधित किये हुये खाद्य पदार्थ, कैफीन, अवसाद निरोधक, सोडियम, चीनी (इसमें डेज़र्ट, मिठाई और पी एम के कारण खाई जाने वाली चॉकलेट भी इसमें शामिल हैं) कैल्शियम के समान ही लौह को जज़्ब करने की क्षमता को घटा देते हैं। लौह को ग्रहण करने की सर्वश्रेष्ठ युक्ति पूरक लौह लेना नहीं है बल्कि शरीर के भीतर एक ऐसा वातावरण तैयार करना है जो लौह के समाहार को प्रोत्साहित कर सके। मिठाई और कैफीन का उपभोग कम कर दीजिये, विटामिन बी और सी की मात्रा बढ़ा दीजिये, इसके अतिरिक्त पर्याप्त मात्रा में पानी पीजिये। स्त्रियों में लौह का सामान्यतः अभाव होता है। मासिक धर्म के दौरान उनकी रक्त हानि होती है (अच्छे रक्त की हानि न कि अशुद्ध रक्त की जैसाकि हम पहले सोचा करते थे) और रक्त के साथ वे लौह, तांबा, मैग्नेशियम आदि महत्वपूर्ण खनिजों की हानि भी सहती हैं।

सैलेनियम, ज़िंक, क्रोमियम, मैग्नेशियम, मैगनीज़ तांबा

स्त्रोत : मछली, अंडे, साबुत अनाज, ताज़ी सब्ज़ियों में पाये जाते हैं। इन खनिजों के महत्व की पहचान बढ़ रही है क्योंकि ये न केवल रोगों की रोक-थाम के लिये अनिवार्य है बल्कि इसलिये भी कि ये ऐन्टी ऑक्सीडेंट हैं और चर्बी के भस्म को प्रोत्साहित करते हैं। वज़न बढ़ने का एक प्रमुख कारण इंसुलिन के प्रति संवेदनहीनता है जो शहरी भारत और पश्चिम में बड़े पैमाने पर फैली हुई है और ये खनिज इंसुलिन की संवेदनशीलता को बढ़ाने में

समर्थ साबित हुए हैं।

अच्छी त्वचा और बालों की बाढ़ के लिये, और कील मुँहासों तथा झुर्रियों की रोक-थाम के लिये ज़िंक और क्रोमियम का महत्व बहुत अधिक है। ज़िंक टेस्टोस्टेरॉन की सामान्य कार्यशीलता में भी एक भूमिका निभाता है और माँस पेशियों के विकास में सहायक होता है। फ्री रैडिकल्स से बचाव के लिये सेलिनियम महत्वपूर्ण है। लौह को अधिकतम रूप से जज़्ब करने के लिये तांबा चाहिये और मैंग्नीज़ थाईरॉयड की कार्यशीलता और रक्त में शर्करा के नियंत्रण को संभालती है। मैग्नेशियम रक्त चाप को नीचे लाने में मदद करता है, पी एम एस (PMS) के लक्षणों को सहनीय बनाता है और एल डी एल के स्तरों को घटाता है।

ये केवल प्रमुख विटामिन और खनिज हैं; अन्य भी इनके जैसे बोरॉन, मोलीब्डेनम, आयोडिन, पोटेशियम, इनोसिटोल, कोलाइन मौजूद हैं जिनका मैंने इस किताब में वस्तुतः जिक्र नहीं किया है। लेकिन इसका अर्थ क्या यह है कि ये यहाँ उल्लिखित खनिजों से कम महत्वपूर्ण हैं। नहीं, बिलकुल नहीं और न ही वे बहुत से विटामिन और खनिज जो अभी तक खोजे नहीं गये हैं।

पूरक आपूर्तियाँ

एक आदर्श जगत में हमें सप्लीमेटों की ज़रूरत नहीं होगी; अपने आहार से ही हमें वे सब विटामिन और खनिज मिल जायेंगे जिनकी हमें आवश्यकता होती है। लेकिन हम एक आदर्श जगत में नहीं रहते, नहीं क्या? हमारी मिट्टी प्रदूषित है, हमारे फल जीव मारकों (पेस्टीसाईड) से आच्छादित और सूई द्वारा ग्लूकोज़ से परिपूरित, और मोम की पॉलिश से चमकीले हैं। बदतर यह है कि हमारी फसल ट्रकों में लादकर दूर-दूर की यात्रा से लाई जाती है, जहाँ दूसरे राज्य में प्रवेश के पहले तीन-तीन दिन चुंगी नाकों पर प्रतीक्षा में पड़े रहना पड़ता है। जो भी थोड़े बहुत पोषक तत्व रह गये हों वे भी इस दौरान नष्ट हो जाते हैं। फिर, बेशक जिस तरीक़े से हमारे अन्न, फल और सब्ज़ियाँ बड़े-बड़े मॉल्स में भंडारित किये जाते हैं, वह जुगुप्साजनक हैं (पैकिंग और

सज-धज में बहुत बढ़िया, लेकिन उन गोदामों में नहीं। भंडारण की व्यवस्था गई गुज़री है और चूहे, छछूंदर और कीड़े-मकौड़ों को तो गिनो भी मत)। हमारी अपनी रसोई में भी हम जब उसे पकाते हैं तो, भण्डार में रखने का तरीका पकाते समय हमारी और रसोईये की मनः स्थिति, भोजन में मिलाये गये सॉस, छौंक, बघार और अन्य प्रिज़र्वेटिव और हाँ, खाते समय खुद हमारी मनः स्थिति; ये सब कुल मिलाकर ऐसे कारण हैं जिन्होंने पूरक आपूर्तियों को अनिवार्य बना दिया है।

एक आदर्श जगत में आपको और बड़ा घर, और बड़ी कार, वैजयंती पुरस्कार सरीखे पति या पत्नी जैसी चीज़ों के लिये दौड़ में नहीं लगना चाहिये और जो अपने पास है उससे संतुष्ट रहना चाहिये। लोभ, क्रोध, काम, घृणा, ईर्ष्या जैसी भावनाओं से अछूता होना चाहिये। अपना भोजन खुद उगाना, अपनी गाय को खुद दुहना, सूरज के साथ जागना और सूरज डूबने के बाद सो जाना चाहिये। यदि आपका जीवन ऐसा हो तो पूरक आपूर्तियों की आपको कोई आवश्यकता नहीं पड़ेगी।

लेकिन संभावना अधिक है कि आपका जीवन ऐसा होगाः शयन कक्ष के भारी पर्दे सूरज की रोशनी को दूर रखेगें, एयरकंडिश्नर आपको पूरी शीतलता देगा, एक कार-और शायद ड्राइवर भी आपके यातायात का ख्याल रखेगा; आप दोपहर के भोजन में पैक किया हुआ तैयार खाना खायेंगे, नियमित रूप से निष्क्रिय अथवा सक्रिय धूम्रपान करेंगे, कम से कम एक या दो बार हर हफ़्ते मदिरा पान करेंगे और इस सबके अलावा बहुत सारी चिंतायें पालकर रखेंगे-आपको और ज़्यादा बड़े घर में 'शिफ्ट' करना है, अभी आप जितना कमा रहे हैं उससे कहीं ज़्यादा कमाना है, इत्यादि। आदर्श जीवन से यह सब बहुत दूर है, और इसका अर्थ यह है कि आपका शरीर वे सारे पोषण जज़्ब नहीं कर रहा है जिनकी उसे ज़रूरत है। इस तरह का जीवन जीते हुये यदि आप सोचते हैं कि पूरक आपूर्तियाँ लेना अप्राकृतिक है तो आप थोथे महामूर्ख जैसा आचरण कर रहे हैं।

मुझे हैरानी होती है कि नियमित रूप से चरस/गांजा (ये भी तो वनस्पतियाँ

हैं! नहीं क्या?) लेने वाले ये लोग जो रात के ग्यारह बजे के बाद हरकत में आते हैं, जिन्हें इस बात का कोई सुराग़ नहीं होता कि उनके लिये सब्ज़ी, फल, आटा वगैरह कहाँ से आ रहा है और जो खुशी-खुशी रोज़ाना दर्द नाशक की खुराक़ लेते रहते हैं, वे ही विटामिन और खनिज की पूरक आपूर्तियों के आनुषंगिक प्रभाव (Side effects) को लेकर आशंकित रहते हैं। जिस जीवन शैली के अनुसार वे जी रहे हैं वह पहले ही उनके लिये झुंड के झुंड आनुषंगिक नतीजे लेकर आ रही है (उनमें से कुछ लघुजीवी : सिर दर्द, पेट दर्द, आलस्य, चिड़चिड़ाहट और कुछ हमेशा-हमेशा के लिये रह जाने वाले : दिल का दौरा, इंसुलिन की प्रभावहीनता, धमनियों में अवरोध, अवसाद, मोटापा इत्यादि)। कभी-कभी मुझे संदेह होता है कि वे पूरक भोजनों का लाभ पाना ही नहीं चाहते कि कहीं वे इन आनुषंगिक नतीजों को धोकर साफ न कर दें जिन्हें अर्जित करने में उन्होंने पूरा जीवन लगा दिया है। मैं जानती हूँ कि विटामिन और खनिज के सप्लीमेंट स्वस्थ आहार, नियमित व्यायाम और सकारात्मक प्रवृत्ति का स्थान नहीं ले सकते। लेकिन अगर आपका मूल आहार अपनी जगह दुरूस्त है, आप नियमित व्यायाम करते हैं और अपने प्रति तथा संसार के प्रति करूणाशील हैं तो ये सप्लीमेंट अपना सर्वोत्तम करने में इनके सहायक होगें।

डॉक्टर प्रायः सप्लीमेंट की सलाह नहीं दिया करते-क्योंकि उन्हें इनके विषय में बहुत थोड़ी या नहीं के बराबर सूचना होती है, सिवाय उतने के जितने की साझेदारी किसी फार्मा कंपनी का मेडिकल रिप्रेज़ेन्टेटिव करने का इच्छुक है (इसमें घूस भी शामिल है और बेशक उसमें कुछ ग़लत भी नहीं है)। लेकिन कोई भी सच्चा और ईमानदार डॉक्टर मानेगा कि सप्लीमेंट के बारे में उसकी जानकारी बहुत कम है, प्रमुखतः इसलिये कि डॉक्टर पोषण और आहार का अध्ययन बहुत संक्षेप में करते हैं। अधिकतर ने शायद इस विषय पर एक प्रश्न-पत्र अपने अध्ययन के प्रथम वर्ष में किया होगा। इसके बाद आहार और पोषण विज्ञान के लिये अलविदा कह दी गई होगी। (जब तक कि कोई डॉक्टर इस विषय़ में विशेष रूचि का आविष्कार न करले और

पोषक विज्ञान के एक पाठ्यक्रम में दाखिला न ले ले)।

सूचना की तलाश सही जगह पर करें। माफी के साथ कहना चाहूँगी कि सप्लीमेंट के बारे में डॉक्टरों की जानकारी कुल उतनी है जितनी सी.ए., इंजीनियर या संपादक या बाकी सुशिक्षित पेशेवर लोगों की। सम्भावना यह है कि आपका प्रशिक्षक, योग शिक्षक या मसाज थेरपिस्ट डॉक्टरों की तुलना में कहीं अधिक जानकारी रखता होगा (क्योंकि उन्हें पोषण और आहार के क्षेत्र में नवीनतम सूचनाओं के साथ बने रहने के लिये निरंतर पढ़ते रहने की ज़रूरत होती है)। कभी-कभी डॉक्टरों से पूछा जाता है, 'तो इस प्रोटीन शेक के बारे में आपकी क्या राय है।' और एक ईमानदार 'मैं इसके बारे में ज़्यादा कुछ नहीं जानता', जैसा जवाब प्रोटीन शेक के खिलाफ समझ लिया जाता है। ऐसा इसलिये भी है कि हमारे दिमाग़ में पहले से ही पूरक के विषय में एक नकारात्मक छवि है। अगर डॉक्टर ने, 'माफ कीजिये मेरा फोन आ रहा है', जैसा भी कुछ कहा होता तो शायद उसे प्रोटीन शेक के खिलाफ समझ लिया जाता।

औषधीय पोषण (nutraceuticals)[1] का क्षेत्र एक विज्ञान की तरह विकसित हो रहा है। जिन सप्लीमेंटों को हमें नियमित रूप से लेना चाहिये वे हैं ए, ई, बी और सी विटामिन तथा सेलेनियम, ज़िंक, क्रोमियम और कैल्शियम-खनिज। दिल के दौरे के बाद विटामिन ई और हड्डी के टूटने के बाद कैल्शियम के दैनिक डोज़ का तर्क मेरी समझ में नहीं आता। इन्हें पहले ही निरोधक औषधियों की तरह लेते रहना चाहिये। यदि वे स्वास्थ्य लाभ के लिये अच्छे हैं, तो वे हानि के पहले और स्वास्थ्य को क़ायम रखने के लिये और भी अच्छे हैं।

जो तनाव भरा जीवन हम जीते हैं वह हमारे आहार मे पोषकों के क्षरण का एक मुख्य कारण है, और इसीलिये शहरी जीवन भी। 2050 तक भारत

---

1. **नोट :** मानवीय स्वास्थ्य पर औषधीय प्रभाव डालने वाले खाद्यान्नों का सत्व जो प्रायः कैप्सूल, गोली या पाउडर के रूप में तैयार किया जाता है।

का अधिकांश क्षेत्र शहरी हो जायेगा, ऐसी अनेक समाचार पत्रों की रिपोर्ट है।

2003 में मैं ऊकीमठ की यात्रा पर गई, ऋषिकेश–केदारनाथ राजमार्ग से थोड़ा हटकर एक छोटा सा गाँव है। जीएमवीएन अतिथि गृह में केवल दो कुटीर हैं (पर्यटकों की संख्या का प्रमाण) और यहाँ से केदारनाथ और केदार के गुम्बदों के शिखरों के कुछ भव्य दृश्य सामने होते हैं। यह भारत की सबसे सुन्दर पहाड़ी चौपटा का रास्ता है, जो कभी बद्री केदार का एक पुराना तीर्थ मार्ग हुआ करता था और यह औषधीय वनस्पतियों से लदा हुआ है। अतिथि गृह के बराबर वाले खेत जिस परिवार की संपत्ति हैं वह उनमें आलू और दूसरी मौसमी सब्ज़ियाँ उगाते हैं। वे धान के खेतों में भी काम करते हैं। यातायात के हिसाब से ऊकी मठ से एक दिन में एक कार भी नहीं गुज़रती होगी, इसलिये प्रदूषण शून्य के निकट है। लोग संतुष्ट हैं और वातावरण में ऐसा अद्‌भुत स्पंदन है कि धरती का सबसे दुःखी और सड़ेलू आदमी भी यहाँ आकर उल्लसित आत्मा वाला बन सकता है। इसलिये आप अगर वहाँ रहते हों और केवल ज़ीरा, आलू, रोटी खाते हों, और कोई सप्लीमेंट न लेते हो, तो भी आपको पोषण का अभाव नहीं होगा। क्योंकि आपके खाने की हर चीज़ स्थानीय रूप से उगाई गई है और आपकी मनःस्थिति शांत है।

सिक्किम के जिस घर में मैंने मेहमानी की, वहाँ मेरे मेज़बान शान से कहते थे, 'तेल और नमक के अलावा आपके प्लेट पर परोसी हुई हर चीज़ मैं खुद उगाता हूँ।' उन्होंने मुझको पालक का शोरबा, मूली और कुम्हड़े की सब्ज़ी, अचार और चावल परोसा था। हिमालय के स्थानीय लोग हमारी बनिस्बत कहीं ज़्यादा मात्रा में रेशे वाला भोजन खाते हैं। बिना शोधित भोजन के रेशे की मात्रा अधिक होती है और इसके पोषक तत्व अधिकांशतः सुरक्षित रहते हैं। प्रकृति के निकट रहने वाले लोग वस्तुतः ऐसा ही भोजन करते हैं। हम जो शोधित किया हुआ भोजन खाते हैं और जिस रफ्तार से जीते हैं वह हमारे भोजन के सभी पोषक तत्व छीन लेते हैं।

एक बार फिर, केवल दो तरह के लोग हैं जो सप्लीमेंट के बिना रहना गँवारा कर सकते हैं: एक वे जो सर्वोत्तम स्वास्थ्यप्रद स्थानों पर रहते हैं और

अपनी सब्ज़ियों, फलों और अनाजों के उद्‌गम को जानते हैं (गिने चुने भाग्यवान्, जिनके पास अपने खेत हैं और अपना आहार खुद उगाने का जज़्बा है) और दूसरे वे जिन्हें अपने स्वास्थ्य को अच्छा रखने की कोई मंशा नहीं है।

जल

आपके शरीर में (जीवित रहने के लिये) जल सर्वाधिक महत्वपूर्ण पोषक तत्व है जिसके बारे में बताये बिना यह अध्याय समय और काग़ज़ की निरी बर्बादी है। जल शरीर में पोषक तत्वों का प्राथमिक परिवाहक है। पानी के बिना आप कार्ब, प्रोटीन और वसा से मिलने वाले पोषकों का इस्तेमाल नहीं कर सकते। मानव शरीर का लगभग 70% प्रतिशत जल है। आहार के बिना हम पाँच सप्ताह तक जीवित रह सकते हैं, लेकिन जल के बिना अधिक से अधिक पाँच दिन भी नहीं (जो लोग ताज होटल में हाल के आतंकी हमले में फँसे हुये थे उन्होंने एसी पाइप का पानी पीकर जान बचाई)।

हमारी जीवन शैली वास्तव में निर्जलनकारी है। हम बहुत अधिक मात्रा में शोधित भोजन करते हैं, बहुत अधिक चाय, कॉफी और मदिरा का पान करते हैं। झाग और बग़ैर झाग वाले मीठे पेयों का तो नाम भी न लें। हमारे शरीर के जल स्तर में थोड़ी सी भी गिरावट हमारे रक्त के आयतन को घटा देती है (गुर्दों और हृदय के काम को बढ़ाने और थकाने के लिये काफी)। इससे हमारे रक्त में सोडियम की मात्रा बढ़ सकती है और प्रतिक्रिया में प्यास को उत्तेजित करती है। अफसोस है कि हम में से अधिकतर लोग सिर्फ उतना पानी पीते हैं जितना केवल हमारी प्यास बुझाने या सूखा हुआ गला तर करने भर को काफी होता है। उतना नहीं जितने से हमारे शरीर की पानी की ज़रूरत पूरी हो सके। बदतर क्या है? उम्र का बढ़ना, निष्क्रियता और तनाव हमारे प्यास के तंत्र को शिथिल कर देतें हैं और हमारे शरीर के जल संचय को घटा देते हैं। अधिकतम समय हम इन वजहों से निर्जलित (Dehydrated) रह जाते हैं (प्रसंगवश, यह शरीर में सूजन का भी एक प्रमुख कारण है)।

जल और वज़न घटना

ताबड़तोड़ डाइटिंग सबसे बड़ी कीमत हमारे जल भंडार से वसूल करती है। जल का लोप सबसे बड़े मुद्दों में से एक है जो मुझे ताबड़तोड़ डाइटिंग और उसकी वज़न घटाने की 'गारंटी' के खिलाफ करते हैं। ताबड़तोड़ डाइटिंग पोषण और पानी ग्रहण करने की मात्रा पर रोक लगाती है (किसी के यह कहने से बेवकूफ मत बनिये कि तीन फल और छः जूस आपकी दैनिक ज़रूरत को पूरा कर देगें) जो तेजी से आपके शरीर से पानी का लोप करती है। तोल की मशीन पर यह स्वयं आपको घटे हुए वज़न की तरह दिखाई देगा (और शरीर का संयोजन नापने वाली कुछ मशीनों में चयापचय की बढ़ी हुई गति के रूप में भी)।

देह भार की यह गिरावट वस्तुतः चर्बी का नहीं बल्कि सर्वाधिक महत्वपूर्ण पानी का लोप है। पानी की हानि (रक्त संचार) की हानि है (अब आप जानते हैं कि ताबड़तोड़ डाइटिंग के साथ खाल पर खिंचने के निशान क्यों जुड़े हैं), माँस पेशियों के कसाव का घटना, जोड़ों और हड्डियों के स्वास्थ्य का नुकसान और प्रत्यक्ष रूप से गुर्दे, दिल और फेफड़ों के काम का बढ़ना है। और हाँ, यह शरीर में दुर्गन्ध का कारण भी है क्योंकि पसीने का संयोजन बदल देता है।

वज़न का घटना कोई बड़ी बात नहीं, अगर देह जल का लोप होता है तो। पहलवान और कुश्तीबाज़ इस तरकीब को आमतौर से अपनाते हैं। प्रतियोगिता के एक दिन पहले वे अपना वज़न चार किलो तक भी घटा लेते हैं। इससे उन्हें कमतर वज़न समूह में भाग लेने की इज़ाजत मिल जाती है और जीत की संभावना बढ़ जाती है। इस आचरण का नतीजा मौत भी हो सकता है, लेकिन पहलवानों और कुश्तीबाज़ों के पास पदक जीतने का एक मौका तो होता है, तुरन्त वज़न घटाकर आप क्या जीतेगें? खाल पर खिंचने के निशान या स्थायी थकान?

निर्जलन की स्थिति का मतलब यह है कि हमारे गुर्दों को शरीर के कचरे के अपचय में कठिनाई होती है (अपने पैदा किये कचरे से हम खुद को ही

ज़हर दे सकते हैं, पानी ही वह माध्यम है जिसके द्वारा हम इसे शरीर के बाहर निकाल फेंकते हैं। पाचक रस, पाचन क्रिया, संचार यहाँ तक कि चर्बी का लोप भी हमारे शरीर में जलीकरण के उपयुक्त स्तरों के मातहत हैं। पानी के बिना माँस पेशियों का कुंचन नहीं होगा (सामान्यत: ऐंठन और हल्के दर्द की तरह अनुभूत), जोड़ों में जकड़न होगी, और त्वचा फीकी लगेगी (तनाव से गुज़रते व्यक्ति की त्वचा पर कभी ध्यान दिया है?) अरे, मैं भी क्या भूल रही हूँ? ज़ाहिर है कि फेफड़े और हृदय पानी की यथेष्ट मात्रा के बिना श्वसित या स्पंदित नहीं हो सकते।

बिजली, सड़क और पानी से हाँके जाते हुए हमारे जनतंत्र में-बेशक पानी ही निर्णायक है। (याना गुप्ता वाली बिजली नहीं, दोस्तों) और बिना सड़क की जिन्दगी के साथ जूझना फिर भी आसान है (दरअसल हम शहरी लोगों में से कुछ बिना बिजली और सड़क वाली जगहों पर जाने के लिये छुट्टियों का इंतज़ार करते हैं)। लेकिन पानी के बिना क्या आप (छुट्टियों की तो पूछो ही मत) ज़िंदा भी रह सकते हैं? नहीं।

एफ वाई आई (FYI)-ट्रेक, जो बिना सड़क, बिना बिजली वाली जगहें हैं, वहाँ भी यथोचित मात्रा में पानी होना ज़रूरी है। जिन जगहों पर ताजा पानी के स्रोत या अच्छी गुणवत्ता का पानी नहीं होता वे लोकप्रिय ट्रेकिंग मार्ग नहीं बन पाते। ट्रेक के रास्ते में ठहरने के सभी स्थान किसी जल स्रोत के निकट होते हैं।

यह एक बेहूदी दलील है कि गरम पानी शरीर की चर्बी को घटाता और ठंडे पानी का मतलब मोटापा है। भगवान् के लिये, पानी सिर्फ चर्बी के लोप से बढ़कर बहुत कुछ करता है।

आपको कितना पानी पीना चाहिये? इतना पर्याप्त पानी पीजिये की मूत्र का रंग हमेश स्फटिक-पारदर्शी रहे, हल्का पीला, गहरा पीला या लालिम न हो। शरीर से पानी के निकास के अनेक रास्ते हैं। मूत्र, मल त्याग, पसीना, और श्वसन। जलीकरण का रास्ता एक ही है, हर समय घूंट-घूंट कर पानी पीते रहना और स्वस्थ अशोधित भोजन करना।

पेशियों का दर्द, जोड़ों की समस्या, शरीर में सूजन, मोटापा और फीकी त्वचा नहीं चाहिये? पानी की तरफ हाथ बढ़ाईये और केवल प्यास बुझाने से अधिक पानी पीजिये। दरअसल हर वक्त पानी पीजिये एक-एक घूंट करके अच्छी वाईन की तरह इसे अपने मुँह में घुमाईये और कंठ से पेट तक उतरने दीजिये। एक-एक घूंट का लुत्फ लीजिये। जल ही जीवन है। सौभाग्यशाली हैं आप, आपके नल से अच्छी गुणवत्ता का जल बहता है। अगली बार जब आप (चाहें जिस भी वज़ह से) खुद पर तरस खायें तो जीवन के इस सबसे बड़े सौभाग्य की खुद को याद दिलायें आपके नल में 24 घंटे (या अधिकतर समय) अच्छी गुणवत्ता का पानी यह आपको पोषण देता है और स्वयं जीवन को संभव करता है।

नींबू शहद का पानी/सेब का आसव (Cider)

दो चमत्कारी पेय जो चर्बी पिघलाने और दुबला हो जाने में लोगों की मदद करते हैं। सचमुच? तब हमारी आम जनता अब तक मोटी क्यों हैं? छोड़िए भी, सचमुच चमत्कारी कोई पेय, गोली या काढ़ा ऐसा नहीं है जो आपके लिये चर्बी भस्म कर देगा।

शहद यदि सही जगह से पाया गया हो तो उसमें औषधीय गुण होते हैं। लेकिन अगर आप बिना किसी निगरानी के शहद ले रहे हैं तो ये आपके लिये अच्छे से ज़्यादा बुरा हो सकता है। शहद में फ्रक्टोज़ का स्तर बहुत ऊँचा होने के कारण यह उनके लिये ठीक नहीं है जो इंसुलिन के लिये संवेदनशील हैं या जिनका ट्राईग्लेसेराईड या एलडीएल (LDL) का स्तर ऊँचा है। अतः इसको नियमित रूप से लेना शुरू करने के पहले जाँच करवाईये; यह सबके लिये सही नहीं है।

नींबू वस्तुतः आपको नुक़सान कर सकता है। कुछ विशेष प्रकार के शारीरिक संयोजनों में यह सिर दर्द और अम्लता (acidity) बढ़ा सकता है और पाचन की समस्यायें पैदा कर सकता है। (और यह विटामिन सी का कोई समृद्ध स्रोत भी नहीं है। एक अमरूद में नींबू या संतरे की अपेक्षा कहीं ज़्यादा विटामिन सी होता है।)

सेब का आसव : दाग छुड़ाने टॉयलेट सीट साफ करने के लिये बहुत बढ़िया, लेकिन गले में जलन, चिड़चिड़ाहट और घबराहट उत्पन्न कर सकता है।

इन चमत्कारी पेयों को आप सुबह सबसे पहले खाली पेट ग्रहण करें : यह मान्यता आपको इन सब ख़तरों के सामने और भी अधिक असुरक्षित कर देती है।

अन्यथा शहद, नींबू और सेब का आसव जब हल्का बनाकर किसी पाक विधि के अंश की तरह प्रयोग में लाये जाते हैं तो भोजन का स्वाद और सुगंध बढ़ा सकते हैं। इसलिये मैं इन खाद्य पदार्थों के विरुद्ध नहीं हूँ, केवल उस मनोवृत्ति के विरुद्ध हूँ जो इनको ऐसा बता रही है जैसे कि वे हैं नहीं।

4

सही भोजन के चार सिद्धान्त

कविता हर सुबह उठने के बाद, सबसे पहले आइने के सामने खड़ी हो कर देखती है कि टी ज़ोन (माथा और नाक) में एक मुँहासा है। हुँ ऊँ...कुछ नहीं बस मासिक के पहले, वह ख़ुद को दिलासा देती है। अब उसकी आँखें अपने चेहरे के परे भटकना और देखना शुरू करती हैं। ठुड्डी हलकी सी दोहरी हो चली है। वह अपने खड़े होने का कोण बदल कर फिर आइने के सामने होती है और खुद को बताती है, साइड से देखो तो ही ठुड्डी दोहरी नज़र आती है, सामने से नहीं। वह फिर आइने का सामना करती है। छातियाँ ढलक रही है लेकिन तोंद तो ठीक-ठाक है। वह गहरी साँस खींच कर पेट को अन्दर कर लेती है; और दिखने में नाटकीय सुधार आता है। कविता हौले से मुस्कुरा कर अपने पेट में चिकोटी भरती है। हथेलियों पर थुलथुल महसूस होता है। न चाहते हुए भी नीचे देखती है और कहती है, 'यक्, तीन इंच से ज़्यादा ही चर्बी होगी।' अब वह पेट के निचले हिस्से को देखती है: 'पेट के चारों तरफ़ दायरा सा दिखता है।' और अब नितम्ब : चलो, फिर ऐंगल से खड़े हो जाओ। नितम्बों को दबोच कर वह सोचती है : 'इनको नार्मल ऐसा दिखना चाहिए।' छोड़ देती है तो नितम्बों का माँसल हिस्सा दोनों तरफ़ और नीचे ढलक जाता है। 'ऐसे नहीं, वह अपने तेज़ गुलाबी नाखुनों से नितम्बों को छूती है', 'काश खाल पर खिंचने के ये निशान न होते।' जांघों को देखती है, बाहरी तरफ़ ठीक है लेकिन भीतर वाली तरफ़...इतनी...उफ़ थुलथुल पिलपिल... 'हाय नहीं, मैं कितनी डिप्रेस्ड हूँ।'

यौगिक दर्शन अथवा योग के अनुसार भौतिक शरीर, जिसे हम दर्पण में देखते हैं, अन्नमय कोष कहलाता है। यह अन्न अथवा जो भोजन हम खाते हैं तथा जिस समय खाते है, उसका सीधा प्रतिबिंब है।

दर्पण में हम जैसे दिखते हैं उसमें बदलाव लाने के लिये हमें 'अपने भोजन के कब और क्या' में बदलाव लाना होगा। भौतिक शरीर को लगातार ताकते रहना और नुक्स निकालना हमें केवल यथार्थ से दूर ले जायेगा। यह शरीर स्वस्थ, छरहरा और कसा हुआ दिखाई दे, इसके लिये हमें सही तरह से खाने के चार बिलकुल बुनियादी सिद्धान्तों का पालन करना होगा।

पहला सिद्धांत

जागते ही चाय या कॉफी कभी नहीं।

इसकी जगह पर जागने के दस या पंद्रह मिनट के अंदर 'सचमुच' का कुछ खाइये।

जीवन से उदाहरण : 'देखो, बाकी जो कुछ तुम कहोगी मैं सब करूंगा, लेकिन चाय मैं कभी नहीं छोड़ सकता', एलविस ने याचना की, 'मैं बिलकुल छोड़ ही नहीं सकता, मर जाऊँगा। पता है हर सुबह तो मैं बेहोशी की हालत में होता हूँ और सिर्फ गरमागरम चाय का प्याला है जो मुझे चलाता है। समझीं?' एलविस व्याकुल हो उठा। 'तुम सफ़ेद साड़ी पहन कर अपनी खोपड़ी के चारो तरफ प्रभा-मंडल क्यों नहीं टांग लेतीं? शराब पे रोक लगाओ, ठीक है। लेकिन सुबह की चाय न पियो, हो नहीं सकता। मर जाऊँगा। और मेरी चाय तो टन भर चीनी डाल कर उबाली गई हिंदुस्तानी वाली कड़क चाय होती भी नहीं। मेरी वाली तो बहुत हल्की, सिर्फ एक, नहीं आधा, चम्मच दूध वाली होती है। और मैं शक्कर के बदले शुगर फ्री इस्तेमाल करता हूँ, लेकिन उसको तो छोड़ भी सकता हूँ। और प्याला भी आधा कर दूँगा। देखो, चाय के बिना तो मैं बाथरूम भी नहीं जा सकता। यह मत करो...समझीं? अरे कुछ तो बोलो।'

'अच्छा, मुझे बोलने का मौका तो दो,' मैंने कहा।

'ठीक है, बोलो, और चाय के लिये हाँ बोलो बेबी। इतना तंग मत करो।'

मैंने कुल इतना ही सुझाया था कि सुबह सबसे पहली चीज़ चाय नहीं। एलविस का घबराहट के मारे बुरा हाल हो गया। हाँ, हम में से ज़्यादातर लोगों के लिये यह घबराहट की बात है। हम में से हर एक की जिंदगी में सुबह की चाय का एक ख़ास मतलब होता है। हम में से ज़्यादातर लोग वज़न घटाने के लिये 'जो कहो सो' करने को तैयार होते हैं। लेकिन यह बात हमारे दिमाग़ से होकर गुज़रती भी नहीं कि चाय या कॉफी वज़न घटाने में आड़े आ रही होगी।

अपने किसी ग्राहक के साथ सुबह के प्याले के बारे में बात करते समय हमेशा मुझे एम. एफ. हुसैन की एक पेंटिंग का ख़्याल आता है, साड़ी पहने हुये एक उड़ती हुई महिला (लगभग महाशक्ति), हाथों में चाय का प्याला थामे है, पृष्ठभूमि में हिमालय की बर्फ़ानी चोटियाँ। पेंटिंग को मैंने तन्वी आज़मी की स्टडी में टंगे देखा था जिनको आसानी से दुनिया की सबसे ज़्यादा खूबसूरत और चुलबुली औरतों में रखा जा सकता है, और मैं अपनी आँखें पेंटिंग से हटा नहीं सकी। लगभग आधी दीवार को ढांकते हुये वह टँगी थी और मुझे लगा कि बहुत खूबसूरत थी। यद्यपि मैं इसको समझ नहीं सकी। उत्तेजित (यह पहली ही बार की जब मैं हुसैन की किसी पेंटिंग को सचमुच साक्षार देख रही थीं, उनके बारे में मुझे कुल इतना ही मालूम था कि उनके चित्रों को ख़रीदने में ख़जाना लगता है, और जब आप उनको देखते हैं तो फौरन कुछ समझ में नहीं आता।) मैंने तन्वी से पूछा, 'यह क्या है? इस औरत के हाथों में यह प्याला क्यों है?'

'ओह, यह मेरी सास की तस्वीर है', तन्वी ने मुस्कुरा कर कहा।

'तस्वीर बहुत प्यारी है। लेकिन इसका मतलब क्या है?'

तन्वी ने समझाया, 'मेरे ससुर और मेरी सास दोनों बहुत व्यस्त ज़िंदगी जीते हैं। दिन भर दोनों एक दूसरे से ज़्यादा मिलजुल भी नहीं पाते, लेकिन उन्होंने सुबह-सुबह की यह रीत बना रखी है। सुबह की चाय दोनों हमेशा साथ पीते है। तो एक बार उनकी एक वैवाहिक वर्षगांठ पर तन्वी के ससुर,

प्रसिद्ध कवि क़ैफी आज़मी ने अपनी पत्नी के लिये एक कविता लिखी थी जो कुछ-कुछ इस अर्थ की थी: हर सुबह अपनी चाय के गरम प्याले से जो प्यार हम लेते देते हैं वह हिमालय महान् के हिम को पिघला देता है' और जिस वक्त वह यह कविता अपनी पत्नी को पढ़कर सुना रहे थे, उसी वक्त हुसैन यह चित्र बना रहे थे।

'वाह! कितना रूमानी,' मैंने सोचा। क़ैफी आज़मी नहीं रहे और हुसैन देश के बाहर गये, लेकिन वह चित्र मेरी स्मृति में जीवित है।

मुझे मालूम है कि सुबह की चाय छोड़ने का मतलब बहुत बड़ा है, लेकिन यह मुसीबत उठाने के लायक है। और अच्छी ख़बर यह है कि इसे आपको बिलकुल पूरी तरह छोड़ देने की ज़रूरत नहीं है। आप अब भी इस रोमांस का, 'मेरा अपना समय' या सुबह के प्याले का जो भी अर्थ आपके लिये हो, उसका आनंद ले सकते हैं। सिर्फ इतना निश्चित कर लीजिये कि इसके पहले आप कुछ खा ज़रूर लें। इतना तूमार क्यों? बताती हूँ।

रात को सोते समय आपके रक्त का शर्करा स्तर गिर जाता है (शिशु हमेशा रात में सोते हुये उठते हैं, दूध खोजते हुये। हैं ना? उनके रक्त का शर्करा स्तर गिरता है तो वे जाग पड़ते हैं)। सुबह के समय हमारे लीवर का भंडार लगभग खाली होता है। रक्त में शर्करा का स्तर इतना गिर जाता है कि इसे सर्वोत्तम स्तर पर लाने की जिम्मेदारी बनती है। शर्करा स्तर गिरने की वजह से ही सुबह हमारी तबियत गिरी-गिरी सी महसूस होती है। शरीर तब शर्करा को असामान्य स्तर तक गिरने से रोकने के लिये हमारी पेशी का क्षय करने में लग जाता है। वज़न घटाने के लिये यह कोई अच्छी बात नहीं है। प्रभावपूर्ण ढंग से चर्बी को भस्म करने के लिये ज़रूरी है कि चर्बी रहित ऊतक (मांसपेशी) को सुरक्षित रखने के लिये शरीर को आदत डाली जाये; रक्त में शक्कर के स्तर को ठीक रखने के लिये वो इसे ग्लूकोज़ में बदल कर बेकार न करे। रात के समय शक्कर का स्तर गिरना हमारे काबू में नहीं होता क्योंकि हम सो रहे होते हैं, लेकिन जाग जाने के बाद चीज़े हमारे काबू में होती हैं। इसलिये अपने शरीर के चर्बी दाहक ऊतक को (मांस पेशी)

जीवित रखने के लिये हमें खाना होगा। सचमुच का भोजन करना होगा। ऐसा कुछ जो हमारे शक्कर के स्तर को मंद और नियमित गति से बढ़ायेगा। इससे इंसुलिन सक्रिय हो उठता है, जो रक्त में शक्कर का स्तर बढ़ाने के जवाब में शरीर में स्त्रवित होता है और भूखे कोश जिस पोषण के लिये व्यग्र हो रहे हैं उनको पाना संभव बनाता है।

कई कारणों से चाय या कॉफी इस कार्य के लिये उपयुक्त नहीं हैं। चाय कॉफी जैसा कोई भी उत्तेजक, जिसमें कैफीन होती है (हर किस्म में; दूध के साथ या बिना दूध, शक्कर के साथ या बिना शक्कर, ऊलौंग, सफ़ेद, हरी, बैंगनी, नीली, चाहे जैसी और सिगरेट, शरीर को झकझोर कर जगा देते हैं। रक्त-चाप, दिल की धड़कन, साँस की गति-हर चीज़ की दर बढ़ जाती है और शरीर को तनाव की उत्तेजना महसूस होती है। अफसोस कि हम इसे जागने की अनुभूति समझने की ग़लती करते हैं। वास्तव में शरीर दिल की धड़कन और साँस की गति बढ़ने से तनाव का अनुभव करता है और चर्बी के दाह में बाधा डालकर जवाब देता है। **हर समय यह बात याद रखनी ज़रूरी है (जीवन साथी से लड़ते समय, ट्रैफिक जाम में बेसब्र होते हुये काम की अधिकता से वगैरह) कि कुशल पाचन-तंत्र और चर्बी के दाह की प्रक्रिया का सबसे बड़ा शत्रु तनाव है।** सुबह के समय दिल की धड़कन और श्वास की गति की दर मंदतम होती है। यह शांत मन और शांत शरीर का लक्षण है। पूरे तंत्र को शांत रखने के लिये इसे सचमुच का भोजन देना ज़रूरी है जो दिल और फेफड़ों के साथ पेट के लिये भी सुखद हो।

चाय और कॉफी से मिलने वाली उत्तेजना रक्त में शक्कर का स्तर बढ़ा देती हैं, लेकिन घंटों के भूखे कोषों के लिये पोषण के नाम पर शून्य होती है। इसके अलावा आपका प्याला आपकी भूख पर पर्दा डाल देता है इसलिये आप महसूस किये बिना ही लंबे समय तक भूखे रह जाते हैं। एक आकर्षक शरीर जिस किसी का सपना है उसके लिये सुबह-सुबह भूखे रह जाना एक बड़ी विपत्ति है। होता कुल यह है कि सुबह-सुबह ही शरीर में कैलोरी का

बहुत बड़ा घाटा पड़ जाता है और शरीर के पास यह घाटा पूरा करने के लिये बाद में ज़रूरत से ज़्यादा खाने के सिवा कोई चारा नहीं रहता। हम सब जिन्हें 'सुबह-सुबह कुछ भी खाने की अनिच्छा' महसूस होती है वे वास्तव में चयापचय की मंद दर तथा दुर्बल पाचन-तंत्र के शिकार हैं। कुछ वनस्पतीय पेय आपको कैफीन की उत्तेजना तो नहीं देगें, लेकिन जागने और खाने के बीच भी अवधि बढ़ा देगें। इसीलिये मैं चाहूँगी कि आप इस नियम का पालन करें, भले ही आप वनस्पतीय चाय क्यों न पीते हों।

चाय और ऐन्टी ऑक्सीडेंट

हरी चाय का प्याला क्या ऐन्टी ऑक्सीडेंट से भरपूर नहीं? आईये इस ऐन्टी ऑक्सीडेंट के मसले को ज़रा ठीक से समझ लें। ऐन्टी ऑक्सीडेंट कम्पाउंड के सिवा कुछ नहीं (अधिकतर विटामिन और खनिज) जो शरीर में फ्री रैडिकल्स से होने वाले क्षय को रोकते हैं (फ्री रैडिकल सामान्य चयापचय प्रतिक्रियाओं के सह-उत्पाद हैं और स्वभाव में कार्सिनोजेनिक अर्थात् कूड़ा-कर्कट जनक हैं) ऐन्टी ऑक्सीडेंट केवल कार्ब, प्रोटीन और वसा की मौजूदगी में ही काम कर सकते हैं। तो अगर इन प्रमुख पोषणों से समृद्ध आपके आहार को आपका प्याला विलंबित करने जा रहा है तो मेरे प्यारों, उसके ऐन्टी ऑक्सीडेंट बेकार जाने वाले हैं।

तो पद्मनाभम् मंदिर के विष्णु की प्रतिमा के समान तस्वीर को समग्रता में देखिये। पहले अपना आहार लिये बिना (जिसमें विटामिन और खनिज भी होते हैं-हमारे प्यारे ऐन्टी ऑक्सीडेंट का स्रोत) आपकी ऐन्टी ऑक्सीडेंट से हरी भरी चाय, अब आपका दिल तोड़ ही दूँ, बर्बाद जाने वाली है। और अगर आपको ऐन्टी ऑक्सीडेंट का फायदा सचमुच उठाना है तो उन्हें ख़ासी बड़ी मात्रा लेने की ज़रूरत होगी। इसका मतलब है कि आपको बहुत बार चाय पीनी होगी जिससे एसिडिटी, सीने में जलन, अफारा होगा, भूख पर पर्दा पड़ जायेगा और बाद में आप ज़रूरत से ज़्यादा खायेंगे। 'भरपूर' दिल

तोड़ने की एक और बात, जब आप ऐन्टी ऑक्सीडेंट से भरपूर चॉकलेट खाते हैं (हाँ, डार्क किस्म की चॉकलेट भी) उसकी 'भरपूर' शक्कर या मधुरक इसके ऐन्टी ऑक्सीडेंट को बेकार कर देता है।

सूरज उगने के साथ कायाग्नि शिखर पर होती है और शरीर के कोश पोषण की मांग करते हैं। यह भोजन का और अच्छी तरह से भोजन का समय है। अगर आप सुबह-सुबह कुछ खाने के आदी नहीं हैं तो एक फल से शुरू कीजिये, उसके बाद घंटे भर के अंदर अपना पराठा, मुसली डोसा, इडली, उपमा, पोहा, रोटी-सब्जी-कोई भी चीज़ जो सेहतमंद और रेशे से भरपूर हो-लीजिये। एक बार आपके कोश आहार के द्वारा पोषण पा लें और रक्त में शक्कर अपने सर्वोत्तम स्तर पर आ पहुँचे, तो आप अपनी चाय, कॉफी लेने के लिये आज़ाद हैं। अब भी दिल की गति, साँस की गति बढ़ेगी, लेकिन अब आपका पहला आहार या नाश्ता एक आड़ का काम करेगा।

एक सुंदर शरीर की बुनियाद जागने के दस पंद्रह मिनट के भीतर आपके द्वारा खाये पिये (या ना खाये पिये) जाने वाले भोजन से पड़ती है। सही तरीके से खाने का अर्थ अपने शरीर के साथ निकट संपर्क होना तथा इसके प्रति अपनी सजगता को तीव्र करना है। उठने के साथ ही फौरन खाना आपको अपनी भूख की सूचना के संपर्क में लाता है। दोपहर में गिरावट के अनुभव से गुज़रने की बजाय हम दिन में कई बार भूख महसूस करने लगते हैं। और यहीं से दूसरे सिद्धांत की शुरुआत होती है।

लेकिन इसके पहले शौचालय के बारे में। यदि आप चारों नियमों का पालन करते हैं तो वास्तव में आप सुबह सबसे पहले, कुछ भी खाने पीने के पहले शौच के लिये जाना चाहेंगे 'प्रभाते मल दर्शनम्। अध्याय के अंत में मैं बताऊँगी कि ऐसा क्यों और कैसे होता है। शौच न जा सकने के विरल मामले में, आपको प्रथम आहार लेने के बाद जाने की इच्छा होगी क्योंकि इससे आपकी आंतों में गति आंरभ होकर आपको जाने का संकेत देती है।

एशियन पॉट

अरे, मैं आपके शौचालय के पॉट की बात कर रही हूँ। अपनी पॉटी पर बैठकर अख़बार पढ़ चुकने, आगे झुककर अपने बहिर्गत करने वाले अंगों पर दबाव डालने (असल में एक अधिक स्वाभाविक आसन की नकल या पुनः रचने की कोशिश) के बाद हम उठते हैं (कुछ-कुछ से असंतुष्ट मानों 'अभी अंदर कुछ बाकी हो') और अपने हाथ एक प्राकृतिक हैंड वॉश से धोते हैं जिसका पशुओं पर प्रयोग नहीं किया गया है और जो प्राकृतिक वनस्पतियों से बना है। एक तरफ हम हर चीज़ आयुर्वेदिक, वानस्पतिक, प्राकृतिक (हरी चाय, वनस्पतीय आसव, स्पा, यहाँ तक कि आयुर्वेदिक कपड़े) चाहते हैं और दूसरी ओर मल विसर्जन के लिये सर्वाधिक अप्राकृतिक मुद्रा अपनाते हैं। लेकिन अगर प्राकृतिक की इतनी ही परवाह है तो 'प्रकृति की पुकार' का उत्तर देते समय सर्वाधिक प्राकृतिक 'और आरामदेह' उकड़ूँ मुद्रा अपनाने के बारे में क्या ख़्याल है?

पश्चिमी शौचालय में बैठने का आसन वास्तव में आपके विसर्जक अंगों को सिकोड़ता और बंद कर देता है। दबाव या तनाव की स्थिति में 'विसर्जन के लिये खुलना' लगभग असंभव होता है। इससे जुलाबों का दुष्चक्र आरंभ होता है, जो आपके पाचन तंत्र को और भी कमज़ोर बनाता है और बड़ी आंत से सारा विटामिन बी धो डालता है। पश्चिमी शौचालय और उनसे होने वाला शारीरिक कष्ट कब्ज़, आतों के कैंसर और आंतों में विकार के लक्षणों को योग देता है।

परंपरागत भारतीय उकड़ूँ मुद्रा (वास्तव में कमोड के आविष्कार के पहले पश्चिम वासियों समेत हर कोई ठीक यही मुद्रा इस्तेमाल करता था) अंगों को शिथिल करने में तथा विसर्जन में सहायक होती है। पेट के अफारे से छुटकारा दिलाने में भी यह मुद्रा मददग़ार है। सर्वोत्तम स्वास्थ्य के स्तर पर काम करने वाला पाचन तंत्र और साफ पेट, चर्बी घटाने और स्वस्थ रहने की बुनियाद है।

जारी...

बेशक, भारतीय उकडूँ मुद्रा में आराम से बैठने के लिये आपको नियमित रूप से कसरत करनी पड़ेगी ताकि नितम्ब और पैर लचीले और मज़बूत बने और जोड़ चिकने रहें। (अफसोस कि निष्क्रियता ने हमारे लिये इस सबसे अधिक स्वाभाविक मुद्रा को असंभव बना दिया है।)

सोचिये भी, सिर्फ एक आतंकी हमले के बाद या भारत-पाक मैच के दौरान 'हम हैं हिंदुस्तानी' का दावा काफी नहीं है, हमें रोज़ हिंदुस्तानी होने का दावा करना ज़रूरी है, हमारी अपनी निजी जगह पर, अपने शौचालय में, तो भारतीय उकडूँ मुद्रा के लिये हाँ कहिये। ओह, मैं आपको हिंदुस्तानी तरीक़े से 'हाँ' में सर हिलाते लगभग देख सकती हूँ।

जहाँ तक सौंदर्यबोध का सवाल है, अगर आपका डिज़ाईनर अच्छा है तो किसी भी तरह का शौचालय सुन्दर दिखेगा।

सारांश

सुबह उठते ही सबसे पहले खाने से:

- रक्त में शक्कर और ऊर्जा के स्तर में वृद्धि होगी जिसके परिणाम स्वरूप...
- कायाग्नि के स्तर और चर्बी के दाह में वृद्धि होगी और...
- जलन और अफारे में कमी होगी और...
- बाद के दिन में ज़रूरत से ज़्यादा खाने की संभावनायें घट जायेगी और...
- रक्त में शक्कर का स्तर पूरे दिन स्थिर बना रहेगा, जिसका अर्थ है...चर्बी चढ़ने की कम संभावना।

दूसरा सिद्धान्त

हर दो घंटे पर खाइये।

पहली बात पहले। आप दूसरे नियम का पालन करने में केवल तब

समर्थ होगें जब आप पहले नियम का पालन करेंगे। पहला क़दम उठाये बिना आप दूसरे क़दम की स्थिति तक नहीं पहुँचेंगे। सुबह सबसे पहले खाने से अपने शरीर द्वारा भूख की सूचना को सफलतापूर्वक ग्रहण करने की बुनियाद पड़ती है और हम इससे भोजन के बारे में निर्भय होना सीखते हैं। बहुत से लोग भोजन से डरते हैं। हम सोचते हैं 'अगर मैंने खाया, तो मैं मोटा हो जाऊँगा'। अब, इस नतीजे तक हम कैसे पहुँचते हैं। हम में से ज़्यादातर लोग इस पैटर्न को अच्छी तरह पहचानते है 'सुबह के समय सचमुच मुझे भूख नहीं लगती, लंच में भी बहुत थोड़ा कुछ, लेकिन शाम पाँच बजे के बाद पता नहीं क्या हो जाता है। उस समय बिस्कुट, पिज़्ज़ा, सेव पूरी, गोलगप्पा, बड़ा पाव, समोसा, बर्गर वगैरह कोई भी चीज़ जो मेरे हाथ लगे मँगवा ली जाती है। उस समय तक तो मैं अपनी डाइट की निगरानी कर लेती/लेता हूँ और हेल्दी खाना खाती/खाता हूँ, उसके बाद पता नहीं। मानों मेरे दो हिस्से हैं। दस बजे सुबह से पाँच बजे शाम तक खाने का (ना खाने का) एक तरीक़ा और पाँच बजे शाम से दस बजे रात तक इससे बिल्कुल उल्टा खाने का (ज़रूरत से ज्यादा) दूसरा तरीक़ा'।

अगर इस पैटर्न के साथ आपका दूर दराज़ का भी रिश्ता है तो हर दो घंटे पर खाने के ख़्याल से कसमसा उठेंगे। 'बॉस, इतना ज़्यादा तो मैं कभी खा ही नहीं सकती/सकता'।

लेकिन आप यह बिलकुल नज़र अंदाज़ कर रहे है कि आप एक बार में बहुत सारा भोजन करते हैं। अब सवाल यह है कि क्या हम दिन में दो या तीन बार की जगह पर कई बार खाने की समझदारी दिखा सकते हैं?

'अरे, मेरे पास मुश्किल से नाश्ते का टाइम होता है और लंच तो मैं ज़्यादातर गोल कर देता/देती हूँ या साढ़े तीन-चार बजे खाता/खाती हूँ'। समस्या यहाँ यह है कि हमारा पेट नहीं समझता कि हमारे पास मीटिंग, कान्फ्रेंस, डेड लाईन, प्रेज़ेन्टेशन और लंच का निश्चित समय होता है और यह अपने धर्म का सच्चा होने का उद्देश्य लेकर चला है। इसलिये यह हाईड्रोक्लोरिक एसिड का स्राव करता, आप से खाने का आग्रह करता रहता

है। लेकिन हम पेट से ज़्यादा चतुर हैं; जिस मिनट यह हमें भूख लगने की सूचना देता है, हम इसे चाय, कॉफी, सिगरेट, मिन्ट, पान-मसाला या चुइंगम (अपने स्वाद के अनुसार) पकड़ा देते है और लगभग हमेशा न खाने का चुनाव करके, जहाँ तक हो सके, भूख के थपेड़ों को टालने की कोशिश करते रहते हैं। पेट तिरस्कृत बच्चे की तरह महसूस कर सकता है, लेकिन हमारे पास इसको भोजन देने की अपेक्षा बेहतर काम हैं। जब भूख के इशारे असहनीय हो जाते हैं तब हम इतने सारे भोजन से आखिरकार पेट को घोट देते हैं कि लगातार उसे दुर्बल करते रहें, और इस तरह भूख के उन इशारों को भी जो यह हमारे दिमाग़ को भेजता है। हर दो घंटे का बारंबार भोजन न केवल आपके पाचन तंत्र के लिये बेहतर है, बल्कि यह आपको अतिभोजन से भी बचाता है।

अमृता अरोड़ा को डाइट पर कभी विश्वास नहीं था। फिर उसने अपनी बेस्ट फ्रेण्ड करीना कपूर को हर दो घंटे पर खाते हुये और पहले कभी के मुकाबले में कहीं ज़्यादा बेहतर और छरहरा बनते हुये देखा। 'बेबो तो बिलकुल घड़ी के माफिक यार। वह तो शॉट देते समय भी पाँच मिनट का सुपर क्विक ब्रेक लेगी, खायेगी और वापस जाकर ग़जब का शॉट देगी। जब हम साथ-साथ शूटिंग कर रहे थे तो अचानक वह कहती, "अच्छा चलो चार बजने में पाँच मिनट, यह मेरा मूँगफली टाइम'। मैं तो सचमुच उसके डिसिप्लिन से बेहद इम्पप्रेस्ड हूँ हाँ"। वह हर समय खाती रहती है और लाखों में एक जैसी दिखती है'।

अमू को एक मैग्ज़ीन कवर के लिये शूट करना था। और उसे पिचके हुये पेट की ज़रूरत थी। 'सुनो, पता नहीं मैं बेबो की तरह कर पाऊँगी कि नहीं, हाँ, वह तो लाजवाब है, मैं तो पता नहीं कि हर दो-दो घंटे पर खा पाऊँगी कि नहीं।'

'देखो, अगर तुम्हें चपटा पेट चाहिये तो तुम्हें हर दो घंटे पर या ज़्यादा से ज़्यादा ढाई घंटे पर खाना पड़ेगा। बेबो जैसे चपटे पेट के लिये तुम्हें उसकी डाईटिशियन से बढ़कर उसके डिसिप्लिन की ज़रूरत है'। 'प्वाइंट नोटेड',

अमू ने कहा।

बारंबार खाना आपके लिये इसके अलावा और क्या करता है, सबसे पहले बात, हर बार जब आप खाते हैं, आपका शरीर भोजन को घुलाने, पचाने और सोखने का काम करता है। इस प्रक्रिया को डिट या डाइट इंड्यूस्ड थर्मोजेनेसिस कहते हैं। सरल भाषा में इसका मतलब अधिक कैलोरी दाह है। अब, आप का ख़्याल था कि केवल जिम, दौड़ना, सायकिल चलाना, आदि से ही कैलोरी भस्म होती हैं। ताज्जुब, ताज्जुब, खाना भी कैलोरी जलाने में आपकी मदद करता है। जितनी अधिक बार आप खाते हैं, उतनी अधिक बार आप डिट का लाभ ले सकते हैं। इसका अर्थ यह है कि हर दो घंटे पर आप कैलोरी दाह को सिर्फ खाकर बढ़ा सकते हैं।

हर दो घंटे पर खाने का ख़्याल हास्यास्पद लग सकता है लेकिन सिर्फ तब जब आप अपने अभी के भोजन की मात्रा को देखकर सोच रहे हो 'हे भगवान्, अगर में दिन में छः सात बार इतना, इतना खाने लगी/लगा तो हाथी/हथिनी की तरह हो जाऊँगी/हो जाऊँगा'। लेकिन जब आप बार-बार भोजन का विचार अपनाते हैं तो सबसे पहले घट जाने वाली वस्तु भोजन की मात्रा होती है। आप पूरा पिज़्ज़ा अकेले खुद खा लेना असंभव पायेंगे। एक टुकड़े से पेट भरा महसूस होगा; दोपहर में कुछ ले चुकने के बाद दो बजे लंच में दो चपातियाँ खाना भी मुश्किल होगा, तो शायद दो बजे आप एक चपाती खाकर रह जायेंगे, और अगली चार बजे खायेंगे।

जब आप हर दो घंटे पर खायेंगे तो यह तय है कि आप थोड़ा सा खायेंगे इसलिये एक बार में ली गई कैलोरी की संख्या बहुत कम होगी। जब हमारे शरीर को पूरी दिन कम संख्या में कैलोरी नियमित खुराक मिलती रहती है तो वह प्रेम और आश्वासन का अनुभव करता है। भोजन अपने शरीर को प्यार और पोषण देने का एक तरीक़ा है। लंबे समय तक (तीन घंटे से अधिक) न खाना या भूखे रहना अपने आप से क्रुद्ध होने और खुद को दण्डित करने जैसा आचरण है। हमारे शरीर को जब एक बार में कैलोरी की कम संख्या प्राप्त होती है तो उसका इस्तेमाल बेहतर होता है और वह चर्बी की तरह

संचित नहीं होती। शरीर आश्वस्त महसूस करता है क्योंकि उसे पोषण और कैलोरी की नियमित खुराक मिलती है तो वह शरीर में चर्बी के संचय का कोई कारण नहीं देखता। शरीर भूख से मृत्यु के भय से मुक्त हो जाता है (जो उसमें आहारों के बीच लंबे अंतराल और एक बार में बहुत अधिक खा लेने से उत्पन्न हो जाता है), और अपने वसा भंडार का कब्ज़ा छोड़ देने को प्रोत्साहित महसूस करता है (जिसे उसने अब तक जान बचाने के साधन की तरह थाम रखा था)।

तो संक्षेप में, हर दो घंटे पर खाने से:

- शरीर में चर्बी भस्म करने के लिये अनुकूल वातावरण उत्पन्न होगा।
- अपेक्षाकृत कम कैलोरी-संख्या वसा में परिवर्तित होगी।
- उत्तेजकों पर निर्भरता घटेगी।
- तीव्रतर बुद्धि, क्योंकि मस्तिष्क को शर्करा नियमित प्रवाह प्राप्त होगा।
- पेट अधिक चपटा, क्योंकि वसा के संचय की कोई ज़रूरत नहीं होगी।

और अमू का क्या हुआ? उसने मैग्ज़ीन के कवर के लिये सुपर हॉट दिखते हुये शॉट दिया। और वह स्वयं सुखद आश्चर्य से भर गई कि उसका पेट इतना चपटा लग रहा था।

'मैं तुमसे बहुत खुश हूँ ऋजुता', अमू की माँ ने कहा जो पहले इस सारे 'डाइट बिज़नेस' को लेकर बहुत शंकालु थीं (बिलकुल माँ की तरह) 'वह सही वक्तों पर खा रही है और सबसे बड़ी बात तो यह कि उसकी कॉफी रोज़ के छः प्याले से घट कर सिर्फ दो रह गई है। इस डाइट की सबसे बढ़िया बात तो यही है'। 'मॉम अब तुम ऋजुता के साथ डाइट करो,' अमू ने कहा (बिलकुल बेटी की तरह)।

ऐसा संभव कैसे होता है? असल में बात सुनने में जैसी उलझी हुई लगती है वैसी है नहीं। हम कुल इतना कर रहे हैं कि तीन प्रमुख आहार (ब्रेकफास्ट, लंच और डिनर) लेकर उनकी मात्रा घटा रहे हैं और इन प्रमुख आहारों के बीच में कुछ अल्पाहार जोड़ रहे हैं। मान लीजिये आप अपने पहले आहार की तरह एक फल से शुरू करते हैं, फिर ब्रेक-फास्ट के लिये आप कोई भी परंपरागत सेहतमंद नाश्ता ले सकते हैं: उपमा, इडलीं, डोसा, पूरी-भाजी, आलू पराठा उसके बाद लंच में तीन चीज़ों से ज़्यादा कुछ न लीजिये : जैसे रोटी+सब्ज़ी दाल या चावल+दही+सब्ज़ी, या ऐसा ही कोई भी कॉम्बिनेशन जो आपको पसंद हो (अगर आप काम पर हैं तो मीट से बचिये क्योंकि वह आपकी गति को मंद कर देगा) और रात के खाने से एक चीज़ घटा दीजिये। रात में सिर्फ रोटी+सब्ज़ी या दाल+सब्ज़ी (यहाँ आप चाहें तो अपना नॉनवेज ले सकते हैं)।

बीच के सारे अल्पाहारों के लिये एक बार में केवल एक चीज़ खाइये : मूँगफली, चीज़, मेवा, दूध, दही, सोया का दूध या व्हे प्रोटीन शेक। ये भोजन पौष्टिक और उच्चस्तरीय प्रोटीन से युक्त हैं जिसकी कमी का ख़तरा हर समय बना रहता है। वे रक्त शर्करा को स्थिर रखते हैं, आपके सोचने की गति को तीव्रतर बनाते हैं और ख़ास बात यह कि बैठे-बैठे होने वाली गतिविधियों को सहारा देते हैं क्योंकि ये वसा में परिवर्तित नहीं होते। मैं जब सलाहकार होती हूँ तो हर विशिष्ट ग्राहक के लिये विशेष वस्तुओं का नुस्ख़ा देती हूँ। लेकिन यहाँ जो रूपरेखा मैंने दी है उसे सामान्य दिशा-निर्देश कहा जा सकता है।

अच्छा, तो खाने का समय कैसे निकाला जाये? जब आप दिन भर में छः या सात बार खाने वाले हों तो ज़्यादा वक्त नहीं लगता। बस दो मिनट। जो अल्पाहार मैं आपसे खाने के लिये कह रही हूँ वह मुट्ठी भर मूँगफली के दाने या एक कटोरा दही या चीज़ का एक टुकड़ा है। आप अपने ऑफिस के फ्रिज में या अपने डेस्क में ये भोजन रख सकते हैं। साढ़े पाँच बजे से सात बजे शाम के बीच वाला प्रमुख आहार आपके लिये योजना की चीज़ है, लंच

की तरह। आखिरी अध्याय में मैं आपको कई प्रकार के विकल्पों का सुझाव दूँगी जो आपका काम आसान कर देगें। लेकिन हर दो घंटे के बाद खाने का मतलब है कि आपको पहले से योजना बनानी होगी।

और मेरा सिद्धांत है : हम अपना पेट भरने के लिये काम करते हैं। हम शिक्षा लेते हैं, अच्छा पैसा कमाने के लिये सब तरह ही कोशिश करते हैं जिससे कि हम और हमारे प्रियजन एक सुखी, संतुष्ट जीवन जी सकें। विडम्बना यह है हमारा पेट ही असुरक्षित महसूस करता हुआ छूट जाता है। अगला आहार कब, कहाँ और कैसे मिलेगा इस विषय में पेट के पास कोई सुराग़ नहीं है। हम लंबी चौड़ी गाड़ियाँ चलाते या उनमें ले जाये जाते हैं, बड़े-बड़े घरों में रहते हैं, डिज़ायनर कपड़े, एलवी बैग और जिम्मी चू जूते धारण करते हैं लेकिन ऐसा ध्यान अपने पेट पर नहीं देते जो जान बचाने के लिये चर्बी जमा करता है और अगले आहार के लिये तनाव में रहता है। तो वक्त निकालिये और अपने पेट को साथ नाता जोड़िये। भोजन करने का यही तरीक़ा है।

जीवन से उदाहरण :

केवल व्यस्त लोग ही हर चीज़ के लिये वक्त निकाल लेते हैं। बार्कलेज़ बैंक के समीर भाटिया का जीवन बहुत व्यस्त है। वह काफी लंबे समय से दौड़ में शामिल है। यही उसकी धुन/लगन/नशा है और वह मेरे पास आता है क्योंकि वह बेहतर और तेजतर दौड़ना चाहता था। समीर की डेड लाइंस, प्रेजेन्टेशंस, विदेश यात्रायें इत्यादि मेरे किसी भी अन्य परिचित से ज़्यादा हैं। एक बार उसने अमरीका में ईस्ट कोस्ट से वेस्ट कोस्ट तक की यात्रा की, फिर वह लंदन, हांककांग और मौरिशस गया, सब मिलाकर 20 दिन! फिर भी वह अपनी डाइट का पालन उसी तरह करता रहा जैसी योजना थी। मैं सौभाग्यशाली हूँ कि मुझे उसके जैसे भक्त और ईमानदार ग्राहक मिले।

उसने मुझे बताया कि दो घंटे पर खाने के नियम को पूरा करने की उसकी युक्ति क्या है। हाँ, उसके आहारों की योजना, जगह कार्यक्रम आदि

हर बात को ध्यान में रखते हुये बनाई गई थी। लेकिन मुझे सचमुच संदेह था कि इसमें से कितने का पालन वह कर सकेगा, ख़ासतौर से प्रेज़ेन्टेशन और सेमिनार के दौरान। लेकिन समीर बहुत बुद्धिमान है। वह अपना आहार अपने डिज़ायनर सूट की जेब में रखता था। 'जब मेरा खाने का वक्त होता तो मैं माफी माँगकर निकल जाता कि मुझे 'लू' जाना है और रेस्ट रूम के रास्ते में अपना चना, चीज़ वगैरह खा लेता था'।

वाह, उसने मेरा मन छू लिया। पाँच सितारा लॉबी से होकर रेस्ट रूम की तरफ चलते और अपना भोजन चबाते हुये समीर को मैं अपनी कल्पना में देख सकती हूँ।

मेरे सभी ग्राहक बताते हैं कि एक बार इस तरह भोजन शुरू करने के बाद वे कहीं बेहतर और तेजतर काम करने लगते हैं। मुझे कोई ताज्जुब नहीं होता, आपको होता है क्या।

तीसरा सिद्धांत

जब आप अधिक सक्रिय हों तो अधिक भोजन कीजिये और जब आप कम सक्रिय हों तो कम।

अपने भोजन का तालमेल अपनी सक्रियता के साथ बिठाकर रखिये। लेकिन याद रहे, दूसरे सिद्धांत के बिना तीसरे सिद्धांत का पालन नहीं किया जा सकता। जब आप हर समय खाते रहेंगे, केवल तब आप वस्तुतः कम सक्रिय होने पर भोजन की मात्रा को घटा और अधिक सक्रिय होने पर बढ़ा सकेगें।

एक बार आप पहले और दूसरे सिद्धांत का पालन करने लगेंगे तो तीसरा सिद्धांत अपने आप स्वाभाविक रूप से चला आयेगा। पहला और दूसरा सिद्धांत आपको अपनी भूख के संकेतों को सुनना और उनका अनुसरण करना सिखाते हैं। जब आप अपनी कार को ज़्यादा चलाते हैं तो ज़्यादा पैट्रोल की ज़रूरत होती है। लेकिन जब यह पार्किंग में हो तो केवल उतने की जिससे वह (बिना किसी परेशानी के) स्टार्ट हो जाये और आपको अपनी

अगली मंज़िल या निकटतम पैट्रोल स्टेशन तक पहुँचा दे, ठीक उसी तरह। जब आप अपने तंत्र के निकट संपर्क में हैं तो इसे अधिक सक्रिय होने पर अधिक भोजन की तथा कम सक्रिय होने पर कम भोजन की ज़रूरत पड़ेगी।

सुबह सूर्योदय के साथ शरीर का अग्नि स्तर तीव्र हो जाता है। इसका अर्थ यह है कि शाम को बैठकर पढ़ने की बजाय सुबह के समय बैठकर पढ़ना अधिक कैलोरी संख्या का दाह करता है। सूर्यास्त के बाद की तुलना में सुबह के समय कायाग्नि प्रबल होती है इसलिये केवल बैठने का काम ही अधिक कैलोरी जलाता है। कहने की ज़रूरत नहीं कि सुबह के समय अधिक आहार लेना चाहिये और एक बार जब आप पहले और दूसरे सिद्धान्त के द्वारा अपने पेट को खुले संवाद के लिये प्रोत्साहित करते हैं तो वह भी आपके साथ संप्रेषण के लिये स्वयं को स्वतंत्र महसूस करेगा।

हम मोटे होते हैं क्योंकि हम अपने पेट की ज़रूरतों की रत्ती भर परवाह नहीं करते और इसे अपनी सुविधा के अनुसार लादते और खाली करते रहते हैं। खाने से वंचित रहना अगर दंड है तो ज़रूरत से ज़्यादा खाना एक अपराध है। डाइट रिकॉल के अगले अध्याय सतर्कता का समावेशन (Inculcating Awareness) में आप देखेंगे कि हम में से अधिकतर लोग केवल इसलिये मोटे हो जाते है कि वे ग़लत समय पर खाते हैं और सही समय पर नहीं खाते हैं। जब हम शरीर की पोषण की ज़रूरत के समय पर नहीं खाते तो इससे पोषक तत्वों और कैलोरी संख्या की बड़ी भारी कमी खड़ी हो जाती है। बाद में ग़लत समय पर, जब चयापचय की प्रक्रियायें मंद पड़ रही होती हैं, आपकी देह और दिमाग़ इस कमी को पूरा करने के लिये बहुत सारे आहार की माँग करता है।

समय बहुत मूल्यवान् है। एक बार खोया गया समय कभी वापस नहीं आयेगा। लोकप्रिय सीरियल महाभारत में समय सूत्रधार था। 'टाइम, टाइम की बात है जॉनी', हेलन ने बड़े दार्शनिक भाव से गाया था। क्षण भर के फ़र्क से जीवन बचाये जा सकते हैं, चीज़ें सही समय पर कर दीं जायें तो संबंध सुधारे जा सकते है, समय के साथ घाव भर जाते हैं। समय सचमुच मूल्यवान

और दैवी है। 'देवी काली' भारत की सबसे अधिक महत्वपूर्ण देवियों मे से एक काल की प्रतिमा है और शरीर का छंद काली के अधीन माना जाता है, अत: काल के सम्मान का एक तरीक़ा शरीर के छंद का सम्मान है।

दिन का समय और सक्रियता हमारे कैलोरी दहन पर प्रभाव डालते हैं। हम में से प्रत्येक के पास अपनी दिनचर्या का एक पैटर्न होता है और यदि हम जीवन भर स्वस्थ और छरहरे रहना चाहते हैं तो हमें इस पैटर्न को समझने की पूरी कोशिश करनी चाहिये। सुबह के समय शरीर में कैलोरी दहन की क्षमता उच्चतर होती है क्योंकि प्रकृति ने हमें ऐसा ही रचा है। हमें तत्पर करने का यह प्रकृति का तरीक़ा है। हम अपने शरीर के बाहर, अपने तात्कालिक सत्व के बाहर भी जो करते हैं वह समय के द्वारा प्रभावित होता है। सुबह नौ बजे का समय किसी के लिये व्यायाम का समय हो सकता है, किसी के लिये कॉन्फ्रेंस का, किसी के लिये पहुँचने का या स्कूल जाने का इत्यादि; साढ़े पाँच बजे शाम ट्यूशन का, मीटिंग का, ब्रेक का, या फिर वापस चलने का। लेकिन भारत में बीपीओ बूम के बाद हम में से कुछ लोग सचमुच साढ़े दस बजे रात काम पर निकलते और सात बजे सुबह घर वापस चलते हैं। इसी तरह 'होम मेकर्स यानि गृहस्थिनें पति, ससुर और बच्चों को काम पर और स्कूल के लिये रवाना कर देने के बाद ही अपने लिये समय निकाल पाती हैं। एक बार अपने दिन का पैटर्न समझ लेने के बाद योजना की जा सकती है कि हम क्या और कितना खायें।

बहुत से भोजनों का नाम बदनाम है। सिर्फ इसलिये कि वे आम तौर से ग़लत समय पर खाये जाते हैं। लड्डू ख़ासतौर से घर के बने (यद्यपि ऋषिकेश का गीता भवन घर के बने वालों के साथ सख़्त प्रतियोगिता में है), जिसमें भरपूर रेशे वाला अनाज, घी, सूखे मेवे और सबसे अधिक मूल्यवान् माँ का प्यार होता है, अगर अपने आप में एक पूर्ण आहार की तरह सुबह खा लिया जाये तो किसी भी दूध और सीरियल, टोस्ट और बीन्स, ऑमलेट वगैरह को शर्मिंदा कर सकता है। लेकिन हम इसको या तो दफ़्तर ले जाते हैं और लंच के बाद दोस्तों के साथ खाते हैं या फिर उन्हें फ्रिज में रख लेते हैं

और डिनर के बाद खाते हैं। दोनों ही समय यह स्वयं एक आहार की तरह नहीं, बल्कि आहार के बाद खाया जाता है और क्योंकि लड्डू कैलोरी में सघन होता है इसलिये, बूझने के लिये कोई ईनाम नहीं : वह वसा में बदल जाता है और सारे पोषक तत्व बेकार चले जाते हैं। शरीर भरे हुये पेट पर पोषण नहीं जज़्ब कर सकता (आहार के बाद) और न ही पाचन क्रिया के शिथिल हो जाने के बाद (सूर्यास्त के पश्चात)।

चीज़, पास्ता, पराठा, मूँगफली, पनीर, केला, आम, आलू, चावल इत्यादि ग़लत समझे जाते हैं तो सिर्फ इसीलिये क्योंकि आपने अपने दिन के ग़लत समय पर उनका सेवन किया है। इनमें से कोई भी भोजन मोटा करने वाला नहीं है। ये केवल ऊर्जा-सघन (कैलोरी) अथवा वसा युक्त भोजन हैं (जो कि आगे पढ़ते हुये समझ सकेंगे कि पौष्टिक और जीवन के लिये परमावश्यक हैं। दरअसल मैं तो यह कहने की हद तक जाना चाहूँगी कि कोई भी **भोजन मोटा करने वाला नहीं होता। आपको सिर्फ उसे खाने के सही वक्त का चुनाव करने की समझदारी दिखानी है।)**

अधिक सक्रियता का अर्थ शारीरिक और मानसिक दोनों प्रकार की सक्रियता हो सकता है; उदाहरण के लिये, जिम जाना, या किसी भी प्रकार का शारीरिक व्यायाम, खाना बनाना, गहन चिंतन, महत्वपूर्ण मीटिंग में बैठना, शादियों का इतंज़ाम करना, घर बदलना। संक्षेप में, कोई भी गतिविधि जिसमें आप बहुत सक्रिय रूप से शामिल हैं और जो आप से बहुत सारी ऊर्जा की मांग करती है। तनाव, यात्रा और बीमारी की अवधि भी अधिक ऊर्जा वाली अवधियाँ होती हैं। और केवल आपके लिये नहीं। आप यदि बीमार हों तो आपका परिवार या निकट के लोग ऊर्जा की अधिक खपत वाले समय से गुज़रेंगे।

हल्की गतिविधि का अर्थ है ऐसा समय जब आप निष्क्रिय अथवा अपेक्षाकृत कम सक्रिय होते हैं और मानसिक ऊर्जाओं का इस्तेमाल नहीं कर रहे होते; टी.वी. या फिल्म देखना, नेट पर सर्फ करना, फोन पर हल्की-फुल्की बात करना, ई-मेल चेक करना, प्रबंधन का छोटा-मोटा काम करना

(जैसे बिल चुकाना और चेक पर दस्तख़त करना) कार में सैर करना, पार्टी में जाना (अगर वहाँ काफी देर डान्स नहीं करने वाले हैं तो), झपकी लेना, काम बाँटना; संक्षेप में कोई भी रोज़मर्रा का काम। **अधिक ऊर्जा-खपत वाली अवधि में हमें अपना आहार बढ़ाने की और शिथिलता वाले समय में घटाने की ज़रूरत होती है।**

केवल इतना ही नहीं, हमारे शरीर के कोश यदि सक्रिय नहीं रहे हैं तो वे पोषण और कैलोरी के लिये कम संवेदनशील हो जाते हैं। आपके शिथिल काल में आपके कोश मंद हो जाते हैं, वे कुछ नहीं चाहते (वे कोई पोषण जज़्ब करने के मूड में नहीं होते और ऊर्जा की मांग करने का कोई कारण नहीं देखते); अतः अगर इस वक्त आप अपने पेट को लाद देंगे तो वह सब चर्बी में बदल जायेगा। लेकिन सक्रियता (मानसिक या शारीरिक) के उपरांत कोश ऊर्जा और पोषण से रिक्त हो जाते हैं इससे उनकी संवेदनशीलता बढ़ जाती है, जिसका अर्थ यह है कि आप जो कुछ भी खायेंगे वह इन भूखे कोशों की आपूर्ति में इस्तेमाल हो जायेगा और चर्बी में नहीं बदलेगा। अगर आप में ऊर्जा और उत्साह की कमी है तो सिर्फ इसलिये कि आप कम सक्रियता के समय में अधिक खा रहे हैं और इसका विलोम भी। क्या आप इनमें से किसी स्थिति में अपने को पहचान सकते हैं: क. आप यह फिल्म सचमुच देखना चाहते हैं। आपके मित्र ने इंटरनेट पर टिकट बुक कर लिये हैं। दफ़्तर और घर में आपने एक सामान्य दिन बिताया है, ऐसा कुछ नहीं जो रोजमर्रा से अलग हो, लेकिन पिक्चर जाने के लिये उत्साह की बजाय आपको महसूस होता है कि, ठीक है, मैं क्या शनिवार की दोपहर को जा सकती हूँ, या शायद बाद में जब टी.वी. पर रिलीज़ हो तब देख लूँ?

ख. आप अपनी कज़िन के साथ कुछ समय बिताने के लिये सचमुच बहुत उत्सुक हैं, लेकिन डिनर की शाम आप सोचती/सोचते हैं, 'बहुत दूर है, शायद किसी और दिन जाया जा सकता है?'

ऐसा नहीं कि आप आलसी हैं (सिर्फ आपकी माँ, पिता और जीवनसंगी ऐसा सोचते हैं), या बीमार या मानसिक रूप से बीमार हैं (केवल आप ऐसा

सोचती/सोचते हैं)। बस यही है कि कभी-कभी आप चीज़ों के लायक महसूस नहीं करते/करती हैं। आपका कुछ करने का मन नहीं करता । आप घर से सचमुच बाहर निकलना चाहते/चाहती हैं। लेकिन जब सचमुच निकलकर चलने का समय आता है, आपका उत्साह बुझ जाता है।

अपने खाने और सक्रियता के पैटर्न को देखिये। यदि आपकी सक्रियता और आहार के बीच संबंध और अनुपात सही नहीं है तो आप 'मन न करने', या 'लायक न होने' के लक्षण से पीड़ित होंगे। इस स्थिति को सब-क्लिनिकल डिफ़ीशियेंसी (पुनः एक शोध द्वारा प्रमाणित स्थिति) कहते हैं, जिसका अर्थ यह है कि आप बीमार तो नहीं हैं, लेकिन सर्वोत्तम स्वस्थ दशा का अभाव है। इस 'पता नहीं मुझको क्या हो रहा है यार' की अनुभूति से छुटकारा पाने का सरल तरीका यह है कि जब आपके कोश अधिक संवेदनशील हों (अर्थात जब सक्रियता अधिक है, दिन के आरंभिक अंश में) तब अधिक खाइये और कम सक्रिय हों तो कम खाइये। आदर्श जगत में हमारे दो प्रमुख आहार सुबह ग्यारह बजे तक समाप्त हो चुकने चाहिये, खास तौर से यदि हमारे लिये मोटापा भी एक मुद्दा हो।

जीवन से उदाहरण :

सुमन एक होम मेकर, ने अपने पति के साथ व्यापार में हाथ बटाना शुरू किया, जब व्यापार मंदी से गुज़र रहा था। मुम्बई आने के पहले वह तीन शहर बदल चुकी थी और दो बच्चों को जन्म दे चुकी थी। उसे पता नहीं था कैसे, लेकिन इन आठ सालों में उसका वज़न अस्सी किलो से बढ़कर 125 किलो हो चुका था। अपने खाने को लेकर वह बहुत सावधान थी और खाती बहुत कम थी। सुबह छः बजे उठकर एक चाय ली, बच्चों को भेजने के बाद, आठ बजे व्यायाम और एक चाय। दस बजे पोहा, उपमा या खाखरा लिया। फिर काम से फुर्सत मिलने के वक्त पर निर्भर करते हुये दो से चार बजे के बीच लंच में एक या दो रोटी, सब्ज़ी, दाल। शाम को छः से सात बजे के बीच सूखा भेल या दो बिस्कुट, और डिनर में लंच की तरह दो रोटी, सब्ज़ी, दाल और हाँ, अगर बहुत भूख लगी हो तो थोड़ा सा चावल।

अगर आप उसके भोजन को देखें, तो ऐसा ग़लत वह कुछ नहीं कर रही है कि उसका वज़न 125 किलो हो। लेकिन खाने के उसके वक्त सब ग़लत हैं। वह अपने आपको अहमियत नहीं देती और बाकी हर चीज़ को खुद के पहले रखती है। देखिये, वह क्या करती है; दस बजे के पहले वह अपने पेट में कुछ भी नहीं डालती, जबकि वह सुबह छः बजे से उठी हुई है और बहुत सक्रिय भी रही है; उसने खाना बनाया और व्यायाम भी किया, लंच का समय भी निश्चित नहीं और वास्तव में बहुत विलंब से लिया जाता है। उसका अल्पाहार बिलकुल पोषण रहित है, और सबसे बड़ी बात यह कि वह खाने का ज़्यादातर काम देर दोपहर के बाद करती है, जब उसका शरीर इस भोजन के इस्तेमाल की दशा में नहीं होता। इसके अलावा, चूँकि उसने सुबह से अपने शरीर को भोजन में कुछ नहीं दिया है, अतः उसकी कायाग्नि मंद हो गई है। वास्तव में, क्योंकि उसने अपने दिन के अधिक सक्रिय समय के दौरान कुछ नहीं खाया है इसलिये उसका शरीर संरक्षण में प्रवृत्त हो गया; शरीर को जब लगता है कि भूखों मरने के नौबत है तो वह चयापचय की दर घटा देता है और वसा का संरक्षण करने लगता है।

सारांश

जिस समय आप अधिक सक्रिय हों उस समय अधिक आहार ग्रहण करने से आपका शरीर वसा दहन में अधिक कुशल होता है...

- **जो आपके शरीर में चयापचय की दर को बढ़ाता है...**
- **जिससे आपको दिन भर ऊर्जा बनाये रखने में मदद मिलती है...**
- **जो आपको अधिक प्रभावी ढंग से चर्बी घटाने में मदद देता है।**

चौथा सिद्धांत

सोने के कम से कम दो घंटा पहले दिन का अंतिम भोजन समाप्त कर लीजिये।

तीसरे सिद्धांत का ही विस्तार, हमें सूर्यास्त के बाद आहार कम करने की ज़रूरत होती है क्योंकि कामकाज समेट लिया जाता है।

सोने से ठीक पहले आप क्या कर रहे होते हैं? आमतौर से आराम करते हुये टी.वी. देखना, पढ़ना, गपशप इत्यादि। सुबह की अपेक्षा आपकी सक्रियता शाम को मूलतः मंद होती है, और आपकी कायाग्नि तथा आपके पेट की पाचन क्षमता भी।

सबसे ख़तरनाक आदतें जो हमने पाली हैं उनमें एक है डिनर लेने में बहुत अधिक विलंब/तब तक डिनर न लेना जब तक बहुत देर न होने लगे। लोग काम पर से घर लौटते हैं और किसी अजीब वज़ह से डिनर के लिये अनिच्छा महसूस करते हैं। हर एक को नाश्ता चाहिये (वह भी तला हुआः फरसान, चिप्स, बिस्कुट या कोई और नमकीन चीज़) और उसके बाद टी.वी. पर अपना प्रिय सीरियल देखते हुये डिनर (प्राइम टाईम नौ से साढ़े नौ बजे रात)। ज़ाहिर है पेट इससे लद जाता है। सबसे अच्छी बात है शाम को छः से साढ़े छः बजे के बीच अधिक मात्रा में पौष्टिक भोजन खा लेना और फिर आठ से साढ़े आठ बजे के बीच कोई बहुत हल्का-फुल्का आहार।

याद रखिये, खाने को पचाना शरीर के लिये एक काम और कैलोरी का दाहक है। रात के समय कोश प्राकृतिक रूप से ऊर्जा अथवा पोषण के लिये कोई ख़ास संवेदनशील नहीं होते क्योंकि उन्हें इसकी विशेष ज़रूरत नहीं होती। इसलिये अगर आप पेट को ज़्यादा भर लेते है तो इसका अधिकांश या तो बेकार चला जायेगा या चर्बी में बदल जायेगा। आपने भले ही पौष्टिक भोजन किया हो लेकिन शरीर को उसे पचाने और उसके पोषणों को जज़्ब करने के मूड में होना चाहिये।

सबसे ग़लत बात तो बेशक बहुत सारा खाके फौरन सो जाना है। ठीक जैसे खाली पेट पर नींद नहीं आती उसी तरह ज़रूरत से ज़्यादा भरे हुये पेट पर भी उचटी हुई नींद आती है।

एक शांतिपूर्ण, आरामदेह, अच्छी गहरी नींद वज़न घटाने की रीढ़ है। सोते समय हमारा शरीर कोशों की मरम्मत करता है (वही कारण जिसके

लिये आप महंगी नाईट क्रीम में पैसा लगाते हैं), हार्मोनों को संतुलित करता है, शरीर के कोशों को पुनर्नवा बनाता है, और दिन के दौरान हमने अपने कोशों को जिस टूट-फूट से गुज़ारा है उसका सुधार करता है, और अगले दिन के लिये तैयार होता है। शांतिपूर्ण नींद के बिना आपके हार्मोन या आपके चर्बी रहित ऊतक चर्बी के दाह को सहारा देने में समर्थ नहीं होंगे। तनाव और उचटी हुई नींद हार्मोनों के संतुलन को बिगाड़ देते हैं और चर्बी रहित ऊतको का क्षय करते है (पेशी का क्षरण और हड्डियों का पतला पड़ना), दोनों ही चर्बी दहन में बाधा डालते हैं।

रात में जब हम सोते हैं, हमारे तंत्र या हमारी काया-बुद्धि को अपने प्राकृतिक काम करने के लिये स्वतंत्र महसूस करना चाहिये : टूट-फूट का सुधार एवं पुनर्नवीकरण। अगर इस समय पेट बहुत भरा हो तो शरीर दो चीज़ों के बीच बँट जाता है। हमारे शरीर का पुनर्नवा तंत्र पिट जाता है और भोजन भी ठीक से घुलाया, पचाया और सोखा नहीं जाता। नतीजा : आप न केवल हारा थका महसूस करते हुये उठते हैं (पुनर्नवा प्रक्रिया बाधित हुई), बल्कि पेट में अफ़ारे, चेहरे पर सूजन, सीने में जलन और डकार के साथ भी (पाचन बाधित हुआ); ताजगी और हल्केपन के बजाय भारी और मंद महसूस करते हुये।

मेरे डाइट प्लान को आमतौर से दो तात्कालिक प्रतिक्रयायें मिलती हैं: एक, मैं दिन में इतना सारा कैसे खा सकती/सकता हूँ? दो, रात में इतना कम कैसे खा सकती/सकता हूँ?

जिसके आगे अनिवार्य प्रश्न आता है 'अगर आखिरी खाने के बाद भी भूख लगे तो मैं क्या करूँ? कुछ खाने के ऑप्शन दीजिये'।

जिसके लिये मेरा निश्चित उत्तर है: 'भूख लगे तो मुझे कॉल करना'।

'आधी रात को या सुबह के तीन बजे हों तब भी?'

'हाँ, चाहे जितने बजे, मेरा फोन हर वक्त चालू रहता है'।

अभी तक किसी ग्राहक की कॉल मिलनी बाकी है। आमतौर से मुझे एसएमएस मिलते हैं जिनका आशय कुछ यूँ होता है: 'क्या मैं डिनर गोल

कर सकती/सकता हूँ?'; 'बहुत ठूँसा है'; 'आखिरी आहार में रूचि नहीं रही'; 'सपने में भी नहीं सोचा था कि मैं जमके डिनर खाना नहीं चाहूँगी/चाहूँगा'।

देर शाम का व्यायाम

मैं ऐसे कुछ लोगों को जानती हूँ जो देर शाम को व्यायाम करते हैं, लेकिन चूंकि डिनर हल्का-फुल्का रखना चाहते हैं इसलिये व्यायाम के उपरांत कुछ नहीं खाते। लेकिन शर्त यह है : दिन में चाहे किसी भी समय आप व्यायाम करें इसके पहले और इसके बाद का आहार अनिवार्य है, इसलिये चाहे आठ बजे चाहें दस बजे आपका व्यायाम का समय है, निश्चयपूर्वक व्यायाम के दस मिनट के भीतर तीव्र गति कार्ब और प्रोटीन शेक लीजिये। हाँ चाहे रात के ग्यारह बजे हों तो भी।

डिनर के बाद की कॉफ़ी

खाने के बाद मीठा ठीक नहीं है। मान गये। लेकिन कॉफ़ी? कैफीन चूंकि चर्बी का दाहक है, वह डिनर की कैलोरी का भी दाह करेगा। फट, बुलबुला फोड़ने का समय आ गया है। पहली बात तो यह कॉफ़ी आपकी नींद में बाधा डालेगी, आप खुद भी जानते हैं। और अगली बात यह कि पाचन में हस्तक्षेप करेगी, खासतौर से लौह और कैल्शियम जैसे खनिजों को सोखने में। और लौह और कैल्शियम का स्तर कम होने पर चर्बी का दाह घट जाता है (हाय राम!)। ठहरिये, एक और, कॉफ़ी आपके पेट को एसिडिक बनाती है जिससे आप कब्ज और अफ़ारे के साथ उठते हैं।

और अब सबूत। सुबह जागने के बाद, जब आप दर्पण के सामने खड़े होकर दाँतों को ब्रश करते हैं तो अपनी ज़बान निकालकर उसके रंग को देखिये। ज़बान पर एक गहरी तह जमी होगी। उसका रंग हल्के पीले से लेकर गहरे भूरे तक हो सकता है)। यह रात भर की नींद के बाद आपकी ज़बान पर जमा रह गये विष कण हैं। अभी क्या आपको वह कॉफ़ी चाहिये?

अगर आप अपनी मौजूदा जीवन पद्धति को देखें तो डिनर की मात्रा को घटाना और शाम को जल्दी खाना एक असंभव प्रस्ताव जैसा सुनाई देगा, उचित ही। सोने के दो घंटे के पहले अंतिम आहार लेना दीर्घस्थायी स्वास्थ्य के लिये अनिवार्य है, शरीर के विधान में परिवर्तन (अस्थि और पेशी के भार में वृद्धि और चर्बी के भार का घटना), वह दमकता हुआ रंग (मुहाँसों से मुक्त, क्या आप कभी त्वचा विशेषज्ञ के पास गये हैं? पहली बात वे पूछते हैं कि आपका पेट साफ रहता है या नहीं।) और एक शांतिपूर्ण नींद, लेकिन इसके लिये जीवन पद्धति में एक गंभीर और स्थायी परिवर्तन ज़रूरी है। पहले, दूसरे और तीसरे सिद्धांतों के बिना चौथा सिद्धांत नहीं लागू किया जा सकता। असल में असफल रह जायेगा।

अगर आप ठीक नींद लेते हैं (सोने का आदर्श समय दस और साढ़े दस बजे रात से लेकर सुबह पाँच बजे तक का है और आपको इसके यथा संभव निकट रहना चाहिये), तो उसका प्रभाव आपके मुख, शरीर और स्वास्थ्य पर दिखाई देगा। वज़न घटाने के बाद कुछ लोगों की त्वचा पर खिंचने के निशान होते हैं (स्त्रियों की जांघ और नितम्ब पर, और पुरुषों के सीने और बाहों पर)। अगर जीने के ढंग में स्वास्थ्यजनक परिवर्तन के बिना वज़न घटाया जाता है तो त्वचा पर खिंचने के निशान उस दुर्व्यवहार का केवल एक लक्षण है जो आपने अपने शरीर के साथ किया है। यदि आप खिंचने के ये निशान नहीं चाहते या जो निशान पड़ चुके हैं उन्हें घटाना चाहते हैं तो सोने के समय से दो घंटा पहले डिनर लीजिये।

टी.वी. : शयन कक्ष के बाहर

गुल और नवीन की दिनचर्या बहुत व्यस्त थी और उन्होंने यह क़ानून बना रखा था कि घर पर केबल टी.वी. नहीं होगा ताकि बच्चे इस फालतू बकवास से बचे रहें। लेकिन बच्चों को सुला देने के बाद रात के दस बजे शुरू करके वे अच्छे खासे एक या दो घंटे तक डीवीडी देखते थे (सीनफेल्ड, लॉस्ट, फ्रेन्ड्स जैसी सिरीज़ या कोई फिल्म)। नवीन को सचमुच कभी अच्छी नींद नहीं आती थी; वह हमेशा उचाट नींद सोता था। गुल सुबह हमेशा थकी उठती थी और बिस्तर से निकलने के लिये उसे जूझना पड़ता था। इसे समझना क्या रॉकेट विज्ञान है? दरअसल नहीं।

टी.वी. देखना शरीर के लिये चैन की नहीं तनाव की गतिविधि है खासतौर से आँखों और दिमाग़ के लिये। स्कूल में जो पढ़ा था, उसकी याद ज़रा ताजा कर लें। हमें हमेशा उन चीज़ों की तरफ देखना चाहिये जिन पर रोशनी प्रतिबिंबित हो रही है और रोशनी के स्रोत को घूरना नहीं चाहिये। खिड़की के पास बैठकर पढ़ना चाहिये। आपके टी.वी. (और लैप टॉप) से सख़्त किरणे निकलती हैं इसलिये स्वीटी, आँखें और दिमाग़ तो पहले से ही तनाव में हैं और आपको मालूम है कि तनाव से वसा दहन को क्या होता है। तो सोने के समय से एक घंटा पहले टी.वी. (और जो भी आप डीवीडी पर देख रहे हों) और लैप टॉप का स्विच ऑफ कर दीजिये। हाँ, एक किताब सही रहेगी। सिर्फ रोशनी को सही रखिये।

अगर आप बहुत देर से खाते हैं (सोने के समय के ठीक पहले) या टी.वी. देखते हुये बिस्तर में खाते हैं तो आपकी अंतड़ियों में खाना अनपचा पड़ा रह जाता है। छोटी आंतों का क्षेत्रफल काफी बड़ा है, एक-दूसरे से जुड़े हुये, लगभग तीन टेनिस कोर्टों के आकार के बराबर, इसलिये आपके शरीर के पास अपनी लंबी यात्रा से गुजरते हुये पौष्टिक तत्वों को सोख लेने का काफी मौका रहता है। लेकिन अगर आपने पचाने की अपनी क्षमता से

ज़्यादा खा लिया है (यौगिक दर्शन के अनुसार मूर्ख का एक लक्षण), तो अनपचाया भोजन रास्ते में ही पड़ा रहता है और बैक्टीरिया इस पर अपना काम चालू रखते हैं। इस तरह पौष्टिकतम भोजन भी विषाक्त हो जाता है।

यह विष (आयुर्वेद में 'आम') एसिडिटी, अफारे और कब्ज़ (लघु स्थायी प्रभाव), और शरीर में चर्बी की स्तर वृद्धि, त्वचा पर खिंचने के निशान (दीर्घ स्थायी प्रभाव) का कारण बनते हैं। एक भी विलंबित डिनर के बाद दुःस्वप्न या डरावने स्वप्नों की संभावना अधिक होती है और वस्तुतः रात के भोजन के बाद मिठाई से बढ़ जाती है। दिन भर में दिमाग़ में जो भी सूचनाएँ और प्रभाव जमा किये हैं, सपने उनको पचाने और समझने का दिमाग़ का तरीक़ा है। ठूँसा हुआ पेट इस प्रक्रिया में भी हस्तक्षेप करता है। संक्षेप में रात में अगर आप एक कुत्ते की तरह खायेंगे तो दिन में आप एक कुतिया की तरह बर्ताव करेंगे (कृपया लिंग को लेकर बुरा न माने)।

शाम को जल्दी खाने का यह सिद्धांत हमारे लिये पहले सिद्धांत को लागू करना आसान बना देता है : अर्थात सुबह उठते ही तुरन्त खाना। अगर सुबह के समय पेट कब्ज़ और अफारे से परेशान और भारी है तो खाने का ख़्याल दिमाग़ के लिये आखिरी होगा। एक थके, अलसाये, मंद दिमाग़ को दिन शुरू करने के लिये कैफ़ीन किक की ज़रूरत होगी। तो आपकी डाइट योजना गई भाड़ में और उसके साथ ही चर्बी का स्थायी रूप से घटना, वह दमकती हुई त्वचा, चमकीले बाल, चपटा पेट, (खिंचने के निशानों से मुक्त) जिसकी आपको इतनी तमन्ना थी। लेकिन एक बार अगर आप चौथे सिद्धांत का पालन करें, आप सुबह अलार्म की ज़रूरत के बिना जाग पायेंगे, और आपका पेट सुबह-सुबह ही विसर्जन का संकेत देगा। आप बाथरूम जाएँगे बिना दम लगाये विसर्जन कर पायेंगे और हल्का-फुल्का महसूस करते हुये खुश और भूखे बाहर आयेंगे (ना कि भारी, गैस छोड़ते और चिड़चिड़ाते हुये)।

सेक्स के बारे में

मेरी संपादिका ने सेक्स के बारे में पूछा, खाने के बाद क्या पचाने में इससे मदद नहीं मिलती? देर से खायें और इस व्यायाम से पचायें। हुंम्म, एक बड़ा सा ना। यह खाने के फौरन बाद सैर पर जाने की तरह होगा। जैसे ही हम खाना ख़त्म करने हैं हमारा पेट इसे पचाना शुरू कर देता है और उसको पौष्टिक तत्वों को घुलाने जज़्ब करने और समोने के लिये सारे साधनों की ज़रूरत होती है। इस समय इसे रक्त संचार की पूरी आपूर्ति चाहिये (वास्तव में वज्रासन जो भोजन के उपरांत अनुशंसित मुद्रा है, पाचन में सहायक है क्योंकि रक्त संचार की दिशा पेट की ओर मोड़ती है) जबकि सेक्स के दौरान रक्त की आपूर्ति जननांगों की ओर जाती है; आपकी सैर के दौरान आपके पैरों और बाहों की ओर। आप सोचते हैं कि आप कसरत से खाने को पचा रहे हैं, लेकिन असल में आप पाचन में बाधा डाल रहे हैं। मेरी संपादिका को मेरी सलाह थी कि अधिकतम कैलोरी दाह के लिये सेक्स डिनर के पहले उपयुक्त है।

सुबह उठते ही आप शौचालय क्यों जाना चाहेंगे? इसलिये कि हल्का खाना और सोने से दो घंटे पहले खाना शरीर को भोजन पचाने, सोखने और चयापचय के लिये पर्याप्त समय प्रदान करता है। विसर्जन प्रक्रिया इतनी शीघ्र होगी कि आपको ध्यान बटाने और आराम से बैठने के लिये किताब या अख़बार की ज़रूरत नहीं होगी (सहानुकम्पी स्नायु-तंत्र जो पूरे शरीर को शिथिल करने के लिये उत्तरदायी है, संकोचन पेशी को खोल देता है और मल को मलद्वार की ओर सरकाता है)। हल्के पेट का अर्थ चैन और शांति की नींद है इसलिये मनोदशा भी शांत रहती है।

प्रभाते मलदर्शनम् जो मैंने इस अध्याय के आरंभ में कहा था, अच्छे स्वास्थ्य और कुशल पाचन तंत्र की निशानी है। केवल एक शांत मन और हल्के (स्वस्थ) शरीर को हर सुबह मल दर्शन का सौभाग्य प्राप्त होता है।

इस बिंदु पर मैं एक छोटी सी बात जोड़ना चाहूँगी। ज़्यादातर लोग मल विर्सजन के समय पढ़ना चाहते हैं (कुछ लोग अपने बाथरूम में किताबों, अखबारों और मैग्ज़ीनों के लिये जगह भी बनाकर रखते हैं। मत पढ़िये। जैसे अच्छे पाचन के लिये आपको पढ़ना, मोबाइल पर खेलना, फोन का जवाब देना या टी.वी. देखना मना है, ठीक उसी तरह विसर्जन के समय भी यह सब कुछ करने से खुद को रोकिये) आपका शरीर कैसे और क्या विसर्जित करता है इस पर ध्यान दीजिये, यही संकेत है कि क्या खायें और क्या खाने से बचें। इस महत्वपूर्ण पाठ से वंचित न रहें।

सुबह-सुबह कैफीन और निकोटिन के किक लेने, टायलेट सीट पर ज़ोर लगाने, लंच गोल कर जाने, शाम तक भूख न लगने, रात में ठूंसकर खाने, रात में उचाट नींद सोने और सुबह थके हुये और सुस्त जागने के दुष्चक्र से बाहर आइये।

जिस दिन सुबह-सुबह आप उठते ही आप पेट साफ करने की इच्छा और भूख महसूस करें, उस दिन जान लीजिये कि आप स्थायी 'परिणाम' के रास्ते पर निकल पड़े हैं। भूख, यौवन, स्वास्थ्य, शांति और खुशी का लक्षण है।

सारांश

सोने से दो घंटा पहले अंतिम आहार लेने से:

- **आपके भोजन का अधिकांश बिस्तर पर जाने के पहले ही हजम हो चुकेगा....**
- **जिससे आपको गहरी नींद आयेगी....**
- **जिससे आपका शरीर टूट-फूट की मरम्मत के लिये स्वतंत्र रहेगा....**
- **जो आपके शरीर को चर्बी दहन में अधिक कुशल बनायेगा।**

साँस में बदबू

मटके जैसी तोंद से भी ज़्यादा बत्ती गुल करने वाला अगर कुछ है तो साँस की बदबू। एक डाइट की किताब में इस शीर्षक का क्या काम? क्योंकि इसका संबंध आपके भोजन और पाचन तंत्र के स्वास्थ्य से है। अगर खाना ठीक से पच नहीं रहा है तो वह आपके मुख में बदबू छोड़ सकता है (बीमार पड़ने से भी ऐसा होता है)। जहाँ तक मुँह की बदबू का सवाल है, पाचक स्रावों की कमी और ठूँस कर खाना सबसे बड़े गुनहग़ार हैं।

आहार की मात्रा कम कीजिये। पौष्टिक तत्व बढ़ाने के नियमों का पालन कीजिये और पाचन तंत्र को स्वस्थ रखने के लिये नियमित रूप से व्यायाम कीजिये। पानी की मात्रा बढ़ाइये क्योंकि निर्जलीकरण को संवाद भर की दूरी से सूंघा जा सकता है (शब्दों में 'मुझे पानी चाहिये' की गंध आती है।) हममे से ज़्यादातर लोग हर सुबह या एक लंबी उड़ान के बाद इसको महसूस करते हैं (रात भार पानी न पीने और उड़ान में हवाई जहाज की दाब-नियंत्रित परिस्थितियों से निर्जलीकरण की संभावना बढ़ जाती है)।

विटामिन 'सी' की सहायक आपूर्ति से भी मदद मिलती है और अंत में, अपने दंत विशेषज्ञ के पास नियमित रूप से (कम-से-कम छः महीने में एक बार) जाइये और अपने मुख में खोखले दाँत और अन्य समस्याओं की जांच करवाते रहिये जिनके कारण आपका चबाने का तरीक़ा और परिणाम स्वरूप भोजन पचाने तथा पाचक रसों की सक्रियता का तरीक़ा बदल सकता है। और हाँ, हिंदुस्तानी ढंग अपनाइये, हर आहार के बाद कुल्ला कीजिये। पानी आपके मुख को न केवल स्वच्छ करेगा बल्कि सजल भी करेगा।

जीवन का (दुष्ट) चक्र

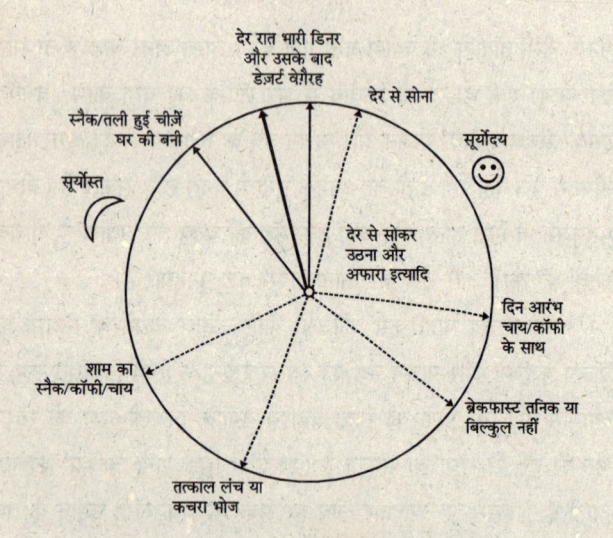

देर रात भारी डिनर
और उसके बाद
डेज़र्ट वग़ैरह
देर से सोना
स्नैक/तली हुई चीज़ें
घर की बनी
सूर्योदय
सूर्योस्त
देर से सोकर
उठना और
अफारा इत्यादि
दिन आरंभ
चाय/कॉफी
के साथ
शाम का
स्नैक/कॉफी/चाय
ब्रेकफास्ट तनिक या
बिल्कुल नहीं
तत्काल लंच या
कचरा भोज

चार सिद्धान्त

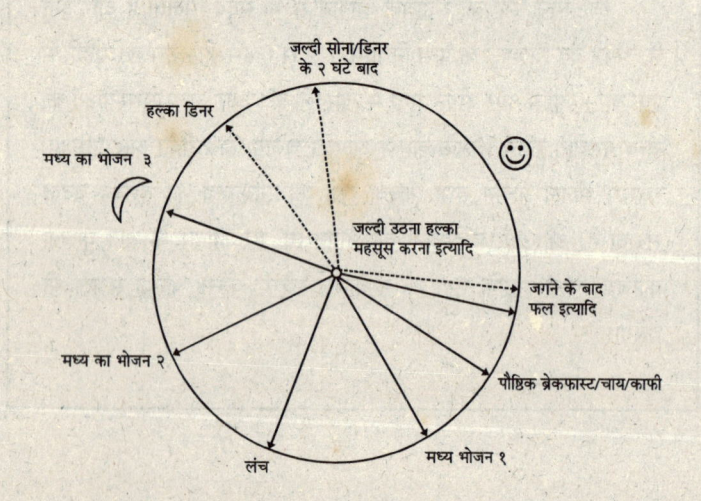

जल्दी सोना/डिनर
के २ घंटे बाद
हल्का डिनर
मध्य का भोजन ३
जल्दी उठना हल्का
महसूस करना इत्यादि
जगने के बाद
फल इत्यादि
मध्य का भोजन २
पौष्ठिक ब्रेकफास्ट/चाय/काफी
लंच
मध्य भोजन १

5

सतर्कता का समावेशन

अपने स्थानीय फूड मॉल पर बिल चुकता करने के लिये अपनी बारी की प्रतीक्षा करते समय आपका ध्यान उस भारी-भरकम बंदे की तरफ गया होगा जिसने अपनी कार्ट को टनों झाग वाले पेय, जैम, मक्खन, बिस्कुट, चिप्स वगैरह-वगैरह से लाद रखा है, अपनी बारी की प्रतीक्षा करते-करते ही वह च्युइंगम और चॉकलेट भी उठा लेता है जो वहाँ ठीक उसकी जैसी हालत में खड़े लोगों को लुभाने के लिये सजाये गये हैं, और आप ताज्जुब करते हैं कि वह समझता क्यों नहीं कि यह ग़लत है? कि वह इतना कचरा नहीं खा सकता?

मैं एक ठेठ कोंकणस्थ ब्राह्मण परिवार की सदस्य हूँ जहाँ नब्बे प्रतिशत लोग इंजीनियर और बाकी के दस प्रतिशत डॉक्टर, चार्टर्ड एकाउण्टेट, बैंकर और टीचर हैं। पहले मेरे पारिवारिक समारोहों में बातचीत का प्रमुख विषय यह हुआ करता था कि आजीविका के लिये मैं क्या करती हूँ। अब वार्तालाप का विषय यह होता है कि मुझसे सलाह माँगने के लिये आने वाले लोग होते किस क़िस्म के हैं। इस बात पर लगभग निरपवाद सहमति है कि जो मुझसे सलाह लेने आते हैं वे निश्चय ही अक्ल के ज़ीरो होंगे। मेरे परिवार को बिलकुल समझ नहीं आता कि लोग एक तो इतने मोटे हो ही कैसे जाते हैं। और फिर जो खाते हैं उसमें कमी करने की बजाय 'व्यावसायिक सलाह'

खोजने क्यों जाते हैं (हम लोग प्रबल कायाग्नि के धनी हैं। मेरे पितामह और उनके छः भाई मुम्बई तबादले के लिये मज़बूर हुये क्योंकि कोंकण में वे भूखे मर रहे थे। अतिशय दरिद्रता ने निश्चित कर दिया कि हम वंशानुक्रम से कम वसा कोष धारण करेंगे। और अब आप जान चुके हैं डॉक्टर क्यों आनुवंशिक अथवा पारिवारिक इतिहास पूछते हैं)।

'तुम लोगों को यह बता कर अपनी रोज़ी कमाती हो कि खाने में क्या खायें?' मेरे एक मामा मज़ाक करते हैं 'तुम्हारे पास आने वाले लोग ज़रूर पागल होंगे। तुम्हारे पास आकर पैसा क्यों देते हैं? कि तुम उन्हें बताओ कि तला हुआ खाना और मीठा छोड़ दो? इतनी सी बात क्या उनको खुद नहीं मालूम?' (यह ठेठ कोबरा-कोंकणस्थ ब्राह्मण-रवैया है। 'हम को सब मालूम है' जैसे रवैये में इसके जैसा कोई दूसरा समुदाय नहीं है) तो ज़ाहिर है कि मेरा पूरा खानदान 'जानता है' कि 'तला भोजन और मिठाई मत खाओ' बताने के अलावा मैं अपने ग्राहकों के साथ और कुछ नहीं करती। ज़्यादा से ज़्यादा यह बताती हूँगी कि चावल खाना छोड़ दो। इसके लिये मुझे पैसा मिलता है? हास्यास्पद!

सतर्कता के बिना सूचना व्यर्थ है

हाँ, यह सच है। हर एक को पता है कि उन्हें तला-भुना और मिठाई से बचकर रहना चाहिये। हर एक को। आपकी गली के कुत्ते तक को। फिर ऐसा क्यों है कि इतने सारे लोग फिर भी इन्हें खाते हैं? सीधी बात : उनके भीतर इस सतर्कता की पूरी कमी है कि वे अपने मुँह में क्या ठूँस रहे हैं। सतर्कता के बिना सूचना वैसी ही है जैसे हेलमेट को हैण्डल पर टांगकर बाईक की सवारी करना। आपके पास सही औजार तो है, लेकिन सही जगह पर नहीं है। बेकार। पिज़्ज़ा, चिप्स, चॉकलेट, पेस्ट्री खाने से आप मोटे होते हैं केवल इतनी सूचना के समान बेकार। जिसकी आपको ज़रूरत है वह सतर्कता है। सतर्कता के विकास के लिये आपको इस प्रेक्षण की ज़रूरत है कि आप क्या कर रहे है।

मन जब प्रेक्षा की स्थिति में होता है तब सतर्कता उत्पन्न होती है। हुंम्म....दिन में कितनी बार हम खुद को प्रेक्षा की मनः स्थिति में पकड़ पाते हैं? लगभग कभी नहीं। प्रेक्षा की मनःस्थिति तक पहुँचना (मान लिया, हम में से अधिकतर लोगों के लिये इस जीवन में प्रेक्षा की मनः स्थिति के निकटतम पहुँचना तब होता है जब हम अपने मन में एक हद तक शांति का अनुभव करते हैं। हम में से बहुत से लोग ऐसा जीवन जीते हैं जिसमें हाथ के लगभग हर काम को कल ही खत्म हो चुकना चाहिये, जहाँ हम प्रति क्षण दो या दो से अधिक लोगों या चीज़ों के बीच खिंचते रहते है। चिरते रहते हैं, वहाँ हमारे पास ऐसे किसी काम को करने और पाने का कोई मौक़ा नहीं होता जिसे हम ज़रा सा भी चाहते और प्यार करते हैं, और जहाँ तनाव हमारे अस्तित्व का एक अनिवार्य हिस्सा होता है।

फिर हम सतर्कता के विकास के लिये कैसे, क्या करें? या हमारे लिये कोई उम्मीद बाक़ी नहीं बची? उम्मीद है! और पोषण के क्षेत्र में इसको 'डाइट रिकॉल' अर्थात 'आहार का पुनःस्मरण' कहते हैं। एक मानक (सम्पूर्ण विश्व में प्रयुक्त) चौबीस घंटे का आहार पुनः स्मरण आपसे उस प्रत्येक वस्तु को दर्ज करने की ज़रूरत रखता है कि सुबह जागने से लेकर सोने के समय तक आपने क्या खाया, क्या पिया, किस वक्त खाया, कितनी मात्रा में खाया और आहार का संक्षिप्त विवरण क्या है। चौबीस घंटे का आहार पुनः स्मरण आपको और आपके पोषणविद् को इस बात का उचित ज्ञान देता है कि आप किस वक्त क्या खाते हैं, खाने में आपकी पसंद-नापसंद क्या है और आपके आहार में कैलोरी और पोषण तत्व कितना है, इत्यादि।

चौबीस घंटे के आहार पुनः स्मरण के मानक को मैंने अपने ग्राहकों की ज़रूरतों और जीवन पद्धति के अनुसार अनुकूलित किया है। मैं उनसे **तीन दिन के आहार और गतिविधि पुनःस्मरण** दर्ज करवाती हूँ। इनमें से दो दिन काम के और एक दिन छुट्टी का होता है, इस हिसाब से कि हफ़्ते का कौन सा दिन आपके लिये छुट्टी या मौज़ मस्ती का है। आम तौर से मेरे ज़्यादातर ग्राहक शनिवार या रविवार, सोमवार और मंगलवार को दर्ज करते

हैं। आहार पुनःस्मरण के साथ मैं उनसे उनकी गतिविधि और सक्रियता पुनःस्मरण भी दर्ज कराती हूँ। अर्थात वे उस हर काम को भी दर्ज करते हैं जो उन्होंने किया और यह भी कि कब और किस वक्त किया। हर काम, दाँत ब्रश करने, गाड़ी चलाने, मीटिंग अटैण्ड करने तक; हर घमासान विस्तार से। बात यहीं खत्म नहीं होती। आहार और गतिविधि के बाद उन्हें व्यायाम के विवरण (अगर कोई हों तो) भी दर्ज करने होते हैं : भारोत्तोलन, योग, कॉर्डियो अथवा जो भी।

इतनी लंबी चौड़ी प्रक्रिया की ज़रूरत हमें क्यों है? अपने आपको सतर्कता की दिशा में एक इंच और निकट ले जाने के लिये। अगर आपकी होम लोन कम्पनी आपके साथ सौदा या विनिमय पक्का करती है तो क्या एक ज़बानी आश्वासन काफी होगा या आप लिखित आश्वासन चाहेंगे? लिखित का हमारे ऊपर वही प्रभाव पड़ता है। आपको सोचने के लिये दिमाग़ का और लिखने के लिये हाथों का इस्तेमाल करना होता है, और जो लिखा गया है उसे आपकी आँखें देखती हैं। जो कुछ भी हम कर रहे हैं, क्यों कर रहे हैं, इसकी एक ज़्यादा गहरी समझ उसे लिखित में रखने से उत्पन्न होती है। (याद है आपकी माँ आपसे हमेशा अपने उत्तर केवल पाठ से पढ़ लेने की बजाय बुक में लिखने के लिए कहती थीं।) जब मेरे ग्राहक (आरंभिक प्रतिरोध के बाद) तीन दिन का आहार और गतिविधि पुनः स्मरण दर्ज करने को राज़ी होते हैं तो, तीन दिन के अंत में जो वह पढ़ते होते हैं, उससे भौंच्चके रह जाते हैं। उनमें से लगभग नब्बे प्रतिशत क़सम खाकर कहते हैं कि ये तीन दिन अलग थे, बाकी सब दिन वे बहुत अलग तरह से खाते हैं। वे इतनी कॉफ़ी नहीं पीते, डिनर जल्दी खाते हैं, मिठाई नहीं खाते, नियमित कसरत करते हैं, वगैरह, वगैरह....

पोषण विद् की तरह अपने आरंभिक वर्षों में मुझे अपने ग्राहकों से पुनः स्मरण लिखवाने में बहुत कठिनाइयाँ झेलनी पड़ीं। मैंने कुछ ग्राहक इस वज़ह से भी खोये क्यों कि मैं आहार, गतिविधि, पुनःस्मरण देखने पर अड़ी रहती थी जिसको लिखने से वे इतने विमुख थे। लेकिन आज मेरे पास विशेष

रूप से इसीलिये ग्राहक आते हैं कि मैं यह सुनने को तैयार हूँ कि दिन भर उन्होंने क्या खाया और क्या किया; कि मैं उनको बने बनाये डाइट प्लान के छपे परचे देकर, और उनसे दाम वसूलकर भेज नहीं देती।

मुद्दा यह है कि काम, निद्रा और आत्मरक्षा की प्रवृत्ति के साथ भोजन जीवन के चार आदिम स्रोतों में से एक है। भोजन मूल प्रवृत्ति है। भोजन एक साधन है जिसके द्वारा हम अपने सच्चे अध्यात्मिक सत्व की दिशा में एक सुन्दर यात्रा आरंभ करते हैं। 'अन्न हि पूर्ण ब्रह्मः' इसका अर्थ है कि आहार ब्रह्म है, एक वैदांतिक अवधारणा जिसका अर्थ है सम्पूर्णता अथवा एकता। अन्न एक ऐसी वस्तु है जिसके माध्यम से हम अपने ईश्वर या स्वयं अपने अंतरंग के साथ एकाकार हो सकते हैं। और नहीं, यह केवल हिंदू अथवा वेदांती अवधारणा नहीं है। आपने जिस भी धर्म में जन्म लिया हो या जिसमें आपकी आस्था हो, वह चाहे जितना भी पुराना या नया धर्म हो, अन्न पर विशेष बल देगा ही।

मेरे एक लेखक मित्र आहार और गतिविधि और पुनःस्मरण के बारे में एक रोचक बात कहते हैं: 'तुम्हारी विधि लोगों को अपने भीतर झांकने के लिये मज़बूर करेगी। सिर्फ वही तुम्हारी आहार योजना को स्वीकार करेंगे जो निर्भीक है।' ज़्यादातर लोग भीतर झांकने के ख़्याल से ही भयभीत हो जाते हैं। मेरे ग्राहकों में नब्बे प्रतिशत लोग मुझे ज़बानी बताने के लिये तैयार रहते हैं कि उनका आहार क्या है, या ज़्यादा से ज़्यादा एक आम दिन का ब्यौरा काग़ज पर रख देना चाहते हैं। इसके साथ आश्वासन और माँ की शपथ आदि जुड़े होते हैं कि उनका दिन ठीक ऐसा ही होता है (सबसे विचित्र क्षण तो वह था जब एक फार्मा कंपनी की डाइरेक्टर ने अपने कंठ को पकड़कर कहा, 'देख झूठ नहीं बोलती इतना खींचा है', उसका इशारा कंठ की त्वचा की ओर था जिसे वह कहते हुए खींच रही थीं) उन्होंने इस पैटर्न से अलग कभी नहीं खाया है, कभी खा ही नहीं सकते, अपने काम के घंटों और दूसरे दबावों में इतना फँसे रहते हैं, इत्यादि; मैं उन्हें सिर्फ इतना बता क्यों नही देती कि क्या करना है; वे मोटापे के साथ लम्बा समय बिता चुके हैं, और अब वे

वज़न घटाने के लिये इतने बेक़रार हैं कि जो कुछ भी मैं कहूँगी वह सब वे करेंगे; मैं सिर्फ उन्हें बता क्यों नहीं देती कि क्या करना है (इनमें से ज़्यादा लोग अनेक प्रकार की डाइट योजनाओं से गुज़र चुके होते हैं, जहाँ उन्हें सिर्फ यह बता दिया जाता है कि क्या करना है। वे ईमान के साथ उनका पालन करते हैं, वज़न घटाते हैं और ज़ाहिर है कि वह दुगना होकर वापस आने में वक्त नहीं लगाता, लेकिन क्या उन्होंने कुछ सीखा?)

जब मैं अड़ी रहती हूँ कि हम सबका वक्त बचाने के लिये उन्हें अपना आहार पुनःस्मरण लेकर वापस आना होगा, वे मज़बूरन मान लेते हैं। अब मैं अपने ग्राहक का दिल रखने के लिये 'उसके आम दिन का आहार पुनः स्मरण वाला काग़ज बचा लेती हूँ। जब वे वास्तविक आहार पुनःस्मरण के साथ वापस आते है और हम उसकी तुलना इनके आम दिन के साथ करते हैं तो उनकी समानता उतनी ही होती है जितनी चॉक और चीज़ में'।

आम दिन अथवा जो वे मुझे मुँह ज़बानी बताना चाहते हैं वह वास्तव में उसका नक़्शा है, जैसा कि वे खुद को खाते हुये देखना चाहते है, नाकि जैसा वे वास्तव में खाते हैं उसका। लेकिन साथ ही, वे वास्तव में गंभीरता से यही सोचते हैं कि वे ऐसा खाते हैं। सतर्कता के मुद्दे पर वापस लौटें। वे इस बात के प्रति जागरूक ही नहीं है कि जैसा वे वास्तव में खाना चाहते होंगे, उससे बहुत अलग तरीके से खा रहे हैं। ठीक यही वज़ह है कि कुछ लोग सोचते हैं कि वे कुछ भी ग़लत नहीं करते, बहुत थोड़ा सा खाते हैं और फिर भी वज़न बढ़ता है। इसका मतलब सिर्फ यह है कि उन्हें मालूम ही नहीं कि ग़लत क्या है। अब जब उनके हाथों में इस बात का लिखित सबूत है कि उन्होंने वस्तुतः जो खाया (यथार्थ) वह उनके बोध से भिन्न है तो, न्यूनतम शब्दों में कहा जाये कि उन्हें धक्का लगता है।

यह प्रक्रिया यद्यपि (ऐसा प्रतीत होता है कि) उबाऊ और कठिन है, लेकिन एक शक्तिशाली औजार है। आप फौरन जान लेगें कि आपका वज़न क्यों बढ़ रहा है। तीन दिन के आहार और गतिविधि पुनःस्मरण पर एक नज़र खुद को बेहतर जानने में आपकी मदद करती है। यह एक संपूर्ण संकोच

रहित उद्घाटन है और विस्मय से परिपूर्ण भी।

यद्यपि आपके पास एक अनुभवी आहारविद् की तरह डाइट रिकॉल को पढ़ने और दक्षतापूर्वक इस्तेमाल करने का कौशल शायद नहीं होगा, लेकिन यह एक मज़ेदार अभ्यास है और यह देखने का सबसे अच्छा तरीका भी कि आप कहीं खुद से झूठ तो नहीं बोल रहे हैं। वज़न घटाने और स्वास्थ्य पाने की दिशा में सतर्कता पहला कदम है (मैंने परिशिष्ट 3 में आहार और गतिविधि के पुन: स्मरण के फॉर्म भी दिये हैं जिन्हें आप अपने लिए भर सकते हैं)।

यहाँ मेरे कुछ ग्राहकों द्वारा भरे गये आहार और गतिविधि पुन:स्मरण के नमूने संलग्न हैं। मैंने विभिन्न व्यवसायों के प्रतिनिधित्व को ध्यान में रखते हुए इन नमूनों का चुनाव करने की कोशिश की है। इसके बाद मैंने उस पैटर्न की पहचान के लिये इनका विश्लेषण किया है जो हानिकारक हैं और मोटापा घटाने के रास्ते में ज़ाहिरा तौर पर आड़े आते हैं। डाइट रिकॉल के आधार पर मैंने खाने के पैटर्न में कुछ परिवर्तनों का सुझाव दिया है जो उनके उद्देश्य में उनकी मदद करेंगे। दूसरे लोग सचमुच कैसे खाते हैं, यह देखकर शायद आपका मनोविनोद हो।

आहार एवं गतिविधि पुन:स्मरण के कुछ विशेष नमूने

नोट: निम्नलिखित आहार केवल सांकेतिक आहार है वास्तविक डाइट नहीं। ये ऐसे परिवर्तन है जिन्हें हम अपने जीवन में किसी पोषण विधि के 'हस्तक्षेप' के बिना ही घटित कर सकते हैं। सामान्य बोध पर आधारित चार सिद्धान्तों के अनुसार अपनी आहार योजना को विभाजित करना किसी पोषण विज्ञान विशेषज्ञ की सलाह का विकल्प नहीं है, लेकिन इससे एक प्रबल आधार प्राप्त होता है जहाँ से व्यावसायिक सहायता आरंभ होती है।

प्रोफाईल 1 : रोहिणी, स्वतंत्र पत्रकार, आयु लगभग चालीस

पहला दिन			
खाना/पीना	मात्रा	गतिविधि पुनः स्मरण	व्यायाम
		सुबह: 9.30 जागना	शाम: 6-7 कार्डियो ट्रेड मिल : 30 मिनट
ब्रेकफास्ट : सुबह 10	नींबू वाली चाय स्प्लेंडा के साथ : 4 कप	सुबह : 10-11.45 अख़बार पढ़ना, मेल चेक करना, इत्यादि।	क्रास ट्रेनर: 15 मिनट
	कटा हुआ पपीता: एक कटोरा	दोपहर - 12 : स्नान और घर से बाहर निकलना	भारोत्तोलन : 15 मिनट
	रात भर भीगे हुये पाँच बादाम	दोपहर - 1.30 : पड़ोस के कैफे में लंच	
लंच : दोपहर 1.30	ग्रिल्ड चिकन सलाद रोस्टेड बादाम के साथ	शाम : 2.20-3.30 दफ़्तर में मीटिंग	
	कैपूचिनो	शाम : 4-5.30 इटैलियन की कक्षा	
	डाइट कोक	कैफे सेंटर में कॉफी	

चाय : शाम 5.30	ब्लेक कॉफ़ी दो बिस्कुट के साथ	शाम : 6-7 घर के रास्ते में कम्प्यूटर पर काम	
		7.30-8 बजे घर के रास्ते में कम्प्यूटर पर काम	
		8.30-9 बजे खाना बनाया।	
डिनर : रात 9	कोल्ड मीट प्लैटर, रोस्टेड शिमला मिर्च, दाल	रात : 9-10 डिनर, टी.वी. देखना	
	बाउन ब्रेड के 2 टोस्ट	रात : 10-11 काम के बारे में पढ़ाई	
अल्पाहार : देर रात 12	पॉपकार्नः 1 कटोरा जैसमिन चाय	रात : 11-12 टी.वी. देखना और अल्पाहार	
		सुबह : 1 एक किताब के साथ बिस्तर में	

दूसरा दिन			
सुबह 10 : ब्रेकफास्ट	नींबू वाली चाय स्पलेंडा के साथ	सुबह 9.30 : जागना	शाम 6-7 : व्यायाम
	कटा हुआ पपीता	सुबह 10-11.30 : अख़बार पढ़ना, मेल चेक करना, इत्यादि	
	रात भर भीगे हुये पाँच बादाम	दोपहर 12 : स्नान करके तैयार होना	क्रास बार : 30 मिनट
दोपहर 12.30 : अल्पाहार	ब्राज़ील नट्स : 10-12	दोपहर 12.15 : 1.30 कॉलम के लिये काम करना	साईकिल : 10 मिनट
दोपहर 1 : कोल्ड कॉफ़ी	शुगर फ्री के साथ 1 कप बरिस्ता कॉफ़ी	दोपहर 1.45-3.15: दफ़्तर में मीटिंग	पाईलेट्स : 20 मिनट
दोपहर 3.30 : लंच	टमाटर के साथ क्रोस्तीनी	दोपहर 3.30: इटैलियन कैफे में लंच	
	चीज़ के साथ सलाद	शाम 4-5.30: सेन्टर में इटैलियन की कक्षा	
शाम 7.30 : अल्पाहार	डाइट कोक और एक कटोरा रोस्टेड नट्स	शाम 6-7 : जिम में व्यायाम	

रात 10.30 : डिनर	बीन और पास्ता सूप: 1 कटोरा	शाम 7.30-8.30: कम्प्यूटर पर काम	
	स्टेक, सब्ज़ियाँ और फ्राईज (10)	9 बजे दोस्त के साथ डिनर	
	शैम्पेन : 2 ग्लास	रात 9.20-10.20: मदिरा पान	
	रेड वाईन : 2 ग्लास	रात 10.30 : डिनर	
रात 12 : चाय	जैसमिन चाय : 4 कप	रात 12 : घर वापस, जैसमिन चाय और टी.वी.	
		रात 12.30 : किताब पढ़ते हुये बिस्तर में	
		रात-1 : सोना	

तीसरा दिन			
सुबह 8 : चाय	चाय 1 कप गुड डे बिस्कुट 2	सुबह 8-9 : बिस्तर में अखबार पढ़ना	कोई व्यायाम नहीं
सुबह 9 : ब्रेकफास्ट	रोटी 2 (मक्खन से हल्की तरह चुपड़ी) कॉफ़ी के साथ बिना चीनी के एक गिलास दूध	सुबह 9.30 : काम के लिये तैयार	
		सुबह 10.30 : उपहार खरीदने के लिये कनॉट प्लेस गई, दफ़्तर गई, दोपहर 1.30 तक काम किया	
दोपहर 1.30-2.30 लंच	चीनी के साथ कोल्ड कॉफ़ी, आधा कटोरा सब्ज़ी का सलाद फेटा के साथ, पतली पपड़ी वाला 6 इंच का पिज़्ज़ा आधा	दोस्तों के साथ लंच के लिये ख़ान मार्केट गई	
शाम 5 : चाय	बिना चीनी के 1/2 कप	गई पहुँची, दो घंटे तक एक ख़बर पर काम किया	

शाम 7 : डिनर	सादी रोटी 2, चिकन 1 टुकड़ा		
शाम 8.30–10.30	सोडा और लाईम जूस के साथ वोदका का एक बड़ा पेग, शामी कबाब 1/2, रोस्टेड आलू के 5 टुकड़े, वेज चाट में खीरा, पनीर और टमाटर	कुछ दोस्तों से मिलने बाहर गई।	
रात 8.30–10.30	अंडे के 3 टुकड़े (1/4 तली हुई स्लाइस के ऊपर स्क्रैम्बल्ड अंडा)		
रात 12–12.30		बिस्तर में पढ़ा	
		10–15 सिगरटें पी	

विषय

इस प्रकार के व्यक्ति के लिये मुझे सबसे ज़्यादा अफसोस होता है। यह पुनःस्मरण 'चितंक' का है (अर्थात जिसकी नौकरी में बहुत सारा बौद्धिक काम शामिल है) जिसकी जीवन पद्धति बैठे-बैठे काम करने की है, जो गंभीर (और बारंबार प्रयासों के द्वारा सही तरह से खाने और नियमित रूप से व्यायाम करने के लिये प्रतिबद्ध होता है (चीनी वर्जित; मधुरक स्वीकृत) किसी भी आहारविद् का नाम लो, रोहिणी उसके पास जा चुकी है और हमेशा से 'वज़न घटाने और बदले में बढ़ा हुआ पाने' के चक्र में रह रही है। यद्यपि वह बहुत बुद्धिमती है, लेकिन जो उसमें नहीं है वह, यह बुनियादी सतर्कता कि उसके शरीर को क्या चाहिये और दिन के दौरान किस समय पर चाहिये।

पुनः स्मरण का मूल्यांकन

मौज़ूदा आहार योजना उन बहुत सी योजनाओं का कॉकटेल है जिनको रोहिणी ने आज़माया और छोड़ दिया। जो उसने बचा रखा (शरीर पर चर्बी और खिंचने के निशानों के अलावा) वे अनेक आहारों में से ऐसी अनेक चीज़ें हैं जो उसके स्वाद और जीवन पद्धति को सूट करती हैं। केवल एक आहार के अलावा शायद ही कोई तली हुई या मीठी चीज़ है।

आगे चलने के पहले मैं आपको फिर वे चार बुनियादी सिद्धांत याद दिलाना चाहती हूँ जिन्हें स्वस्थ और छरहरा बना रहने के लिये आपको लागू करना चाहिये।

1. **सोकर उठते ही हमेशा कुछ खाइये। दिन की शुरूआत चाय या कॉफ़ी के साथ कभी मत कीजिये।**
2. **दिन के दौरान हर दो या तीन घंटे पर खाइये।**
3. **खाना (भोजन की मात्रा) अपनी सक्रियता के स्तर के अनुपात में होना चाहिये।**

4. दिन के आखिरी आहार और सोने के बीच कम-से-कम दो घंटे की दूरी होनी चाहिये।

अब रिकॉल को देखिये हमारे सिद्धातों में से किसी का भी पालन नहीं हो रहा है। रोहिणी का फूला हुआ दिखाई देना और उसके पेट का ठीक ठाक काम न करना प्रत्याशित है। और हो भी क्या सकता है? डिनर आम तौर से भारी और देर से होता है। सुबह के दौरान वह चाय बहुत ज़्यादा पीती है भले ही जैसमिन या डी कैफ है तो क्या?

सबसे ज़्यादा नुकसानदेह जो काम रोहिणी करती है:

- सुबह से सुबह न एक न दो बल्कि चार प्याले चाय।
- देर दोपहर तक बिना खाये रहना और रात में खाने पर टूट पड़ना। रोहिणी 'मैं लंच तक खाना छू भी नहीं सकती और उसके बाद भूख से मरने लगती हूँ' का क्लासिक उदाहरण है-जो उन सब पर लागू होता है जो दिन के दौरान ठीक से खाने से इंकार करते हैं, या तो इसलिये कि वे 'निराहार-तन्वंगिनी' बनना चाहती है या खाना ही भूल गईं या इतनी व्यस्त है कि खाने की फुरसत नहीं।
- रोहिणी शाम तक ख़ास खाती कुछ नहीं, लेकिन उसकी सारी सक्रियता-इटैलियन क्लास, मीटिंगस्, ई-मेल चेक करना इत्यादि शाम के छः सात बजे तक समाप्त हो चुकती है।
- चीज़ों को और भी बदतर बनाते हुये वह पहले से ही भूखे शरीर को लेकर व्यायाम के लिये जाती है, और व्यायाम के बाद भी कुछ नहीं खाती। व्यायाम के पहले, ज़रा देखिये वह क्या पीती है-डाइट कोक! देखिये ज़रा!
- इससे आपको चोट भी लग सकती है। आपका डाक्टर यह नतीजा निकालेगा कि जिम में व्यायाम से चोट लगी। जैसे कि आपका मैकेनिक यह बताये कि 'गाड़ी को रोड पे चलाया इसलिये ख़राब हुआ!' अपनी अक़्ल का इस्तेमाल कीजिये, अगर अपनी गाड़ी बिना पेट्रोल के चलायेंगे तो वह बंद पड़ जायेगी!

मेरी सलाह

रोहिणी अगर सिर्फ अपने खाने के समय और एक बार के आहार की मात्रा में परिवर्तन करेगी तो न केवल जैसी वह दिखती है बल्कि जैसा वह महसूस करती है उसमें भी एक नाटकीय परिवर्तन आयेगा। वह अपनी आहार योजना में ऐसा परिवर्तन कर सकती है।

आहार–1 : (साढ़े नौ बजे) एक कटोरा पपीता।

आहार–2 : (साढ़े दस बजे) म्यूसिली, दूध और मेवा गिरी।

आहार–3 : (साढ़े बारह से एक बजे) ग्रिल्ड चिकन और ब्राउन ब्रेड के दो टोस्ट

आहार–4 : (ढाई बजे से तीन बजे) एक टुकड़ा चीज़।

आहार–5 : (पाँच से साढ़े पाँच बजे) ब्राजील नट्स।

आहार–6 : (सात से साढ़े सात बजे) बीन और पास्ता, दूध (व्यायाम के बाद)।

आहार–7 : (नौ बजे रात) रोस्ट की हुई शिमला मिर्च और अन्य सब्ज़ियाँ और ग्रिल की हुई मछली (इच्छानुसार)

प्रोफाईल 2 : लुबना, 28 वर्षीय, बैंकर

पहला दिन : छुट्टी			
खाना/पीना	मात्रा	गतिविधि का पुनः स्मरण	
		दोपहर 12.30 : शापिंग के लिये बाहर गई	
दोपहर 3 : लंच	चिकन करी के साथ 1 प्लेट चावल, मछली, सलाद और अचार	दोपहर 2-3 : टी.वी. देखा	
		दोपहर 3 : लंच लिया	
शाम 5.30 : चाय	ब्रेड और मक्खन के साथ चाय और खीर	दोपहर 3.30-5 : सोई	
		शाम 5.30 : चाय पी	
रात 9.30 : डिनर	चिकन बिरयानी 1 प्लेट और आईसक्रीम	शाम 6-10 : कज़िन के यहाँ डिनर के लिये गई	
		रात 11 : स्नान किया	
		रात 12 : सोने गई	

दूसरा दिन			
		सुबह 6.20 : सोकर उठी और तैयार हुई	कुछ भी नहीं
सुबह 7.15-7.25: ब्रेकफास्ट	1 कटोरा कार्नफ्लेक्स और 1 कप चाय	सुबह 7.30 : दफ़्तर के लिये निकली	
		शाम 4.45 : घर वापस पहुँची	
दोपहर 12 : लंच	1 सैण्डविच, सलाद और मटन करी	शाम 7-10 : प्रार्थना के लिये चर्च में थी।	
दोपहर 2 : स्नैक	फल (तभी खाती हूँ जब मेरे पास वक्त होता है	रात 10.30 : घर पहुँची और क्रिकेट मैच देखा	
शाम 4.45 : चाय	बिस्कुट और केक के साथ चाय	रात 11 : स्नान किया	
		रात 11.30 : परिवार के साथ डिनर लिया	
रात 11.30 : डिनर	फ्राइड मछली के साथ 1 प्लेट चावल, सलाद	रात 12 : सोने का समय	

तीसरा दिन			
सुबह 7.15–7.25 ब्रेकफास्ट	1 कटोरा दलिया और 1 कप चाय	सुबह 6.30 : सोकर उठी और तैयार हुई	कुछ भी नहीं
		सुबह 7.30 : काम के लिये निकल गई	
		काम का समय : सुबह 7.45–4.45 शाम	
काम पर	जब मैं दफ़्तर में होती हूँ तो कम-से-कम दो से तीन गिलास पानी पीती हूँ	शाम 4.45 : घर वापस पहुँची	
दोपहर 12 : लंच	रोस्ट बीफ के साथ 1 चपाती	शाम 5.30–7 : टी.वी. देखा और परिवार के साथ बातचीत की	
दोपहर 2 : स्नैक	1 आम	शाम 7–10.30 : परिवार के साथ मॉल गई	
	1/2 कप आलू की सब्ज़ी	रात 11 : स्नान किया	
शाम 4.45 :	मछली की करी के साथ 1 प्लेट चावल, रोस्ट बीफ और सादा कच्चा आम	रात 11.30 : परिवार के साथ डिनर	
शाम 6 : चाय	आईसिंग केक के साथ चाय	रात 12.30 : सोने का समय	
रात 11.30 : डिनर	1 प्लेट फाउल मेदम्म (बीन्स की एक लेबनानी डिश) और मछली की करी ब्रेड बाद में केला		

विषय

लुबना केरल की (और कहाँ की) है और फिलहाल मिडल ईस्ट में रहती है। अट्ठाईस वर्ष की लड़की, बैंक में अच्छी नौकरी (सॉरी, नर्स की नहीं), वह अपने रिश्तेदारों के साथ रहती है, लेकिन अपने निकट परिवार की कमी महसूस करती है। केरल में रहते हुये लुबना अभी के अपने भोजन से कहीं ज़्यादा खाती थी, लेकिन उसका वज़न कभी नहीं बढ़ा। उसके बाल चमकीले थे, त्वचा में दमक थी और मासिक नियमित था। घर से दूरी के तीन सालों में उसका वज़न 28 किलो बढ़ा! उसे कभी अहसास नहीं हुआ कि उसका वज़न बढ़ रहा है, एक नये देश में अकेले रहते हुये अपनी जिंदगी को संभालने में बहुत ज़्यादा व्यस्त थी। उसके बालों की चमक, उसके चेहरे की दमक उसका आत्म विश्वास और उसके मासिक की नियमिमता उसको छोड़ चुके थे।

रिकॉल का मूल्यांकन

अब इस लड़की को विश्वास है कि उसका वज़न अकारण ही बढ़ रहा है। उसका ख़्याल है कि उसका आहार मुर्गा, मछली जैसे चर्बी रहित प्रोटीन से भरपूर है और मिठाई वह कभी कभार ही खाती है। अगर आप उसके रिकॉल को देखें तो यह बात बिल्कुल ग़लत है। पहले दिन उसने आइसक्रीम और खीर खाई है और बाकी दोनों दिन केक! लेकिन, बेशक, उसका वज़न इसलिये बढ़ रहा है कि वह इस बात से बिलकुल बेख़बर है कि वह क्या कर रही है। उसने कसरत की कोशिश की और छोड़ दी क्योंकि वह 'किसी भी तरह कारगर नहीं हुई'।

सबसे अधिक नुक़सानदेह जो वह कर रही है:

- कोई व्यायाम नहीं। सबसे ज़रूरी बात सबसे पहले, उसे सप्ताह में कम से कम तीन या चार दिन किसी प्रकार के व्यायाम में लगने की ज़रूरत है। लुबना अधिकतर मुर्गा और मछली खाती है, जो

कि ठीक है, लेकिन अगर यह दिन में इतनी देर से खाया जाता है तो केवल चर्बी बन जाता है क्योंकि शरीर सचमुच मुर्गा और आइसक्रीम या मछली और केला पचाने और जज़्ब करने के मूड में नहीं होता।

- वह जागते ही चाय या कॉफ़ी न लेने के हमारे नियम का पालन करती है, लेकिन अलग से अकेले कोई काम करना पर्याप्त नहीं है। मेरे डाइट पर जाने का उसका कारण यह है:

प्रिय मिस ऋजुता दिवेकर,

हाय, मेरा नाम लुबना है। मैं दुबई में रहती हूँ और मैं करीना कपूर की बहुत बड़ी फैन हूँ। मैं उसकी दीवानी हूँ और 'जब वी मेट' में वह कितनी sss प्यारी लगती है।

मैं दो बातों के लिये आपका शुक्रिया करना चाहती हूँ:

करीना कपूर को इतना छरहरा और आकर्षक बनाने के लिये और अपना वज़न घटाने में मेरी भी मदद करने के लिये।

इंटरनेट पर सर्च करते हुये पता चला कि करीना आपकी डाइट का पालन करती है और चाय या कॉफ़ी को सुबह की पहली चीज़ नहीं बनाती है। मैं उसकी पूजा करती हूँ और उसकी तरह दिखना चाहती हूँ इसलिये मैंने बेड टी लेना बंद कर दिया है। नतीजा-मैंने दो महीने में पाँच किलो घटाया। लेकिन अब मेरा वज़न वहीं अटक गया है। क्या आप मेरी कोई मदद कर सकती हैं प्लीज़?

रोहिणी की तरह लुबना भी दूसरे, तीसरे या चौथे सिद्धांत का पालन नहीं करती। काम पर रहते हुये वह ना के बराबर खाती है। घर वापस आने के बाद वह खाने पर टूट पड़ती है। फिर भी उसका ख़्याल है कि वह सही तरह से खाती है।

अब अगर आप ताज्जुब कर रहे हों कि जगाने वाले पेय की तरह चाय छोड़ देने के बाद उसका वज़न क्यों घटा तो सीधी साधी वज़ह यह है: इसने

उसको अपनी भूख के साथ संपर्क में ला दिया इसलिये वह ब्रेकफास्ट करने लगी जिससे उसका कायाग्नि स्तर सुधर गया।

मेरी सलाह

अब देखिये कि उसका वज़न क्यों बढ़ रहा है यह लड़की असल में बहुत ज़्यादा खा रही है। लेकिन क्यों? काम से वापस आने के बाद उसके पास कोई रोचक या रचनात्मक काम करने के लिये नहीं है। उसने कोई हॉबी विकसित करने की, या व्यायाम करने की परवाह नहीं की। इसलिये वह मनोरंजन के लिये मिठाई खाती है (सभी लड़कियाँ यही करती हैं और इस तरह उनका वज़न बढ़ता है। दिलचस्प बात यह है कि जिस दिन वह चर्च जाती है उस दिन वह खाने के बाद मीठा नहीं लेती। प्रार्थना में आश्वासन होता है। जब आप अपने आप ही खुश हों तो आपको 'चैन के लिये भोजन' की ज़रूरत नहीं पड़ती।

दिल लगाने के लिये खाना मोटापे का शर्तिया ढंग है। किसी सांत्वनादायक गतिविधि में हिस्सा लेना इससे कहीं बेहतर ख़्याल है। प्रार्थना, व्यायाम, गाना, चित्र बनाना-कुछ भी जो आपके मिज़ाज के अनुकूल हो। यह न केवल कैलोरी दहन में आपका सहायक है, बल्कि आवश्यकता से अधिक कैलोरी ग्रहण करने से रोकता भी है। आहार मनोविनोद या ऊब से छुटकारा पाने के लिये नहीं है। लुबना के डाइट रिकॉल को देखिये। यह लड़की एक बार में आहार की विशाल मात्रा ग्रहण करती है। ऊब से छुटकारा पाने का एक तरीक़ा तब तक खाते रहना है जब तक संवेदनायें सुन्न न हो जायें। इसलिये खाने की आदतों को बदलने और सप्ताह में तीन बार व्यायाम करने के अलावा लुबना को ऐसा कोई शौक़ भी पालना होगा जिससे वह अपने खाली समय का बेहतर इस्तेमाल कर सके। अपने आहार योजना में वह निम्नलिखित परिवर्तन कर सकती है:

आहार-1 : (साढ़े छः बजे) : आम।

आहार-2 : (साढ़े सात बजे सुबह) : दलिया।

आहार-3 : (साढ़े नौ बजे सुबह) : ऑमलेट के साथ एक चपाती (रोल करके अल्यूनियम फॉयल में लपेट लीजिये और साथ में जाइये)।

आहार-4 : (साढ़े ग्यारह बजे) : दही।

आहार-5 : (डेढ़ बजे दोपहर) : एक चपाती और भाजी।

आहार-6 : (साढ़े तीन बजे दोपहर) : मुट्ठी भर सूखा मेवा।

आहार-7 : (पाँच बजे शाम) : एक चपाती और सब्ज़ी (काम से वापस आने के बाद)।

व्यायाम कीजिये या किसी कक्षा में दाखिला लीजिये-छः से साढ़े छः बजे के बीच कोई रचनात्मक काम कीजिये।

आहार-8 : (साढ़े सात बजे शाम) : भूरा चावल, दाल और मछली (भाप में पकी हुई या करी के साथ)।

सोने का समय थोड़ा जल्दी होना चाहिये। दस से साढ़े दस बजे तक क्योंकि लुबना सुबह छः से साढ़े छः बजे के बीच उठ जाती है। अच्छे विश्राम से यह निश्चित होता है कि शरीर अपनी सर्वोत्तम दशा में काम करता है और बार-बार की बीमारियाँ रोकता है (लुबना अक्सर बीमार पड़ जाया करती थी, कोई गंभीर बात नहीं, लेकिन पीठ में दर्द, फ्लू, खांसी, जुकाम इत्यादि। मूलतः दुर्बल प्रतिरोध क्षमता)

प्रोफाईल 3 : अदिति, कामकाजी माँ, 30 साल से थोड़ा ऊपर

पहला दिन			
खाना/पीना	मात्रा	गतिविधि का पुनः स्मरण	व्यायाम
			योग एक घण्टे तक।
	1/2 नींबू के साथ 8 आउंस गुनगुना पानी।	सुबह 7 : सोकर उठी और बेटे के लिये लंच बनाना शुरू कर दिया।	
सुबह 8.35–8.50: ब्रेकफास्ट	(बिना चीनी) के इलायची या केसर वाला 8 आउंस दूध।	सुबह 7.25–8 : बेटे और अपने को तैयार किया और एक गिलास दूध।	
		सुबह 8–8.30 : कार से काम के लिये निकली और बेटे को स्कूल में छोड़ा।	
सुबह 10.30	20 आउंस डाइट पेप्सी।	सुबह 8.45 : दफ़्तर पहुँची और काम शुरू कर दिया।	
	8 आउंस कम वसा वाला योगहर्ट।		
सुबह 11.15–12.15		योग की कक्षा।	

दोपहर 12.30 : लंच	क्वीज़ीनो से एक छोटी वेजी सैण्डविच। सैण्डविच ब्राउन ब्रेड की थी साथ सलाद का पत्ता, दो स्लाइस चीज़, दो स्लाईस टमाटर, कुछ काले जैतून, प्याज और मशरूम।		
दोपहर 1-4.30		वापस आकर कम्प्यूटर पर काम (बिज़नेस सॉफ्टवेयर ऍनालिस्ट)	
शाम 4.30-5		अपने बेटे को लिया और कार में घर की तरफ चल दी।	
शाम 5.20		घर पहुँची खाना बनाया	
शाम 6.30 : डिनर	2 सादी रोटी (कोई मक्खन या घी नहीं), 2 कटोरी बीन्स की सब्ज़ी बैंगन के साथ।	डिनर लिया।	
शाम 6.30-7.30		बेटे को खाना खिलाया, प्लेटें और किचन साफ किया।	
रात 7.30-9.30		बेटे के साथ आराम किया और थोड़ा टी.वी. देखा।	
रात 10		बिस्तर में गई। रात में दो बार उठी क्योंकि बच्चा बीमार था।	

दूसरा दिन			
खाना/पीना	मात्रा	गतिविधि का पुनः स्मरण	व्यायाम
	नींबू के साथ 8 आउंस गुनगुना पानी।	सुबह 7 : सोकर उठी	
सुबह 7-7.30		बेटे के लिये लंच तैयार करके पैक किया।	
सुबह 7.30-8		खुद को और बेटे को तैयार किया।	
सुबह 8-8.45		बेटे को स्कूल छोडा और दफ़्तर पहुँची	
सुबह 9 : ब्रेकफास्ट	नीचे के डेली में 3 अंडों की ऑमलेट सब्ज़ी के साथ और 2 स्लाईस चीज़।	ब्रेकफास्ट खाया।	
सुबह 11 दोपहर 11.30-1	20 आउंस डाइट पेप्सी।	बाल काटने के लिये समय तय था, लंच गोल कर गई, रास्ते में कुछ फल लिये।	
दोपहर 1-2.30: लंच	तरबूज़, अन्नानास, स्ट्रॉबेरी और कुछ अंगूर।	मीटिंग के दौरान फल खाये। मीटिंग 2.30 दोपहर तक चली।	
दोपहर 2.30-3.15		दफ़्तर में काम करने वाले एक साथी के साथ सैर पर गई।	दोस्त के साथ सैर की।

शाम 3.15–5.30		कम्प्यूटर पर फिर काम किया।	
शाम 5.30–6		बेटे को लिया और पास के एक रेस्तरां में गई क्योंकि वह भूखा था।	
शाम 6–7.30 : डिनर	पूड़ी (5 पूड़ियाँ) की एक डिश दही और एक प्लेट पावभाजी ली।	डिनर लिया और परिवार के साथ कुछ बढ़िया समय बिताया।	
रात 8		घर पहुँची।	
रात 8–8.30		हाथ-मुँह धोया और बेटे की हाथ-मुँह धोने में मदद की।	
रात 8.30–9.30		व्यायाम।	एक घंटे तक ट्रेडमिल पर 3.5 कि.मी. /प्रति घंटे की रफ़्तार से 0 की ओर झुकाव के साथ।
रात 9.30–10		बेटे के लिए कहानी का समय।	
रात 10.30		सोने के लिये गई। रात में कई बार उठी क्योंकि बेटे के सीने में अभी भी जकड़न थी और बीच रात में उठकर वह पानी माँगता था।	

	तीसरा दिन		
सुबह		सुबह 6.30 सोकर उठी	
सुबह 6.30-7.30		बेटे के लिये स्कूल के लिये स्नैक लंच पैक किया।	
सुबह 7.30-8		बेटे को तैयार किया और हम तीनों काम और स्कूल के लिये निकले।	
सुबह 8-8.30		बेटे को स्कूल छोड़ने के बाद काम पर पहुँची।	
सुबह 9 : ब्रेकफास्ट	8 आउंस योगर्ट		
सुबह 9-11.15		कम्प्यूटर पर काम किया, 20 आउंस बोतल का पानी पिया।	
दोपहर 11.15-12.15		पाईलेट्स की कक्षा।	
दोपहर 12.30-1 लंच	सांभर और नारियल की चटनी के साथ सादा रवा डोसा	दक्षिण भारतीय रेस्त्राँ में लंच।	
दोपहर 1-5 शाम		कम्प्यूटर पर फिर काम किया, 20 आउंस और पानी पिया।	

शाम 5–5.30		आदित्य को स्कूल से लिया।	
शाम 6		घर पहुँची और खाना बनाना शुरू कर दिया।	
शाम 6.45 : डिनर	आलू–बैंगन की मिश्रित सब्ज़ी के साथ दो पराठे (मैं पराठे को जितना पतला हो सकता है उतना पतला बनाने की कोशिश करती हूँ ताकि एक के बराबर खाने के बाद भी मुझे लगे कि मैंने दो खाये हैं।		
शाम 7.30–8.30		डिनर लिया आदित्य को डिनर खिलाया।	
शाम 7.30–8.30		उसके साथ खिलौनों से खेला।	
रात 8.30–10		उसके लिये कहानी का समय, 30 आउंस और पानी पिया।	
रात 10		सोने चली गई।	

विषय

अदिति एक तीव्र बुद्धि भारतीय लड़की है जो पहले छात्रवृत्ति लेकर अध्ययन के लिये अमरीका गई और बाद में वहीं नौकरी, विवाह करके खुशी के पिटारे आदित्य को पाया। तो कहने की ज़रूरत नहीं कि प्रसव के बाद के छः से नौ महीनों के लिये माता-पिता और सास-ससुर की मदद के अलावा उसके पास घर में लगभग नहीं के बराबर कोई सहायता थी। विदेश में भारतीय, ख़ासतौर से स्त्रियाँ, काफी मुसीबत झेलती हैं। आसपास न कोई परिवार, और बदतर, न कोई बाइयाँ। और जब आपका दिमाग़ हिंदुस्तानी तरीके से अनुकूलित किया गया है तो आप हर वक्त ऐसा महसूस करती रहती हैं कि काम में आप चाहे जितनी भी अच्छी क्यों हों, अपनी निग़ाहों में आपकी कीमत इस बात पर निर्भर करती है कि आप एक माँ, एक पत्नी, एक गृहस्थिन, एक बेटी, एक बहन, एक बहू, एक मित्र के रूप में कितनी कुशल हैं (ज़रूरी नहीं कि इसी अनुक्रम में)। असल में दुनिया भर में हम औरतें, जाति, धर्म, राष्ट्रीयता, बौद्धिक स्तर और आर्थिक सुरक्षा दर किनार, ऐसा ही महसूस करती हैं (वाह! क्या बराबरी है!) बच्चों को, ख़ासतौर से बेटे को जन्म देने के बाद औरतें खुद को और अपनी पहचान को खुशी-खुशी दूसरी बार समर्पित कर देती है (पहली बार वह इसे किसी की पत्नी बनकर समर्पित करती हैं)।

मिसेज़ अग्रवाल से वह बंटी की मम्मी बन जाती है। कायाकल्प! एक ज़माना था जब औरतों से कम्प्यूटर-कुशल, व्यवसायी, कामकाजी महिला होने की उम्मीद नहीं की जाती थी। उनसे खाना बनाने, घर साफ रखने आदि का ही तक़ाज़ा था। आज उनसे उम्मीद है कि खूबसूरत दिखें, बच्चे संभालें, खाना बनायें, सफाई करें, प्रेजेन्टेशन दें, बिजनेस डील करें.... सूची अनंत है। संक्षेप में, चपाती बनाने और पैसा कमाने का काम समान दक्षता के साथ करें। यह उम्मीद स्त्रियों को भी स्वयं अपने आप से होती है।

रिकॉल का मूल्यांकन

इस डाइट रिकॉल को देखिये। अदिति अपने लिये क्या करती है? बिलकुल कुछ भी नहीं। क्या उसका अपना कोई अस्तित्व भी है? दरअसल नहीं। वह सुबह अपने बेटे के लिये उठती है, उसके लिये खाना बनाती है और सजती सँवरती है क्योंकि 'दफ़्तर जाने का एक सलीका होता है'। गर्भावस्था के दौरान बढ़ा हुआ वज़न उसने कभी नहीं घटाया (जानी पहचानी बात लगती है ना?)। सुबह उठने के क्षण से लेकर बिस्तर पर जाने तक वह अपने बारे में कुछ भी नहीं सोचती, और बिस्तर पर जाने के बाद भी नहीं। वह सुबह सात बजे उठती है, लेकिन अगले एक दो घंटे तक कुछ भी नहीं खाती। वह खाना बनाती है लेकिन उसके पास खुद एक फल खा लेने या कॉफ़ी पी लेने भर का वक्त नहीं होता (यद्यपि कॉफ़ी को मैं उचित नहीं समझती)। वह जानती है कि खाना ज़रूरी है और इसीलिये वह रोज़ अपने बेटे के लिये पौष्टिक भोजन तैयार करती है, भले ही पिछली रात उसे ठीक से नींद न आई रही हो। अब उसे कुल इतना करने की ज़रूरत है कि इस जानकारी को खुद अपनी ओर उन्मुख करे।

अगर आप उसकी गतिविधियों पर नज़र डालें तो वह काफ़ी सक्रिय है। खाना बनाती है, गाड़ी चलाती है, काम पर जाती है, कसरत करती है, लेकिन अपने आप के साथ पर्याप्त लगाव नहीं रखती। इसलिये खुद को नहीं बराबर आहार देती है। हल्का-फुल्का खाने की असल कोशिश करती है; डाइट पेप्सी, ब्राउन ब्रेड हल्का सैण्डविच, फल इत्यादि। लेकिन हल्का खाने की प्रक्रिया में वह अपने आपको लगभग निराहार रख रही है। जब हम खाते बहुत कम हैं और हमारे आहारों के बीच का अंतराल बहुत ज़्यादा है तो हमारा शरीर, अदिति की तरह, वसा का संचय करना सीख जाता है।

मेरी सलाह

अदिति कुंठाग्रस्त है और यह बात इस तथ्य से प्रकट होती है कि वह पूरे मन से व्यायाम नहीं करती, और सच कहें तो और भी कुछ नहीं। आदित्य के

लिये वह कमाल की माँ है, लेकिन उसकी सारी ऊर्जा घर और दफ़्तर की गतिविधियों का ढर्रा चलाने में खर्च हो रही है। वह सही ढंग से खाने की सख़्त कोशिश करती है, लेकिन 'नतीज़ा' कोई नहीं निकलता। जब कभी वह मौज में खाने की छूट लेती है, उस दिन की तरह जब उसने पाव-भाजी और पानी-पुड़ी खाई, वह खुद को कसरत का दंड देती है, उस बार का दण्ड-ट्रेड मिल पर एक घंटे तक चलना। कसरत का अर्थ शरीर को दंडित करना नहीं है। मोटापे के लिये या अधिक खाने के लिये, या अन्य किसी भी लिये नहीं। कसरत तंदुरूस्ती और रक्त संचार को बेहतर करने और अपने शरीर को प्यार करने का एक तरीक़ा है। अगर इसका उपयोग किसी अन्य उद्देश्य के लिये होता है या इसका दुरूपयोग होता है तो वह कारगर नहीं रहता।

अदिति के डाइट रिकॉल में अच्छी बात यह है कि वह चौथे सिद्धांत का पालन करती है और डिनर जल्दी खा लेती है। लेकिन जिन दिनों में वह अपने मन और शरीर पर ज़्यादा भार डालती है, जैसे बेटे के बीमार होने पर रात में जागना या कसरत, उसे अपने दैनिक आहार क़ी मात्रा बढ़ाने की ज़रूरत है।

इस क़िताब से हमने जो कुछ सीखा है उसके आधार पर अदिति अपने भोजन में निम्नलिखित परिवर्तन कर सकती है:

आहार-1 : (सात बजे सुबह) : एक केला (खाने में आसान और बेटे के लिये खाना बनाने से अलग वक्त नहीं लेगा)।

आहार-2 : (आठ से साढ़े आठ बजे सुबह) : दो अण्डों की सफेदी का ऑमलेट और ब्राउन ब्रेड के दो स्लाईस (घर पर खाने का समय अगर कम है तो दफ़्तर साथ ले जाये)।

आहार-3 : (दस से साढ़े दस बजे सुबह) : मुट्ठी भर मूँगफली (दफ़्तर में स्टोर की जा सकती है)।

आहार-4 : (साढ़े बारह से एक बजे दोपहर) : वेजी सैण्डविच या इडली/डोसा या बेटे के लिये जो नाश्ता बनाया था उसे खुद भी ले जाये।

आहार-5 : (तीन से साढ़े तीन बजे दोपहर) : एक कटोरा दही या फल

वाला योगर्ट (दफ़्तर में स्टोर किया जा सकता है)।

आहार-6 : (पाँच से साढ़े पाँच बजे शाम) : सोया दूध या बिना मलाई का दूध।

आहार-7 : (सात बजे शाम) : दो चपातियाँ या पराठे और सब्ज़ी (जैसा अदिति उन्हें बनाती है-पतले)।

आहार-8 : इलायची वाला बिना मलाई का एक गिलास दूध (अगर देर रात तक जागी और सक्रिय हो तो)।

प्रोफाईल 4 : अतुल नायक, उद्योगपति, चालीस के ऊपर की ओर

दिन समय	मंगलवार	बुधवार	बृहस्पतिवार
सुबह 6	सोकर उठना	सोकर उठना	1 केला
सुबह 7	1 कप चाय और 2 बिस्कुट (पार्ले ग्लूकोज़)		1 कप चाय 2 बिस्कुट (नाईस)
सुबह 8		1 कप चाय और 5 नाईस बिस्कुट	
सुबह 9	ब्रेड के 2 स्लाईस मक्खन के साथ	1 फ्राईड अंडा	भुर्जी
सुबह 10	काम के लिये निकलना	काम के लिये निकलना	काम के लिये निकलना
सुबह 11			
सुबह 12			
दोपहर 1 लंच	4 चपाती, चावल, दाल, सब्ज़ी और 1 वाटी दही	4 चपाती, चावल, दाल, सब्ज़ी और 1 वाटी दही	नूडुल्स, चाउमें, अमेरिकन चॉपसूई, शहद के साथ नूडुल्स

दोपहर 2			
शाम 3 : स्नैक	1 सेब	1 सेब	1 पाइंट बियर
शाम 4			
शाम 5			
शाम 6			
शाम 7	50 ग्राम तला हुआ नमकीन	50 ग्राम तला हुआ नमकीन	
रात 8			
रात 9 : डिनर	4 चपाती, चावल, दाल, सब्ज़ी	6 चपाती आलू-बैंगन की सब्ज़ी के साथ	अहाना की इंस्टैंट नूडुल्स

समय	गतिविधि
सुबह 6	सोकर उठना
सुबह 7	बाथरूम
	अख़बार
सुबह 8	फोन पर बात, इत्यादि
सुबह 9	
सुबह 10	काम के लिये निकलना
सुबह 11	फोन, ई-मेल इत्यादि पर लगना
दोपहर 12	कुर्सी पर बैठे-बैठे काम करना
दोपहर 2	मीटिंग या कोई बोरिंग कॉन्फ्रेंस
शाम 3	
शाम 4	सीरियस काम पर लौटना
शाम 5	
शाम 6	घर वापस आना, टी.वी. देखना
रात 8	टी.वी., ई-मेल और बेटियों के साथ समय बिताना
रात 9	डिनर

विषय

यह तस्वीर एक सफल उद्योगकर्ता की है जो आईआईटी के स्नातक और अमरीका से एमबीए हैं। यह एक अत्यन्त सफल और मस्त व्यक्ति का स्वाभाविक चित्र है। अतुल नायक को एक तीव्र कायाग्नि स्तर का सौभाग्य मिला है। मुम्बई में आईआईटी परिसर में रहते हुये वह हाथ लगी हर चीज़ खाते थे। अमरीका में दो वर्ष के छात्र जीवन में और उसके बाद काम करते हुये बैचलर की तरह भी कहानी यही थी।

आईआईटी के छात्र जीवन में उन्होंने अपने बैच के अन्य साथियों की संगत में मुंबई से कन्याकुमारी तक की साइकिल यात्रा की थी (जो आज तक भी उनकी प्रिय स्मृति है) और वे यूथ हॉस्टल की अनेक गिरिपथ यात्राओं पर हिमालय जा चुके हैं। व्यायाम के लिये उनका शौक और जुनून अमरीका में जारी रहा और उन्होंने बोस्टन मेरॉथन और शिकागो स्कीइंग में हिस्सा लिया। मुंबई वापस आकर भी उनका व्यायाम प्रेम बना रहा। लेकिन आमची मुंबई में आउट डोर ट्रेनिंग के लिये कोई मौके नहीं थे। कई वर्ष बीत गये, अतुल ने विवाह किया, और उनकी दो खूबसूरत बेटियाँ है। यद्यपि वह अब खुद अपनी कंपनी चलाते है जिसमें 400 से अधिक कर्मचारी है। लेकिन जहाँ तक उनका सवाल है उन्होंने एक छात्र की ज़िंदगी जीना ज़ारी रखा।

उनकी दिनचर्या से व्यायाम ग़ायब हो गया। लेकिन हर छुट्टी में स्नोर्केलिंग (एक टयूब के सहारे पानी की सतह के नीचे तैराकी) रैपलिंग (एक रस्सी के सहारे ऊँचाई से फिसलते हुये नीचे उतरना) ट्रेकिंग (गिरिपथ की यात्रा), इत्यादि गतिविधियों का एक दिन या छुटपुट अवधि हुआ करती थी। और वह हमेशा सर्वश्रेष्ठ की क़तार में रहे। वह अपनी बेटियों को यह दिखाने से कभी नहीं चूके कि वे कितने 'फ़िट' थे, लेकिन फिर एक दिन उनकी बेटियों ने उनसे कहा कि अगर उनकी तोंद जस की तस बनी रही तो उनकी दिलेरी का कोई मतलब नहीं। 'शाहरूख खान को 'दर्दे डिस्को' में देखिये ज़रा। सो सेक्सी...सो लीन एन्ड मीन', उन्होंने कहा, 'डैड जब हम आपसे गले मिलें तो हमारे दोनों हाथों की उंगलियाँ एक दूसरे को कम से कम छू तो लें'।

अतुल ने शर्त लगाली। उन्हें बिलकुल बर्दाश्त नहीं था कि उनकी बेटियाँ शाहरूख खान को सिर्फ उसके 'सड़ियल दर्दे डिस्को डांस' की वज़ह से दुनियाँ के ऊपर समझें।

रिकॉल का मूल्यांकन

उनके रिकॉल को देखिये। ब्रेक फास्ट में चाय और बिस्कुट है। लंच और डिनर भारी हैं। वे मुम्बई उस विरल प्रजाति के जीव हैं जो साढ़े छः से सात बजे के बीच घर पहुँच जाते है। लेकिन सीधे डिनर खाने की बजाय वे

कचरा खाना ज़्यादा पसंद करते हैं (इसी समय उनको भूख भी बहुत कस कर लगती है) और फिर डिनर नौ से साढ़े नौ बजे के बीच अपना प्रिय टी.वी. शो देखते हुये खाया जाता है। आज हमारा दिल-का-नौजवान उम्र में चालीस के पार हो चुका है और एक बार अपने एक्ज़ीक्यूटिव चेक अप में वह यह देखकर चकित हो चुका है कि वह हर चीज़ की हद पर है: डायबटीज़, कोलेस्टेरॉल, ट्रिग्लेसिराइड्स, ब्लड प्रेशर इत्यादि। बरसों बरस अपरिवर्तित रहे आये (दसवीं कक्षा के बाद से) आहार के बावजूद उन्हें आश्चर्य था कि वे अब एक 'बॉर्डर लाइन केस' क्यों थे। लेकिन यद्यपि उनका आहार बहुत कुछ जस का तस था, गतिविधि और सक्रियता नाटकीय रूप से बदल कर लगभग ज़ीरो पर आ पहुँची थी। हर जगह बस पर जाने और बाकी बचा रास्ता पैदल तय करने (अगर पैसा कम हुआ हो) और हर साल पहाड़ी चढ़ाई के 15 दिन या लंबी साइकिल यात्रा से लेकर गाड़ी में शोफर द्वारा घर और दफ़्तर के दरवाज़े तक पहुँचाये जाने, साल में दो बार विदेश में छुट्टियाँ मनाने (जहाँ एक दिन गतिविधि के अलावा बाकी समय बियर और मस्ती और ज़्यादा से ज़्यादा दर्शनीय स्थलों की सैर), तक अतुल बहुत-बहुत दूर निकल आये थे, और उनके साथ उनकी कमर भी।

मैं जो मैरॉथन कार्यक्रम चलाती हूँ, अतुल उसमें शामिल हुये। मुंबई में अंततः यह एक आउट डोर गतिविधि थी, और आईआईटी वाले मेरे संरचित प्रशिक्षण को बहुत पसंद करते है। जो भी हो अतुल ने सोचा था कि अब, जब वे व्यायाम कर रहे हैं तो वे जो चाहें खा सकते है और नतीजे खुद निकल आयेंगे। आहार में परिवर्तन न होने से 'नतीजे' तो नहीं निकले लेकिन वे दौड़ने में बेहतर से बेहतर होते गये, पहले की अपेक्षा अधिक सबल और कहीं अधिक लचीला महसूस करने लगे। अतुल की आत्म-तोष की अनुभूति बेहतर हुई, लेकिन उनकी कमर का नाप नहीं घटा (ज़रा मरा शायद हाँ, लेकिन जितना दुरूस्त वे महसूस कर रहे थे उसकी तुलना में लगभग नहीं के बराबर)। हमारे शरीर को 'मसल मेमोरी' (पेशीय स्मृति) का सौभाग्य प्राप्त है। इसलिये अगर आपकी स्मृति में तंदुरूस्ती के लंबे समय की बड़ी मात्रा संचित है या अगर आप बीस तीस साल पहले भी नियमित रूप से व्यायाम

करते रहे थे तो व्यायाम छोड़ने के पहले के तंदुरूस्ती के स्तर को जल्दी से वापस पा लेंगे (मैं अपने ग्राहकों को ठीक यही बात बतलाती हूँ कि व्यायाम में बिताया गया एक क्षण भी बेकार नहीं जाता। हमारा शरीर, संस्कार अथवा छाप को हमेशा के लिये धारण करता है। अगर अब आप महीने में केवल एक दिन ही व्यायाम कर सकते हैं तो चलिये इसी से शुरू करिये; आप तंदुरूस्ती की स्मृति संचित करने अपने शरीर की मदद करेंगे)।

मेरी सलाह

अतुल नायक जैसे लोगों के लिये जो योग्यता के स्तर में बहुत ऊँचे और अनुशासन तथा प्रेरणा के स्तर में बहुत नीचे हैं, डाइट का अनुपालन करना सबसे बड़ी चुनौती है (वे लोग किसी पोषणविद् के लिये सबसे बुरा दुःस्वप्न भी होते हैं)। इस कोटि के लोग पहले ही डाइट का पालन न करने के लिये बहाने खोज चुके होते हैं: बहुत सारी क्लाइंट मीटिंग्स, काम की बहुत सी प्रतिबद्धतायें, बहुत सारी यात्रा, पत्नी का असहयोग इत्यादि। लेकिन सबसे अच्छी बात यह है कि अगर वे अपनी डाइट का ख़्याल रखते हैं तो उन्हें बहुत जल्दी नतीज़े मिलते हैं। अतुल नायक अपने आहार को इस तरह बदल सकते है :

आहार-1 : (छः बजे सुबह) : केला।

आहार-2 : (आठ बजे सुबह) : दो या तीन अंडों की सफेदी की भुर्जी या ऑमलेट के साथ दो चपातियाँ।

आहार-3 : (दस बजे सुबह) : चीज़ का एक टुकड़ा (ऑफिस या कार में स्टोर किया हुआ)।

आहार-4 : (दोपहर) : तीन चपातियाँ दाल और सब्जियाँ।

आहार-5 : (दो से तीन बजे दोपहर) दही चावल।

आहार-6 : (पाँच से साढ़े पाँच बजे शाम) : इडली, डोसा, या ऑफिस कैंटीन से सैण्डविच।

आहार-7 : (साढ़े सात बजे शाम) : दो चपातियाँ, मछली या मुर्गा या सब्ज़ी।

प्रोफाईल 5 : वज़न घटाने के लिये अवकाश

रविवार	नोट : जून के आखिर तक मैं छुट्टी पर हूँ, अतः आजकल दफ़्तर का ज़्यादा काम नहीं है लेकिन बहुत सी मीटिंगों में शामिल हो रहा हूँ।		
तड़के सुबह सुबह	वाल्केश्वर जाने के पहले एक चम्मच च्यवनप्राश के साथ 1 केला खाया	सुबह 5.45 पर उठा, हाथ-मुँह धोया/ब्रश किया	रूचिता के साथ वाल्केश्वर गया और हैंगिंग गार्डन की पूरी पहाड़ी पर दौड़ा। 4.6 किमी.
	दौड़ने के बाद 1 केला खाया		
9.05-9.15 : ब्रेकफास्ट	सुबह 8.30 एक गिलास तरबूज़ का जूस पिया। सुबह-9 बजे खाखरे (रोस्टेड चपाती) के साथ 1 कप चाय ली	सुबह 8 बजे लौटा, अख़बार पढ़ा और 9.00 तक आराम किया	
	कुछ नमकीन भी खाया	सुबह 10 : मंदिर गया	
		सुबह 11 : चूंकि कुछ मेहमान लंच के लिये आने वाले थे इसलिये आम का जूस और आईसक्रीम लाने के लिये वी.टी. गया।	
दोपहर 12.30	1 गिलास तरबूज़ का जूस		

दोपहर 1.30 लंच के पहले मदिरा पान	आयरिश बेलीज़ 2 पेग, काजू और वेफर तथा सलाद के साथ।	सभी मेहमानों से मिला और गपशप की	
दोपहर 2.30 लंच	2 कटोरी दाल, 3 रोटी, दो कटोरा बूंदी का रायता, 1 कटोरी गटनू साक (सब्ज़ी) 4 टुकड़े ढोकला।	घर में लंच के लिये मेहमाननवाज़ी की, गपशप और सामान्य बहस शाम 7 बजे तक	
शाम : 5	1 कप चाय		
		शाम 7.30: ईशिता को उसके क्लास से लेने गया	
रात 8.30 : डिनर	2 पाव, 1 कटोरी भाजी, कुछ मिठाइयाँ	रात 9 : ई-मेल देखी	
	दो कटोरे आम का जूस	रात 9.30-11 : टी.वी. पर क्रिकेट मैच देखा	
		रात 11.30 सो गया	

सोमवार	नोट : हर बृहस्पतिवार और शनिवार को मैं उपवास रखता हूँ, जिसका मतलब है कि या तो मैं लंच खाता हूँ या डिनर और तरल और फल, सूखे मेवे।		
	जिम जाने के पहले एक चम्मच च्यवनप्राश के साथ 1 केला खाया।	सुबह 6.30 पर सोकर उठा, ईशिता को उसके वॉलीवॉल क्लास के लिये छोड़ने गया।	
		सुबह 7.30 : जिम गया।	30 मिनट साईकिल चलाई और कुछ जिम की गतिविधि, 200 बार तक रस्सी कूदी।
सुबह 8.45-9.15 : ब्रेकफास्ट	1 कप चाय और 2 खाखरा और 1 प्लेट तरबूज़।	सुबह 8.30: वापस आया और अख़बार पढ़ा सुबह 9 बजे तक आराम किया।	
	कुछ नमकीन।	सुबह 9 : ब्रेकफास्ट	
		सुबह 10.30 पर बेटी को उसके क्लास के लिये छोड़ा और 12.30 को वापस लाया।	
	बहन के घर में 2 अंजीरें खाई।	सुबह 11-11.30 तक एक मीटिंग में रहा। दोपहर 12.15 पर बहन के घर गया	

		छोटी बेटी को उसके क्लास से लिया।	
दोपहर 1.30 : लंच	2 कटोरे चावल और 1 गिलास मट्ठा, 1 गिलास आम का जूस और 1 प्लेट ठोकला।		
		सुबह 2-4.30 : सोया, सी.एन.बी.सी. देखा, किताबें पढ़ी।	
		4.30 बजे बड़ी बेटी को क्लास पर छोड़ा	
शाम 5 : चाय	1 कप चाय।	सुबह 5-6 : फोन पर कुछ दोस्तों से बात की।	
		शाम 6 : रुचिता / तेजल से मिलने गया।	
	सुबह 8 : डिनर के पहले बहुत सारा तरबूज़ खाया।		
रात 9 : डिनर	1 प्लेट पानी-पूड़ी, 1 बर्गर, 1 फ्रैंकी और 2 ग्रिल्ड सैण्डविच।	रात 9 : दोस्तों के साथ डिनर के लिये बाहर गया।	
		रात 9.30-11 : टी.वी. पर क्रिकेट मैच देखा। रात 12.00 : सो गया।	

सोमवार	नोट : हर बृहस्पतिवार और शनिवार को मैं उपवास रखता हूँ, जिसका मतलब है कि या तो मैं लंच खाता हूँ या डिनर और तरल और फल, सूखे मेवे।		
	जिम जाने के पहले एक चम्मच च्यवनप्राश के साथ 1 केला खाया।	सुबह 6.30 पर सोकर उठा, ईशिता को उसके वॉलीवॉल क्लास के लिये छोड़ने गया।	
		सुबह 7.30 : जिम गया।	30 मिनट साईकिल चलाई और कुछ जिम की गतिविधि, 200 बार तक रस्सी कूदी।
सुबह 8.45-9.15 : ब्रेकफास्ट	1 कप चाय और 2 खाखरा और 1 प्लेट तरबूज़।	सुबह 8.30: वापस आया और अख़बार पढ़ा सुबह 9 बजे तक आराम किया।	
	कुछ नमकीन।	सुबह 9 : ब्रेकफास्ट	
		सुबह 10.30 पर बेटी को उसके क्लास के लिये छोड़ा और 12.30 को वापस लाया।	
	बहन के घर में 2 अंजीरें खाई।	सुबह 11-11.30 तक एक मीटिंग में रहा। दोपहर 12.15 पर बहन के घर गया	

		छोटी बेटी को उसके क्लास से लिया।	
दोपहर 1.30 : लंच	2 कटोरे चावल और 1 गिलास मट्ठा, 1 गिलास आम का जूस और 1 प्लेट ठोकला।		
		सुबह 2–4.30 : सोया, सी.एन.बी.सी. देखा, किताबें पढ़ी।	
		4.30 बजे बड़ी बेटी को क्लास पर छोड़ा	
शाम 5 : चाय	1 कप चाय।	सुबह 5–6 : फोन पर कुछ दोस्तों से बात की।	
		शाम 6 : रुचिता / तेजल से मिलने गया।	
	सुबह 8 : डिनर के पहले बहुत सारा तरबूज़ खाया।		
रात 9 : डिनर	1 प्लेट पानी-पूड़ी, 1 बर्गर, 1 फ्रैंकी और 2 ग्रिल्ड सैण्डविच।	रात 9 : दोस्तों के साथ डिनर के लिये बाहर गया।	
		रात 9.30–11 : टी.वी. पर क्रिकेट मैच देखा। रात 12.00 : सो गया।	

मंगलवार			
	जिम जाने के पहले 1 चम्मच च्यवनप्राश केले के साथ खाया।	सुबह 6.30 : उठा और ईशिता को उसके वॉलीवॉल के क्लास के लिये छोड़ने गया।	
		सुबह 7.30 : जिम गया।	45 मिनट एस टी ट्रेनिंग, अली की देखरेख में रूईया कॉलेज के जिम में।
सुबह 8.45 : ब्रेकफास्ट	1 प्लेट इडली/बडा/ सांभर और मनीश के रेस्तराँ में 1 कप चाय।	सुबह 9.30 ईशिता के साथ घर वापस आया।	
		सुबह 10.30: छोटी बेटी को उसके क्लास के लिये छोड़ने गया।	
		सुबह 11 से दोपहर 1 बजे तक मीटिंगों में शामिल होता रहा।	
दोपहर 1.30: लंच	3 चपाती/1कटोरा सब्ज़ी/1आम दो कटोरे कढ़ी और कुछ चावल और पापड़ और मिठाई के 2 टुकड़े।	फिर एक भारी लंच।	

		शाम 3.30-6 : सोया और सीएनबीसी देखा।	
शाम 6 : चाय	1 कप चाय कुछ नमक़ीन के साथ।	शाम 6.00-7.50: किताबें पढ़ी।	
शाम 7.30 : 1 आम		शाम 7.30-8: प्राणायाम योग।	
रात 9.30 : डिनर	1 प्लेट ढोकला और 2 चपाती आम के साथ।	रात 11.30 तक क्रिकेट मैच देखा।	
		रात 11.30 पर सो गया।	

विषय

जयेश एक नौकरी से दूसरी नौकरी पर जाने के बीच अवकाश पर है। पिछली नौकरी में वह बहुत बड़े ओहदे पर था। अगली नौकरी का रूतबा और भी ऊँचा होने वाला है। लेकिन उसने इस बीच एक महीने का अवकाश लिया क्योंकि उसे ऐसा महसूस होने लगा था कि एक व्यक्ति के रूप में उसके जीवन से कुछ खोता जा रहा था। वह अपने बच्चों के साथ अधिक समय बिताना चाहता था, जानना चाहता था कि अपनी अनेक गतिविधियों के लिये वे कब कहाँ जाते हैं, उनकी पीटीए की बैठकों में शामिल होना चाहता था, उनके दोस्तों से मिलना चाहता था, और हाँ, व्यायाम भी शुरू करना चाहता था। काम पर लौटने के पहले वज़न घटा लेना उसका एक बड़ा मक़सद था। उसके काम में यात्रायें बहुत थीं और उसने संतोषपूर्वक मान लिया था कि अगर आपको हर पंद्रहवें दिन एक नये महाद्वीप की यात्रा करनी हो तो आप वज़न नहीं घटा सकते हैं।

रिकॉल का मूल्यांकन

जयेश हमारा असली गुज्जू भाई है। उसे आमों से और डिनर में तरह-तरह के पक़वानों से बहुत प्यार है (कच्छी, गुजराती और जैन समाजों में आहार की विविधता ऐसी वस्तु है जो पूरे समाज को पकड़कर रखती है। उनका ख़्याल है कि डिनर में चावल, रोटी, सब्ज़ी, दाल और कढ़ी से अलग कुछ खाना ही भोजन की विविधता है बुनियादी तौर पर ऐसी विविधता का मतलब दुनिया भर का कचरा भोज है। ससुराली रिश्तेदारों से शाबाशी मिलती है और बच्चे जन्मसिद्ध अधिकार की तरह इसकी माँग करते हैं। इन समुदायों की स्त्रियाँ अपने आपको हमेशा यह कर बेवक़ूफ़ बनाया करती हैं: 'पिज़्ज़ा बनाया, अगर मैदे का नहीं आटे का बेस था, पानी-पूड़ी में मूँग स्प्राउट्स डाला, पाव भाजी का ब्रेड ब्राउन था, ढोकला के बघार में सिर्फ दो चाय के चम्मच तेल डाला और वह भी ऑलिव')।

यह सारी विविधता कुल मिलाकर मर्दों की तोंद तथा औरतों के पिछवाड़े में बढ़ोतरी करती है। जयेश, संतुलित दिमाग़ वाला बैंकर, इस बात से परेशान हो गया कि उसे पानी-पूड़ी (गोल गप्पे का हमारा प्यारा बंबई संस्करण) खाना मना है।

क्यों? उसने पूछा, 'यह तो पौष्टिक है, पानी है और स्प्राउट्स (अंकुरित अन्न)'।

'हाँ, लेकिन वह गहरी तली पूड़ी में भरा गया है,' मैंने कहा। लेकिन उसने मुझे अनसुना कर दिया।

अग़र आप उसके प्रोफाइल को देखें तो पायेंगे कि वह जागते ही चाय या कॉफ़ी नहीं लेता, जो कि बढ़िया बात है। लेकिन उसके आहारों के बीच का फासला अधिक है, ख़ासतौर से लंच और डिनर के बीच। उसकी दिनचर्या में बारंबार आहार की आदत विकसित करना ज़रूरी है। यात्राओं के दौरान हमारे आहारों के बीच फासला हो जाता है और जब हम घर पर होते हैं तब भी हमें फासलों की आदत पड़ जाती है। इसलिये समस्या यह नहीं कि

खाना मिल सकता है या नहीं। समस्या यह है कि आपने अपने क्षुधा संकेतों के संपर्क में रहना और उनके अनुसार अपने शरीर को आहार देना सीखा है या नहीं। जयेश जब यात्राओं के दौरान सौदे पटा रहा था तब निराहार रह जाने के उसके कारण यूँ थे: मैं सफर में हूँ, बैठक में हूँ, शाकाहार कुछ मिल नहीं रहा है, इत्यादि। लेकिन जब वह घर पर होता है तब आहारों के बीच विलम्ब का क्या कारण है? कुछ भी नहीं सिवा इसके कि बार-बार खाने की शिक्षा नहीं है। इसलिये वह हमारा हर दो तीन घंटे पर खाने का सिद्धांत अनुपालित नहीं कर रहा है।

और वह तीसरे सिद्धांत का पालन भी नहीं करता-सक्रियता के सीधे अनुपात में आहार की मात्रा का नियमन। सुबह, जब वह व्यायाम करता है उसका आहार मात्रा कम में कम होता है, और दिन चढ़ने के साथ-साथ आहार में मात्रा और कैलोरी दोनों में बढ़त होती है, जबकि उसकी सक्रियता घटने लगती है (यानि कि एक उल्टा अनुपात!)

रात के भोजन और सोने के समय में दो घंटे का फ़ासला ज़रूर है, लेकिन उसका डिनर बहुत बड़ा और 'विविधता' से भरपूर है जो केवल कैलोरी देता है, पोषण नहीं। इसके अलावा, जयेश अपनी बाकी गतिविधियों में बिलकुल दुरूस्त है। बच्चों को छोड़ना और वापस लाना, पत्नी को ब्रेकफास्ट वाली जगहों पर लेकर जाना, सुबह व्यायाम और दोपहर व शाम को मस्ती और आराम।

मेरी सलाह

अब उसे यह करना है कि सुबह के समय कुछ अधिक आहार ग्रहण करे क्योंकि तब वह व्यायाम करता है, लंच और डिनर में आहार की मात्रा घटाये और भोजन में अधिक बारंबारता लाये। इसके अलावा उसे आम के साथ एक फल की तरह व्यवहार करने की ज़रूरत है जो कि वह वस्तुतः है, जिस तरह एक संतरे, सेब या अन्नानास के साथ व्यवहार किया जाता है। अर्थात यह किसी आहार का अंग नहीं हो सकता, इसे अन्य किसी फल के समान

अलग से खाना होगा।

आम और आलू ऐसे दो आहार हैं जो अकारण बदनाम हैं। लेकिन दरअसल उनके साथ जो हम करते हैं उसकी वजह से वे मोटापा बढ़ाने वाले हो जाते है। भरे तेल में तले हुये आलू ज़रूर हमको मोटा करते हैं। लेकिन किसी भी चीज़ को भरे तेल में तलिये, चाहे संतरे को भी, वह आपको मोटा कर देगी।

आम को ऐसे खाया जाता है जैसे वह फल न होकर कोई स्वीट डिश हो। आमरस को पूड़ी और चपाती के साथ खाया जाता है और क्योंकि आमरस-चपाती का स्वाद हमें प्यारा लगता है इसलिये हम एक फालतू चपाती खा जाते हैं। खाने का यह तरीक़ा हमें मोटा करता है न कि फल और वैसे भी फल को जूस की तरह लेने के बदले फल की तरह खाना हमेशा एक बेहतर ख़्याल है। पूड़ी को आप क्या कभी तरबूज़ के रस के साथ खायेंगे? नहीं, तो इसे आम के रस के साथ खाना भी बंद कीजिये।

जयेश को निम्नलिखित कुछ सरल सी बातें मदद करेंगी :

आहार-1 (साढ़े छ : बजे सुबह) : केला और च्यवनप्राश।

आहार-2 (साढ़े आठ बजे सुबह) : आम।

आहार-3 (दस बजे सुबह) : इडली या डोसा या उपमा।

आहार-4 (दोपहर) : दो या तीन रोटी या ब्राउन चावल, सब्ज़ी और दाल।

आहार-5 (ढाई से तीन बजे दोपहर) : दही और सलाद।

आहार-6 (पाँच से छ : बजे शाम) : ढोकला या खाखड़ा।

आहार-7 (आठ बजे रात) एक दो रोटी, कढ़ी और सब्ज़ी।

लोगों के साथ उनकी आहार योजना पर काम करते समय मैं उन्हें परिवर्तन के लिये इस आधार के अनुसार प्रोत्साहित करती हूँ कि वे स्वयं अपने आहार और गतिविधि पुन:स्मरण को क्या समझते हैं और आहार के चार सामान्य सिद्धांतों का सहारा लेते हैं। कुछ समय तक वे एक बुनियादी

पौष्टिक आहार योजना का पालन कर चुकते है तब मैं उसमें कुछ सुधार और परिवर्तन आरंभ करती हूँ। मैं अपनी भूमिका बैसाखी की नहीं एक शिक्षक की तरह देखती हूँ। आपको अपनी जीवन पद्धति गतिविधि और क्षुधा की बुनियादी समझ अनिवार्य है। कोई भी पोषणविद् और उसके द्वारा वसूल किया गया पैसा इसका विकल्प नहीं बन सकता। जीवन भर के लिये स्वस्थ और छरहरा बना रहने का एक मात्र उपाय अपनी पोषण संबंधी आवश्यकताओं को गहराई से समझना और अपने पेट के साथ निरंतर संपर्क में रहना है। मैं वास्तव में अपनी किताब का नाम 'गट फीलिंग' रखना चाहती थी लेकिन मेरी संपादिका ने (होशियार लड़की) पाठक समुदाय के साथ संपर्क क़ायम ज़्यादा ज़रूरी समझा। इसलिये यह नामः 'लूज़ वेट' (मूल अंग्रेजी पुस्तक), यह नाम आपकी आँखें पकड़ लेता है।

मेरे अधिकतर ग्राहक एक मंद उत्तरोत्तर परिवर्तन से होकर ग़ुजरते हैं जो परिवर्तित होता है भीतर गहराई में कहीं कुछ है। यह परिवर्तन इस चेतना के विकास द्वारा संभव होता है कि हम कैसे क्या और कब खाते या नहीं खाते हैं इसका प्रभाव हमारे दिखने और सोचने पर पड़ता है। इसलिये आईसक्रीम, काजू कतरी, मदिरा इत्यादि सब वहीं मौज़ूद हैं लेकिन उनके लिये आपकी प्रतिक्रिया बदल जाती है।

यही वज़ह है कि 'पहले/बाद में' वाली तस्वीरों पर मेरा विश्वास नहीं है। चेतना के विकास द्वारा जो परिवर्तित होता है उसकी तस्वीर नहीं खींची जा सकती और उसको चर्म चक्षुओं से नहीं देखा जा सकता। उसका केवल अनुभव किया जा सकता है।

यहाँ मेरी एक ग्राहिका शबनम की आहार-डायरी में से एक उदाहरण प्रस्तुत है। अगर मुझे इस प्रोफाइल को एक नाम देना हो तो मैं कहूँगी : 'विवाह के बाद अपनी तलाश'। (कम उम्र के विवाह और विवाह के दो वर्षों के भीतर ही 8 किलो वज़न वृद्धि)।

तो,

मुझे विश्वास नहीं हो रहा है। अभी लगभग तीन हफ़्ते हुये हैं और हाँ,

एक परिवर्तन हुआ है।

इंचों में दिखाई देने वाला परिवर्तनः

वक्ष, पहले, 39.8/अबः 39.3।

नितंबः पहलेः 45.5/अबः 44.4

पेटः भी अंदर गया है.... लेकिन मुझे पिछली नाप याद नहीं.... इसलिये तुलना नहीं करती।

कुछ मिलाकरः फिर बहुत खुश....कोई सूजन नहीं है....पानी अब भी 3 से 4 लीटर तक पी रही हूँ (सोच रही थी कि इतना सारा पानी कही सारे मिनरल को धो तो नहीं देगा?)

बड़ा परिवर्तनः आत्मनियंत्रण की एक दृढ़ क्षमता विकसित हो रही है। मैं 'ना' कह सकती हूँ... और कहकर खुश होती हूँ और उस विशेष वस्तु को खाने की तृषा सचमुच नहीं होती..., वास्तव में उससे वितृषा ही होती है.... मैं वही खाना चाहती हूँ जो मुझे खाना चाहिये (अर्थात जो आपने मुझे खाने के लिये बताया है).... मैं कष्ट उठाकर भी, भले ही बेवकूफी लगे.... रोज़ खाना बनाती हूँ, खाने के सामान की ख़रीददारी करती हूँ, अपने आहार के लिये इतनी सावधानी बरतती हूँ कि बाद में अपने आप से ऐसे बहाने न कर सकूँ, 'पता है, वक्त ही नहीं था और खानसामा यह चीज़ खरीदना ही भूल गया इसीलिये मैंने कोई और चीज़ खा ली'।

मैं हर रोज़ अपने आहार की अग्रिम योजना बनाती हूँ और इतना सारा वक्त यह निश्चित करने में खर्च करती हूँ कि मैं नियमित समय पर खाना खा और पानी पी रही हूँ और अगर मुझे बाहर जाना हो तो भी यह सोच समझकर ऑर्डर देती हूँ कि मुझे क्या खाना चाहिये, न कम न ज़्यादा। और यहाँ वहाँ चोरी से एक कौर तक नहीं खाती।

मेरे आस-पास के लोग जब मुझे मज़बूर कर रहे होते हैं कि मैं कम से कम एक बार उनकी आईसक्रीम चाट कर देख लूँ मैं झूठमूठ को ज़रा सा चाटती हूँ और कह देती हूँ कि मुझे अच्छी नहीं लगी **और मुझे सचमुच अच्छी नहीं लगती** (जो सबसे अच्छी बात है)। तो अब मुझे अपने ऊपर

भरोसा है कि अगर बाहर भी जाऊँगी तो पागल होकर खाने पर टूट नहीं पड़ूँगी। मैं अपनी आहार योजना के **सर्वोत्तम** विकल्प की तलाश करती हूँ....और वही खाकर सुखी और संतुष्ट होती हूँ। वाह....यह एक बड़ा परिवर्तन है!

इसके अलावा, जैसा कि मैंने फोन पर बताया कि मेरी कायाग्नि भी सबल होती हुई दिखाई दे रही है। ब्रेकफास्ट के बाद मैं भरा हुआ सा महसूस करती हूँ (स्वादिष्ट भरपेट नाश्ते का शुक्रिया), लंच पर पेट जल्दी से भर जाता है.... और दो घंटे बाद फिर भूख लगती है..... ठीक दही/फल के वक्त पर।

कल के बाद चीज़ के नाश्ते में मुझे मज़ा नहीं आता और मेरा मन नारियल पानी.... या कॉफ़ी या और किसी चीज़ का मन करता है जिससे भरा हुआ महसूस हो।

लेकिन उसके बाद, व्यायाम के बाद भी, भूख नहीं बचती.... और डिनर के समय पर भी भूख के मारे मरी नहीं जाती.... मैं खाती हूँ क्योंकि मुझे पता है कि मुझे खाना चाहिये....

मेरे ख़्याल से लक्षण अच्छे हैं कि मैं साढ़े पाँच बजे के बीच कसकर भूखी होती हूँ.... और सूरज डूबने के साथ मेरी भूख घटती जाती है....! तुम जादूगरनी हो क्या?

ठीक है, मेरी डायरी संलग्न है... और मैं अपनी ज़्यादा-कम-ज़्यादा आहार योजना चालू रख रही हूँ...

अगला हफ़्ता कठिन होगा....

दुबई से मेरे डैड आ रहे हैं। सिर्फ मेरे डैड और मॉम ही दो जने हैं जिनको मालूम है कि मैं तुम्हारे साथ डाइटिंग प्रोग्राम कर रही हूँ और वे बहुत खुश है उन्हें मेरे ऊपर गर्व है (मैं अपनी मॉम को भी समझा रही हूँ कि वह भी तुम्हारे साथ डाइटिंग प्रोग्राम करे)। वह मंगलवार को आकर शुक्रवार की शाम को वापस जायेंगे। मैंने कह दिया है कि हम सिर्फ एक बार बाहर खाने के लिये जा सकते हैं। मैं इसको हफ़्ते में दो बार की बेईमानी वाले दिनों में

से एक की तरह इस्तेमाल करूंगी, इसके लिये तुम्हारी इजाज़त भी है)।

और मुझे सोमवार को कुछ पारिवारिक मित्रों के यहाँ डिनर पर जाना है। वह मेरा सूप स्टर फ्राई वाला दिन है ...! ☺ वो मेरे ख़्याल से सूप मैं घर से पी कर चलूँगी....और वहाँ कुछ घर की बनी सब्ज़ी टूंगती रहूँगी और....कुछ सलाद कुतरती रहूँगी....वही लोग है जिनके साथ में बुधवार को डिनर पर गई थी और पेट में दर्द का बहाना किया था....

तो मैं इसी लाईन पर चलती रहूँगी...आजकल रात को मुझे बहुत हल्का लगता है...

जल्दी से फिर बात करूंगी।

प्यार

शब्बो

6

पुल के पार : ज्ञान से कर्म तक

अब जब हम सारा ज्ञान संकलित कर चुके हैं, इसका सार्थक प्रयोग करने के लिये हमें इसको संयोजित करने की ज़रूरत है। इसके बिना यह किताब भी बाकी हर चीज़ की तरह बनी रह जायेगी जो हम आहार और व्यायाम के बारे में पहले से भी जानते हैं: निष्फल सूचना जो स्वास्थ्य, संतुष्टि और शांति का फल कभी धारण नहीं करेगी।

सही तरह से खाने और नियमित रूप से व्यायाम करने के बारे में केवल जानकारी या बातचीत से कभी किसी को मदद नहीं मिली है। 'सिर्फ़ बात-चीत काफ़ी नहीं', मुम्बई वासियों ने छत्रपति शिवाजी टर्मिनस, ताज, ओबेराय, लियोपोल्ड और नरीमन हाउस पर आंतकी हमलों के बाद कहा था। हमारी सरकार बहुत दिनों से बात ही करती रह गई है, काम के नाम पर ख़ास कुछ नहीं। हमारा देश अगर आतंकवादियों के लिये एक सरल निशाना बना तो इसमें ताज्जुब की कोई बात नहीं है। वे आते हैं और हमारे ऊपर हमला करके मानों दुनिया को बड़े स्टाईल से जताते हैं 'हम जीते जागते दुरूस्त हैं और जब मरज़ी तब चोट कर सकते हैं।

हम अपने शरीर के साथ जो सलूक करते हैं वह क्या इसी स्थिति के समान नहीं है, 'टॉक एंड याक याक याक' (जैसा कि एक लद्दाखी सुवेनिर टी शर्ट पर अंकित है) और आहार और व्यायाम के बारे में करने के नाम पर केवल बक बक। इसलिये ताज्जुब नहीं कि हमारा पेट एक सरल निशाना

बना हुआ है। लेकिन इसके साथ हम यह भी चाहते हैं कि हमारे पेट के पास 'मुंबई की लचीली आत्मा भी हो', 'चलता है' यहाँ का बीज मंत्र है, जिसका मतलब यह है कि इसे ठीक से काम भी करते रहना चाहिये। अपना काम ठीक से करते चलो मेरे प्यारे पेट। अगर मैं तुम्हारे भीतर विरार की भीड़ भड़क्के वाली लोकल ट्रेन के डिब्बे की तरह ठूँस-ठूँस कर भोजन भरता हूँ तो भी क्या?

हम जिन बातों के लिये अपने राजनीतिज्ञों से नफ़रत करते हैं क्या अपने पेट के साथ वही सब करते रहेंगे? अपने शरीर के साथ मनमर्जी बर्ताव बहुत हो चुका। अपने पेट को अपने ख़िलाफ विद्रोह की दिशा में ढकेलिये मत। अब सचमुच कुछ काम किया जाये। और जैसाकि मुंबई की शांति यात्रा में एक इश्तिहार की घोषणा थी! 'हम आतंकवादियों के विरूद्ध हैं, पाकिस्तान के विरूद्ध नहीं', यह ज़रूरी है कि जो क़दम हम उठायें वह ग़लत दिशा में न हो। सबके लिये भोजन, स्वच्छता और शिक्षा ही शायद आतंकवाद से निपटने के लिये सबसे अधिक बुनियादी क़दम है (शाहरूख़ ख़ान ने एक बार कहा था कि अग़र वह एक दिन का प्रधान मंत्री बन जाये तो वह चारो तरफ़ शौचालय बनवा देगा जिससे कि गरीबों और स्त्रियों को इस दैनिक अपमान से न गुज़रना पड़े)।

तो एक स्वस्थ जीवन शैली का आरम्भ करने वाले बुनियादी क़दम क्या हैं? ये रहे।

पहला क़दम

सूर्योदय के निकट उठिये

आदर्श रूप से सूर्योदय से थोड़ा पहले उठिये ताकि आप हर प्रभात के साथ आने वाली शांति के साक्षी हो सके। इसे केवल यूँ ही 'जागरण' नहीं कहा जाता। इस कार्यक्रम को केवल पहाड़ की यात्रा के लिये मत छोड़िये। प्रभात आशा ओर स्फूर्ति का संचार करता है, न केवल शेष दिन के लिये, बल्कि जीवन के लिये। सूर्योदय हमें विटामिन डी प्रदान करता है जो हमे अपनी

अस्थियों को स्वस्थ रखने के लिये चाहिये, हमें 'हमारा अपना समय' देकर हमारे मस्तिष्क का शोधन करता है और हमारे शरीर को तमस अर्थात रात के आलस्य से शुद्ध करता है।

दर असल : ठीक है, सूर्योदय महान् सही, लेकिन अगर अपनी पहुँच से बहुत दूर है तो अपने सामान्य समय से एक घण्टा पहले उठिये। अगर आप दोपहर के बाद उठने के आदी है तो दो घण्टा पहले उठने से शुरूआत कीजिये। केवल आधा घण्टा पहले उठ जाने से भी हमको व्यायाम का ज़रूरी समय मिल जाता है।

दूसरा क़दम

जागने के बाद दस मिनट के भीतर कुछ खाइये

आदर्श रूप से जागते ही दस मिनट के भीतर पहला आहार लीजिये और ज़ाहिर है कि आप चाय, कॉफी या सिगरेट के साथ नहीं शुरू कर सकते। अगर आप बड़ा आहार लेने में खुद को असमर्थ पाते हैं तो एक फल के साथ शुरूआत कीजिये। बिल्कुल कोई भी फल अच्छा है। ताजा रखिये, फ्रीज़र का नहीं। नमक, चीनी, चाट मसाला वग़ैरह मत मिलाइये। और हाँ इसको निचोड़ कर जूस में न बदलिये।

दरअसल : दस मिनट क्या बहुत भारी लगते हैं? अच्छा, जागने के बाद आधे घंटे के भीतर कुछ खाइये, लेक़िन निश्चयपूर्वक अख़बार पढ़ते हुए बी-बेरी चेक करते हुए या फोन पर निर्देश देते हुए नहीं खाना है। अगर जागने के बाद पहला काम व्यायाम होता है तो व्यायाम के पहले आप एक फल खाइये और कृपया बिस्तर में बैठे-बैठे मत खाइये। उठिये थोड़ा चलिये फिरिये और फिर आहार लीजिये।

तीसरा क़दम

पहले आहार के बाद एक घंटे के भीतर घर का बना बढ़िया ब्रेकफास्ट कीजिये।

आदर्श रूप से : गरमागरम ब्रेकफास्ट आदर्श दूसरा आहार होता है क्योंकि ताज़ा बनता और पोषण से भरपूर होता है। इडली, दोसा, उत्तपम, उपमा, पराठा (तवे पर सिका हुआ तला हुआ नहीं), दलिया, अण्डे की ज़्यादातर डिशें (भुर्जी, उबला हुआ, पोच किया हुआ, ऑमलेट), अच्छे विकल्प है। डिनर की बजाय ब्रेकफास्ट को पारिवारिक भोज बनाने की ज़रूरत है। सुबह जल्दी-जल्दी खाने से कायाग्नि प्रबल होती है, बुढ़ापे पर रोक लगती है और दिन के दौरान भूख के झटके कम लगते हैं।

दरअसल : पारिवारिक ब्रेकफास्ट सुनने में सूरज बड़जात्या की किसी फिल्म से सीधे उठाया हुआ दृश्य लगता है? तो आपके पास घर पर बने ब्रेकफास्ट के लिए कोई समय और सुविधा नहीं है? तो अपने लोकल हेल्थ स्टोर से ऑरगेनिक म्यूसेली ख़रीदिये या कोई भी साधारण सीरियल लीजिये जिसमे माल्ट और चीनी नहीं मिली है (डिब्बे पर लिखी सामग्री सूची देखकर लीजिये), इसमें थोड़ा दूध या दही मिलाइये और खाइये। और अग़र आप सिर्फ दफ्तर पहुँचने के बाद ही नाश्ता कर सकते हैं तो कोशिश कीजिये कि गहरा तला हुआ कुछ न खायें; कई लोगों की प्रवृत्ति समोसा, भजिया या कुछ भी उठा लेने की होती है क्योंकि यह आसानी से कहीं भी मिल जाते हैं। घर से ही एक रोल या सैण्डविच बना कर साथ ले जाने की कोशिश कीजिये।

नोट

- मल्टी विटामिन या विटामिन बी लेने का यह एक अच्छा समय है।
- जिन दिनों आपको विलंब हो रहा हो, पहला आहार छोड़ दीजिये, लेक़िन घर से निकलने के पहले दूसरा आहार निश्चित रूप से लीजिये।

चौथा क़दम

दूसरे आहार के बाद हर दो घण्टे पर खाइये।

आदर्श रूप से : घर से जितनी देर आप बाहर रहेंगे, उतने घंटे जोड़िये और उतने आहार अपने साथ लेकर जाइये। अगर आप घर से साढ़े आठ बजे निकलकर शाम को सात बजे लौटते हैं तो आप साढ़े दस घण्टे घर के बाहर रहेंगे। आपको दिन में पाँच या छ: बार आहार लेना होगा। सर्वोत्तम वसा दाह के लिये लंच का समय डेढ़ या दो बजे, दोपहर की बजाय ग्यारह बजे के आसपास होना चाहिये। अगर आपके पास लंच पर घर जाने की शाही सुविधा है तो घर जाइये। अगर नहीं है, तो आप जहाँ भी हों, चैन से बैठ कर खाइये। खड़े खड़े, चलते हुये, या गाड़ी चलाते हुये खाने से बचिये।

दरअसल : आप घर से बारह घण्टे के लिये बाहर हैं और दो से भाग देकर छ: बार का आहार बनता है। आप उतना साथ लेकर नहीं जा सकते और हाँ, आपके पास सुपर स्टारों की तरह इसको लेकर चलने वाले छोकरे या इसका प्रबंधन करने वाला स्टाफ नहीं है। लेक़िन चिंता मत कीजिये। आपके हर आहार को प्रबंध की ज़रूरत नहीं है। आपमें से अधिकतर को खाना साथ लेकर दफ्तर जाने की आदत है। इस खाने को तीसरे आहार की तरह ग्यारह बजे खाइये। बाकी सारे बीच के आहारों के लिये यहाँ कुछ विकल्प है जिन्हें आप आसानी से दफ्तर की दराज़ में रख सकते हैं, या अपने दफ्तर के छोकरे से कहकर आसानी से मंगवा सकते हैं। पोहा, उपमा और सब्ज़ी जैसी कुछ चीज़े आप घर से भी ला सकते हैं।

1. नारियल पानी – मलाई खा लीजिये।
2. बिना नमक या चीनी वाली लस्सी, लेक़िन जीरा, धनिया और कालीमिर्च जैसी चीज़े मिला सकते हैं।
3. चना और मूँगफली : दफ्तर में आसानी से रखे जा सकते हैं। ध्यान रखिये कि आपके साथियों को भनक न लगे कि आप उन्हें कहाँ रखते है वरना वे आपको पता चलने के पहले ही ख़त्म हो जायेंगे।

या अपने मूँगफली वाले से कहिये कि आपको पाँच रूपये वाला पैकेट रोज़ का दिया करे, ध्यान रहे, बिना मसाले के खाइये और गहरे तले हुए को खाने से बचिये। भाड़ का भुना हुआ ही ख़रीदिये।

4. चीज़ : स्लाईस या क्यूब का पैकेट खरीदिये (हो सके तो गाय के दूध की) बिना रेफ्रीज़रेशन के रखी जा सकती है। दूसरों की नज़र से बचाकर रखिये। चेहरे पर चमक क़ायम रखने के लिये बढ़िया।
5. दही या योगर्ट : बाज़ार में अनेक आकार और प्रकार में उपलब्ध है, अपनी मनपंसद चुनिये। पाचन क्षमता के लिये बहुत बढ़िया।
6. दूध और सोया दूध : आपकी प्रोटीन और फैट की नियमित ख़ुराक। यह एक बार में ख़त्म करने लायक परोसे के आकार में मिलते हैं। विभिन्न स्वाद-सुगंधों और सोया दूध के विकल्पों में मिलते हैं।
7. गाजर और खीरा : ले जाने में आसान। टमाटर की तरह टपकेंगे नहीं, और याद रखिये, छीलने काटने की ज़रूरत नहीं। अधिकतम आनंद और पोषण के लिये बस धोइये और खाइये।
8. उबले हुये अंडे या ऑमलेट : स्थानीय दुक़ान से खरीदे जा सकते हैं। (हर दफ़्तर के पास आम तौर से) या आपके दफ्तर की पैन्ट्री में बनाये जा सकते हैं या उबले हुये अण्डों को आप बिना छीले हुये घर से साथ ला सकते हैं, हालांकि इसमें गंध महसूस हो सकती है।
9. प्रोटीन बार : खाने में स्वादिष्ट और ले जाने या स्टोर करने में आसान (सीरियल बार न समझ लीजियेगा, उनका कार्ब स्तर बहुत ऊँचा होता है) यह जिम और स्पोर्ट और हेल्थफूड स्टोर्स में मिलता है।
10. पोहा, उपमा, इडली, दोसा, पराठा या ग्रिल्ड सैण्डविच किसी स्थानीय खाने की दुकान या पैन्ट्री से। परोसे का आप केवल आधा ही खायें और बाकी अपने साथियों में बाँटकर वाहवाही लूटें।

11. अंकुरित अन्न। दफ्तर में एक स्प्राउट मेकर रखिये। इसे हर दो दिन में एक बार भर दीजिये और वहाँ से मुट्ठी भर अंकुर लेकर खाइये। इसे गपशप की नई जगह बनाइये और चाय, क़ॉफी वाली मशीन उठाकर फेंक दीजिये।
12. सीरियल। सिर्फ मुट्ठी भर मात्रा में खाना याद रखिये। बिना चीनी वाला सीरियल ही खरीदिये। डिब्बे पर सामग्री सूची देखकर ही ख़रीदिये।
13. आटे की ब्रेड के एक टोस्ट पर पीनट बटर, घर का बना सफ़ेद, मक्खन, चीज़ या तोफू स्प्रेड।

नोट्स

- खाते समय पालथी मारकर बैठने की कोशिश कीजिये। आप कुर्सी पर बैठे-बैठे भी ऐसा कर सकते है। अगर आप दोनों पैर ऊपर नहीं रख सकते तो कम से कम एक पाँव ऊपर रखने की कोशिश ज़रूर कीजिये ताकि पेट के इलाक़े में रक्त संचार हो सके।
- फैटी एसिड पूरक (अलसी का बीज, ओमेगा-3) लेने के लिये भी लंच का समय अच्छा है क्योंकि यह इंसुलिन की सक्रियता में वृद्धि करता है।
- खाली पेट भर चाय या कॉफी मत लीजिये (इसलिये बीच के अल्पाहारों के साथ लीजिये) और दिन में दो बार तक सीमित रखिये।
- अपने ग्राहकों और मिलने वालों को चाय और बिस्कुट की जगह पर इन विकल्पों से कोई चीज़ पेश कीजिए; आप दोनों ही अधिक पौष्टिक आहार ले रहे होंगे। अगर आपको लंच मीटिंग मे जाना है तो इन विकल्पों में से एक का आहार ग्यारह बजे लेना याद रखिये, और रेस्तराँ में आप अपनी प्लेट का परोसा आधा ही खाइये। दो घण्टे बाद अपना अगला आहार लेना याद रखिये।

- दफ्तर छोड़ने से पहले आप अपेक्षाकृत भारी विकल्पों में से चुनाव कर सकते हैं। (दिन भर के काम के बाद आप बेहद थके होते हैं और आपको ऊर्जा की सर्वाधिक ज़रूरत उस समय होती है।)
- अगर आप काम के फौरन बाद व्यायाम के लिये जा रहे हैं तो निकलने से पहले नौ से बारह तक के विकल्पों में से कोई लीजिये।
- अगर आपका दिन बहुत थकानपूर्ण होने जा रहा है तो सीरियल, पोहा, उपमा, आदि उच्च दर कार्ब वाले विकल्प का चुनाव कीजिये।
- बीच के अल्पहारों का बुनियादी सिद्धांत प्रोटीन और वसा के साथ मंद **जीआई** कार्ब ग्रहण करना है। अगर आप अधिक सक्रिय होने वाले नहीं है तो मूँगफली, चना और चीज़ जैसे केवल प्रोटीन और वसा वाले विकल्प चुनिये (कोई भी आहार सचमुच कार्ब शून्य नहीं होता और इनसे आपको थोड़ी-थोड़ी मात्रा, कार्ब और प्रोटीन और प्राप्त होता रहता है जो रक्त में शक्कर के स्तर को स्थिर रखता है और आपको उपयुक्त मात्रा में ऊर्जा प्रदान करता है।)

पाचवाँ क़दम

सूर्यास्त के दो घण्टे के भीतर डिनर खा लीजिये

आदर्श : सूरज अगर छः बजे डूबा है तो अधिक से अधिक आठ बजे तक डिनर खा लीजिये। बेहतर हो कि सात बजे ही खा चुकें। हम जान चुके हैं कि पेट की पाचन क्षमता बहुत थोड़ी या नहीं के बराबर रह गई हो तब डिनर के समय इसको ठूँसना मोटापे का ('मेरी बिल्डिंग/दफ्तर/कालेज/स्कूल का वह मुटल्ला या मुटल्ली' जैसी प्रसिद्धि और पहचान का) निश्चित तरीक़ा है।

दर असल : ठीक है, आप में से कुछ लोग अब भी दफ्तर में या सफर में या आठ नौ के बीच अन्य लोगों के घर लौटने की प्रतीक्षा में हैं। 'डिनर' पर पुनर्विचार कीजिये। छः से सात बजे के बीच शाम को एक स्वस्थ पौष्टिक आहार लीजिये और बाद में एक हल्का फुल्का डिनर खाइये जिसे नौ बजे के

बाद नहीं होना चाहिये। आप रात को यह पहला आहार दफ्तर से निकलने के पहले या गाड़ी में या आप अगर गृहस्थिन हैं तो रात के भोजन की योजना और तैयारी के पहले खा सकती है। इससे निश्चित हो जायेगा कि डिनर के समय तक भूख के मारे मरे नहीं जा रहे हैं, अन्यथा आप ठूँस कर खायेंगे ओर उस समय पचाने की क्षमता न्यूनतम होगी।

शाम छः से सात बजे के बीच डिनर-पूर्व आहार के लिये कुछ विकल्प (और कुछ पहले ही दिये जा चुके है) :

- रोटी रोल, सफर में खाने वालों के लिये बहुत बढ़िया। चोकर समेत आटे वाली रोटी में अपना मन पसंद कुछ भी रोल कीजिये:सब्जी, पनीर, तोफू, मुर्गा, मछली, ऑमलेट। रोटी रोल को आपको शायद घर से लाना और दफ्तर में रेफ्रीजरेट करना पड़ेगा।
- ग्रिल्ड सैण्डविच, आटे की ब्रेड वाला मँगाईये, मक्खन निकाल दीजिये चीज़ को रखिए और इसे हमेशा बाँट कर खाइये। रेस्तराँ के परोसे का आकार हमेशा एक्स्ट्रा लार्ज होता है।
- आहार के स्थानापन्न पाउडर या चूर्ण : जो न्यूनतम 20 ग्राम प्रोटीन प्रदान करते हैं। 'खाने के लिये वक्त नहीं' वाली महाव्यस्त कोटि के लिये। दूध या पानी में मिलाकर हिलाइये और पी जाएँ।
- अंकुरित अन्न और दही अगर दफ्तर से चलने के पहले या घर पर खा रहे हों तो खाने में आसान और अधिक पौष्टिक।
- दूध या दही के साथ म्यूसिली अथवा रागी, जौ या मिश्रित अन्न जो कोप्स स्टोर में मिलते हैं : ख़ास तौर से यदि आप मानसिक रूप से थके हुये हैं या बच्चे हैं या देर शाम व्यायाम के लिये जाने वाले वयस्क हैं।
- पनीर और सब्ज़ियों के साथ ब्राउन राईस खिचड़ी: इसकी मात्रा को उचित रखने पर ध्यान दीजिये।
- एक कटोरा दाल

- माँसाहारियो! इस समय आप अपना मुर्गा, मछली खा सकते हैं।

नोटस

आप अगर इस प्रकार के हैं जिसे 'चैन के लिये भोजन' की ज़रूरत होती है या जो 'मानसिक रूप से तंग' महसूस करने पर मिठाई खोजता है या राह-रोष का अनुभव करता है तो आप इस आहार की अनदेखी नहीं कर सकते।

- यदि आप यह नीति अपनायेंगे तो अन्य और विकल्प खोज लेंगे। लेकिन इस आहार का सिद्धांत मंद गति कार्ब और प्रोटीन पर आधारित है। मेरे ग्राहकों के साथ मेरी सफलता इस बात पर निर्भर करती है कि यह वाला आहार कितनी अच्छी तरह आयोजित किया गया है।
- बुरी ख़बर : यह वाला आहार सबसे बड़ी चुनौती है अच्छी ख़बर : एक बार आप इसको ठीक से पकड़ लें तो आप 99% सही रास्ते पर हैं।
- बाद में ठूँस कर खाने की तुलना में यह पाँचवा क़दम अपनाना सर्वश्रेष्ठ नीति है। अगर देर शाम मदिरापान की योजना है अथवा डिनर के लिये, ग्राहकों के सत्कार के लिये बाहर जाना है तो इस आहार को कभी मत छोड़िये।
- अगर यही वह वक्त है जब आप अपना पूरा डिनर ले रहे हैं और बाद में कुछ भी खाने वाले नहीं हैं (यानी नाम के वास्ते वाला डिनर नहीं लेंगे), तो केवल दो बातें याद रखिये और बाकी कुछ नहीं। आपके इस आहार में मंद **जीआई** कार्ब, वसा और प्रोटीन का योग होना चाहिए।

नाम के वास्ते डिनर

- ताज़ी कटी सब्ज़ियों के रोचक सलाद (ड्रेसिंग अथवा सॉस, कृपया नहीं)।

- सब्जी और दाल
- आपकी मनपसंद सब्ज़ियों का स्टर फ्राई।
- सूप (लेक्निन इसे मिक्सी में न चलाइये)।
- ग्रिल्ड सब्ज़ियाँ

नोट

- इस आहार में कार्ब से बचिये, ख़ास तौर से **जी आई** कार्ब से, जैसे नूडल, पास्ता, सफेद चावल, बिस्कुट, पैन केक, क्रेप, इत्यादि।

छठा क़दम

निश्चित समय पर सोएँ।

आदर्श रूप से : रोज उसी निश्चित समय पर सोएँ। हमेशा मध्य रात्रि के पहले। एक आदर्श जगत में अपना अंतिम आहार आठ से साढ़े आठ के बीच ख़त्म करने के बाद रात को साढ़े दस बजे। रोज़ उसी समय सोना सर्वोत्तम उपहार है जो आप ख़ुद को दे सकते हैं। कहने की ज़रूरत नहीं है कि जो निश्चित समय पर सोते हैं वे रोज़ सुबह निश्चित समय पर जागते भी हैं। किसी की आयु रहित स्वच्छ त्वचा से ईर्ष्या होती है? संभावना है कि आपकी ईर्ष्या का विषय रोज़ एक ठीक निश्चित समय पर सो जाता/सो जाती है। कुछ सर्वाधिक सुन्दर चेहरों का यह सर्वाधिक सुरक्षित और प्रबलतापूर्वक छिपा कर रखा गया रहस्य है। फ़िल्म उद्योग की जिन अनेक महिलाओं के साथ मैंने काम किया वे इस नियम का पालन करती हैं। हम सोचते हैं कि वे रात भर पार्टी करती हैं जबकि दर असल वे सो रही होती हैं।

दरअसल : रोज़ उसी समय पर?सुनने में लगता है कि मानो मैं एक नात्सी हूं, नहीं क्या? खुद को एक घण्टे की छूट देने के बारे में क्या ख़्याल है? तो आप रोज़ साढ़े दस से साढ़े ग्यारह बजे रात सो जाइये। कम से कम सप्ताह के बीच, सप्ताहांत पर अवकाश रखिये, लेक़िन बाकी सब दिन

समय की सीमा के भीतर सोने का टाइम निश्चित करके, अपनी त्वचा की रक्षा कीजिये और अपने शरीर को युवा रखिये।

आपको पीछे घसीटने वाली दस बातें

1. अनुभव द्वारा सीखने से इंकार।
2. इस बात पर विश्वास कि सचमुच कोई 'तुरत फुरत का जादुई तरीक़ा है जिससे वसा दाह किया जाता है।
3. अपनी देखभाल ख़ुद न करके दूसरों पर निर्भर करना।
4. अपने प्रति बहुत आलोचनात्मक होना। वज़न घटाने का मतलब आगे बढ़ना है, पूर्णता हासिल करना नहीं।
5. एक बार में बहुत अधिक मात्रा में खाना।
6. बहुत-बहुत देर पर खाना।
7. 'बियर पियो, अलसाते पड़े रहो' के कार्यक्रम वाला अवकाश मनाना।
8. पहले सप्ताह में ही परिणामों की आशा रखना।
9. जो भी किया जाना है, उसे ज़रूरत से अधिक करने में ख़ुद को बहुत अधिक ढकेलना।
10. यह समझने से इंकार कि जीवन में इसके अलावा भी बहुत कुछ है कि आपका वज़न कितना है।

स्वास्थ्य की राह पर आपको आगे ले जानी वाली दस बातें

1. हफ्ते में एक बार अपने लिये कुछ पकाइये। अगर आपको पकाना नहीं आता तो सीखिये। चाहे सिर्फ दाल, चावल जैसी आसान चीज़। इस तरह आपका अपनी किचन से रिश्ता बनेगा और वह अपने प्रति आप के प्यार और सहानुभूति को अभिव्यक्त करेगा। (महिलाओं, कृपया ऐसा कुछ बनाइये जो आपका अपना मन चाहे, जीवन साथी या बच्चे या पड़ोसी का नहीं)।

2. एक नियमित अभ्यास की तरह मौन रखिये। हर दिन एक निश्चित घण्टा या कुछ मिनट या महीने में एक बार एक पूरा दिन। अगर यह संभव न हो तो कम से कम तीन या चार वाक्य छोड़ दीजिये। (जिहें आप अन्यथा रोक कर नहीं रखते)। लेक़िन योजना बनाइये और उस पर टिके रहिये। ज़बान को मालूम होना चाहिये कि उस पर आपका बस है। (हम जो खाते हैं उस पर वश रखने वाला प्रमुख अंग ज़बान ही है और ज़बान को हमें यह दिखा देना चाहिये कि मालिक़ कौन है!)
3. महीने में एक बार बिना नमक का भोजन कीजिये। तो चार सिद्धांतों के अनुसार खाइये, लेक़िन आहार में से केवल नमक काट दीजिये। (बेहतर परिणामों के लिये, बड़ी दावत के एक दिन पहले ऐसा कीजिये।)
4. आप जिस समय उठने के अभ्यस्त हैं उससे थोड़ा पहले उठिये। और थोड़ा पहले सो जाइये; आधा घण्टा पहले एक अच्छी शुरूआत है।
5. खाते समय पाल्थी मार कर बैठने की मुद्रा अपनाने की कोशिश कीजिये।
6. और मल विसर्जन के समय उकड़ूँ बैठने की मुद्रा भी।
7. अपने प्रिय शौक़ को जीवित रखिये वह चाहे जो हो; क्रिकेट, सितार, पेटिंग, एक्टिंग, नृत्य या पढ़ना। एक महीने में एक घण्टा 'जितना छोटा-सा निवेश' भी जीवन को समृद्धतर बनाता है।
8. हिमालय में अवकाश बिताइये और पर्यटक मार्ग से अलग जाइये-ट्रेक (गिरिपथ) दिलचस्प लोगों से मिलने का, अछूते चरागाहों, शिखरों और झरनों के पास होने का लाजवाब तरीक़ा।
9. हर वर्ष नया कुछ सीखिये। यह आपको भीतर से युवा रखता है जो आपके शरीर पर दिखाई देता। युवा होना एक मनोदशा है जिसमें

आप जिज्ञासु होने के लिये स्वतंत्र महसूस करते हैं, ओर बेवकूफ़ दिखने के लिये भी।

10. अधिक तंदुरूस्त बनने और संतोषजनक जीवन बिताने की यात्रा में अपने परिवार और मित्रों का सहयोग लीजिये।

आरंभ का सर्वोत्तम समय : अभी इसी वक्त

'अभी इसी वक्त' की शक्ति। हज़ार किताबें 'अभी इसी वक्त' की शक्ति पर लिखी जा चुकी हैं। आध्यात्मिक गुरू हमें 'अभी-अभी' में स्थित रहने के लिये कहते हैं। दुख, भय, असफलता, अतीत में है या भविष्य में, 'अभी' में आनंद है (ऐसा हमें बताया गया है)।

इसलिये सर्वोत्तम समय की प्रतीक्षा छोड़ दीजिये। जब आप एक ग़लत संबंध का अंत करेंगे, एक व्यस्त कार्यक्रम वाले सप्ताह के बाहर आयेंगे, यात्रा पूरी कर लेंगे, परीक्षायें समाप्त कर लेंगे, इत्यादि, और तब आरम्भ करेंगे। बस अभी शुरू कीजिये। शुरू करने का यही सर्वोत्तम समय है। मैं आपको एक बुद्धिमान और एक मूर्ख की कहानी सुनाती हूँ। दोनों के पास एक-एक कटोरा था। उन्हें बरसात की बूदों से कटोरा भरने का काम दिया गया था। जब भी बूँदाबाँदी होती या थोड़ा बहुत पानी बरसता, बुद्धिमान अपना कटोरा निकाल कर उसमें कुछ बूँदें जमाकर लेता । मूर्ख उस 'आदर्श समय' की प्रतीक्षा करता रहा जब झमाझम बरसेगा और वह अपना कटोरा पलक झपकते भर में ऊपर तक भर लेगा। बुद्धिमान का कटोरा अलग से समय लगाये बिना ही भर गया, जबकि मूर्ख आदर्श समय की प्रतीक्षा में बैठा रह गया।

तो अगर आप इस क़िताब का थोड़ा बहुत भी, एक बूंद या कुछ बूदें, संभव कर सकते हैं तो उन्हें अभी इसी समय जमा करना शुरू कर दीजिये और बिना वक्त लगाये ही आपका कटोरा सुख, शांति से भरपूर होगा।

फ़ैट इज़ फ़िट

'कनेक्ट विद हिमालया' कार्यक्रम में मेरे साथी जी.पी. ने जब सुना कि हरीश कापड़िया (भारतीय हिमालय का चलता फिरता ज्ञानकोश) उसी जगह पर आयेंगे और रात बितायेंगे जहाँ जी.पी. ने अपने समूह के साथ डेरा डाला हुआ था, तो वे फूले नहीं समाये। सारा दिन वे अपने साथ के लोगों को हरीश कापड़िया के बारे में कहानियाँ और किवंदतियाँ सुनाते रहे। उन्हे उनकी लिखी किताबों की संख्या, उनके द्वारा चढ़े गये पहाड़, उनके द्वारा आरम्भ की गई पहल के उदाहरण, इत्यादि। ज़ाहिर है कि इस तरह भारत के सर्वाधिक प्रिय और प्रसिद्ध पर्वातारोही के लिये बहुत सी प्रत्याशायें उत्पन्न हो गईं। अंतत: जब वे आ पहुँचे तो वैसे नहीं निकले जिसकी समूह के लोगों ने उम्मीद कर रखी थी। वह एक विनम्र मध्य वयस्क साबित हुये जिसकी तोंद भी थी।

'जो सारे एडवेंचर आप करते हैं उन्हें देखते हुये आप क्या ज़रा ज़्यादा 'हेल्दी' नहीं हैं? समूह में से किसी एक व्यक्ति ने पूछा। हरीश कापड़िया ने मुदितभाव से घोषित किया 'फैट इज़ फिट'। (अब ये इस समूह के गुंजायमान शब्द बन चुके हैं अलबत्ता सारे गलत कारणों से)। और क्यों नहीं? तंदुरूस्ती को वज़न की मशीन या इंच-टेप से नापना मूर्खता है। अगर आप भारत के सबसे ऊँचे पहाड़ों पर चढ़ सकते, अपने समुदाय के लिये काम कर सकते हैं, सेमीनारों का संयोजन कर सकते हैं, हर उम्र के समूह में प्रशंसकों की जमात पा सकते हैं तो निस्संदेह आप 'फ़िट' हैं। पूरे तनमन से अपने शौक़ का अनुगमन करने के लिये और एक भरी पूरी जिंदगी जीने के लिये 'फ़िट'! मुद्दा केवल एक संपूर्ण आहार ग्रहण करने का नहीं है, बल्कि एक संपूर्ण जिन्दगी जीने का भी है।

परिशिष्ट

1. करीना का टशन

'हलो? तुम्हारे सेल का स्विच क्यों ऑफ है? बेबो तुमसे बात करने की कोशिश कर रही है, यार'।

'मेरी बैटरी चली गई', मैंने जैसे-तैसे कहा।

'नया फोन मँगाओ, अभी', शायरा ने फोन बंद करते हुये कहा। करीना उसकी सबसे पक्की सहेलियों में से एक थी। शायरा कुछ समय से मेरे साथ डाइट प्लान पर थी, उसके शरीर से चर्बी का स्तर घट गया था और वह अपने दूसरे बच्चे के जन्म के दो महीने बाद सुंदर सुडौल दिख रही थी।

जितनी देर हमने बात की उसके दौरान भी बीप पर बीप आती जा रही थी; मेरे सेल फोन पर (जो अब सक्रिय हो चुका था) संदेश।

मैंने एक के बाद एक संदेश पढ़ने शुरू किये 'शुक्र है कि तुम हो, प्रिय, चार किलो गंवाये'; 'अरे, जरा बूझो तो क्या, मुझको 1986 वाली मेरी जीन्स फिट आ रही है, कॉलेज टाइम्स से बचाकर रखी थी। चुम्मा'; 'अब म्यूसिली देखकर उल्टी कर दूँगी। कोई और चीज़ बताइये'; 'मैम तबियत ठीक नहीं है आज जिम नहीं आऊँगी'; आदि, आदि...जब तक कि मैं इस संदेश पर नहीं पहुँची:

'हाय, मैं करीना कपूर हूँ। मैं आपसे बात करने की कोशिश कर रही थी। मैंने आपके बारे में बहुत कुछ सुन रखा है। आपका नम्बर शायरा से लिया। फोन करने का सही वक्त क्या होगा? शुक्रिया'।

'क्या?' मैंने अपने मन में सोचा। दुबारा पढ़ा और सारे संदेशों का जवाब देने में लग गई। करीना कपूर के संदेश को मैंने अपने दिमाग़ के बाहर ढकेल दिया-ज़ाहिर है, यह एक मज़ाक था। वह इतनी सामान्य और सचमुच की कैसे हो सकती है? फोन पर किसी बिचौलिये की आवाज़ नहीं? फोन पर कोई यह कहने वाला नहीं 'तुम्हारी तो लाईफ बन गई, मैडम/सर मिलना चाहते हैं'।

मैंने लगभग तय कर लिया था कि मैं फोन नहीं करूँगी, लेकिन फिर मैंने खुद को याद दिलाया कि जब मैंने पहली बार अनिल अंबानी का संदेश पाया था तो वह भी बहुत 'सामान्य' तरीक़े से हुआ था।

'हैलो, ऋजुता, मि. अनिल अंबानी आप से बात करना चाहेंगे। आपके पास बात करने का समय कब होगा'? मेरे ख़्याल से सचमुच के सितारे कभी सितारानुमा बर्ताव नहीं दिखाते।

तो मैंने करीना के नंबर पर वापस फोन किया। 'ये मेरा दिल प्यार का दिवाना, रिंग टोन बजी। तनाव निर्मित हुआ। उस वक्त हर व्यक्ति इसी की बात कर रहा था कि वह एस.आर. के साथ कितनी 'हॉट एंड हेल्दी' लग रही थी (मेरा एक प्रिय रीमिक्स) **हाय!!!** आप कैसी है...कल **पूरा** दिन आपको फोन करने की कोशिश करती रही...

हमने अगले दिन मिलना तय किया।

शायरा ने मुझे चेताया था कि करीना 'बहुत सरल और सचमुच की है यार', फिर भी मुझे पता नहीं था कि क्या उम्मीद करूँ। जब मैं करीना से मिली, उसने ट्रैक और गंजी पहन रखी थी, बाल पोनी टेल में बँधे हुये थे।

'हाय!!! (मैने बाद में जाना कि यह उसका ऊर्जा से भरपूर, स्वागत करने का ट्रेडमार्क तरीक़ा था)। आ-ख़ि-र-का-र! तुम्हें कॉल करने की मैंने कितनी कोशिश की...शायरा बहुत सुंदर लग रही है यार'।

दमकता हुआ रंग (कपूर ट्रेडमार्क), बिना किसी मेकअप (मॉयस्चराइज़र तक नहीं), चमकती हुई बुद्धिमान आँखे, लगभग बच्चे जैसा सजीव भाव; विनम्र, सर अपने कंधों पर, पाँव ज़मीन पर। करीना कपूर नाम का विस्मय

सामने था।

'हे! डॉन में आप सचमुच सुंदर लगती हैं और सामने और भी बेहतर', मैंने उससे कहा।

'थैंक्स', करीना ने सच्ची मुसकुराहट के साथ कहा। मैं जानती थी कि उसके आलोचकों और प्रतिद्वंद्वियों ने इस बारे में बदतमीज़ टिप्पणियाँ की थी कि इस गाने में जो सुनहरी ड्रेस उसने पहनी थी वह उसके ऊपर कैसी लग रही थी, इसलिये उसके सीधे सरल 'थैंक्स' को सुनकर मैं आश्चर्यचकित रह गई। उसने एक बार भी ऐसा कुछ नहीं कहा, 'हाँ, लेकिन मुझे वज़न घटाना चाहिये'। शरीर के अंगों की तरफ न कोई इशारा न चुटकी, न यह कहना, 'इसे जाना चाहिये'।

बेबो के व्यक्तित्व का सबसे विलक्षण पक्ष यह है कि अपने शरीर के प्रति बिना शर्त स्वीकृति और लगाव की अभिव्यक्ति करती है। वज़न की मशीन पर फिरौती के लिये ख़ुद को पेश करने वालों में वह नहीं है। सुनिये, मैं क्या खाऊँ को लेकर बहुत उलझन में रहती हूँ। ख़ासतौर से जब मुम्बई के बाहर शूटिंग होती है। कभी-कभी मेरे सिस्टम में बड़ी गड़बड़ रहती है, कभी सूजन भी आ जाती है। मैं व्यायाम बहुत नियमित करती हूँ, कसके।

मुश्क़िल से पाँच छः सूर्य नमस्कार से शुरू किया अब तो पचास करती हूँ आराम से। दम है, ताक़त भी है। अब मैं छरहरी और कसी हुई बनना चाहती हूँ'।

हम में से ज़्यादातर लोगों की तरह बेबो भी उलझन में थी। वसा रहित या कम कार्ब, सेट पर, शूट में या पार्टी, हर जगह लगभग हर व्यक्ति के पास एक सलाह थी कि सबसे अच्छी डाइट कौन सी है, और सर्वोत्तम परिणाम किससे मिलेंगे, 'विशेषज्ञ' सलाह से भी कोई मदद नहीं मिली। जैसाकि मैंने पहले भी कहा है, डाइटिंग निराहार रहने या जी मिचलाऊ खाने का पर्याय समझी जाती है, और इसके लिये वह ख़ुद को कभी तैयार न कर पाती। उसके आसपास लोग डाइट के नाम पर सूप, सलाद और जूस के आहार पर जीवित थे और इन चीज़ों में उसको कोई आकर्षण नहीं। 'मेरे ख़्याल से यह

एक विकार है,' उसने मुझे बताया।

'यह जो नई फिल्म मैं कर रही हूँ 'टशन', पता है इसमें मुझे बिकनी पहननी है। बिकनी में मैं सहज रहना चाहती हूँ, इसके लिये मुझे छरहरा होना चाहिये'। 'जब मैंने शायरा को हर वक्त खाते और फिर भी वज़न घटाते देखा, कभी मूँगफली, कभी चीज़, रोटी, सब्जी, चिकन, मुझको तो जैसे, यह तो सौदा अच्छा है यार। ऐसा कुछ तो मैं भी कर सकती हूँ। खाने से मुझको प्यार है'।

'वाह, यह तो 'ईज़ी' रहेगी, मैंने मन में सोचा 'ईज़ी' चुने हुये लोगों के लिये मेरा शब्द है, वे लोग जो सही तरह से खाने का पहले ही निश्चय कर चुके हैं। चुनौती बेबो के लम्बे काम के घंटों में और बहुत सी लोकेशन शूटिंग में थी जो उसे मुंबई के बाहर करनी पड़ती। हम में से ज़्यादातर लोग जो सोचते हैं उसके विपरीत अभिनेताओं का जीवन बहुत कठिन, लगभग मध्यवर्गीय होता है।

'देखो, मुझे अब बहुत आउट डोर शूटिंग करनी है और मैं शाकाहारी हूँ इसलिये मेरे पास ज़्यादा चुनाव नहीं होते और सफर करते समय मुझे कभी-कभी इतनी कस कर भूख लगती है, कि मुझे पता नहीं चलता कि क्या खा जाऊँ।' हर दिन उसके काम के घण्टे इतने लम्बे होते हैं कि उसके खाने का अभ्यास बदलना एक चुनौती था।

मैंने बेबो को आश्वासन दिया कि हम उसकी समयसूची के अनुसार ही उसकी आहार योजना बनायेंगे, चार सिद्धांत समझाये और एक योजना तैयार की। सौभाग्य से पहले दो सप्ताहों के लिये उसे मुम्बई में रहना था इसलिये हमें घर पर रहने का लाभ था।

'तुम्हारा ख़्याल है कि इस तरह मेरा वज़न घटेगा, जितना मैं खाती हूँ यह तो उससे बहुत ज़्यादा है!'

दिन में दो या तीन बार खाने से अब करीना का आहार दिन में आठ बार खाने में बदल गया था और ज़ाहिर है इसमें उसकी हर प्रिय चीज़ शामिल थी : पराठा, पोहा, चीज़, पनीर, इत्यादि। 'इसको मैं अपना सौ प्रतिशत देने

वाली हूँ,' उसने मुझे आश्वस्त किया।

'हर चीज़ की अग्रिम तैयारी करके रखना', मैंने चेताया। 'अपना सामान पहले से भरकर रखना और समय का एक-एक सूत पालन करना'। 'बिल्कुल सौ प्रतिशत', बेबो ने कहा। और उसने किया। पूरी तरह से । मैं दो सप्ताह बाद उससे मिली। 'मैं छड़ी की तरह लग रही हूँ', उसने घोषित किया। 'बहुत मज़ा आ रहा है। कभी भूखी नहीं रहती। हर दो घण्टे बाद ऐसा महसूस होता है कि अब खाने का टाईम है और मैं थोड़ा सा खाती हूँ, सुखी और संतुष्ट हो जाती हूँ। यह एक नई बात है। मुझे तो भूख न लगने की लेक़िन अगर खाना दिख जाये तो दबाकर खाने की आदत है। सब मुझे बता रहे हैं कि मैंने कितना वज़न घटा लिया है'।

उसने कुल दो किलो घटाये थे, लेक़िन इतने में ही वह ख़ुद को और सही तरीक़े से, सही वक़्त पर खाने की अपनी कोशिश को पूरा सहयोग और सराहना दे रही थी। मेरे लिये भी यह एक नई बात थी। मुझे आम तौर से लोगों को भाषण देना पड़ता है कि अपने शरीर को सराहें। मुझे ऐसे लोगों की आदत थी जो इस डाइट में 30 किलो तक वज़न घटाने के बाद भी अपने आपको या अपने शरीर को सराह नहीं पाते।

और चाहे जितना वज़न घटाया हो या नाप कम करली हो मुझसे किसी ने आजतक यह नहीं कहा था कि वे छड़ी जैसे दिख रहे थे। ज़्यादातर लोगों को अग़र बताओ कि वे पहले की अपेक्षा छरहरे दिख रहे थे तो वे अपने 'प्रौब्लम एरिया' दिखाने लगते थे।

बेबो को अभी से ही बहुत बेहतर महसूस हो रहा था और वह बहुत अच्छी लग रही थी। वज़न घटना मेरे दिमाग़ पर कभी हावी नहीं होता और बेबो के दिमाग़ पर भी नहीं था। उसने पहले दिन से ही बुनियादी बातों को ध्यान में रखा था : सही खाना खाओ, सही वक़्त पर खाओ, तैयारी के साथ खाना अपने संग लेकर जाओ, जिससे संकट की स्थिति न आये, हफ्ते में तीन दिन कसरत करो।

उसके खाने की आदतें, खाने का प्रकार और उसके खाने का आकार

बदल चुके थे। बेबो का पाचन तंत्र सुख चैन का अनुभव कर रहा था। उसका शरीर, चेहरा, त्वचा, केश पहले कभी की अपेक्षा बेहतर दिख रहे थे। जब उसने '*क्या लव स्टोरी है* ' फिल्म में 'इटस् रॉकिंग' गाना शूट किया तो मीडिया पगला गया उसे 'एनोरेक्सिक' (भोजन द्वेषी) कहा गया। (ज़्यादातर लोगों के लिये यह विश्वास करना कठिन है कि सही तरीक़े से भोजन और नियमित व्ययाम शब्दशः कायाकल्प कर सकता है। जबकि उसके साथ काम करने वाले और सेट पर मौजूद बाकी लोग उसे सारा समय खाता हुआ देख रहे थे। (दर असल तथाकथित 'मोटापा लाने वाला' भोजन खाता हुआ देख रहे थे, उसे सेट पर 'सींगदाना गर्ल' होने की ख्याति मिल चुकी थी।

'*जब वी मेट*' मील का एक पत्थर था क्योंकि दर्शकों ने इस फिल्म में उसको और उसके द्वारा निभाये गये चरित्र को बहुत प्यार किया। हर कोई चाहता था कि चुलबुली ट्रेन पकड़ने वाली भटिण्डा की सिक्खनी गीत को घर ले जाये। उसने ज़्यादातर पटियाला सलवारें, लम्बे कुरते और भी ज़्यादा लम्बे घाघरे पहने थे। स्क्रीन पर वह पूरी तरह से ढँकी हुई थी। लेकिन इस तथ्य ने उसे अपनी आहार योजना के पालन से डिगाया नहीं। उस समय तक वह आहार योजना और उसके चार सिद्धांतों को जीवन शैली की तरह अपना चुकी थी। गीत के रूप में राजस्थान से पंजाब से हिमाचल तक की यात्रा के दौरान जो कुछ बदला वह केवल आहार के विकल्प थे। उसे भीतर से अधिक स्वस्थ और पुष्ट महसूस हो रहा था और आप इसे खुद भी देख सकते हैं: 'मौजाँ ही मौजाँ ' में वह 'इटस् रॉकिंग' से ज़्यादा छरहरी दिखती है।

असली परीक्षा सितम्बर 2007 में थी जब उसे लद्दाख़ में 'टशन' के लिये शूट करना था। बिकनी शॉट की मूल योजना पैनगांगत्सो के लिये थी, बहुत ऊँचाई पर एक खारी झील (विश्व में उँचाई नम्बर दो पर। यह भारत और चीन की सीमा पर स्थित है और विश्व भर की मेरी प्रिय जगहों में से एक है)। बिकनी शॉट को लेकर मैं बहुत उत्साहित थी और बेबो इन दिनों बहुत सुंदर लग रही थी। लेक़िन जब मैं लद्दाख़ के लिये आहार योजना के

सिलसिले में उस से मिली, तो वह कुछ घबराई हुई सी थी। लद्दाख़ में एक लंबी अवधि का कार्यक्रम था और वह अपने आहार को लेकर चिंतित थी।

'क्या लद्दाख़ में मुझको शाकाहारी भोजन मिलेगा? आशंका है कि सारी मेहनत कहीं सिर्फ इसलिये बर्बाद न हो जायें कि ठीक से खाना न मिलें'।

'चिंता मत करो बेबो। बौद्ध होने की वज़ह से लद्दाख़ ज़्यादातर शाकाहारी है, और तुमको उनका खाना, उनकी मक्खन पुदीने वाली चाय बहुत पसंद आयेगी, मैंने उसे आश्वस्त किया। लद्दाख़ी भोज आश्चर्यजनक है, और लेह में खाने की कुछ बहुत अच्छी जगहें हैं-उनके पिज़्ज़ा तो ऐसे है कि उनके लिये मर भी जाओ।

करीना का पहला आहार सात बजे शुरू होता था क्योंकि शूटिंग पर समय से पहुँचने के लिये उसे पौने सात बजे जागना था। उसे यह जानकर बहुत खुशी हुई कि लद्दाख़ शाकाहारी था क्योंकि तब खाने में उसके विकल्प बढ़ जाते थे। हाँ, बचाव के लिये वह अपने साथ सोया दूध और मूँगफली भी लेती गई थी।

लद्दाख़ का मौसम आमतौर से दिन में तेज़ हवाओं और तेज़ धूप वाला और रात में अत्यंत शीत वाला होता है। शूटिंग के दौरान वह लंच में मोमो और थुक्पा खा रही थी, स्थानीय उत्पाद और भोज का सर्वाधिक स्वादिष्ट तत्व। करीना को करीना बनाने वाली बात यह है कि अगर वह एक बार किसी बात में विश्वास कर ले तो वह उस पर कभी संदेह नहीं करती। वह अपनी पूरी आस्था के साथ उसे अपना सौ प्रतिशत देती है। इसलिये जब बाकी लोग वहाँ इस बारे में अंदाज़ा लगा रहे थे कि वह क्यों और कैसे भरपूर कार्ब वाले अतः 'मोटापा लाने वाले मोमो और थुक्पा', और उनके साथ-साथ वसा से भरपूर अतः और भी 'मोटापा लाने वाली' चीज़ खा रही थी, वह ख़ुद एक-एक ग्रास का पूरा-पूरा मज़ा ले रही थी। यह भोजन उसके 'सचमुच' का खाना खाने के दर्शन से मेल खाता था। बेबो और भी ज़्यादा छरहरी, और भी ज्यादा स्वस्थ लगती और होती चली गई। बिकीनी शॉट अंततः लद्दाख़ में नहीं हुआ;इसकी बजाय वह ग्रीस में लिया गया। यहाँ

शाकाहारी विकल्प और भी सीमित थे। यहाँ हमें ज़्यादातर मटर, बीन्स, चावल, भरे हुये टमाटर और शिमला मिर्च, फेटा चीज़ और फल वाले योगर्ट तक सीमित रहना पड़ा (सब का सब स्थानीय उत्पाद)। बेबो के आहार में फिर वे सब व्यंजन शामिल थे जिन्हें मोटापावर्धक माना जा सकता था। लेक़िन मीडिया में उसे 'आरेंज जूस' डाइट पर घोषित किया गया। 'छलिया, छलिया' वाले गाने और सुरूचिपूर्वक शूट किये गये बिकनी दृश्य (आसानी से आज तक का सर्वश्रेष्ठ) में, उसके छरहरा आकार और उसके पहनावे ने मीडिया को पुन, ऐनोरेक्सिया (भोजन–द्वेष) और आरेंज जूस डाइट के बारे में अंदाज़े लगाने को विवश किया। यद्यपि अनेक चैनलों पर प्राइम टाइम में मुझसे साक्षात्कार लिये गये, अस्वस्थ शारीरिक बनावट वाले पत्रकारों ने (माफ करें ये लोग सचमुच अपनी कोई देखभाल नहीं करते) यह मानने से इंकार कर दिया कि वह 'खा रही थी'। सबका यही ख़याल था कि केवल 'न खाना' (या अधिक से अधिक केवल ऑरेंज जूस लेना) ही एकमात्र ऐसा तरीक़ा था जिससे करीना जैसा छरहरा बना जा सकता था। (मैं छरहरा शब्द का प्रयोग कर रही हूँ क्योंकि वह स्वस्थ और कसी हुई दिखाई देती है, निचुड़ी हुई और सुखट्टी नहीं)।

'छलिया, छलिया' अथवा बिकनी शॉट के लिये उसका शरीर रातों रात छरहरा नहीं बन गया। इन दृश्यों की शूटिंग करने के समय तक वह लगभग छः महीने अपनी आहार योजना पर रह चुकी थी। लगभग पाँच वर्ष पहले से वह बहुत नियमित रूप से व्यायाम करती रही थी। (व्यायाम से वह कभी ऊबी नहीं। भारोत्तोलन से लेकर ट्रेड मिल और पावर योगा तक अलग-अलग तरह के व्यायाम आज़माती रही थी। उसका शरीर पहले से ही 'बुद्धिमान' था, जो लोग नियमित रूप से व्यायाम करते हैं उनके कोश व्यायाम न करने वालों की अपेक्षा अधिक 'बुद्धिमान', 'चतुर' होते हैं। इसका अर्थ यह है कि कोश, पाचक रस तथा अन्य आंतरिक स्राव जब पोषक तत्वों की उचित आपूर्ति (सही वक्त पर सही भोजन) द्वारा उदीप्त किये जाते हैं तो वे वसा के संचय का त्याग, चयापचय स्तर में सुधार और वसा रहित ऊतक (सबल

अस्थियाँ और सघन पेशियाँ) की वृद्धि पर काम करना बहुत तेजी से सीख लेते हैं। जिस शरीर ने बहुत लम्बे समय से व्यायाम नहीं किया है जिसकी व्यायाम में कोई रूचि नहीं है वह चर्बी घटाने की प्रतिक्रिया देने में अधिक समय लेता है क्योंकि कोश बहुत ग्रहणशील अथवा चतुर नहीं होते। 'टशन' की शूटिंग करते समय करीना के शरीर की बनावट बिल्कुल वही या केवल ज़रामरा सी भिन्न थी जैसा कि वह 'जब वी मेट' की शूटिंग के दौरान थी। लेकिन 'टशन' में उसने जो चरित्र निभाया वह गीत से बहुत भिन्न था। यहाँ वह चुलबुली पड़ोसिन नहीं थी, उसके चरित्र में स्लेटी छायाएँ थी। पटियाला सलवारें और लंबे कुरते जा चुके थे। छोटी स्कर्ट, नंगी कमर, गहरा काजल, घुँघराले बाल और बिकीनी उनकी जगह ले चुके थे।

'ओह, इसका वज़न सचमुच घट गया,' दुनिया ने देखा। अब 'वह इतनी दुबली है, ज़ीरो साईज़'। लेक़िन वह ठीक उसी नाप की थी जैसी वह 'जब वी मेट' में होती थी। अगर कोई अंतर था तो केवल कपड़ों में, उसके चरित्र में और उसको शूट करने के तरीक़े में।

'ये मेरा दिल' से शुरू करके उसका शरीर 'इटस् रॉकिंग', 'मौजाँ ही मौजाँ', 'छलिया, छलिया' तक लगातार बदलता रहा था और इतनी स्थिर, मंद, नियमित गति से बदलता रहा था कि किसी ने नहीं देखा। उनके लिये वह 'ये मेरा दिल' में 'मोटी' थी और 'छलिया', में सुपर थिन। करीना पर न खाने का आरोप लगाया गया, लेक़िन इससे बड़ा झूठ कोई हो नहीं सकता। सत्य केवल यह है : सही समय पर सही भोजन कीजिये। सप्ताह में कम से कम तीन बार व्यायाम कीजिये और आपका शरीर बदल जायेगा।

करीना ने सही तरह से खाने को फैशनेबिल बना दिया है।

ज़्यादा से ज़्यादा लोग अब इस तथ्य के प्रति सजग होते जा रहे हैं कि वह एक वर्ष से भी अधिक समय से छरहरी बनी रही है। बिना रूके काम करती रही है। (फिल्म उद्योग में वह सबसे अधिक व्यस्त सितारों में से एक है।) तो उसका वज़न घटने के पीछे ज़्यादा ठोस और वास्तविक कोई बात होनी

चाहिये, बनिस्बत निराहार और ऑरेंज जूस थ्योरी के (ऑरेंज जूस; कोई भी इस पर तीन दिन से अधिक नहीं टिका रह सकता, और निश्चय ही केवल ऑरेंज जूस के सहारे कोई शूटिंग नहीं कर सकता। और तीन दिन कुछ न खाना या नहीं बराबर खाना किसी को आश्चर्यजनक शरीर नहीं प्रदान करता।

मीडिया के बवंडर के बीच बेबो ने रत्ती भर परवाह नहीं कि कि दुनिया क्या कहती है, उसे मोटा कहती है या पतला, केवल अपने दिल की बात सुनती रही। वह जानती है कि छरहरा दिखना और स्वस्थ रहना जीवन भर का वायदा है और उसने यह वायदा कर लिया है। 'खाओ अपने थान की सोचो जहान की' मेरा भोज दर्शन है और करीना उसका चेहरा है।

पुनश्चः अभी हाल में जब बेबो वेनिस में 'कमबख्त इश्क़' की शूटिंग कर रही थी, वह पास्ता, चीज़ और जैतून खा रही थी जिन्हें 'मोटापावर्धक' समझा जाता है। वेनिस में उसे 'हर चीज़ खाता हुआ देखने के बाद उसके 'स्टाईलिस्ट' तथा फिल्म के लेखक ने भी डाइट पर जाने का फैसला कर लिया। मेरे हिसाब से डाइटिंग मौज-मस्ती है। खाने से चैन मिलता है, छरहरा होने के लिये हमें खाना त्यागने की ज़रूरत नहीं है। आज 'कमबख्त इश्क़' के सेट पर सब लड़कियों के लिये यह मौज़-मस्ती का टाइम है। हर दो घण्टे पर सब खाने की छुट्टी लेकर अपने-अपने डाइट प्लान के हिसाब से जो खाना चाहिये वह खाती हैं-मूँगफली, अंकुरित अन्न, दाल खिचड़ी इत्यादि में सब डाइट का मज़ा ले रही हैं। आप भी ले सकते हैं।

नाप : शून्य

ब्रेकिंग न्यूज : बेबो बनी साईज़ ज़ीरो! कैसे कर दिखाया करीना ने यह करिश्मा? क्या आपने कभी कभी अहम्-तोषी नाप के बारे में सुना है? कपड़ों पर लेबल लगाने के इस व्यवहार में कपड़ों की वास्तविक नाप से कम का लेबल लगाया जाता है जिससे आपको 'ओह जितना सोचा था उससे कम' नाप में फिट होने का गर्व मिल सके। (क्या हम सबको ही अपने आकार से छोटी नाप की ड्रेस में फिट होना प्रिय नही हैं?) यह औरतों से ज़्यादा खरीदवाने (बुनियादी तौर पर उन्हें ज़्यादा खर्च करने के लिये प्रोत्साहित करने) वाली पिछवाड़े लात लगाने की बाज़ारी चाल है।

मेड्रिड फैशन वीक का मशहूर साइज़ ज़ीरो प्रतिबंध के बाद मीडिया में साइज ज़ीरो प्रसिद्धि पा गया (यह जानना दिलचस्प है कि इसका संबंध भाग लेने वाली मॉडलों के बॉडी मास इंडेक्स के साथ था, फैशन वीक में जो कपड़े उन्होंने पहने उनकी नाप से इसका कोई लेना देना नहीं था। एक बार फिर इस बात पर फोकस हुआ कि वज़न या लम्बाई के साथ तन्दुरूस्ती और शारीरिक बनावट का कोई सम्बन्ध नहीं।

जहाँ तक मेरी बात है, मैंने जैसे ही उपरोक्त 'ख़बर-तोड़' साइज़ ज़ीरो देखा वैसे ही फटाफट 'गूगल' किया। मैं ठहरी घाटन, इसलिये स्टाइल, पहनावा, फैशन वग़ैरह के साथ मेरा बहुत थोड़ा लेन-देन है। लेक़िन साइज़ ज़ीरो के बारे में मैं चलता फिरता ज्ञान कोश हूँ और यह रहा इसका मतलब : साईज़ ज़ीरो अमरीका में कपड़े की नाप है जो यू.के में साईज़ 4 और यूरोप में साइज़ 30 के बराबर है। इस नाप का आविष्कार किसी नये उभरते हुये स्लिम सितारा वर्ग या मॉडल श्रेणी को फिट आने के लिये नहीं किया गया था। यह केवल अहम्-तोषी नाप का एक प्रकार है।

नाप शून्य अब मेरे और बेबो के बीच एक मज़ाक है : वह अपने गाल मुख के अंदर खींचकर, होंठ बिदोरकर कहती है 'ऋजु मैं ज़ीरो साईज़ होना चाहती हूँ!'

2. व्यायाम : जीवन का एक अंग

यहाँ कोई समझौता नही

व्यायाम क्या ज़रूरी है? हाँ, व्यायाम ज़रूरी है। हमारा शरीर, ईश्वर का यह अद्‌भुत सृजन सक्रियता के लिये निर्मित हुआ है। दौड़ना, चलना, मरोड़ खाना, कूदना, वग़ैरह। ठीक उसी तरह जैसे मनुष्य ने कार नामक अद्‌भुत यंत्र का निर्माण किया। कार चलने के लिये निर्मित हुई।

आपके लिये एक कहानी। एक बार की बात है दो कारें पास-पास खड़ी थीं एक मारूति 800 और एक मर्सिडीज़ बेन्ज़। मारूति रोज़ कम से कम आधे घण्टे की ड्राईव पर जाती थी। बेन्ज़ खड़े रहना पसन्द करती थी। उसे नियमित रूप से सफाई, वैक्स पॉलिश, वग़ैरह मिलती रहती थी और बाहर से देखने में वह शानदार थी। पास से गुज़रते हुये लोग ठहर कर उसे दुबारा देखते थे। फिर, तीन साल बाद मुम्बई के तट पर आतंकी हमला हुआ। दोनों गाड़ियों को सुरक्षित स्थान पर ले जाना पड़ा। मारूति जल्दी से स्टार्ट होकर सुरक्षित स्थान पर पहुँच गई। दूसरी तरफ, बेन्ज़ को स्टार्ट करने में ही बहुत कठिनाई हुई; बाहर से दिखने में वह शानदार थी, लेक़िन सक्रियता के अभाव में भीतर से उसे ज़ंग लग रहा था। मुंबई की आत्मा को धन्यवाद, पास से गुज़रते लोगों ने इसे ढकेलकर स्टार्ट कर दिया और जैसे-तैसे वह सुरक्षित जगह पर पहुँच पाई।

मेरे मन में मारूति के लिए कोई पक्षपात नहीं और न मर्क के लिये कोई विरोध है। मैं केवल इतना कह रही हूँ कि ब्रैंड, क़ीमत, हैसियत या प्रतिष्ठा चाहे जो भी हो, ड्राईव कार का नित्य धर्म या प्राथमिक कार्य है। जिस कार को प्यार और परवाह के साथ चलाया जाता है वह न केवल बाहर से शानदार दिखती है, बल्कि भीतर से भी शानदार महसूस होती है। कार का ड्राइवर (अंतरवासी) कार की अनुभूतियों, समस्याओं, आदि के साथ केवल तभी संपर्क में रह सकता है जब वह नियमित रूप से चलाई जाती रहे। यदि कार नियमित रूप से चलाई जाती है तो वह ड्राईवर या अंतरवासी के साथ

संवाद की खुली जगह खोज लेती हैं: 'हे, मेरा पैट्रोल ख़त्म होने वाला है'; 'मेरे ख़याल से मेरा ब्रेक आयल बहुत घट गया है' 'हुम्म, यह सड़क बहुत प्यारी है';'आउच, कृपया इस तरह ओवर टेक न करें' इत्यादि। ड्राईविंग के कार्य के बिना संवाद के लिये स्थान या संभावना नहीं होती।

इसी प्रकार, हमारा शरीर, चाहे जैसी आनुवांशिकी के साथ जन्म ले (स्वाभाविक रूप से दुबला/आगे चलकर मोटा हो जाने वाला/पचास की उम्र में भी ख़ूबसूरत दिखने वाला)। और चाहे जिस आय-वर्ग से संबद्ध हो (हम में से कुछ लोग माचिस की डिबियों में रहते हैं, कुछ लोगों के पास बंगला वग़ैरह होते है।), उसे व्यायाम और सक्रियता की ज़रूरत होती है। आप जब व्यायाम करते हैं तो शरीर को अपने अंतरवासी के साथ संवाद का अवसर मिलता है। ('मेरे ख़्याल से मुझे आठ बजे तक रात का खाना ख़त्म कर लेना चाहिये, 'ओह, इस तरह रखने पर मेरा घुटना दर्द करता है', 'वाह, दौड़ने में मुझे मज़ा आता है', 'आज क्या मेरे ऊपर क्या सूजन दिख रही है' इत्यादि।) यह संवाद हमें स्वास्थ्य की राह पर चलते रहने का, त्रुटियों के सुधार का अवसर देता है; सही समय पर, सही तरह से खाने के हमारे विश्वास को पुनः दृढ़ करता है। इस संवाद के बिना सुख पर्याप्त नहीं मिलता और शांति तो और भी कम।

इसलिये आपकी उम्र, हैसियत, देह भार, वेतन, लिंग, इत्यादि चाहे जो हो, व्यायाम अनिवार्य है। भौतिक शरीर या अन्नमय कोश के लिये व्यायाम ज़रूरी है। सीधी बात है: अगर आप साँस ले रहे हैं तो आपको व्यायाम की ज़रूरत है। शोध के द्वारा उत्तरोत्तर यह संकेत मिल रहा है कि हम में से जो सामान्य से भिन्न योग्यताओं वाले हैं उनको भी व्यायाम की ज़रूरत है। (मुंबई के जिन दो कालेज़ों में मैं जिम चलाती हूँ, रूइया और एसआईईएस, उनमें ऐसे भी कुछ सदस्य हैं जिन्होंने तंदुरूस्त रहने के लिये, देखने, सुनने और चलने की गम्भीर चुनौतियों का अतिक्रमण किया है। मेरे प्रशिक्षक उन्हें प्रशिक्षण देना सचमुच प्रिय समझते हैं क्योंकि वे हमारे सबसे अधिक समर्पित और निष्ठावान् सदस्यों में हैं) तो अगर आप सामान्य हैं, हेलो! जागिये और

व्यायाम कीजिये। अस्पताल और डाक्टर उत्तरोत्तर आपरेशन के बाद प्रमुख प्रक्रिया की तरह फिज़ियोथेरैपी का प्रयोग कर रहे हैं। इसका सीधा अर्थ सक्रियता है। (आपरेशन के पहले ही डाक्टर क्यों स्वस्थ रहने या चोट से बचने के साधन की तरह सक्रियता पर विश्वास नहीं करते, यह एक रहस्य है।)

तंदुरूस्त रहने के साधन की तरह आप कौन-सा व्यायाम चुनें यह आपकी बिल्कुल अपनी रूचि है। आपकी प्राथमिकताओं का बहुत कुछ : योग, भारोत्तोलन, दौड़, तैराकी, इत्यादि का सम्बन्ध आपके मिजाज़ के साथ है-पहले पहल आपने किसका आविष्कार किया था आपके दोस्त और परिवार किस पर विश्वास करते और किसकी सलाह देते हैं। व्यायाम के सभी रूप आपको एक ही रास्ते पर ले जाते हैं, स्वास्थ्य, जीवंतता, और शांति के रास्ते पर। व्यायाम के लाभ वज़न घटाने और नाप घटाने के परे, बहुत दूर तक जाते हैं। व्यायाम आपकी अस्थि और पेशी की सघनता, फेफड़े और हृदय के कार्य में सुधार करेगा, रक्तचाप को नीचे रखेगा, रक्त में शक्कर के स्तर को स्थिर करेगा और आपको सबलतर, तीव्रतर और फुर्तीला बनायेगा।

लेकिन ऐसा केवल तब होता है जब आप सही तरह से खायें और जीवन तथा व्यायाम के प्रति सही प्रवृत्ति रखें। केवल वज़न घटाने के एक साधन की तरह व्यायाम को अपनाना स्वास्थ्य के लिये हानिकारक हो सकता है क्योंकि तब आप बहुत थोड़े वक्त बहुत अधिक करने का ख़तरा उठा लेंगे। एक बार आप नियमित व्यायाम का फैसला कर लेंगे तो उचित आहार के साथ वज़न अपने आप घट जायेगा। परिणाम पर समय की सीमा लगा देने से प्रायः व्यायाम से मौज़ या मस्ती का तत्व निकल जाता है।

किसी फिटनेस कार्यक्रम को आरम्भ करने के पहले निश्चयपूर्वक एक आरम्भिक स्वास्थ्य परीक्षण करवाइये। इस सामान्य स्वास्थ्य परीक्षण द्वारा आपके शरीर की बनावट, लचीलापन, शक्ति और झेलने की क्षमता को नापा जा सकता है। इन परिमापों का बुनियादी ज्ञान किसी भी फिटनेस कार्यक्रम की शुरूआत के पहले ज़रूरी है। जैसा कि **एमएसडी** (महेन्द्रसिंह धोनी) ने

एक बार एक साक्षात्कार में कहा था, 'फिटनेस का सबसे ज़्यादा ज़रूरी हिस्सा है **विश्राम**। व्यायाम, चाहें आप दौड़ें, वज़न उठायें, एरोबिक्स करें, सैर करें, स्वभाव से अपचयात्मक होता है अर्थात हर बार जब आप व्यायाम करते है, आपकी पेशियों में सूक्ष्म सी टूट-फूट होती है। व्यायाम वस्तुत: शरीर को तोड़ता है। ठीक वैसे ही गाड़ी को चलाने से उसमें टूट-फूट होती है, लेकिन बिना चलाये हर समय खड़ा रखना उसे नष्ट कर देता है। तथापि अंतर यह है कि मानव शरीर के पास अनुकूलनशीलता नाम की प्रक्रिया का सौभाग्य है : जब व्यायाम उचित उद्दीपन (टूट-फूट) प्रदान करता है तो शरीर की अनुकूलन क्षमता जाग उठती है। अत: व्यायाम के दौरान शरीर में जो टूटफूट हुई है उसे सही पोषक तत्वों (जो आहार से प्राप्त होते हैं), जल और विश्राम की मदद से पुन: निर्मित कर लेता है। इस प्रकार जब आप वही व्यायाम अगली बार करते हैं तो इससे कम या नहीं बराबर के टूट-फूट होती है।

तो आपका शरीर सीखता रहे इसके लिये आपको उद्दीपन में वृद्धि करते रहने की ज़रूरत होगी। इसलिये दो किलोमीटर की दौड़ से शुरू करके आप तीन किलो मीटर दौड़ेंगे, दो बार सूर्य नमस्कार से तीन बार करेंगे या डंबल पर दो पाउण्ड वज़न से बढ़ाकर तीन पाउण्ड वज़न उठायेंगे।

आप उद्दीपन में वृद्धि करते हैं, शरीर में नई टूट-फूट उत्पन्न करते हैं, और फिर शरीर के सारे पोषक तत्वों और उपयुक्त विश्राम के उपयोग से उस उद्दीपन के लिये अनुकूलन सीखते हैं, अत: आप बढ़ते, अधिक सबल, अधिक स्वस्थ, अधिक छरहरे बनते रहते है, हर अगले दिन के साथ!

हाँ, व्यायाम का निश्चय करने के साथ आपको सही प्रोफेशनल की सलाह लेनी चाहिये। किसी प्रशिक्षक से मिलें तो उसकी योग्यता और अनुभव के बारे में पता करें। अपनी समस्या के बारे उसके साथ बातचीत कीजिये, अनुमान लगाइये कि वह आपको ठीक से समझती है, आपकी शंकाओं का समाधान करती और एक उपर्युक्त कार्यक्रम का सुझाव देती है या नहीं। निश्चित कर लीजिये कि कार्यक्रम आपकी ज़रूरतों, फिटनेस के स्तरों (या

उनके अभाव), समय और लक्ष्यों के अनुसार व्यक्तिगत रूप से उपयुक्त बनाया गया हो। सबसे अधिक महत्वपूर्ण यह है कि इसमें टूट-फूट से पुर्नलाभ के लिये पर्याप्त समय की व्यवस्था की गयी है। जिस प्रकार आपको ऐसे किसी पोषणविद् पर भरोसा नहीं करना चाहिए जो व्यायाम में विश्वास नहीं करती, ठीक उसी तरह अपको ऐसी प्रशिक्षक पर भरोसा नहीं करना चाहिये जो सही आहार पर विश्वास नहीं करती। आपकी प्रशिक्षक (वह अच्छी तरह अंग्रेजी बोल सकती हो या नहीं) के पास व्यायाम के शरीर विज्ञान (फिज़िओलॉजी), देहयांत्रिकी (बायोमैकेनिक्स) और क्षति निरोध (इंजरी प्रिवेंशन) का गहरा ज्ञान होना चाहिये और उसे स्वयं दुरूस्त दिखना चाहिये। एक प्रशिक्षक को इस योग्य होना चाहिये कि आपको व्यायाम का सही रूप या प्रविधि सिखा सके और इस बात के यथार्थ अनुमान में आपकी मदद कर सके कि आप कितनी जल्दी 'परिणाम' देख सकेंगे। लेकिन मुझ पर विश्वास कीजिये, व्यायाम के पहले क्षण से ही 'परिणाम' घटित होना आरम्भ कर देते हैं, भले ही आप उनको देख सकें या नहीं। अतः कृपया अपने शरीर के प्रति विलम्ब के लिये शिक़ायत मत रखिये, इसके बदले दुनिया का सारा समय लगा देने के लिये इसको प्रोत्साहित कीजिये।

तो चलिये और चुनिये वह व्यायाम जिसके पक्ष में आप फैसला करना चाहते हैं। बहुत से लोग जिनसे मैं मिलती हूँ व्यायाम से डरते हैं क्योंकि उन्हें लगता है कि व्यायाम रोकते ही उसके लाभ समाप्त हो जायेंगे। बेशक, **तंदुरुस्ती एक नष्ट हो जाने वाली वस्तु है। ऐसी कोई चीज़ नहीं जिसे सदा के लिये संचित करके रखा जा सके।** लेक़िन फिर आपको व्यायाम रोकना क्यों चाहिये। शरीर के लिये व्यायाम महत्वपूर्ण है, वैसे ही जैसे कार के लिये ड्राइव किया जाना। इसलिये व्यायाम करते रहिये। आपका शरीर उद्दीपन के बिना तीन सप्ताह तक तंदुरूस्ती के स्तर को बनाये रखने में समर्थ होगा। जिसके बाद वह इन स्तरों का विसर्जन करने लगेगा। हमारा शरीर एक ही सिद्धांत पर काम करता है।, याद रखिये : 'देह कमाओ नहीं तो गँवाओ'।

लगभग पाँच साल पहले तक हम से हर एक को कम से कम दस फोन

नम्बर याद हुआ करते थे। मोबाईल फोन का प्रवेश और हम अपने साथी का, घर या दफ्तर का नम्बर भी याद नहीं रख पाते। दिमाग़ ने इस स्मृति की क्षमता खो दी है क्योंकि हम अब इसके लिये उसका इस्तेमाल नहीं करते। तो अगर तन्दुरूस्ती के उपयोग का कोई कारण नहीं है तो आप इसको खो ही दें तो बेहतर;या कम से कम हमारे शरीर का तो यही विश्वास है। अच्छी ख़बर यह है कि दिमाग़ की तरह ही माँस-पेशियों के पास भी स्मृति होती है। इसलिये अगर आप एक लम्बे, बहुत लम्बे अंतराल के बाद भी व्यायाम करना आरम्भ करें तो आपकी माँस पेशियाँ उसी फिटनेस स्तर पर लौट जायेंगी जिस पर आपने पिछली बार रोका था, क्योंकि उनको याद आ जायेगा। ठीक उसी कविता की तरह जिसे आपने स्कूल में जाना था; अगर आप किसीको पहली चार पंक्तियाँ बोलते सुनेंगे तो आपकी स्मृति ताजी हो उठेगी और पाँचवी या छठी पंक्ति से आप भी शामिल हो जायेंगे।

और अगर आप भारोत्तोलन से थक गये है तो साईकिल चलाना शुरू कर दीजिये। उससे भी ऊब गये?दौड़ने लगिये। लेकिन याद रखिये कि व्यायाम जीवन भर का वायदा है इसलिये आपको इसे निभाते रहना पड़ेगा, इस तरह नहीं तो उस तरह।

'क्या व्यायाम से चोट लग सकती है?' यह सवाल ऐसा पूछने की तरह है कि 'ड्राइविंग से क्या ऐक्सीडेंट हो सकता है?' अगर आप ड्रिंक करते हुये गाड़ी नहीं चला रहे हैं, जब आप थके और निंदासे हों तब गाड़ी नहीं चला रहे हैं, यातायात के नियमों का पालन कर रहे हैं, रोष के दौरे में गाड़ी नहीं चला रहे हैं और अपनी कार के अंगों की सही देखभाल करते हैं; पर्याप्त पैट्रोल, ब्रेक आयल, कूलेंट, इत्यादि, तो नहीं। अगर आप सारे नियमों का पालन करें तो आप एक सुरक्षित ड्राइव लेते हुये अपनी कार का आनन्द उठा सकते हैं। इसी प्रकार जब आप बीमार, थके या निंदासे न हों तब व्यायाम करने से व्यायाम के पहले और बाद में उपयुक्त आहार लेने से, पर्याप्त पानी पीने से, व्यायाम के पहले वार्म अप और बाद में कूल डाउन से अंगों को फैलाकर, सही प्रविधियों के इस्तेमाल से आप अपने शरीर को चोट से बचा

सकते हैं। लेक़िन यदि आप उचित से अधिक व्यायाम करते हैं और पर्याप्त विश्राम अथवा आहार नहीं लेते तो यह एक दुर्घटना के समान हैं। आप नुक़सान को देख सकते हैं लेक़िन उसका कारण नहीं समझ सकते। व्यायाम बहुत अधिक, आहार बहुत कम, नींद की कमी या कुछ और? दूसरी ओर, बहुत कम व्यायाम समय और ऊर्जा की बर्बादी है। हर बार के व्यायाम को आपके शरीर के मौज़ूदा फिटनेस स्तर के लिये चुनौती होना चाहिये। इसे 'प्रोग्रेसिव ओवर लोड' (क्रमशः अतिभार) का सिद्धांत कहते हैं। अर्थात आप अपने शरीर को हर दिन थोड़ा अधिक सिखाते हैं जिससे कि व्यायाम में उसकी रूचि बनी रहे और वह सीखना चालू रखे। ठीक उसी तरह आप वर्णमाला सीखने के बाद शब्द और फिर वाक्य की ओर प्रगति करते हैं। अगर आप रोज़ केवल वर्णमाला ही सीखते रहें तो उसमें आपकी रूचि समाप्त हो जायेगी। और अगर आपको पहले ही दिन वाक्य सिखाये जाने लगें, तो आप तय कर लेंगे कि वह आपके लायक नहीं है। इसलिये व्यायाम को एक उचित रूप से क्रमबद्ध योजना का अनुगमन करना चाहिये और कभी ज़रूरत से कम या क्षमता से अधिक नहीं होना चाहिये।

क्या व्यायाम की एक विधि किसी दूसरी विधि से बेहतर होती है? नहीं। वही कीजिये जिसे करने में आपको आनंद मिले। इसलिये नहीं कि इसे किसी सितारे का समर्थन मिला है, या क्योंकि यह वसादाह में बहुत कुशल है, या इसके अतिरिक्त अन्य कोई विधि व्यर्थ है। आख़िरकार व्यायाम हमारे शरीर की सीमाओं के अतिक्रमण का एक तरीक़ा है। केवल इतना निश्चित कीजिये कि आपका प्रशिक्षक आपकी शक्तियों और सीमाओं को अच्छी तरह समझता है। व्यायाम के सभी रूपों का सारतत्व एक ही है; अंतर केवल सतही हैं। व्यायाम के सभी रूपों को अपने आप के निकट होने में आपका सहायक होना चाहिये, आपके शरीर को आपको मददग़ार होना चाहिये। एक अच्छा धार्मिक या आध्यात्मिक गुरू अपने धर्म को बेहतर ढंग से समझने में आपकी मदद करता है, आपको दिखाता है कि अपने परिवेश के अनुकूल आप अपने धर्म के सिद्धांतों को अपने दैनिक जीवन में कैसे उतार सकते हैं,

और जानता है कि सारे धर्म एक ही लक्ष्य की ओर ले जाते हैं। इसके विपरीत एक कट्टरपंथी गुरू को अपने ही धर्म का उचित ज्ञान नहीं होता और इसलिये वह आपको सही रास्ता दिखाने में असमर्थ होता है। इसी प्रकार जो प्रशिक्षक अपने द्वारा सिखाई जाने वाली व्यायाम प्रविधि के अलावा बाकी सारी प्रविधियों को नीची निग़ाह से देखते है वह स्वयं अपनी व्यायाम प्रविधि की भी सीमित समझ रखता है। हर तरह का व्यायाम एक ही लक्ष्य की ओर जाता है : स्वास्थ्य, फिटनेस और शांति।

व्यायाम विषयक मिथ्या

भारोत्तोलन

मिथ्या : भारोत्तोलन के बारे में सबसे बड़ा मिथ यह है कि अगर आप शुरू भी करेंगी तो आपकी मसल बन जायेगी और आप बॉडी बिल्डर हो जायेंगी। क्या आपने कभी किसी रविवार को क्रिकेट का बैट उठाकर खेलते हुये यह डर महसूस किया है कि आप सचिन तेन्दुलकर हो जायेंगी? सुनने में ही बेवकूफाना लगता है? यह बात भी ऐसी ही है।

सत्य : जिम में भारोत्तोलन से आपकी हड्डियाँ अधिक सघन होंगी, जोड़, नसें और स्नायु अधिक सबल बनेंगे, और माँस पेशियाँ अधिक बड़ी (पुरूष) या कसी हुई (स्त्री) होंगी। अधिक सबल अस्थियाँ और माँस-पेशियाँ विकसित करने के क्रम में आपका शरीर वसा दाह का अधिक प्रभावी यंत्र बनना सीख लेता है। अस्थि और माँस-पेशी सक्रिय ऊतक हैं। अतः वह आपके लिये अधिक वसा का दाह करते हैं।

सलाह : सप्ताह में कम से कम दो बार केवल एक घण्टे के लिये भारोत्तोलन कीजिये। अगर आप जोड़ों के दर्द के रोगी है या आपके परिवार में गठिया अथवा आस्टोपोरोसिस का मर्ज़ है तो आपको निश्चितरूप से एक अच्छी प्रशिक्षक और जिम में पैसा और समय लगाना चाहिये। व्यायाम के पश्चात हमेशा 20 मिनट के अंदर तीव्र गति **जीआई** कार्ब तथा प्रोटीन का आहार लीजिये।

योग

मिथ्या : अगर आप योग आरम्भ करे तो सेक्स छोड़ना होगा। फिटनेस प्रोफेशनल्स् को जो मिथक सुनने पढ़ते हैं उनमें यह सर्वाधिक लोकप्रिय मिथकों में से एक है। हे ईश्वर। इससे बड़ा झूठ और कोई नहीं हो सकता। योग के प्रथम गुरू, भगवान् शंकर पूरे पारिवारिक व्यक्ति थे; 'हम दो हमारे दो'।

सत्य : योग का संबंध देह, मन और इंद्रियों पर पूर्ण नियंत्रण से है। यह जीवन के प्रति संतुलित और अनुशासित प्रवृत्ति को प्रोत्साहित करता है। ब्रह्मचर्य का अर्थ सेक्स का निषेध नहीं, बल्कि ऐसा आचरण (यौनिक आचरण समेत) है जो आपको सत्य अथवा अपने सच्चे स्वरूप के निकट लायेगा। तो जाइये और इत्मीनान से अपने आसन और सूर्य नमस्कार कीजिये। अगर इसका कोई असर आपके यौनिक जीवन पर पड़ा, तो विश्वास कीजिये, यह केवल बेहतरी के लिये होगा।

सलाह : योग शारीरिक व्यायाम का ऐसा क्षतिपूरक रूप है जो आपकी संवेदनाओं और स्नायुओं को शांत भी करता है। आप रोज़ योग कर सकते हैं। आसन आरम्भ करने के पहले पेट को हल्का रखें और व्यायाम के बाद एक पौष्टिक आहार लें।

टहलना

मिथ्या : दौड़ने की अपेक्षा टहलना अधिक सुरक्षित है। मेरे ख़्याल से टहलना सर्वाधिक अतिशयोक्त व्यायाम है। भारत में यह लगभग वैसा ही तथ्य है जैसाकि बाजे गाजे धूम धड़ाके वाला भारतीय विवाह। जैसाकि विवाह पर दिखता है अन्दर आने वाला हर व्यक्ति वैसे ही टहलने वाला हर व्यक्ति भी तड़क-भड़क वाला मोटा रीछ होता है। बड़े-बड़े गुटों में शार्ट्स पहने हुये, निकली हुई तोंद वाले पुरूष, स्त्रियाँ अधिकतर जोड़े में (अधिकतर एक अन्य स्त्री के साथ) सलवार और जूते पहने हुये; टहलने के बाद पार्क

के बाहर एक मारूति वैन में बिकते हुये रंग बिरंगे जूस और अगर आप एक नियमित ग्राहक हैं तो उपहार स्वरूप थोड़ी अंकुरित मूँग।

सत्य : उसी एक पार्क में टहलना, वही चक्कर बार-बार लगाना, उन्हीं लोगों के साथ, उन्हीं विषयों पर बात करना-शेयर बाज़ार, अर्थ व्यवस्था, पाक-विधियाँ, बहुएँ, शहर के हालात-किसी के फिटनेस स्तर को सुधार नहीं सकते (और इसीलिये यह समय और ऊर्जा की ख़तरनाक बर्बादी है)। कुछ लोग बरसों बरस टहलते रहते हैं और कोई लाभ नहीं देखते। ये टहलोन्मादी कभी-कभी जिम भी जाते हैं जहाँ वे ट्रेड मिल पर थोड़ा और टहलते हैं। और दोस्तों के साथ गपशप करने के बजाय टी.वी. स्क्रीन पर चैनल बदलते रहते हैं। कुछ अन्य लोग साँस लेने के विकृत रूपों को आज़माते और उसे प्राणायाम कहते हैं। टहलना बहुत बढ़िया है, पर केवल तब जब यह आपके शरीर के लिये कोई चुनौती दे। 'टॉक टेस्ट' आज़मा कर देखिये। अगर आप बिल्कुल बोल नहीं सकते तो आप बहुत तेज चल या दौड़ रहे हैं। अगर आप गा सकते हैं, तो आप बहुत धीमे हैं। अगर आप ठीक हैं तो दिक़्क़त के साथ केवल बोल सकेंगे और निश्चय ही, गपशप तो बिलकुल नहीं कर सकेंगे।

सलाह : आधे घंटे तक लगातार दौड़ने की कोशिश कीजिये। अगर न कर पायें तो केवल चलते रहने की बजाय दो चक्कर दौड़ते हुये लगाइये। आप शुरूआत केवल 30 सेकेण्ड की छोटी-सी दौड़ के साथ कर सकते हैं और धीरे-धीरे करके कुछ महीनों के दौरान तीन मिनट से तेरह मिनट तक ले जा सकते हैं। 'मध्यांतर' प्रशिक्षण आज़मा कर देखिये; थोड़ी देर दौड़िये फिर चलिये और इस चक्र को दोहराते रहिये। अच्छे जूतों के लिये खर्च कीजिये, और दौड़ने के पहले और बाद हाथ-पाँव फैलाने का व्यायाम कीजिये।

आहार-पुनाः स्मरण

दिन 1			
समय	खाना, पीना और उसकी मात्रा	गतिविधि पुनः स्मरण	व्यायाम

दिन 2

समय	खाना, पीना और उसकी मात्रा	गतिविधि पुनः स्मरण	व्यायाम

दिन 3

समय	खाना, पीना और उसकी मात्रा	गतिविधि पुनः स्मरण	व्यायाम

आभार

मेरी आसपास के बहुत से लोगों की मदद, अवलम्ब, प्रेरणा और त्याग के बिना यह पुस्तक संभव नहीं हो सकती थी। और इसे फिल्मी पुरस्कार के स्वीकार भाषण जैसा लगने का ख़तरा उठाकर भी मैं धन्यवाद देना चाहूँगी:

- अपने समस्त 'डाइट क्लाइण्ट्स' को जिन्होंने मेरे पुस्तक लेखन की लम्बी दौड़ के दौरान पूरे मन से मेरा साथ दिया और बंद सेलफोन को-दो महीने के लिये मुलाकात न होने को-एस एम एस और ई-मेल के जवाब में दो दिन की देरी को बर्दाश्त किया और यह आश्वासन भी दिया कि 'दूसरों का तो पता नहीं, लेक़िन मैं तुम्हारी किताब ज़रूर खरीदूँगी'।
- रूइया कॉलेज और एसआईईएस कॉलेज के जिम में अपनी पूरी टीम को, बॉस की अनुपस्थिति में वस्तुत: बेहतर काम करने के लिये। और जिम के सदस्यों के सामने मेरी अनुपस्थिति के सम्बन्ध में बहाना बनाने के लिये।
- अपने मेराथॉन धावकों का धीरज रखने के लिये और रविवार की लम्बी दौड़ का विश्लेषण सोमवार की शाम तक की देरी से भी न रख पाने के बावजूद मेरे साथ 'बिल्कुल ठीक' बने रहने के लिये।
- अपने प्रशिक्षक एवं योगाचार्य मित्रों को मेरे साथ कुछ सचमुच दिलचस्प डाइट कथाओं और मिथ्याओं की साझेदारी के लिये।
- कोस्ता कॉफी, ओशीवारा के पूरे स्टाफ को, जहाँ मैंने इस पुस्तक का अधिकांश भाग लिखा।
- अपने माता-पिता और बहन अंकिता को, मेरे लिये हमेशा मौज़ूद रहने के लिये।
- अपनी कार्योन्मादी संपादिका चिकी को, उसके प्रोत्साहन और वह सारी बातें भी शामिल करने के लिये जिसे मैं उसके मतभेद के बावजूद अनिवार्य समझती थी।

और अपने साथी जी.पी को एक बहुत विशेष धन्यवाद जिसके बिना यह पुस्तक लिखी ही न गई होती।

लेखिका के विषय में

ऋजुता दिवेकर भारत के शिखर पोषणविदों और फिटनेस प्रशिक्षकों में से एक हैं। बॉलीवुड के सर्वाधिक फिट सितारों-करीना, सैफ़, लिज़ा, सोनाली और अन्य के अतिरिक्त उन्होंने अनिल अंबानी के साथ भी, मुम्बई मेराथॉन के प्रशिक्षण में काम किया है। सर्वश्रेष्ठ व्यक्तिगत प्रशिक्षक पुरस्कार 2005 की विजेता ऋजुता पोषण, खेल-विज्ञान और योग की विशेषज्ञ हैं।

अनुवादक के विषय में

प्रभा दीक्षित

इतिहासकार, समसामयिक विषयों पर टिप्पणीकार, दिनमान, चौथी दुनिया, नवभारत टाइम्स, राष्ट्रीय सहारा, जनसत्ता, टाइम्स ऑफ़ इण्डिया, इलस्ट्रेटेड वीकली ऑफ़ इण्डिया, इकनॉमिक पोलिटिकल वीकली इत्यादि अनेक पत्रों में समय-समय पर नियमित स्तम्भकार रह चुकी हैं। 'कम्यूनलिज़्म : ए स्ट्रगल फॉर पॉवर' की लेखिका।

मिराण्डाहाउस के इतिहास विभाग से पैंतालीस वर्षों तक सम्बद्ध।

इतिहास और शिक्षा मनोविज्ञान की अनेक पुस्तकों का अनुवाद। तीन मूर्ति के लिए ऐतिहासिक दस्तावेज़ों का अनुवाद।

थकान मिटाने के लिए एक अनुवाद यह भी – 'अपना भेजा न चटाइये, केवल वज़न घटाइए'।

संयोजन और सम्पादन

अर्चना वर्मा

कवयित्री, कथाकार, समीक्षक और आलोचक। अब तक एक कहानी संग्रह, दो कविता संग्रह, आलोचना की दो किताबें और सभी प्रतिष्ठित पत्र-पत्रिकाओं में रचनाएँ प्रकाशित।

हिन्दी की प्रमुख साहित्यिक पत्रिकाओं 'हंस' (22 वर्ष) और 'कथादेश' (सम्प्रति) के सम्पादन के साथ सम्बद्ध।

सम्प्रति : 'हिन्दी विभाग, मिराण्डा हाउस, दिल्ली विश्वविद्यालय, दिल्ली-7

'A Taste of Cornwall'

REMEDIES AND REMINISCENCES

Edited by
KENNETH FRASER ANNAND
& ANN BUTCHER

WITH ARTICLES BY:
KENNETH FRASER ANNAND
&
ELIZABETH PARKINSON

LINE DRAWINGS OF HERBS BY:
MARJORIE FRASER ANNAND

TREDINNICK PRESS

'A TASTE OF CORNWALL'
(Series)

REMEDIES AND REMINISCENCES

© TREDINNICK PRESS 1994
Published by Tredinnick Press,
Burnwithian House, St. Day, Cornwall.

ISBN 0 9523407 2 0

The Editor dedicates this book to his Daughter,
Charlotte Fraser Annand,
and Ann Butcher dedicates this book to her father
Ronald Burns Butcher
without whom
this project would not have been possible.

This book is sold subject to the condition that it shall not, by way of trade or otherwise, be lent, resold, hired out, or otherwise circulated without the publisher's prior consent in any form of binding or cover other than that in which it is published and without a similar condition including this condition being imposed on the subsequent purchaser.

All rights reserved. This publication either in whole or in part may not be reproduced, stored in a retrieval system or transmitted in any form or by any means, electronic, mechanical, photographic, or otherwise, without prior permission in writing of the copyright holders.

Front & Back Cover Design by Ann Butcher.

Film origination by: Input Words and Graphics of Bodmin.
Printed by: Hartnolls of Bodmin.
Designed and Typeset on Apple Macintosh by Kenneth Fraser Annand.

Front and back cover photographs by:
Stephen Earl~Davies Esq[re] of Cameracraft, Truro, Cornwall.

The Cornish Litany:

*From Ghoulies and Ghosties
and long leggety Beasties
and all Things that gang
bump in the night ~
Good Lord deliver us!*

*Miss Charlotte Fraser Annand, being passed through the Men~an~Tol
nine times against the sun as a prevention against Rickets.*

DO *NOT* ATTEMPT THESE REMEDIES

These 'Remedies' are
Reproduced Here For Historical Reasons Only.

SOME OF THE INGREDIENTS MAY BE *HIGHLY* POISONOUS

Tredinnick Press and the Editors of this book both jointly and severally will accept no liability whatsoever in the event of any illness or death howsoever sustained which may be attributed to any recipe receipt or 'remedy' contained within these pages which are reproduced here for historical reasons only and this clause shall also be deemed to cover the contributors of material to this book the printers of this book the booksellers and the owners and keepers of the original manuscripts whence these historical recipes receipts and remedies are taken.

The Remedies within this book are taken from the original hand written manuscripts and are of enormous interest, both as an historical study of life before the advent of antibiotics and modern medicine, and as a social history of this County of Cornwall. They are equally demonstrative of the life of former times in all corners of the British Isles and each county will hold similar archive material in the records of its major families. The Editor has taken great care in recording as accurately as possible, the receipts and remedies as written in the original manuscripts. In consequence, the spellings differ, in many cases considerably, from those with which we are familiar today.

Caveat Lector

The Editor with stern advice,
Advises, lest you pay the price
That all these treats and potions fare
Are mingléd not with God's clean air;
And this dire warning thou shalt heed
Lest some poor soul wears widow's weed
So should you suffer maladies
DO NOT ATTEMPT THESE REMEDIES,
For if you fall to deep malaise,
Or suffer death, or go part craze,
And with malodorous intent

Then think to sue and are hell bent,
I shall refer you to this lay -
Thou shalt not prosper 'pon that day,
For hid within these words so wise
Are warning capitals to prize;
And this disclaimer shall be deemed
By all mankind from friend to fiend,
To cover, joint and several,
Wherein, at law, is usual
The libraries and book seller
The publishers and editor.

Kenneth Fraser Annand,
Tredinnick Press.

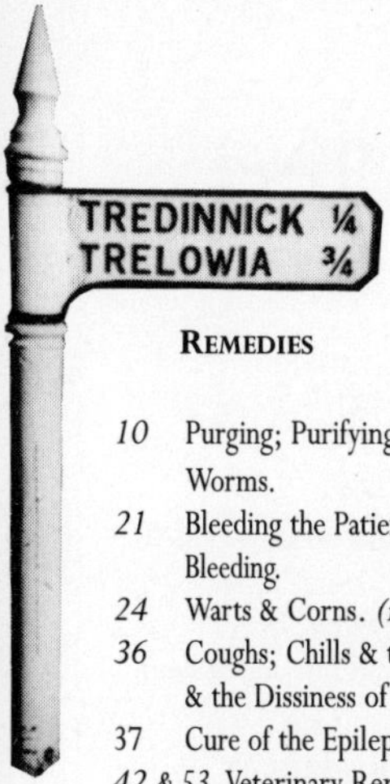

Contents

Remedies

10 Purging; Purifying; the Colic & the Worms.
21 Bleeding the Patient & a Cure for Bleeding.
24 Warts & Corns. *(including charms)*
36 Coughs; Chills & the Head Ach & the Dissiness of the Head.
37 Cure of the Epilepsy.
42 & 53 Veterinary Remedies for the Kennel & Stable.
44 For the Bite of the Mad Dog ~ 1746.
49 The Master of All Medicine.
55 Cattle cured by the Bark ~ Extract from Gentleman's Magazine (October 1754).
58 Confinement & Travail.
63 Teeth & Gums.
66 Further Charms. *(General)*
66 Charm for Banishing one's Private Enemies. *(c.1700)*.
70 Cancer of the Breast.
76 Agues; Fits & the Plague.
77 Hysterical Fits.
82 Cosmetics ~ *Modern*.
87 Cosmetics & Perfumery ~ *Historical*.
92 Recipes & Remedies for use by the Housekeeper & Butler.
95 The Gamekeeper's Arsenal.
101 Gout & Rheumatism.
102 For a Consumption.
102 Charm for Banishing the 'King's Evil'.
113 The Stopping of the Water & the Stone.
115 & 126 Miscellaneous Receipts.

Herbs (with Line Drawings):

18 Saffron ~ *Crocus sativus*.
26 Borage ~ *Borage officinalis*.
34 Rosemary ~ *Rosmarinus officinalis*.
68 Periwinkle ~ *Vinca major*.
78 Foxglove ~ *Digitalis purpurea*.
84 Lavender ~ *Lavandula augustifolia*.
90 Violet ~ *Viola odorata*.
98 Comfrey ~ *Symphytum officinale*.

Articles

14 Rashleigh of Menabilly.
28 Growing & Caring for a Herb Garden
46 Veterinary Practice in Cornwall ~ *Donald Mather Reminisces*.
50 Mr. Charlie Brown Reminisces ~ *(Veterinary Kennelman)*
80 Herbal Cosmetics ~ *Made in the Home*.
96 Pendarves of Pendarves.
104 Basset of Tehidy.
108 Secret Sorrow ~ Certain Help.
116 General Medical Practice ~ *A Retired G.P. Reminisces*.

Verse & Poetry

3 The Cornish Litany.
8 The Kingdome of Cornwall Rich^d. Carew of Antonie. (1602).
65 A Charm for Macbeth.
67 Old Cornish Placenames Davies Gilbert. (d. 1839).
86 The Frog and the Mouse.
100 Krakatoa ~ *from 'A Cornishman Abroad'*.
114 The Well of Saint Kayne ~ Rich^d. Carew of Antonie. (1602).

Miscellaneous

3 The Cornish Litany.
6 Medicinal & Chymical Symbols.
20 Letter & Script to Rashleigh, 1817.
31 Trevince ~ Kitchen Garden Design.
40 Prescription for Artificial Ass's Milk & Letter ~ 1845.
55 Extract from Gentleman's Magazine ~ October 1754. ~ *'Diseased Cattle cured by the Bark'*.
62 Advertisement for *'Stopping Decayed Teeth'*.
86 The Holy Wells of Cornwall.
125 Arsenic Pasty.
127 Glossary of Terms.

℞ ≈ *Take.*

The Usual

Medicinal Characters

℔. *A Pound*, or ℥xij.	A.F. *Idem.*
℥. *An Ounce*, or ʒviij.	A.R. *Aqua Regia.*
ʒ. *A Dram*, or ℈iij.	℟. *Idem.*
℈. *A Scruple*, or gr. xx.	A.V. *Aqua Vitæ.*
gr. *A Grain.*	B.M. *Balneo Mariæ.*
gt. *A Drop.*	B.V. *Balneo Vaporis.*
gut. *Idem.*	D. *Distil*, or *Distilling.*
M. *A Handful.*	A. *Ashes.*
P. *A Pugil.*	MB. *Balneo Mariæ.*
p. j. ij. *One, two Parts.*	q. s. *Quantum satis.*
ss. *ss. half any Quantity.*	q. v. *Quantum vis.*
N°. *In Number.*	R. *Recipe, Take.*
a. *Each a like Quantity.*	S. *Spirit.*
Ana. *Idem.*	S.V. *Spirit of Wine.*
A. *Alembick.*	S.A. *Secundum Artem.*
AB. *Bole Armon. fine Bole.*	S.S.S. *Stratum super Stratum*: Or *Lay upon Lay.*
aaa. *Amalgama.*	V. *Vinum, Wine.*
▽F. *Aqua Fortis.*	

The Usual

Chymical Characters

♄ *Saturn*, or *Lead.*	⊖ *Salt common.*
♃ *Jupiter*, or *Tin.*	⦶ *Nitre, Salt-Peter.*
♂ *Mars*, or *Iron.*	♁ *Antimony.*
☉ *Sol*, or *Gold.*	◎ *Oil, of any kind.*
♀ *Venus*, or *Copper.*	⊙ *Caput Mortuum.*
☿ *Mercury*, or *Quicksilver.*	O *Alum.*
☽ *Luna*, or *Silver.*	♉ *Sal Gem.*
♌ *Bezoar minerale.*	♋ *Cancer*, or *Crab.*
♉ *Arsenick.*	*Sublimate.*
☍ *Day.*	*Precipitate.*
♀ *Night.*	△ *Water.*
✳ *Sal Armoniack.*	□ *Tartar.*
⊡ *Urine.*	🜍 *Sulphur.*
△ *Fire.*	*Retort.*
⊕ *Verdigreese.*	✠ *Vinegar.*
Cinnabar.	*Spirit of Vinegar.*
Chalcantum.	♆ *Quicklime.*
⊖ *Vitriol.*	∞ *Auripigment.*

Wounded Soldiers Relaxing, during the First World War ~ Probably Patients at the Royal Cornwall Infirmary, Truro.

The Kingdome of Cornwall

"It bordereth on the East with *Devon* divided therefrom, in most places, by the ryver *Tamer*, which springeth neere the North Sea, at *Hartland* in *Devon*, runneth thorow *Plymouth Haven*, into the South. For the rest, the maine Ocean sundreth the same, on the North from *Ireland*, on the West from the Ilands of Scilley, and on the South from little *Britaine*. These borders now thus straightened, did once extend so wide, as that they enabled their inclosed territorie, with the title of a Kingdome. *Polidore Virgil* allotteth it the fourth part of the whole Iland, and the ancient Chronicles report, that *Brute* landed at *Totnes* in *Cornwall*, a Towne now seated in the midst of *Devon*. Moreover, until *Athelstanes* time, the *Cornish~men* bare equal sway in *Excester* with the *English*: for hee it was who hemmed them within their present limits. Lastly, the encroaching Sea hath ravined from it, the whole Countrie of Lionnesse, together with divers other parcels of no little circuite: and that such a Lionnesse there was, these proofes are yet remaining. The space betweene the lands end, and the Iles of *Scilley*, being about thirtie miles, to this day retaineth that name, in Cornish *Lethowfow*, and carrieth continually an equall depth of fortie or fixtie fathom, (a thing not usual in the Seas proper Dominion) save that about the midway there lieth a Rocke, which at low water discovereth his head. They terme it the Gulfe, suiting thereby the other name of Scilla. Fisherman also casting their hooks thereabouts, have drawn up peeces of doores and windowes. Moreover, the ancient name of Saint *Michaels Mount*, was *Caraclowse* in *Cowse*, in English, *The hoare Rocke in the Wood* and which now is at evrie floud encompassed by the Sea, and yet at some low ebbes, rootes of mightie trees are discryed in the sands about it."

Taken from 'The Survey of Cornwall', Written by
Richard Carew of Antonie, in the Year of our Lord, ~ 1602.

ST. MICHAEL'S MOUNT.

Presently the Seat of the Lord St. Levan.

Taken from Stockdale's 'Excursions in Cornwall' - 1824.

Remedies for:

Purging; Purifying; the Colic & the Worms

A Farting Powder

Cos. Wightwicke's.

℞ yellow skin at ye bottom of a gooses foot, dry it in an oven and powd^{r} it & give ye party some of it, & in an hours time it will work briskly. *Probat* *. *[Ed: Does this promote or prevent!?]* *Pendarves of Pendarves. C.R.O. No. PD 324.*

**Probat = proved.*

A Purgation y^{E} L^{D} of S^{T} Albans: Masceracon

Take the best Rubarb a dram ʒ *i.* Roman Woormwood Squenants each 15 Grains cut them all in Small Slices put them together beat them to Gross Powder wch Steep in six or Seaven Ounces of White Wine half an hour & y^{n} Straine it through a Napkin then put the Same White wine and things together then Straine them out very hard put to the Liquor a Sponfull of New beere or more as you will, Drink it presently, after drink some broth y^{n} Ordinary Diett thate wch you may take either before Diner or Supper & it will work more according to the Constitution of your body as it is weak or Strong. *Basset Paper of Tehidy. R.I.C.*

A Receipt for a Purging

Half a Pint of French Brandy burnt with Double Refined Sugar over 2 pipes over the Brandy. Add to that an Ounce of Diascordium, mixt all together to take a Large spoonfull Every Night going to bed, or more. *Rashleigh Papers of Menabilly. C.R.O. No. R5683.*

For the Cholicke

Grate the Shells of old Hasell Nutts to Fine Powder. Drink as much of it at once as will lye on a 6^{d} in Beere or Possitt Drink & Alcorns so used are as good or rather more effectuall.

Basset Papers of Tehidy. R.I.C.

A Cleansing Diet Drink

Take Guaicum 5 ounces, Saxifrage & Liquoris of each 2 ounces, Juniper~berries 4 ounces, Anniseeds & Fennel Seeds of each one ounce, Raisins of the Sun 4 ounces, Agrimony, Centaury, Sage, Rue, Varvain, Celandine, Rose~mary, Bettony, Roses, Chamomel, Flowers, 3 handfulls of each, Goldon~rod 2 handfulls; if these Herbs be dry ~ put them with the Drugs into 4 Gallons of New Beer, if the Herbs be green, then boyle them in 4 or 5 Gallons of Woort, Strain out the Herbs when boyled, & work it up as other Beer & when it is 2 or 3 days old drink frequently thereof, a good Draught at a time.

Basset Papers of Tehidy. R.I.C.

Elixer Proprietatis

Take of myrrh alo's and Safforn in powders of each half an ounce, put them into eight ounces of rectifi'd Spirits of wine, and stop it up very Close & Shake it every day for a month together, you may take from 16 drops to 40 drops on Loaf Sugar.

Basset Papers of Tehidy. R.I.C.

An Electuary for the Worms

(Electuarium Vermifugum)

Bate.].

℞ Leaves of Bears Foot in Powder ℥ *ij.* clarified Honey ℥ *vj.* mix, and make an Electuary, S.A. It is a most certain Remedy for killing and bringing forth Worms Dose ℈ *iv* ad ʒ *ij.*

Salmon.]. § This is a Medicine I wholly dislike; for the Infusion I have known to be fatal in several. If you adventure upon it do it cautiously, giving a small dose. I am confident, that if it does not kill the Patient, it will certainly kill the Worms.

Taken from Pharmacopœia Bateana or Bates Difpenfatory. Fifth Edition of 1720. This contains a preface of the Editor, William Salmon, M.D. dated 7. Dec. 1693. This book has been lent to us most generously by Mr. G.J. Hendra of Truro.

Recipe for Purgative

Mix with Twenty Grain of Rhubarb three drops of Oile of Cinimon & 3 drops of Oile of Juniper in a dram of Venice Treacle make it up in a Bolus & take it at night going to Bead.

Rashleigh Papers of Menabilly. C.R.O. No. R5683.

A Plaister for the Worms in Children

Take Alloes in the lump half an ounce, Wormseed as much, lett the alloes be beaten very fine and the wormseed bruised, mix these with Ox or Neats Gall set them on ye ffire in an Earthen Porrindish let them boyl gently till it is about ye thickness of a Salve then spread it on Sheeps Leather when you use it, warm it and lay it on ye Childs Navill presse it close with the hand and let it fall of it self. Anoint the Navill and round it with Neats Gall warm before the plaister is put on.

Basset Papers of Tehidy. R.I.C.

D^R· Lower's Laxative Tincture

℞ for the Cholic

Guiacum Chips, ye smallest you can get, leaves of Senna, Liquorice, Anniseeds prepared, Elicam pane roots dried, Corriander Seeds, of each two ounces. Raisins of ye Sun stoned one pound. Steep these in three Quarts of ye best French Brandy ten or twelve days, till ye Liquor be as red Tincture, then strain of ye clear and put it in Bottles for use, close stopid.

Rashleigh Papers of Menabilly. C.R.O. No. R5683.

    𝒩.ℬ. Take 3, 4 or 5 spoonfulls of this, or more if occasion be, in every fit of ye Colick & every illness of ye Stomach, or Indigestion, Surfist, or fit of ye Stone in ye Kidneys.

[Editor: This, we believe is the renowned Dr. Lower, M.D., who was the first medical practitioner who resorted to transfusion of blood as a remedial agent in disease. He died in 1691. By will he gave £1,000 to St. Bartholomew's Hospital, London; £500 to French protestant refugees; £500 to Irish protestant refugees; £50 to the poor of Covent Garden; and £40 to the poor of two Cornish parishes. His family came from St. Tudy and Michaelstow, in the Deanery of Trigg Minor.]

Information gathered from 'Collectanae Cornubiensic Geo. Boase c 1890 & th Parochial & Family Histo of the Deane of Trigg Mir by Sir John Maclean, 18

MENABILLY.

Presently the Seat of Sir Richard Rashleigh, Bt.
Taken from Stockdale's 'Excursions in Cornwall' - 1824.

Rashleigh of Menabilly

Up betimes & to Menabilly ~ *A short synopsis of the history of the family of Rashleigh. The Rashleighs were of long standing in the County of Devon before Philip Rashleigh came to Cornwall and settled at Fowey in about 1520. By means of his ship, the 'Francis of Foy', he traded extensively with France and Spain in corn & wines, and this was instrumental in establishing the fortunes of the family in Cornwall. The following are extracts from the family pedigree which make most fascinating reading:*

1545 Philip Rashleigh (of Foy) at the Dissolution of the Monasteries acquired the Priory & lands of St. Andrews, Tywardreath from the King (Henry VIII) for £209 ahead of their local rivals, the Treffrys of Place (near Fowey). The Treffrys, in exposing the corruption of the Prior to the King, had been instrumental in bringing about the confiscation of the lands.

1573 John Rashleigh, grandson of the above, bought the lands at Menabilly, by this time his large properties had entitled him to a vote in parliament & the Rashleighs were M.P. for 260 years.

1578 John Rashleigh's ship the 'Francis of Foy' sailed with Frobisher's fleet to Meta Incognita (Canada).

1589 John the Younger (b.1554) began the building of Menabilly which took thirty five years & was completed in 1624.

1644 The Rashleigh's were Royalist. Jonathan Rashleigh had the thankless job of collecting silver to finance the King's campaign. After the war the family were virtually bankrupt. Cromwell's troops had laid waste to Menabilly. Crops & livestock had been destroyed. Considerable fines & levies were imposed on the family for their support of the King. It was not until long after the Restoration of the Monarchy that they were in a position to begin the task of rebuilding the house.

1693 Jonathan Rashleigh (b.1642) started a horse~drawn cartage business, under armed guard, to convey cargoes from Penzance & Falmouth to London. "Not many families can claim to have 17th. Century ancestors in the long~distance haulage business!"

1747 Charles Rashleigh born. He built & moved to Duporth House. He also built the harbour & dry dock at Charlestown (still extant) & allowed the dry dock (above lock gates) to be flooded by piping a stream below Prideaux to the dock, over four miles.

Polridmouth, Near Menabilly.

1824 William Rashleigh (1777~1855), when adding a kitchen & stable to Menabilly disturbed a buttress. Behind the brickwork a skeleton was exposed. Below it were the preserved epaulettes and gold buttons of a senior Royalist officer. The buttress had served no useful purpose other than to conceal a small staircase leading to a cell. The skeleton was on a stool, with a plate below. (No history is known of this gentleman, but it inspired Dame Daphne du Maurier to write 'The King's General'.) At about the same time Philip Rashleigh,* who became a well known mineralogist, discovered the mineral 'Rashleighite'. His collection was shared by the British Museum & The Royal Institution of Cornwall.   *See page

1871~1960 Dr. John Cosmo Stuart Rashleigh removed to Devonshire & let Menabilly, following personal tragedy & the subsequent death of his first wife, Gertrude, who had adored Menabilly & loved hunting. He no longer wished to live at Menabilly again. Having trained at St. George's Hospital at the time of great advances in the treatment of T.B., & having lost both his parents to the disease, he started a private sanatorium for T.B. patients at Throwleigh in Devonshire. Dr. Rashleigh converted two of the Rashleigh Almshouses into a dwelling house in which he & the second Mrs. Rashleigh stayed four times a year, in order to visit the estate & the tenants. It was the desire of the second Mrs. Rashleigh to live at Menabilly, although this desire was not fulfilled.

1943~1969 Menabilly let to Lt. Gen. Sir Frederick 'Boy' Browning and Lady Browning, (Daphne du Maurier). (Moved in at Christmas 1943.) Daphne du Maurier was living at Ferryside by Bodinnick (presently owned by her son, Mr. Christian Browning), when she discovered Menabilly ~ deserted, shuttered & somewhat overgrown with ivy. She fell in love with the house immediately and made enquiries as to the possibilities of purchasing the property. Menabilly & its recent history became the inspiration for 'Manderley' in her famous novel 'Rebecca'. In 1969, Lady Browning moved to Kilmarth, the Dower House to Menabilly, & lived there until her death in 1989.

1969 Mr. Philip Rashleigh, (a cousin to Dr. Rashleigh), inherited & moved into Menabilly. He died in 1988, without issue. His widow continued to live at Menabilly until December of 1993, when she removed to a house in the grounds.

1980 Demolition of the decayed Victorian wing and restoration of the house to its earlier design & proportion.

1988 Menabilly inherited by Sir Richard Rashleigh, (a cousin to Philip Rashleigh). Sir Richard took up residence in December 1993.

Extracts from the Family Albums:

'John Rashleigh (b. 1554) provided almshouses in Fowey (still extant) for 'twelve decayed widdowes.'

'Over the panelled fireplace at the Ship Inn at Fowey, is carved: 'John Rashly ~ Alice Rashly ~ 1570'.'

'Circa 1630, one of John Rashleigh's ships was seized by pirates. A Captain Whitbourne of Dartmouth re-captured it. He complained he received no thanks or reward.'

'John Rashleigh of Menabilly, Esq. built an Hospitall in which he maintained eight widdowes, & also gave £100 to be laid out in yarn.'

'Thomas Rashleigh, of Coombe (d.1662) 'gave every year fifty shillings to be given to fifty poor people.'

'Jonathan Rashleigh (b.1740), wrote to his brother, Philip, after a dance given by his mother saying of another brother, Peter, "My Mother says he dances more gentiley than any other person she ever saw".'

'William Rashleigh (1817 ~ 1871), built Point Neptune in Fowey & moved there because he said he preferred it to Menabilly. He, his wife & his daughter are buried in the Rashleigh Mausoleum at Fowey.'

'John Rashleigh erected a granite cross on Polmear Hill as a token of thanks for escape from injury when his carriage overturned on the hill (circa 1865).'

'When the railway was built through the Prideaux estate, part of the agreement was that the Rashleighs could wave down a train & jump on to it. This continued for many years.'

A Family Anecdote:

*'Philip Rashleigh, the mineralogist, became a little crotchety in his old age, caused in no small measure by his gout. [Ed: There is a remedy for gout & rheumatism taken from the Rashleigh papers on page 101.] Philip fell asleep one evening by his fireside & his young nephew William, ventured to poke the fire. Philip awakened & bawled at him to stop immediately. William explained that he was seeing if Le Grice's comment on the art of poking a fire, contained in his book, was a good one. Philip, on hearing the name of his great friend asked to see the book, where upon the last page was written of the Squire of Menabilly, "Never poke the fire where Old Square Toes reigns." Philip, on reading the rebuke, allowed only his nephew to poke the fire thereafter!'

K. F. A.

[Editor: For Information: Menabilly is a Private Residence and Not Open to the Public.]

Saffron ~ Crocus sativus

WARNING: The use of it ought to be moderate and reasonable; for when the dose is too large, it produces a heaviness of the head and sleepiness. Some have fallen into an immoderate convulsive laughter which ended in death.

GROWTH: It has a tuberous root, about the size of a Nutmeg, and purplish flowers with yellow-red centres. It resembles the Garden Crocus.

WHERE TO FIND IT: A cultivated plant. Most supplies (today) come from Spain. [Editor: I have written a comprehensive article upon Saffron in the first book in this series, 'A Taste of Cornwall', which is entitled 'Recipes and Ramblings'.]

FLOWERING TIME: Early autumn.

ASTROLOGY: It is a herb of the sun and under the Lion.

MEDICINAL VIRTUES: Not above ten grains must be given at one time. A cordial if taken in immoderate quantity, hurts the heart instead of helping it. It quickens the brain, helps consumption of the lungs, and difficulty of breathing, is excellent in epidemical diseases, such as pestilence, smallpox and measles. A notably expulsive medicine, it is a good remedy in yellow jaundice. It is a useful aromatic, of a strong penetrating smell and a warm pungent and bitterish taste. It is particularly serviceable in disorders of the chest, in female obstructions and hysteric depressions. Saffron is endowed with great virtues. It refreshes the spirits and is good against fainting fits and palpitations of the heart. It strengthens the stomach, helps digestion, cleanses the lungs and is good for coughs.

MODERN USES: An infusion of one teaspoon of the powdered flower pistils to 1 pint of boiling water is administered in doses of 2 fluid ounces to stimulate menstruation and ease painful periods. It is also anti-flatulent and diaphoretic. Dosage is critical, as Saffron is toxic if taken to excess.

(Taken from Culpeper's Colour Herbal, edited by David Potterton & published by W. Foulsham & Co. Ltd.).

Saffron ~ Crocus sativus

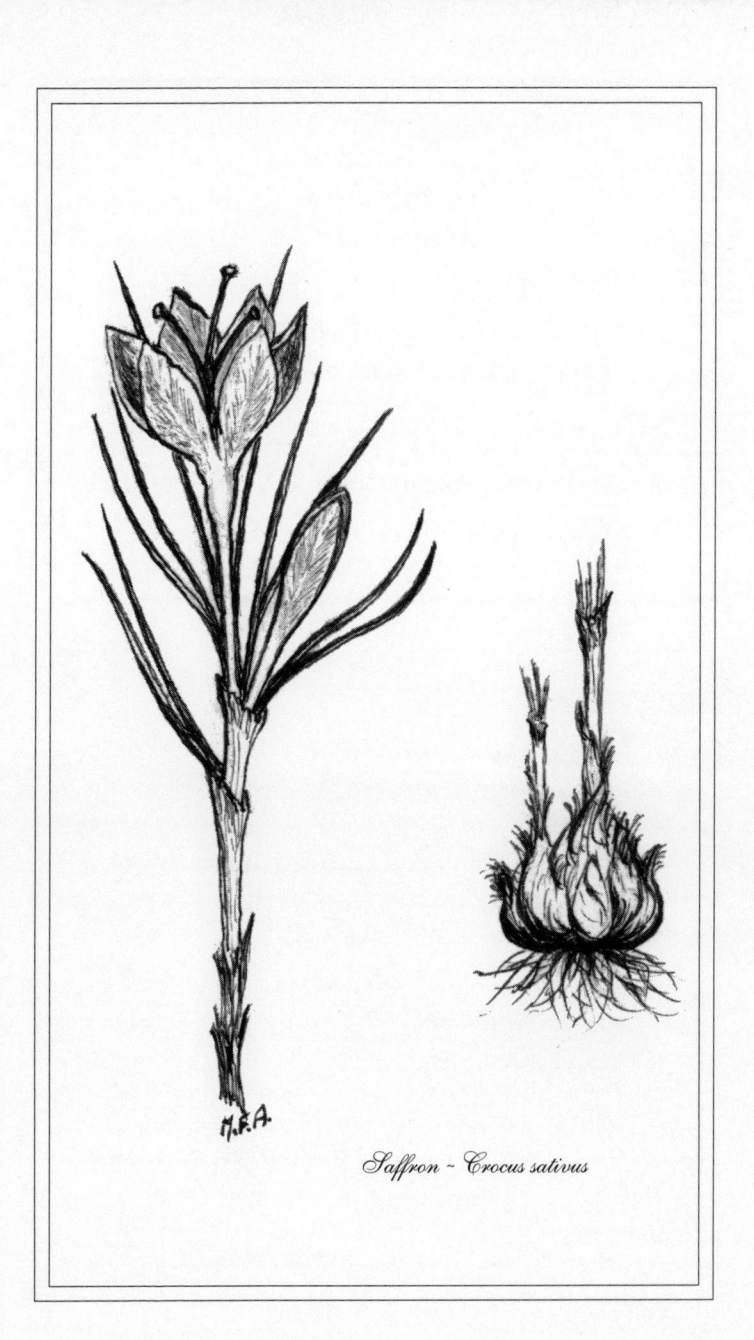

G.J. HENDRA
HEALTH FOODS
ESTABLISHED SINCE 1841 · THE COUNTY PERFUMERY · THE PHARMACY

DISPENSING CHEMIST
ADVICE AND TREATMENT
LOTIONS AND CREAMS CREATED

'Bishop's Wallop' for coughs ~ a most efficacious speciality

•

ESSENTIAL OILS, AROMATHERAPY, BACH REMEDIES

•

6~7 LOWER LEMON STREET · TRURO · CORNWALL
TELEPHONE: 0872 72823

Creed Jany 30 . 1817.

My Dear Sir,

I have this instant, received y^r letter of the 27th Int ~ according to y^r desire I give you the Recipe for ulcerated Legs, which I am very glad to hear, has been so efficacious.

"six drams of the best nitre are to be disolved in a Quart of Water, to which six drams of Spirit of Sal Ammoniac are to be added. 3 Wine Glasses to be taken daily" ~

What a Winter this is! It apes the Spring. I hope and trust, that Parliament will steadily resist the Petitions for Parli^y Reform, with wch their Table will groan ~ They pretend to be the unbiased voice of the Nation at large. We know how these matters are managed by a few, and palmed upon the Country ~ and Major Carthwrite has told us the History of his Political Apostleship. Concession in a few points will lead to more clamouring & insolent demands and everyone must see to what ann Parli^{ts}. & universal Suffrage must lead ~ with our best comp, to Mrs Rashleigh and to yr. friends. Yours truly,

William Greger.

Letter taken from the Rashleigh Papers of Menabilly held at the C.R.O.

Bleeding the Patient & a Cure for Bleeding.

> The medicinal leech, Hirudo medicinalis, has been used by physicians for bleeding patients since remote antiquity, and was used until well into this century as a moderate blood~letter. The term 'leech' was an old English synonym for physician (from the Teutonic root meaning 'heal'). Leeches were kept in special ceramic jars with vent holes in the lid. A particularly fine specimen of a leech jar, which originally came from St. Day, Cornwall, is now in the Museum of the Royal Pharmaceutical Society of Great Britain.

COBWEBS TO STAUNCH Y^E BLOODY FLOW

For bleeding of ye Venous blood flowing from Cuts, Abrasions & ye Chaffing of ye Skin, gather Cobwebs from ye Secret Places in ye House & wrap yem on~to ye bloody Wound and so ye shall Staunch ye Flow very kwicklie. *Probat.*

Tredennick of Tredennick.

CURE FOR BLEEDING

Moxa or Indian Moss

An excellent Remedy for all sorts of Bleeding. Bloody Flux, Veins Broken in the body, Bleeding at the Nose & Vomiting Blood, also for any inward or outward bleeding occasion'd by Wounds, Cuts, Stabs, Falls or Blows, which if speedily applied will surprisingly staunch the flux of blood & prevent death, in Case no Vital part be afflicted. In disorders of the first kind, a dose taken night and morning will be sufficient, but for sudden mischances, from Wounds, Cuts, Stabs, Blows, Falls, tis Necessary to take a dose every hour, or offener if danger requires, the method of taking it is to Moisten it in your Mouth, till you can Swallow it down, but for bleeding at the Nose Stuff it up the Nostrils, & if the Bleeding be Violent, take it inwardly too, the manner of applying it to a fresh Wound is only to bind it on Close, that no air may get to the part, the Bigger the Wound the greater quantity must be laid on, you need not remove it till the Wound is healed, wch it will effectually perform wthout having a fear, and utterly prevents all Gangreens & Mortification.

Rashleigh Papers of Menabilly. C.R.O. No. R5683.

PLATE 1.

Fig. 1. A lancet and canula for discharging the contents of an abscess by means of a seton.
Fig. 2. A director for discharging the contents of an abscess.
Fig. 3. An abscess lancet.
Fig. 4. A forceps for extracting polypi.
Fig. 5. A slit probe for conducting a ligature to the root of a polypus.
Fig. 6. A ring for assisting in securing a ligature upon the root of polypus.
Fig. 7. A double canula for fixing a ligature upon the root of a polypus.
Fig. 8. The most approved form of a lancet for the opening of blood-letting.
Fig. 9. A jugum cervicis recommended by some practitioners in venefection in the neck.
Fig. 10. A bandage for making compression after performing the operation of arteriotomy at the temples.
Fig. 11. A scarificator with 16 lancets, used in the operation of cupping.
Fig. 12. A cupping-glass.
Fig. 13. A seton needle.
Fig. 14. The common crooked needle used in making sutures.
Fig. 15. *(a and b)* Two pins of different forms used in the twisted or hare-lip suture. The first commonly made of silver, with a movable steel point; the other of gold.
Fig. 16. The tourniquet now most generally used.
Fig. 17. The tenaculum used for opening cavities of different kinds.
Fig. 18. A common scalpel.
Fig. 19. A large lancet used for opening cavities of different kinds.
Fig. 20. A blunt-pointed bistoury.

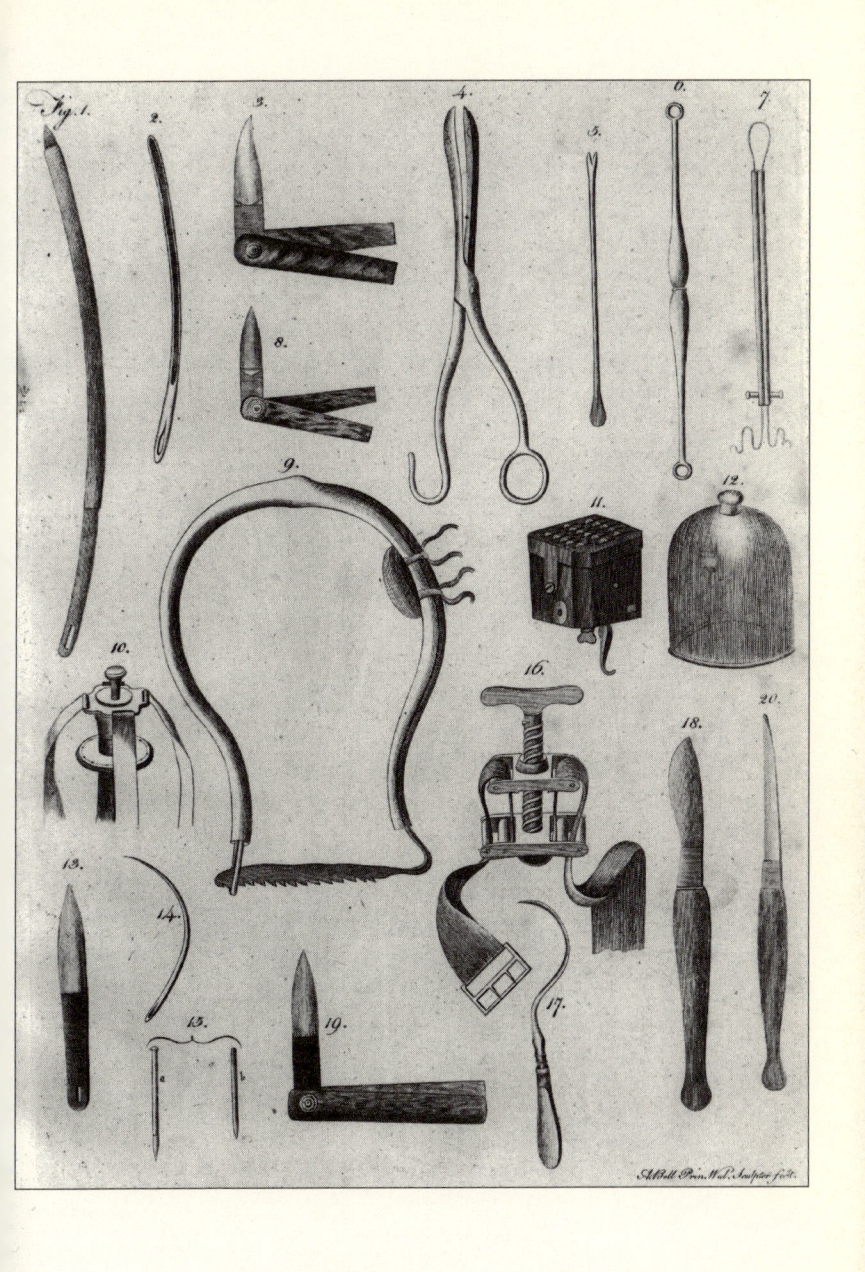

Surgical Instruments

taken from a copper-plate engraving within the
Encyclopædia Britannica of 1797.

Remedies & Charms for

Warts & Corns

TO TAKE AWAY WARTS

Dr Wedale

℞ A little Sal Armoniack ✻ dissolve it in a little fair water, & touch your wart pretty often wth it, and twill take it away quickly, a sure remedy. *Pbat.**

Pendarves of Pendarves. C.R.O. No. PD 324.

**Probat = proved.*

CURE FOR CORNS

Dr Yonge's Prescription for Soap to cure Corns, to Mrs Rashleigh (jun^r). To succeed must be persevered in.

Rashleigh Papers of Menabilly. C.R.O. No. R5683.

Merely to rub a little of it night and morning on the Corn ~ with a glove. The object is to dissolve and Soften the hardened cuticle which forms the Corn, but it requires *perseverance* with which I think I can promise success ~ and it can do no harm. If it makes the foot smart, it is time to desist for some days & to wash immediately with some warm water.

Japonis Mollis ℥vi

Potefroe furse ʒij

28-7-1836.

[Editor: See page 118 for an interesting Cure for Warts within the article entitled 'General Medical Practice in Cornwall'. It seems to mix superstition with faith! It has also been suggested to the Editor that a runner bean rubbed on to the warts at regular intervals will make them vanish.]

CAPTAIN VERCOE'S REMEDIES FOR WARTS & CORNS

These remec date from th 1800's and were used by Capt. Verco of St. Blaze Capt. Verco was Captain a china cla ship.

FOR THE WARTS: Tie a knot in a piece of string, one for each wart that afflicteth you, and leave the string on the counter of the next shop you go into and the next person picking up the string will taketh your warts away.

For the Corn: Put ivy leaves on the corn inside your stockings.

For the Warts: Rub the excrescences with a piece of raw beef and then bury it in the garden and as the meat roteth down so shall your WARTS disappear.

[Editor.: Mr. Hamilton Jenkin in 'Cornwall and its People' has the same story but reports that 'in order to ensure the secrecy which is essential to the operation, it is sometimes said that the meat should be stolen!'] Mr. Hamilton Jenkin recounts further ancient charms used for the curing of warts as follows:

Further Charms for the Warts

For the Wart: Take a green pea pod which contains nine peas, 'taking the ninth pea', and throwing it away with the words: 'Wart, wart, dry away', and as the pea rots so the wart disappears.

For the Warts: One piece of Turf cut for each wart and replaced upside down on the soil we are told, also effected the same remedy as the grass withered. Hamilton Jenkin recounts the story of a lady living in St. Ives, a sceptical woman who after consultations over a long period with doctors and chemists, all of whose remedies for warts had failed utterly to work, in desperation sought the advice of a local Charmer or 'white witch'. The Charmer, on seeing an enormous quantity of warts, decided that one piece of turf for every so many warts would have to do, saying *'If I was to cut up a separte tobban (bit of turf) for all they, I should have to take up the whole field'*. The Charmer mumbled some words over the turfs as she cut them up. The 'patient' was asked if she believed in the efficacy of these measures and denied them saying *'No Aunt Jinny, I really cannot say that I do, because I don't see how it is possible'*. Aunt Jinny replied *'Oh, but you must believe it sooner or later'*. The 'patient's' scepticism was somewhat shaken a few weeks later when every wart had entirely disappeared!

Taken fron 'Cornwall and its People' by A.K. Hamilton~Jenkin Esq., published by Messrs. David & Charles of Newton Abbot.

Borage ~ Borago officinalis

OBSERVATIONS: The leaves, flowers and seeds are good to expel pensiveness and melancholy.

GROWTH: A hardy annual with prickly hairs, oval leaves and blue flowers. The stems grow to about 18 inches high.

WHERE TO FIND IT: It is grown in gardens to attract bees and may be found wild in waste places and near houses.

FLOWERING TIMES: Early to midsummer.

ASTROLOGY: Jupiter and Leo, great strengtheners of nature.

MEDICINAL VIRTUES: The leaves and roots are used to good purpose in putrid and pestilential fevers to defend the heart and to resist and to expel the poison or venom of other creatures. The seed and leaves are good to increase the milk in womens' breasts.

The juice made into a syrup is put with other cooling, opening and cleansing herbs to open obstructions and help the yellow jaundice. Mixed with Fumitory it helpeth the itch, ringworms and tetters, or other spreading scabs and sores. The distilled water helpeth the redness and inflammations of the eyes. The dried herb is never used, always the green.

MODERN USES: It is now classified as a diuretic with demulcent and emollient properties. French herbalists use it for colds, fevers and lung complaints such as bronchitis and pneumonia. An infusion of the leaves ~ 1 ounce to 1 pint of boiling water ~ is taken in doses of 2 fluid ounces. A poultice is made from the leaves to reduce inflammatory swellings. The diuretic property of the infusion makes Borage useful in rheumatism.

(Taken from Culpeper's Colour Herbal, edited by David Potterton & published by W. Foulsham & Co. Ltd.).

Borage - Borago officinalis

Growing and Caring for a Herb Garden
by
Elizabeth Parkinson.

So strange the myth ~ all the talk about the 'great comeback' herbs are making nowadays. How can I convince the world that they have never gone away? Here in Cornwall we have a treasure house of practical folk who have inherited, and put to excellent use, a fund of herbal knowledge which all generations of Cornish country dwellers have been able to rely upon, because what they needed was all growing nicely to hand around them. I glean it all as I travel the length and breadth of our county, talking about and demonstrating with my home grown herbs. I seem to jog people's memories and out tumble the family remedies.

A goodly slice of cunning will help you choose the right site for your plants. Two things herbs loathe above all else are wind and wet: sadly, that sums up Cornish weather, at any time of the year! Think of the most sheltered corner of your garden from the prevailing winds. Then add a well drained site with the maximum length of daylight, or better still, sunlight. What you have done is to give the pollinators a fair chance of carrying out their task of creating seeds and seedlings (a thankless occupation tried in the teeth of a gale). With the exception of mints and waterlovers, most herbs ask for good drainage, while those possessing silver or variegated foliage must be given full light to maintain their proper colour. I cannot stress too strongly the need for an addition of a generous helping of lime to the soil. The very best herb borders you will ever see are on limestone, so with the severe acid conditions in our county, and manifestly so here in my nursery, this is a vital task to be carried out in the spring, generously, and top that up in mid summer, and yet again in the autumn, when you clear your borders and containers, settling your plants down for the coming winter. Lime leaches through the soil speedily as your watering programme progresses, far quicker than any fertiliser.

Let's explode that other myth about herbs "doing quite happily on poor soil". Poor things! The difference in your stock once the benefits of thorough and regular feeding are felt is nothing short of a revelation. The choice is largely yours. If your vegetable patch receives sympathetic care through the season, include the herb area for manure, or top dress with granular feed if it is easier to manage. Containers will need long life fertiliser in the compost, or liquid feeding when watering during the life of the plants therein. A happy alternative for those with an unreliable memory, which includes this author, is to use long-life fertiliser in a pellet or stick form, all available from garden centres. Instead of adding fertilisers to the water pot each time, the pellets or sticks are pushed into the soil around the roots of containerised plants, and all you have to do is to keep up the watering. So it is important to remind yourself that all nutrients are used up very rapidly by any plant living its life in a container, unlike their brothers and sisters out in the open ground.

Everything in the garden isn't always lovely! Herbs will get their fair share of pests, and to a lesser degree, diseases. Taking pests first; aphids, slugs, snails and vine weevil are no respecter of property or loved plants. Yours is the final choice of weapon: systemic, contact or organic control methods, giving degrees of success in reducing the number of pests. We all have our own ways of tackling the problem; currently, I am trying the natural fatty acids formulæ. Providing I obey the directions, and observe the 'do's and dont's', they seem most impressive. Because I consider all herbs to be vegetables, that is to say my family is going to eat what I grow, I eschew all systemic sprays, regardless of how effective their use might be. Better safe than sorry, say I. The optimum state to achieve is an acceptably low level of infestation which enables you to grow and harvest successfully. I do use slug bait, always scantily applied, pellet by pellet, renewed in minute quantities every few days, the dead slugs and snails being removed each morning just in case they revive and survive. Each time I buy a fresh canister, I choose a different make because I suspect that the formulæ differ, and pests could become resilient to the same mix. For vine weevil, deliverance for beleaguered gardeners has come in the shape of predatory worms which devour the weevil grubs feeding amongst the plant roots, in the pots or in the ground. It is applied in a water solution ~ simplicity itself, bought in package form from local garden centres. Diseases are few, mercifully. Rust on mint, that perennial headache, is largely avoided by choosing a really damp spot, and keeping it that way during dry weather. Shade suits mints rather well, reducing the occurences of rust. Mildew is a constant threat to my stock, growing under cover. Best action is cutting everything down to ground level, repotting if containerised and only spraying as a last resort. Again there is a range of permitted organic applications, but for those who are at ease using systemic inorganic preparations, the dipping of cuttings in antifungal preparations before inserting them for propagation, is standard commercial practice, and makes sense to the amateur gardener too, if he or she so wishes.

Increasing a stock or widening a selection of herbs by propagation is vastly satisfying, most of us verging on the smug when things go really right. Nature surpasses all my efforts at raising seedlings; nevertheless I do gather seeds diligently, drying after harvesting in paper (never plastic) bags, storing when fully ripe in airtight jars. Herb cuttings do well from early summer until early autumn in unheated conditions. That time is lengthened if you have heat to offer. Material should be semi~ripe wood (it bends but doesn't snap), bottom foliage removed, using a rooting powder, (with the exception of geraniums) with vigilant care when the cuttings are striking ~ debris cleared and regular watering until potting on day arrives. Even more care is needed if you sow seed in containers ~ critical watering, even temperatures, protection from slugs and snails, and in my case marauding mice, calling for neatly baited traps loaded with broad beans ~ surefire results, trust me. Thymes and other creeping subjects will pin down their long stems successfully, and then you sever the rooted pieces from the parent plant when a decent size. You will find this best as a summer pastime. Large clumps, or stands of perennial stock divide well in the spring, just as fresh growth gets under way, no longer checked by inclement weather.

It's a curious thing about harvesting herbs. The pundits and the books will try to give you specific months for the task, but just cover your ears and go your own sweet way, using common sense based entirely on current weather, and the abundance or lack of harvestable

ROUGH WORKING SKETCH (NOT TO SCALE) FOR NEW DESIGN OF

KITCHEN GARDEN FOR MRS. STONE

AT

TREVINCE, CORNWALL.

S
W
N
Tractor access road.
MAZE ~ with the names of Beauchamp and Stone entwined in 8' high yew hedging. Central 'Conversation Seat' built in stone.
Yew Hedges to be 4' high and 3' wide backed by Wisteria from tunnel
Laburnum Vossii arched and pleached at entrance of tunnel
YEW
STONE SEATS IN FRONT OF YEW HEDGES WITH HERB BEDS
LILY POND
Fountain in centre of lily Pond
12' wide Tunnel of Wisteria Macrobotrys
Laburnum Vossii arched and pleached at entrance to tunnel
8' Gravel access paths for tractor ~ Herb bed edged with old bricks at 45°
RASPBERRY CANES
Brassicas
ESPALIER APPLES
12' wide gravel path with 6 square wooden containers with Cordyline Australis
etc.
Leeks
Salad
Onions
RHUBARB
Existing LOGANBERRIES
CURRANTS (Black)
Walnut (Juglans)
GOOSEBERRIES
12' Gravel Tractor access path
4'
6'
Edible Cherry
8' path gravel
Crab Apples (trained to form ball)
Crab
4 Standard Roses (Blanc de Coubert)
Nursery Bed
ASPARAGUS BED
STRAWBERRY BED
E. APPLES
POTATOES Variety - Pink Fir Apple
LAVENDER-HIDCOTE BLUE
Flowers for cutting
Flowers for House
Black Mulberry
SHRUB ROSES (scented)
VINE HOUSE
Entrance to Gardens
8'
Existing CAMELLIA
6' Gravel path
HERBACEOUS BED
Existing Nectarines
Plums
Cytisus Battandieri
Entrance to Kitchen Garden from Potting Sheds and Glass Houses widened for tractor access.
Fremontodendron
Quince (Vranja)

…ed and Drawn by:
…th Fraser Annand,
…ds House,
…key, Nr. Lanner,
…all.

…evision)
…ber 1993.

NOTES:

1. This is an outline design only and does not include a comprehensive planting schedule.
2. It is suggested that the entrance to the maze be via the lily pond steps and could be through arched wrought iron gates inset in the outer yew hedge wall. The iron work of the gates could depict the armorial bearings of Beauchamp and Stone with date.
3. Green yew to be used for the name Beauchamp and Golden yew for that of Stone.
4. Paths to be constructed of 9" Broken granite followed by 2" Coarse gravel and topped with 1" of Fine gravel. They must be curved from the centre to each side.
5. When the Vine House is rebuilt, it could be planned to double as a conservatory.

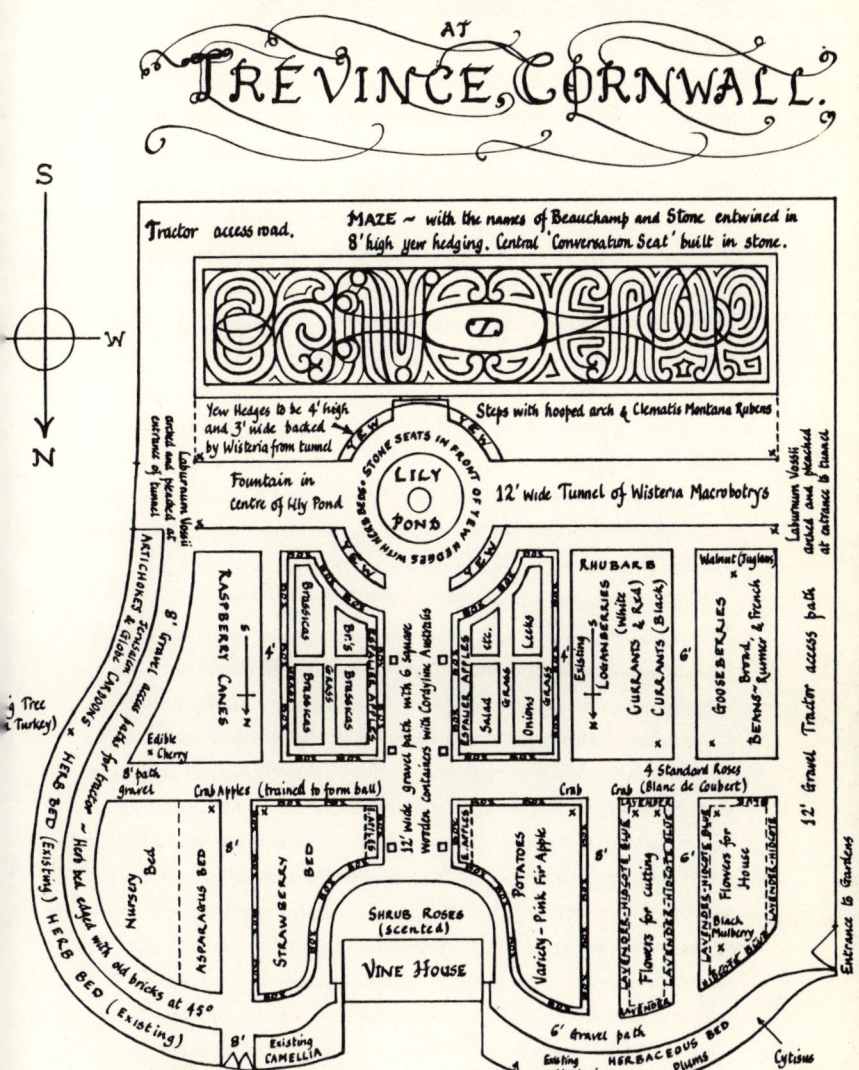

material. Be kind to perennial plants, don't take all, so killing the golden goose. Annuals call for fully ripened seed, or healthy leaves, and every single thing you gather must be dry; never harvest wet material. You can bunch stems to hang where the natural draught will dry out the moisture, or lay them flat in boxes, placing them somewhere warm and dry until all is biscuit crisp, turning regularly, and hopefully with no sign of the dreaded mould, thus place them swiftly into airtight containers. Screw top jars are my standby, labelled, dated, stored out of direct light. I reckon on a shelf life of a year, to be replaced by the next season's harvest, a pleasing continuity to the mind. You will find drying time is much reduced and mould risk minimised if you strip leaves off stout woody stems (such as tansy or scented geraniums) before spreading the leaves, not too thickly, into boxes to dry in the airing cupboard, or above a radiator. Dried herbs can then be used for cooking through the winter months when fresh herbs are so hard to come by, or for making your own pot~pourri and fragrant products, always welcome at Christmas, birthdays or just to show how much family and friends mean to you.

It would be difficult, not to say presumptuous of me to tell readers what herbs they ought to plant. A wonderfully individual thing is a herb garden. Most gardeners have a conveniently placed patch of kitchen herbs, so start with expanding that, then venture on to herbs grown for their fragrant aroma, a great sweetener to life. Lavender is universally loved, but so many others are waiting to be discovered. The simplest and most effective remedies for minor ailments are to hand from your garden, some of the culinary herbs being medicinal, surprisingly. Often they combine with hedgerow plants to make a remedy applied with perfect confidence by herbalists, or ordinary country folk who have proved its efficacy beyond doubt down the years. Above all, let well being and pleasure pervade you as well as your herb garden as you go about establishing it. Do add to it, plant by plant, exploring scent, shape, contrasting and complementing colour and form. In no time your knowledge will develop into a quest for particular varieties and so eventually to collecting species. You would never credit how large is the mint family, or the thyme, the sage or the basil! Once launched into the hunt, there is no rest until the new treasure burgeons happily in the border, admired by all, cuttings generously and readily given by one true enthusiast to another.

A year never passes without my happy discovery of yet another herb. Recently I travelled back from Brittany on trains and ferry as a foot passenger, clutching two super~market plastic carriers containing enormous, excitingly rare ornamental sages bought from a delightful French nurseryman, (un pepinière ~ making me Madame la pepinière, methinks!), whose English was far superior to my French! He stood that sunny Saturday morning on Belle Île, the main town square ~ one huge noisy bustling market, selling wonderful potted herbs and fuchsias. I couldn't resist such creatures. *[Editor: I wonder, does Mrs. Parkinson, mean the potted herbs and fuchsias or the French nurserymen?!].* (You can now obtain nicely potted sage offspring from me ~ the cuttings got away quickly, as I knew they would. The sage family is *so* obliging). So begin the planting, start the search, make new friends with the scores of herb enthusiasts living right here in Cornwall, in your village, who knows ~ right next door!

PARKINSON HERBS

Purveyors and Growers of
Fine Herbs.

Makers of Very Fine Mustard,
Pot~Pourri & Parkinson Provender.

Parkinson Herbs,
Barras Moor Farm,
Perran~ar~worthal,
Nr. Truro, Cornwall.

Telephone: Truro (0872) 864380.

Rosemary ~ Rosmarinus officinalis

OBSERVATIONS: It helps a weak memory, and quickens the senses.

GROWTH: A shrub growing to three feet or more high with grey~green sharp~pointed leaves and pale blue flowers, variegated with white.

WHERE TO FIND IT: It will grow in gardens, but prefers to be near the sea.

FLOWERING TIME: Mid to late spring, and sometimes again in late summer.

ASTROLOGY: The Sun claims dominion over it.

MEDICINAL VIRTUES: A decoction of Rosemary in wine helps cold diseases of the head and brain such as giddiness and swimmings, drowsiness or dullness, the dumb palsy, loss of speech, lethargy and falling~sickness. It is both drunk, and the temples bathed with it.

It eases pains in the teeth and gums and is comfortable to the stomach. It is a remedy for windiness in the stomach, bowels and spleen, and powerfully expels it. Both flowers and leaves are profitable for the whites if taken daily. The leaves used in ointments, or infused in oil, help cold benumbed joints, sinews, or members.

The Oil of Rosemary is a sovereign help for all the diseases mentioned. Touch the temples and nostrils with two or three drops or take one to three drops for inward diseases. But use discretion, for it is quick and piercing, and only a little must be taken at a time.

MODERN USES: The dried herb is used by infusion ~ one teaspoonful to a cup of boiling water ~ as a remedy for headache due to gastric disturbance. It stimulates bile production by the liver. The oil is anti~flatulent and is taken on sugar, one or two drops only at a time. It is a tonic to the scalp and is one of the ingredients in Eau~de~Cologne and many over~the~counter shampoos and hair preparations. For home use, the infusion of the dried herbs can be used as a hair wash.

(Taken from Culpeper's Colour Herbal, edited by David Potterton & published by W. Foulsham & Co. Ltd.).

Rosemary ~ Rosmarinus officinalis

Remedies for Coughs, Chills, & the Head Ach & the Dissiness of the Head

M̲ᴿ Lowe's Cough Mixture

1oz. Paregoric Elixir
1oz. Tincture of Rhubarb
½ oz. Spirits of Nitre
1lb. Lump Sugar

¼ oz. Tincture of Cayenne
½ drachm Oil of Peppermint
½ oz. Essence of Aniseed
1 Pint of Boiling Water

Mrs. Bolit
Victorian
book, from
Penzance.

Mix 1lb. of Lump Sugar to 1 pint of boiling water. When cool add the other ingredients. Bottle this and it is then ready for use.

Dose: ½ a wine glass full, 3 times a day,

For the Head Ach

Take Isop *(Hyssop)* Bettony Plantine and Wormwood. Boyle them in Spring Water then Stamp Some of the herbs with wheat bran and apply it to ye Mould of ye Head as hot as it can be Indured.

Basset Pa
of Tehidy
R.I.C.

For Dissiness in the Head

Take Sweet Marjorom in fine powder. Snuff it up the Nose.

Basset Pa
of Tehidy
R.I.C.

For Chills

Infuse Elderflower heads in boiling water and drink when required. A little honey may be added to taste.

The late
Mrs. Yell
of Boscop
Nr. St. A

For the Migraine

Chew a few leaves of Feverfew each day to take away, or prevent, the Migraine.

Mrs. Cop
Trevilla,
Nr. Trure

For Coughs

In a bowl, layer rows of cut turnip & swede with brown sugar. Next day, collect the syrup & administer.

Mrs. Cop
Trevilla,
Nr. Trure

Remedies for the

Cure of the Epilepsy

Water of the Swallows

(Aqua Hirundinum)

Bate.].

℞ Live Swallows No. *40*, Castoreum ℥*j.* White Wine ℔*iij.* diftil. It prevails admirably in Cure of the Epilepsy.

Salmon.]. § *1.* If you diftil in B.M. to Driness, and cohobate four or five feveral times, your Water will be fo much the ftronger and better.

§ *2.* For at length, by many Cohobations, the volatile Salt will in fome meafure afcend and mix with the Water, which at the firft Diftillation it will not.

§ *3.* It is an excellent thing indeed in the cure of the Epilelpsy. Dofe ab ℥*j* ad ℥*iij.* every Morning for *40* Days together.

§ *4.* And if in every Dofe *iv.* or *vj.* Grains of *Sal Volatile Cranii humani* be added, the Medicine will be fo much the better.

§ *5.* You may give it either alone or in Black~cherry~water, or Peony~water, fimple or compound.

The remedies on this page are taken from Pharmacopœia Bateana or Bates Difpenfatory. Fifth Edition of 1720. Printed for William & John Innys at the Prince's Arms at the West End of St. Paul's Church~Yard, London. (Translated from the last edition of the Latin copy, published by Mr. James Shipton.) This contains a preface of the Editor, William Salmon, M.D. dated 7. Dec. 1693.

This book has been lent to us most generously by Mr. G.J. Hendra of Truro.

Water of the Magpies Compound

(Aqua Picarum composita)

℞ Young Magpies No. *vj.* White Dung of Peacocks ℔*ß* Mifflecto of the Oak, Male Peony~roots, ana ℥*v.* frefh Cowslip~flowers ℔*j* white and Spanish wine, ana ℔*v.* infufe and distil, according to Art. Dofe ℥*iv.* Morning and Evening, in the last Days before the full and new Moons.

§ It is an eminent Remedy againft the Epilepsy. It is good against the Falling~sickness, and almoft all Difeafes of the Brain and Nerves, Palsies, *&c.*

PLATE 2.

Fig. 21.   A raspatory for removing the pericranium in the operation of the trepan.

Fig. 22.   The trephine with all its parts connected and ready for use. *a,* The centre-pin, which can be raised or depressed by the slider *b.*
c, The part where the saw is united to the handle by means of the spring *d.*

Fig. 23.   Handle of the trepan into which the head of the trephine is to be inserted at *a.*

Fig. 24.   A perforator, which can be joined to the handle either of the trephine or trepan.

Fig. 25.   A brush for cleaning the teeth of the saw.

Fig. 26.   *(a)* A levator also employed in removing the piece of bone.

Fig. 26.   *(b)* Lenticular for smoothing the ragged edge of the perforated bone.

Fig. 27.   A common probe.

Fig. 28.   A directory.

Fig. 29.   A speculum used for keeping the eyelids separated, and the eye fixed, in performing various minute operations upon its surface.

Fig. 30.   A flat curved hook for elevating the upper eyelid, and fixing the eye, in performing various minute operations upon its surface.

Fig. 31.   A couching needle.

Fig. 32.   A couching needle for the right eye, fitted for the operator's right hand.

Fig. 33.   A knife for extracting the cataract.

Fig. 34.   A flat probe for scratching the capsule in extracting the crystalline lens.

Fig. 35.   A flat probe or scoop for assisting in removing the cataract.

Fig. 36.   A knife for extracting the cataract from the right eye.

Fig. 37.   One of Anel's probes for removing obstructions of the lachrymal ducts.

Fig. 38.   A syringe and pipe (by the same) for injecting a liquid into the lachrymal ducts.

Fig. 38.   *(a)* A crooked pipe which fits the syringe.

Fig. 39.   An instrument for compressing the lachrymal sac.

Fig. 40.   A trocar and canular for performing the os unguis in the operation for fistula lachrymalis.

Fig. 41, 42, 43.
   Instruments employed by Mr. Pellier in the operation for fistula lachrymalis.

Fig. 41.   A conductor for cleaning the nasal duct.

Fig. 42.   A conical tube to be left in the duct.

Fig. 43.   A compressor for fixing the tube in its place.

Fig. 44.   A trocar for making an artificial parotid duct.

Fig. 45.   Forceps sometimes used for laying hold of the lip in the operation of the hare-lip.

Fig. 46.   A pair of strong scissors used in the operation for hare-lip.

Fig. 47.   Pins used in the operation for hare-lip.

Fig. 48.   Gum-phleme.

Fig. 49.   A trocar for perforating the antrum maxillare.

Fig. 50.   An instrument of a tubular form for perforating the antrum maxillare. See as directed in *Fig. 49.*

SURGERY. Plate CCCCLXXXVIII.

Surgical Instruments

taken from a copper-plate engraving within the
Encyclopædia Britannica of 1797.

From: Dr Richard Wise of Penryn.
To: Mrs Stephens of Ashfield, Budock.

Dear Mrs Stephens,

Annexed I send you a receipt for making the artificial Ass's Milk.

I should be glad if you would keep a daily journal of what Mr Stephens takes between this and Saturday after-noon, when I shall probably change the medicine, provided there be no return of the spitting of blood.

With our united kindest regards to you all, I am, Dear Mrs Stephens,

Yours faithfully,

(signed)　　　　　　Richd Wise.

Mrs Stephens.

Artificial Ass's Milk ("for grandpapa")

Take 10 Contused Snails, Hartshorn Shavings, Erys root and pearl barly, each half an ounce.

Boil in 3 pints of Water till reduced to one half, to this, strained, add 3 tablespoonfuls of Syrup of Tolu.

Half a teacupful night and morning in about the Same quantity of fresh milk.

30th October 1845

(C.R.O. No. ST103.)

Four Burrows Hunt at Tresillian,
Outside the Gatehouse to Tregothnan.

Veterinary Remedies

for the

Kennel & Stable

CANINE MADNESS

The dog should be bled ~ The following day early in the morning give upon an empty stomack, eight grains of Purbith's Mineral. The next day ~ sixteen grains ~ and the next thirty two. Make it up into balls with butter and a little flour. Care must be taken that he does not throw it up again ~ after the last dose he may be fed as usual; but whilst taking the medicine, he should be kept from water, and have some broth or pot liquor every afternoon about 3 o'clock. This recipe is to be given as soon as the dog is bitten.

Taken from Kennel & Register d about 182 belonging family of t Richard G Bennet Esc Tresillian Newlyn E Records d at the C.R Messrs. Wh Solicitors, St. Colum (No. WH

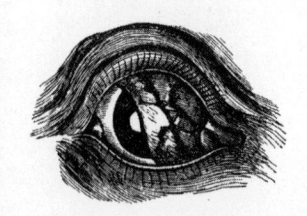

Eyelid partially covered by Membrana Nictitans or Haw.

CANINE MADNESS

Take an iron pot, with four gallons of boiling Vinegar, and place it as near the nose of the dog as possible, and give him some in his meat.

Gulley Be Papers. C.R.O. N WH5085

MANGE ~ VERY INVETERATE

Mix a pound of Sulphur Vivum, half a pound of White Hellebore, powdered; a quart of Train oil, and one pint of spirits of Turpentine, and anoint the affected places.

Gulley Be Papers. C.R.O. N WH5085

N.B. No dog having the mange should be allowed meat.

Fine sulphur with little opening Medicine will prove more efficacious than the above ~ the sulphur to be rubbed in & thrown on his bed & also given in his diet.

Dermatodectes Bovis, Mange Mite of the Ox.

Mange

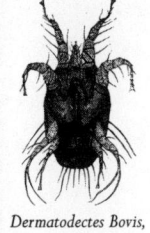

At the first appearance of this disorder, take the following ingredients & rub them in moderately first ~ a pint of Train oil, half a pint of oil of Turpentine, a quarter of a pound of Ginger, in powder, half an ounce of Gunpowder, finely powdered and mix it up cold.

All the remedies upon this page are taken from the Gulley Bennet Papers. C.R.O. No. WH5085.

If a Dog Scratches Himself Frequently

♁ 1 ℔ of Antimony, 🜍 4 oz. of Sulphur and sirup of Blackthorn enough to make them into a ball. Each ball to weigh about 7 drachms. ʒ

To Cure Fleas

Soft soap & warm water

A recipe of Charles Gould's Huntsman, for dipping the hounds in the Summer

1 gallon of oil extracted from Sheep's trotters
1¼ ℔. of Sulphur Vivum
¼ ℔. of Spirits of Turpentine
To be mixed thin & about luke-warm.

Hæmatopinus Suis, Louse of the Swine.

To Make Hounds Fine in Their Coats

Rub in about once in 2 months, 1 ℔. of Native Sulphur, 1 quart of Train oil, 1 pint of oil of Turpentine, 2 ℔s. of Soap.

Sheep affected with the Mange, or Scab.

To Cure Lice

Wash with the liquid of a pound of Tobacco steeped in three pints of small beer.

July 29th. 1824.

To Rub The Puppies Before They Are Weaned

℞ Olive Oil & as much Sulphur Vivum as will make it to the consistency of raw cream ~ Rub the puppies with a brush just to wet the skin & rub it into the skin with the fingers ~ this to be done when six weeks old, & before they are weaned ~ they must be quite clean.

They should have each of them a tea spoonful of Caster oil, at the time of rubbing them.

Worming of Dogs Against Madness

A barbarous practice of cutting a small sinew out of the tongue of a dog, which is now become obsolete, as it neither acts as a preventative of madness, nor as disabling them, if mad, from biting.*

Gulley Ber. Papers. C.R.O. No. WH5085.

*Taken fro Encyclopæ Perthensis Universal Dictionary the Arts, Sc Literature, Printed by John Brow Edinburgh Proprietor sold in all Bookseller the United Kingdom.

Remedy for the Bite of a Mad Dog ~ 1746

A never failing Medicine for the Bite of a Mad Dog taken from the Church of Cathorp, Lincolnshire,

Take the leaves of Rue pick[d] from the stalk and Bruised Venine Treakle & mithridate ~ and the Scrapings of Powder of each 4 onz[es]: boil all these over a Slow ffyer in Two Quarts of Strong ale, till one pint be Consumed; then keep it in a Bottle close stop'd and give of it Nine Spoonfuls to a Man or Woman, Warm Seven Mornings together Fasting, and Six Spoonfuls to a Dog.

This the Author believes will not (by Gods blessing) fail, if it be given within Nine days after the biting of the Dog. Apply Some of the ingredients from w[ch] y[e] Liquor was Strained to the bitton place:

N.[a] *(nota)*

Almost the whole parish of Cathorp were Bitt by a Mad Dog and those that used it servived, and those that did not ~ Dyed.

Taken fro the family papers of Stephens Ashfield, Budock, N Falmouth, Cornwall, held at th Cornwall Record Office. Ref. No.: ST1332.

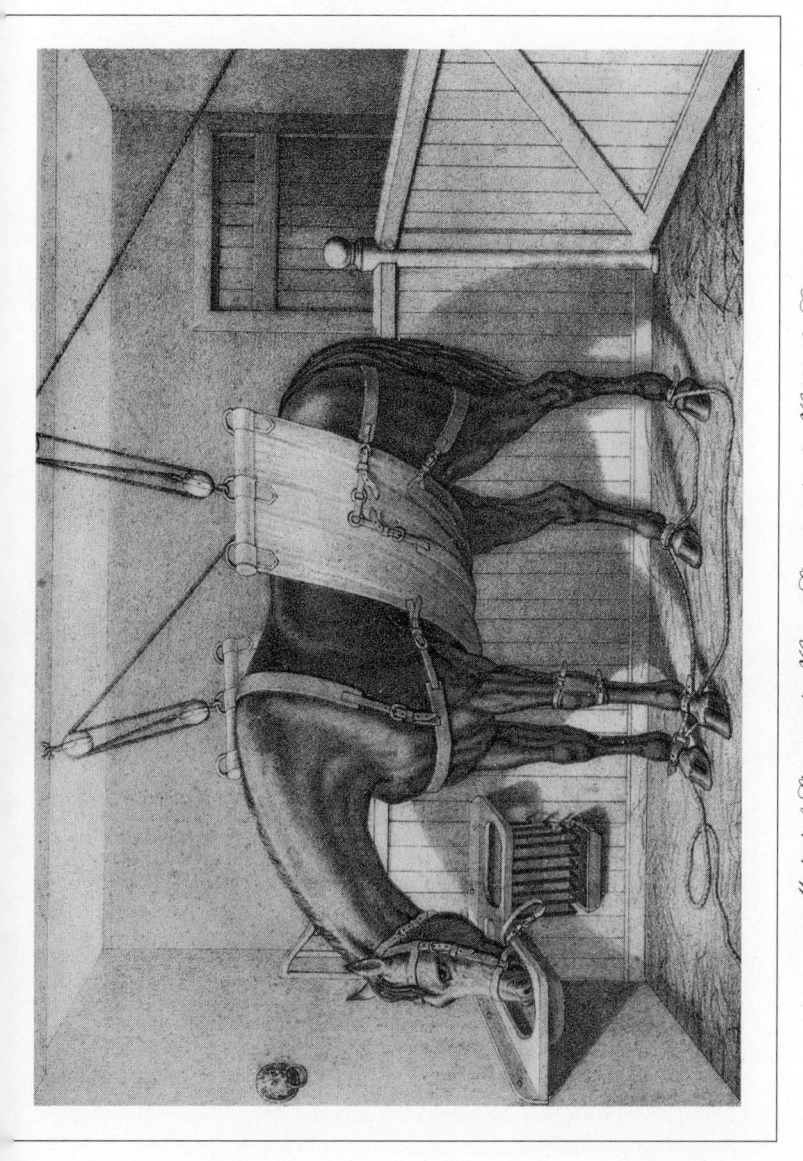

Method of Slinging the Horse, Showing also the Hobbles for Casting.

VETERINARY PRACTICE
IN CORNWALL
Donald Mather Reminisces:

"My life was just like that of James Herriot"; so described the avuncular and charming Donald Mather, M.R.C.V.S., of his years as a Veterinary Surgeon of St. Austell, in the County of Cornwall.

Donald Mather qualified at the Royal Veterinary College in Edinburgh in 1946. From 1946 ~ 1951 he worked as assistant to Mr. Dick Penhale's country practice at Holsworthy in Devonshire. He came to St. Austell in 1951. To become a veterinary surgeon in those days took a five year training, although there were still many unqualified practitioners. In about 1947 it was decreed that all new practitioners should be qualified. Those existing unqualified practitioners, who had been practising for a period of at least five years before the introduction of the legislation, were allowed to continue to so do, and were registered with the title of Veterinary Practitioner. Within this body of men was a vast store of knowledge and experience.

Mr. Mather explained to me a little of the history of the profession: "You see vetting started with horses, and before the days of the motorcar[*], the vet was the mechanic of his day. I took over the practice in 1959 when my senior partner retired, and my wife and I lived in the practice house attached to the surgery. During the 1950's, ninety per cent of the practice was still connected with farming and local industry and there was lots of horse vetting to be done. Up until the 1940's, the china clay works at St. Austell were still using horses to pull the clay wagons down to the docks at Charlestown for unloading the china clay into the ships."

The heavy horse was still being used after the Second World War as a method of power on many farms. Tractors were a scarce and expensive commodity between the wars and it is probable that the introduction of the grey Ferguson T20, with its patent three point hydraulic linkage system, was the turning point towards mechanisation on the farm. It is a light and robust little tractor and the editor has spent many happy hours in the saddle of one such vehicle in the operation of specific drilling flower seed with a Stanhay drill. A major advantage of the 'grey Fergie', rather like that of the horse, is that it does not compact the soil in the way in which the large modern tractor can do. Donald Mather explained that as the heavy horse was slowly pensioned off, the practice began to deal with much more domestic work. "The wheel is turning full circle, and in the last couple of decades there has been an enormous increase in the number of horses for recreational purposes".

I learned with interest that an essential piece of Mr. Mather's surgical equipment included a hock bottle, (essential first to drink the contents!) invaluable in extending the length of a veterinary arm by a foot in the operation of replacing a prolapsed uterus in the cow. The uterus was then taped back into position. In freezing conditions the rectal examination of the cow was always a welcome method of keeping warm!

"Before the advent of penicillin, many ancient methods of treatment were still in regular use, which included bleeding, purging and blistering ~ which was thought to stimulate healing. Horses with tendon strains were often 'fired'. By this method, a red hot iron was applied to the back of the horse's tendon, which seems today a particularly cruel treatment." "A mustard plaster and brown paper was applied to cows with pneumonia and there was no effective treatment for lung worms. The best we had to offer was a mixture of chloroform and turpentine oil which when injected into the trachea made the cow cough up the worms." "Many digestive disturbances manifested in pigs in the days when they were fed extensively upon swill, and this was usually due to infections caused by not boiling the swill." Pigs, a subject particularly dear to Donald Mather's heart, had their own special problem in mid Cornwall known colloquially as 'bladder under the tongue', for which the cure was a knife cut under the tongue to burst the bladder! Mr. Mather never actually saw one of these operations, for the farmers, who did not trust the new~fangled use of drugs such as penicillin, used the knife as a sure method of cure ~ and at no cost to themselves. By the time the vet was called, 'bladders' had disappeared and only knife wounds remained!

* *Mr. Mather used to supply horse liniment regularly to a local Traffic Warden of St. Austell for his bad back. The Traffic Warden was well known for being nothing, if not keenly diligent in his chosen career. Mr. Mather tells us he never once had any problems of parking his motorcar in the town of St. Austell!*

"If a horse lies down for more than a short while, there is quite a possibility that its lungs will become congested and it will die. For that reason the horse was often put in a body sling whilst undergoing and recuperating from treatment. *[See engraving on page 45 entitled 'Method of Slinging the Horse']*. This very serious complaint[*] affecting cattle and sheep leads swiftly to death if untreated. If the probang (stomach tube) passed through the gag[+] fails to expel the fœtid gas from the rumen, then the trocar and canula is stabbed through the side of the beast into the rumen or paunch, providing release for the gases. It is for this reason that Cæsarean Section on the cow is performed under local anæsthetic with the animal standing on its feet. Whilst on the subject of calving, Donald Mather tells a delightful story of a St. Austell butcher and small~holder, who ran a herd of Jersey cows. This gentleman would only call out 'The Veterinarian' to induce a difficult calving at *exactly* the moment of the highest tide, as this assured him of a heifer rather than a bull calf!

Cæsarean Sections were always interesting operations, and for the smaller animal, the Aga or range was a useful accessory to any veterinary practice when performing a Cæsar upon, for instance, a bitch. The puppies then ended up in a box on cotton wool in a low oven to be kept warm. Mr. Mather amused us by recalling that another problem during sheep Cæsars performed on the table in the presence of their owner, manifested itself on several occasions in the sudden collapse into a heap on the floor of the farmer in question! For more permanant collapses (*'In the midst of life, we are in death'*), Mr. Mather remembers that one particular dachshund, by the name of Samson, wrapped in a suitable winding sheet, ended up at the undertakers and was buried along with its doting female owner.

Indispensable to many rural practices was the Kennelman, a man who often had an enormous fund of practical veterinary knowledge. In Mr. Mather's practice, his name was William (called Charlie) Brown. This year, Mr. Charlie Brown will celebrate his 91st. birthday.....

[*]This comp is called Ac Tympanitis, otherwise k as: Dew~bl The Sickne Blasted, Bl or Bloating Hoove, Ho Fog~Sickne Hoven, or

[+]See page

Trocar & Ca

The Method of Securing the Large Pig for Medication.

The Master of All Medicine

How to Make the Lean Horse Fat in 14 Days

But if it be to fatten a horse, then use it at least A fortnight now as you give them thus in the manner of a peice *[sic]* so you may give them disolved in sweet Lasty wine ale or Beer Lasty if it be to fatten a horse then you shall the second Balls that is to say of a at meal (oatmeal?) six pounds or as physitians write a Quartern of anniseed two eggs Cuman seeds 6 Drams of Arth (?) seeds 1 dram and a Half of fenny greek seeds one ounc 2 drams of Brimstone 1 ounce an half sallet Oil one pint two Ounces of honey one pint an half of white wine 4 pints (of) this must bee made into a pste the hard simples bing pounded into powder and finely searted (sieved?) an then well heeped together and so made into balls as big as a mans feest and then every morning an evening when you water your horse disolve it into cold water and of these balls by beathing (bathing) A Cherry the same in the watter an then give it to him to drank the horse it may be it will be so at first to drank but it is no matter. Let him fast till he take it before two balls be spent he will refuse all watter for these only this is the medicine above all medicines and is truly the best sour uge (assuage?) that can be given any horse whatever for besides his wonderful feeding at Cleaneth the Body An frame an all bad humours whatever.

Ed: If any reader can make 'head or tail' of this remedy, I should be delighted to hear the results of his or her deliberations!

To Thrive a Horse:

Anniseed, Cumminseed, Liquorice and Elicompane Powder of $^1/_2$ oz, dipentia 2 oz, Flower of Brimstone 3 oz, Nitre 3 oz. Give a Tablespoon full every night.

These remedies are taken from 'Richard Palmer ~ His Book ~ 16th. Feb. 1840.'

This is part of the records from the papers of Headon Farm, North Tamerton, situate just on the Cornwall side of the River Tamar. The records are held at the C.R.O.

Mr. William (Charlie) Brown.

Mr. Charlie Brown,
Veterinary Kennelman, of St. Austell,
Reminisces:

In the company of Donald Mather and my co~editor, I arrived at the door of William (called Charlie) Brown, and had the honour of meeting this legendary figure in the veterinary and farming community of mid Cornwall. Born William Brown on the 18th. October 1903, he started work on Armistice Day, 11th. November 1918, for Mr. Fred Clunes' practice at St. Austell, which many years later was to be taken over by Donald Mather. Mr. Clunes, who had been away during the First World War as an army veterinary surgeon, returned to St. Austell to relieve his locum and promptly announced to William Brown that as his batman had been called Charlie, he was used to that name and consequently, that was what he intended to call Mr. Brown. Apart from his immediate family, he has been Charlie Brown ever since! Charlie Brown is a character, with bright eye and sharp mind and the last of his breed, for today he would have almost certainly qualified as a veterinary practitioner. His knowledge of veterinary work and old veterinary practice is prodigious.

Charlie gave us a wonderful insight into the early days of the practice, which was started by David Menzies in about 1870. Fred Clunes joined it in about 1890, when travel was by horse or horse and carriage. After the First World War, Mr. Clunes acquired two Douglas motorcycles, which he used in alternate weeks. In those days vets were few and far between and the practice covered an enormous area, which stretched from the Caerhays estate and surrounding Roseland farms, to the Place estate up at Fowey; Bodinnick; Polruan; Bodmin; Lostwithiel; out towards the north coast and down to Probus and Grampound. Mr. Clunes moved to Hereford in 1922 and the practice was bought by Mr. Townson, who came from the Falkland Islands. He was a gentleman possessing, unfortunately, rather short arms for a vet. Charlie remembered well a calving at Kendall's farm. "Mr. Townson couldn't reach the bottom of the foot; I catched hold of the leg, worked my hand down and out it came."

Charlie also remembered assisting a locum at Tregascus, and after watching the struggle for three quarters of an hour, between the locum and the cow, he took over and got the calf away in ten minutes! Charlie is a contented man and his veterinary successes, of which I suspect there have been many, are not recounted to upstage the qualified, but as a genuine record of experience in the field. This becomes obvious when one discovers that during Mr. Townson's absences on holiday up country, Charlie was left to run the practice single handed. An apposite moment for Charlie to give us a few veterinary tips:

ANÆSTHETIC was administered by dropping ether (or chloroform for horses) on cotton wool in the bottom of a jam jar or tin with holes punched around the side. We guessed the amount by experience and then you "watch 'em ~ we never lost many!" Horses were administered with chloroform in a leather mask strapped over the head. They did not often anæsthetise cows because of the risk of regurgitating the contents of the rumen.

Wooden Gag

DRENCHES & PHYSIC BALLS were injected by a syringe gun through gags to keep open the animal's mouth. Ratchet gags were also used when rasping teeth.

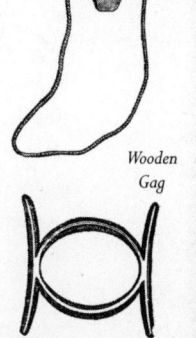

Iron Gag or Balling~Iron

DOCKING OF HORSE'S TAILS (which was the norm ~ remember all those Stubb's paintings) was performed without anæsthetic and by a guillotine. The tail was then cauterized by a round iron. This practice was banned in about 1954 or 1955.

TUBERCULOSIS TESTING, as we know it today, did not come in until after the Second World War. In the early days one took the animal's temperature, injected the serum and went back 48 hours later and took the temperature again to see if it had 'taken' and there had been a temperature rise, denoting a reaction.

RED WATER, a protozoan disease caused by ticks, from which cows suffered, was cured by strychnine and drenching. Charlie remembers ten cases in one day.

MILK FEVER in the cow, a lowering of calcium levels following calving, involved pumping up the udder and tying the teat with tape. Although treatment by calcium injection was in use as early as 1926, for some reason which nobody seemed to know, it was not practised in Cornwall. Charlie said that the cows were usually standing again within fifteen minutes of pumping up the udder. They would die if not treated quickly. The specially made pump was in the form of a tube with a rubber bulb on the end. In those days most of the milking herds consisted of South Devons with some Guernseys (The Williams of Caerhays Castle) and Jerseys (The Treffrys of Place).

DOGS with broken legs were splinted with wood or bandaged and plastered. Charlie remembered having to boil down a broken leg of a horse destroyed at the Polruan Races, to discover exactly where the break had occurred to satisfy an insurance company. He showed us the hoof of the animal, complete with shoe, residing upon his sideboard.

MASTITIS occurred after calving (calving was not restricted to seasons) and there was a much more serious bacterial summer mastitis. Quite often in later years, mastitis would be caused by a milking machine malfunction causing trauma in the udder, with the subsequent loss of a quarter. Pink and stinking udder ointment was much in use!

Before the telephone, the vet was often summoned by postcard or, in an emergency, by telegram which usually arrived within a couple of hours. Charlie Brown reminisces about one such call out to Lostwithiel in the winter in Mr. Clunes's two seater Overland. It involved Charlie journeying on the outside of the vehicle, by standing on the running board in order to keep the windscreen clear of snow! Night calls, in a later Ford, meant stoking up the carbide and water containers in a box on the running board which produced, when the mixtures combined, acetylene gas which ran through a tube to the headlamps.

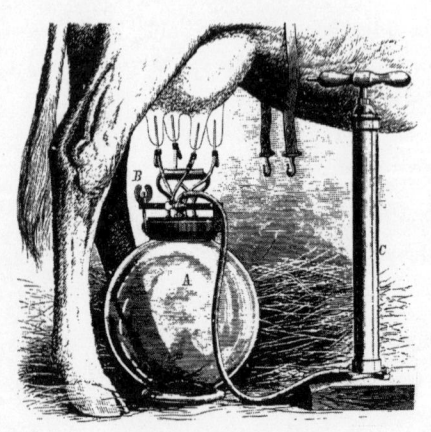

To have interviewed the quietly spoken and courteous Mr. Charlie Brown, and to listen to his most fascinating reminiscences of early veterinary practice within the County, has been a great pleasure. We trust that readers also will have enjoyed this rare chance to glimpse a way of life that is now a thing of the past.

Knollin's patent Cow Milker ~ 1877

K. F A.

A Purge for a Horse

Mr James Blagrave.

℞ 1 once and q^{r}tr of aloes (3d.) 2 drams of rozin of Jallop (9d.) 2 drams of Rhurbarb (9d.) 2 drams of Senna (1d.) 2 drams of Cream of tartar (½d.) Syrup of Buckthorn (2d.)

Pendarves of Pendarves. C.R.O. No. PD 324.

A Cold or Cough in a Horse

℞ a handful of Rue & 5 or 6 cloves of garlick, bruise then both in a mortar til yey make a perfect salve; put to yem some fresh butter, a little clarified honey & 1 oz. of anniseeds finely powder'd, yen bruise it again till 'tis well mixt, Give two balls hereof as big as a turky egg fasting, & ride out ye horse in his cloaths til he is warm, but not to sweat, repeat this for 3 mornings, & take away some blood ye 2^{d} day after walking, give warm water & litter well for 4 days.

Gulley Bennet Papers. C.R.O. No. WH5085.

For a Horse that Coffeth

A Pint of Beer
A qu(a)rter Butter
A quarter of soft Shugar
2 oz of Carreway seeds
2 oz of Annas seeds

Boall it all together and give it warm.

To Gain a Hapitite

Take some wine and put some salt in it and stop it close in a Bottle 1 Week there give a hornful every morning. Fasting.

Condition Balls

4 Ounces of Garlick
4 Ounces of Sulphur 🜍
1 Ounce of Camphor
1 Ounce of Antimony ♁
3 Ounces of Guiacum

Mix it with honey to be mixed into 13 Balls.

These remedies are taken from 'Richard Palmer ~ His Book ~ 16th. Feb. 1840.' This is part of the records from the papers of Headon Farm, North Tamerton, situate just on the Cornwall side of the River Tamar. The records are held at the C.R.O.

How to Make Wring Balls

Liver of antimony, nitre, Anniseed Powder, Life of brimstone, crush the same with oil of Annice.

The reme… this page taken fro… 'Richard ~ His Bo… 16th. Feb… This is p… the recor… the paper Headon … North Ta… situate ju… the Corn… of the Ri… Tamar. … records a… at the C…

For a Horse when Bad in 'is Water

Wring balls, a glass of gin, the same quantity of Turpentine, two spanish flies in each ball

Wring Balls Cordal Ball

The horse must not Drink for 24 hours and put 8 drops of Tinkcone an' half an Ounce of Oil of Annice.

For a Horse so in Corn*

Give him Brimstone white, rasorn, as little antimony, ♁, in the spring of the year. Sprinkle the corn with water. △

**[Ed: Se… Infallabl… for ye Ca… in the Br… page 72.*

Balls for a Stallion

Turkey figs, liquorice, Aniseed liquorice powder of each 1 oz., Caraway, Elicompane, Balsom of Aniseed of each 2 oz., Safforn, ginger, Oil Aniseed of each 6 dr., Honey to make the mags. Dried in 12 Balls.

Balls

Take carway seds, cardamonds, anniseed each 2 oz. in powder, flower of sulpher 1 oz., turmeric in powder 2 oz., safforn 2 drams, sugar candy floz, Oil of olives 4 oz., spannish joice 2 oz., disolved in a glass of mountain wine. Oil of aniseeds 2 drams bruise the ingredients in a morter with sufficient quantity of liquorice powder to a proper concistense of Balls the size of a egg.

Nota bene: For Spirite you have it by the pound, you go to the drugest and ask for Blackingtons balls, but be sure to have it in powder and make balls your self with flower.

The Gentleman's Magazine.

October 1754.

Difeafed Cattle cured by the Bark.

Fleet-ftreet, Oct. 18. 1754.

THE following account of fome fuccefsful attempts towards ftopping the terrible diftemper now raging amongft the horned cattle, being sent to me by a gentleman of unqueftionable veracity, I thought it highly neceffary to lay them before the public. John Blackftone.

Farmer *Dodd*, by the Chace-Side, near *Southgate,* having loft five very fine cows by the diftemper, a fixth had been ill four days, when it came into his head to try what the bark would do, fuppofing he must lofe that cow alfo: he gave her in the evening, one ounce of Jefuit's Bark, in a proper quantity of warm water, to make it go down; the next morning, he found her wonderfully revived, and the evening following he gave her a pint of red wine; two days after he gave her an ounce more of bark in the fame manner, and half a pint of red wine the evening following, with which fhe quite recovered: at the fame time a young bull of his was taken ill, he gave that half an ounce only, and the wine as above; they both recovered and are perfectly well at this time; it is fix weeks fince they were cured; I have feen them feeding, and had this from the farmer himfelf.

Mr. *Eggleton*, a fhoemaker by the chace-fide, near *Winchmore-Hill,* this day month had a cow taken ill with the diftemper: He endeavoured for four days to cure her by fmoaking or fumigating her with foot, but to no purpofe; he therefore gave her an ounce of the bark in mint-water, and a little ftrong cinnammon-water, in the evening; fhe revived the next day, and began to eat a little; two days after he gave her half an ounce more, as before, by which the cow perfectly recovered, although within a month of her calving; I faw her in perfect health yefterday, feeding.

John Gore, Esq; of *Bufh-Hill,* near *Enfield*, having loft one of his cows about a month fince, ordered the remainder to be blooded, and to each half an ounce of the bark in mint and cinnamon-water, by way of prevention, and they continue in health.

PERUVIAN OR JESUIT'S BARK *(Cinchona)*

The drugs known in commerce & medicine by the name of Peruvian bark from the Cinchona tree, (which can form trees of 30' to 100' high), are obtained from South America and were held to be of utmost importance in medical and veterinary treatment. When its true value was finally appreciated, it became a monopoly of the Jesuits ~ hence its name. The quality of the active principles contained in the barks ~ quinine and cinchonine, differ greatly in the different kinds. i.e. Yellow Bark ~ Cinchona cordifolia. Pale or Crown Bark ~ Cinchona condaminca. Red Bark ~ Cinchona oblongifolia.

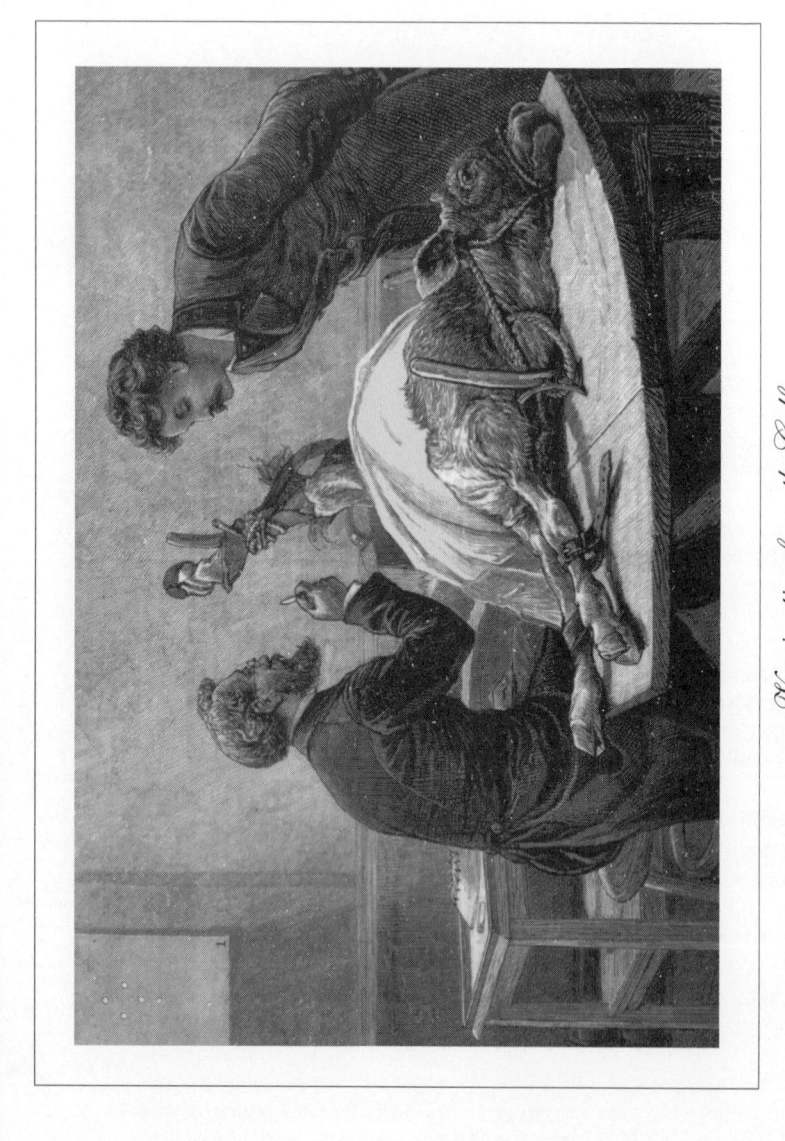

Vaccination from the Calf
1. Distinctive Mark of Animal Vaccination. 2. Taking Lymph from the Calf.

Vaccination from the Calf
3. Vaccinating Infants.
Taken from The Graphic of the 13th. January 1883.

Remedies to help

Confinement & Travail

To Prevent Miscarriage

Take a good Quantity of Wild Tansey rosted between two bricks till it be tender and not dry, then apply it warm to the Navill as it cools renew it again do this sometime and it will ease the pains, and will strengthen both mother and child, this helped the Lady Lee so that she went through her time which was two months longer and had a live Child altho two Eminent Physitians Said it was dead when she had those pains upon her. Given to M^rs. P. Godfrey by M^rs. Searles her midwife who applyed it for the Lady Lee. *Probatam est.*

Basset Pape of Tehidy. R.I.C.

A Raw Caudle to Give a Woman as Soon as She is Laid in Child~bed

Beat up the yolk of one Egg with half a Nutmeg grated, and a glass of Sack, and a little Sugar: make it warm as Milk from the Cow and drink it.

Basset Pape of Tehidy. R.I.C.

To Procure Easy Travell*

*[*Travell = Labour during Child~birth.]*

For one month before you be brought to bed; take at night when you goe to bed; a good spoonfull of Oyle of sweet Almonds, mixt with surrope of Violets, you may mix an ounce of Oyle and an ounce of Surrope, at a time, and renew it as you pleas.

Basset Pap of Tehidy. R.I.C.

To Know Whith^r. a Woman is wth. Child of a Boy or Girl

He y^t hath a former child born in ye increase of ye Moon, ye next child will be of the same kind, male or female; but if born in ye decrease of ye Moon, ye suceeding child will be of a different kind from ye former.

Pendarves c Pendarves. C.R.O. No PD 324.

TO HELPE DIFFICULT TRAVELL

Take ye Livers of large Eeals, in ye month of March a good quantity, dry them in an oven, (but be sure you doe not burn them,) when you know ye party to be in Travell, and besure ye Child be right; you may give of this powdred Livers, as much as will bye on a shilling, in a spoonful of strong Cinemon water; but be sure ye Child be right, or you may force it two violently; if one paper doth not bring the Child, you may take ye like quantity, an hower after soe to ye third paper, (if need require) but I never knew at ye greatest difficulty but two papers soe taken, did ye worke; ye powder is best to be made every year, If you have ocation you may make ye powder at any time, but it's thought best in March ~ keep it dry.

Basset Papers of Tehidy. R.I.C.

FOR FLOODING

Take of the best Bole~armoniack in fine powder, as much as will lye on a shilling, in 6 or 8 spoonfulls of milke blood warme, let this be ye first thing she takes after delivery and lye very still.

Basset Papers of Tehidy. R.I.C.

It is also very good a week or more before you be delivered, when you goe to bed to take 20 grains of red Corrall, prepared, in a spoonfull or two of red wine, mull'd with a little rose~mary, and Cinemon you may take ye Corrall 2 or 3 times a week, and drinke a glass of ye wine, every night about halfe an hour before you goe to bed.

CHRISTENING THE CHILD

There was once a very general custom in Cornwall of giving cake or biscuit to the first person encountered by a Christening party on the way to, & back from, the Church. To refuse the gift brought ill luck to the child.

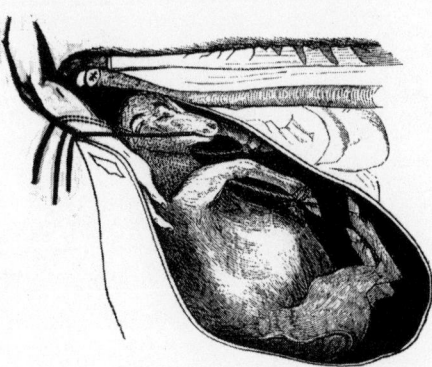

Preparations for Turning.

PLATE 3.

Fig. 51.   Nos. 1, 2, 3, 4, 5.
　　　　　1, A file for removing inequalities upon the teeth. 2, 3, 4, 5, Different forms of instruments for removing tartar, &c. from the teeth.

Fig. 52.   Nos. 1, 2, 3.
　　　　　1, 2, Instruments for stuffing a hollow tooth. 3, The handle which fits the different instruments represented by *figs.* 51, & 52.

Fig. 53.   Instrument termed a key for extracting teeth.

Fig. 54.   Forceps for extracting teeth.

Fig. 55.   A punch or lever for extracting stumps of teeth.

Fig. 56.   Mr. Cheselden's needle, with an eye near the point, for tying a knot on scirrhous tonsils.

Fig. 57.   A speculum oris first proposed by Mr. B. Bell.

Fig. 58.   Mr. Mudge's inhaler for conveying steams of warm water, &c. to the throat and breast.

Fig. 59.   A scarificator for scarifying the amygdale, and for opening abscesses in the throat.

Fig. 60.   Forceps for extracting extraneous substances from the outer passage of the ear.

Fig. 61.   A syringe for washing the outer passage of the ear.

Fig. 62, and 63.
　　　　　Instruments used for concentrating sound in cases of deafness.

Fig. 64.   A tube by which the Eustachian tube may be washed in certain cases of deafness.

Fig. 65.   An instrument for perforating the lobes of the ear.

Fig. 66.   An instrument recommended by Mr. B. Bell for supporting the head after the operation for wry neck.

Fig. 67.   An instrument invented by Dr. Monro for fixing the canula after the operation of bronchotomy.

Fig. 68.   A glass for drawing milk from the breasts of women.

Fig. 69.   A silver canula for carying off pus collected in the thorax.

Surgical Instruments

taken from a copper-plate engraving within the
Encyclopædia Britannica of 1797.

A Home Remedy for
Stopping Decayed Teeth

(Taken from the Royal Cornwall Gazette, Friday, 9th. September, 1853.)

Patronised by Her Majesty, The Queen, His Royal Highness Prince Albert, and Her Royal Highness the Duchess of Kent and all the Nobility.

MR. HOWARD'S WHITE SUCCEDANEUM. For filling Decayed Teeth, however large the cavity. It is superior to anything ever before used, as it is placed in the tooth in a soft state, without any pressure or pain, and in a short time becomes as hard as enamel, and will remain firm in the tooth for many years, rendering extraction unnecessary. It arrests all further progress of decay, and renders them again useful in mastication. All persons can use the SUCCEDANEUM THEMSELVES WITH EASE, as full directions are enclosed.

Prepared only by THOMAS HOWARD, Surgeon, 17, George~street, Hanover~square, London, who will send the Succedaneum free by *post* to any part of the Kingdom. Price 2s. 6d. Observe; the Succedaneum is sold in *sealed* Packets, with full directions for use enclosed, and the Signature of THOMAS HOWARD in Red Ink on the outside of the Wrapper. Sold by the following Agents ~

HAMILTON D. MARTIN, Chemist, Truro;

and all respectable Chemists and Medical Venders in the Kingdom.   2s. 6d.

Remedies for
Teeth & Gums

For the Tooth Ack

Take half a Spoonfull of beaten Pepper half a Spoonfull of Brandy, mix them together and spread it upon a double brown Paper and aply it upon the outside of the Cheek against the Paine.

Approved by R.T.

All the remedies on this page are taken from the Basset Papers of Tehidy, housed at the Royal Institution of Cornwall, Truro.

For a Rume

Anoynt both sides of y^e Gums and Teeth with Juice of Ale~hoof but if the pain be great put some of the Juice in the ear of the same Side.

For a Hollow Tooth

Take the Juice of Rue put it into the tooth Except it be for one with Childe & then hold Cinnamon Water to the distemp^{er}.

For Loose Teeth

Take the Ashes of Rosemary mixt with fine powd^{er} of Allom and rubb y^e Gums and teeth often, about half an hour after wash your mouth with your own Urine.

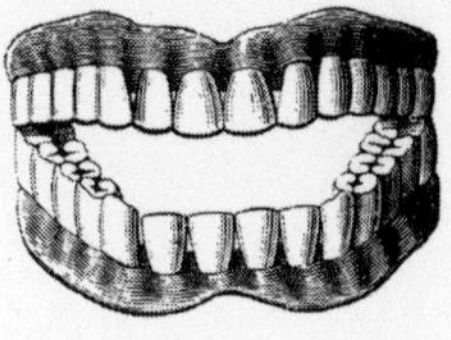

For Yellow Teeth

Rubb the teeth with Ashes of a Vine.   *Probatum est.*

For the Scurvey in y^E Gums

Take Rosemary and Sage, tye it up with a thred of Silk, of each a like quantitie dip it in your own Urine, warme from the body and rubb the Gums and teeth every day till you be well.

A Diet Drink for the Scurvey

Take a handfull of Broom, Water Cresses and as much Brooklime, and half a handfull of green Wormwood wash and chop them grosly, and put them in a wide mouthed Pitcher with two quarts of midle Beer and Set it by the Fire to infuse 24 hours then Strain it and Drink a good Draught of it, in the morning fasting, and as much at 4 of the clock in the after~noon, and after every Draught, take the Powder made with a quarter of an ounce of Cinamon, Saffron two peny~worth, and a quarter of a pound of Sugar. Mix them after you have powd'red the Saffron and take as much of it as will lie upon a~6~pence, after every Draught, and if you please, you may put in a peny~worth of Epithemum into the Beer before it be infused. It will cleanse the Blood and purge away that Salt humour which causeth the Pain.

Basset Pape
of Tehidy.
R.I.C.

A Dentifrice for Ladies

(Dentifricium Dominarum)

℞ *Bate.*].
Chrystal prepared ʒ iſs, Powder of Bricks, of Pumice~stone, A ℥ ſs. Os Sepiae, Coral red and white, A ʒij. Pearl, Cloves, A. ʒ j Musk, gr. iv; mix and make a fine Powder: To which add Honey of Roses, q.s.so as to make a soft Paste. *Otherwise thus:*

℞ *Powder of Brick ℥ j Spirit of Sulphur, q.s. so as to make a Paste; to which, being dried, add Powder of Tartar ʒ vj burnt or Toasted bread ℥ ſs. mix them.*

Rub the Teeth therewith, and after wash the Mouth with Wine..

Salmon] § 1. In the latter Composition, Powder of *Cremon Tartari,* will be best to be chosen, because it is finer, cleaner and more *pure* than *Argol,* or unrefined Tartar.

§ 2. If the Teeth be very foul, the Medicament must be used often in a day, at least five or six times and afterwards, every time after Eating.

Taken from
Pharmacop
Bateana or
Difpenfato
Fifth Editi
1720.Prin
William &
Innys at th
Prince's Ar
the West E
St. Paul's
Church~Y
London.(Tr
ted from th
edition of
Latin copy
published
James Ship
This conta
preface of
Editor, W
Salmon, M
dated 7th.
1693.
This book
been lent t
most gener
by Mr. G.J
Hendra of

A Charm for Macbeth

Macbeth - Shakespeare.   [*Witches' Scene, beginning of Act IV.*]

1st. Witch	"Thrice the brinded [1] cat hath mew'd."	
2nd. Witch.	"Thrice and once [2] the hedge~pig [3] whin'd."	
3rd. Witch.	"Harpier cries: ~ 'tis time, 'tis time."	
1st. Witch.	"Round about the cauldron go;	
	In the poison'd entrails throw	
	Toad, that under the cold stone,	
	Days and nights hast thirty~one	
	Swelter'd venom sleeping got,	
	Boil thou first i' the charmed pot!"	
All.	"Double, double toil and trouble;	
	Fire, burn; and, cauldron, bubble."	
2nd. Witch.	"Fillet of a fenny snake,	
	In the cauldron boil and bake;	
	Eye of newt, and toe of frog,	
	Wool of bat, and tongue of dog,	
	Adder's fork and blind~worm's [4] sting	
	Lizard's leg, and howlet's [5] wing,~	
	Like a hell~broth boil and bubble"	
All.	"Double, double toil and trouble,	
	Fire, burn; and, cauldron, bubble."	
3rd. Witch.	"Scale of dragon, tooth of wolf,	
	Witches' mummy; maw [6] and gulf [7]	
	Of the ravin [8] salt~sea shark;	
	Root of hemlock digg'd i' the dark; [9]	
	Gall of goat; and slips of yew	
	Sliver'd in the Moon's eclipse; [10]	
	Nose of Turk, and Tartar's lips;	
	Finger of birth~strangled babe	
	Ditch-deliver'd by a drab, [11] ~	
	Make the gruel thick and slab: [12]	
	Add thereto a tiger's chaudron, [13]	
	For th' ingredients of our cauldron."	
All.	"Double, double toil and trouble;	
	Fire, burn; and cauldron, bubble."	
2nd. Witch.	"Cool it with a Baboon's blood,	
	Then the charm is firm and good."	

(1) brinded = brindled.
(2) 'thrice & once' is used for 'four' because, on such occasions, the calling of even numbers was thought to be unlucky.
(3) hedge-pig = hedge-hog.
(4) blind-worm = slow worm.
(5) howlet = small owl.
(6) maw = stomach.
(7) gulf = gullet or throat.
(8) ravin = ravenous or ravening.
(9) Any poisonous root became much more poisonous if dug upon a dark night.
(10) A lunar eclipse was thought to be fraught with evil magic of the highest

There is an old superstition which states that faries dislike yellow flowers of any kind, and will only but rarely be seen where they grow. Yellow Archangel (found in bloom on the day of St. Michael, the Archangel) is supposed to be protective against the wiles of witches and evil spirits.

Yellow Loosetrife

Charm for Banishing
one's
Private Enemies

For Thamson Leverton

on Saturday next being the 17th. of this Instant September any time that day take about a pint of your owne Urine and make it almost scalding hot then Emtie it into a stone Jugg with a Narrow Mouth, then put into it So Much White Salt as you can take up with the Thumb and two forefingers of your lift hand and three new nails with ther points downwards, ther points being first made very sharp then Stop the mouth of the Jugg very close with a piece of Tough Clay and bind a piece of Leather firm over the Stop then put the Jugg into warm Embers and keep him there 9 or 10 days and nights following So that it go not Stark Cold all that meantime day nor Night and your private Enemies will Never after have any power upon you either in Body or Goods. So be it. Circa 1700.

Thamson Leverton w… probably c… member of Leverton f… of St. Erv… near St. C… Major. T… charm is t… from the f… papers of Mrs. M.G… Daniel of St. Colum… Major, wh… are house… the Cornw… Record O… Ref. No.: X268/8…

Further Charms
for:

1. Asthma ~ Spiders webs are collected and rolled up into a ball in the palm of the hand and then swallowed.

2. Whooping~cough ~ Cured by filling a muslin bag full of spiders and tying it round the neck of the patient, who must wear it day and night.

3. Measles ~ Cut off a cat's left ear and swallow 3 drops of its blood in a wineglass full of spring water.

4. Styes on the Eyelids ~ Touch them with a cat's tail.

Taken fro… 'Cornwall… its People'… A.K. Ham… Jenkin Esq… published… Messrs. D… Charles o… Newton A…

The rhyming verses below were written by Davies Gilbert, (1767 ~ 1839) who was born at St. Erth, to show the euphony of the ancient Cornish language. Each place name existed within the County of Cornwall and to track on a map those which are still extant, and those which exist, but in altered form, is an interesting exercise, and any reader who can demonstrate the existence of all of them, may claim from the Publishers, Tredinnick Press, a free copy of this book!

OLD CORNISH PLACENAMES

Velandrukya Cracka Cudna,
Truzemenhall Chun Crowzanwrah,
Bans Burnnhal Brane Bosfrancan,
Treeve Trewhidden Try Trembah.

        Carn Kanidgrac Castle~Skudjiac,
        Beagle Tuben Amalvear,
        Amalebria Amalwhidden,
        Skillewadden Trink Polpeor.

Pellalith Pellallawortha,
Buzzavean Chyponds Boswase,
Ventongrimps Roskestal Raftra,
Hendra Grancan Treen Bostraze.

        Treganebris Embla Bridgia,
        Menadarver Treveneage,
        Tregaminion Fouge Trevidgia,
        Gwarnick Trewy Reskajeage.

Luggans Vellanvoane Treglisson,
Gear Noongumpus Helan Gove,
Carnequidden Brea Bojoncan,
Dryn Chykembra Dowran Trove.

        Menagwithers Castlegotha,
        Carnongrease Trevespanvean,
        Prazeanbeeble Main Trebarva,
        Bone Trengwainton Lethargwean.

Stablehobba Balaswhidden,
Tringey Trannack Try Trenear,
Fraddam Crowlas Gwallan Crankan,
Drift Bojedna Cayle Trebear.

        Haltergantic Carnaliezy,
        Gumford Brunion Nancekeage,
        Reen Trevesken Mevagizzy,
        Killow Carbus Carn Tretheage.

Davies Gilbert, (1767 ~ 1839).

Periwinkle (great) ~ Vinca major

OBSERVATIONS: It is a great binder, and stays bleeding at the mouth and nose, if it be chewed.

GROWTH: A perennial creeping plant with dark, green, shining leaves and pretty pale blue flowers.

WHERE TO FIND IT: Woods and orchards, by the sides of hedges. It is also grown in gardens.

FLOWERING TIME: Early spring.

ASTROLOGY: Venus owns this herb.

MEDICINAL VIRTUES: It is a good female medicine and may be used with advantage in hysteric and other fits. An infusion is good to stay the menses. The young tops made into a conserve is good to prevent nightmares. The Small Periwinkle (Vinca minor) possesses similar virtues and may be used in its place.

MODERN USES: Vinca major is an astringent used to check heavy menstrual periods and haemorrhage. The infusion of 1 ounce of the herb to 1 pint of boiling water is given for diarrhoea, and bleeding piles. The Madagascar Periwinkle is the source of vincristine and vinblastine, which are used as cancer drugs.

(Taken from Culpeper's Colour Herbal, edited by David Potterton & published by W. Foulsham & Co. Ltd.).

Periwinkle (great) - Vinca major

Remedies for

Cancer of the Breast

FULL DIRECTIONS TO CURE A CANCERATED BREAST

If you perceive your Breast to Swell with pain and the knot grow bigger (yet you need not fear it will prove Cancerous till you be past Child bearing for that and Chearfulness are great helps to divert such Humors) then if you put thereto a Pultice made with strong Ale Dreggs and Small Oatmeal. and when it is boyled, put in some right White Wine Vinegar and boyle it a little again and apply it warm, and renew it four days and then have in a readiness a pound of the best Burgundy Pitch laid nine Days in a quart of White Wine, if the Pitch be good it will soke up the Wine in that time, and it will be soft, so as you may wind it about your finger, and this I hope alone will take away the pain in your Breast, it must be spread upon Leather and applied all over where there is any knot or pain, and renew it once in *8* or *10* Days; if it be not discoloured it is no Cancer: But to prevent it, take the Diet Drink Spring and Fall (the Receipt you have in the following page) *(sic.)* *[Ed.: ~ see Page 72]* and that Plaister will wast the knot: If there be not a great necessity, use not the Plaister in Summertime it being somewhat hot, and in some Breasts cause Pimples, but in Summertime apply to it a piece of fine Cotton dipped *9* times in the blue Water and in Winter use the Plaister, but Sharp or Saltmeats or Drink are very pernicious to you, and if you could take live Sows it would help to wast the knot.

Basset Pap of Tehidy. R.I.C.

Probatum est.

The Diet Drink follows. but by mistake lost its proper place.
[Editor: ~ in the original Receipt Book. We have here restored it to its rightful place in this volume!]

West Cornwall Hospital, Penzance.

A Diet Drink for a Cancerated Breast

Take Fumitary, Centaury, St. John's Woort, Agrimony, Hearts~tongue and Tamarick of each one handfull, Bugloss, Cowslip and Mary gold Flowers of each a handfull, Indigo roots ~ 3 ounces, Asparagus roots and Caper roots of each one ounce, Juniper berries a dram, Epithemum 3 Drams, Bay berries and grains of Paradice of each 2 drams ~ boyle all these in five Gallons of Woort till on Gallon be wasted, Then Strain it and work it up, and when it is tunned, hang a Bag in it with 4 ounces of Sena, one ounce Mechoaeam, an ounce of Caraway Seeds, one ounce and half of Fennill Seeds, 2 Drams of Cinamon and 2 Lemons, and when it is five days old drink of it more or less according as you find it work, you should boyl some Honey in it, (which I forgot to mention before,) this will purge away the pain in the Breast, and by using it Spring and Fall & you need not fear a Cancer in ye Brest.

Basset Pape of Tehidy. R.I.C.

An Infalable Cure for y^E Cancer in the Brest

Take the Corne that grows In a horses foot and dry it To Powder and Take as much as will Lay upon a Shilling morning and evining.
[Ed: See page 54, 'For a Horse so in Corn'.]

Basset Pape of Tehidy. R.I.C.

A Poultis for a Dangerous Sor Breast

Take a Weathers head *[Sheeps head]* with the Skinn & wooll upon^t bruise it all to peeces with a head of an Ax or large hamer Then boyle it in 3 Gallons of Fair Spring Water till the Bones and wool come clean from the Flesh Then Straine it and the liquor will be a Jelly Then Take Wild Mallows, Violet & Mercury leaves, Mellilot and Camomil fflowers of each a large handfull then cutt them Small and boyle them in a good Quantity of Milk till they be very tender, Then add to them fine Searc'd powder of Earthworms p[re]pared, one Ounce of Bean flower, of Lineseed and Fenugreek Seeds of

Basset Pape of Tehidy. R.I.C.

each one Ounce and a halfe, Oyle of Dill, Camomill & Mellilot, Deeres or Sheep Suet and the ffatt of a Capon of each two Ounces, Hoggs Suet one Ounce & a half, the Crumb of White Manchett *[Ed: the finest kind of wheaten bread]* (that is fine) three Ounces, the yolks of three Eggs and at last the Jelly of the Sheeps head keeping it Stirring and make it into the forme of a Pultis. Apply it as Warme to the breast as can be endured. Renew it as oft as you See cause. *by Dr Smith, approved by P.G.*

Prepare the Earth Worms thus: Take as many Earth Worms as you please the larger the better, Splitt them all along downe the Middle and wash them clean in ffair Water at last Wash them once in White Wine Then lett them lye Steeping in fresh Wine Ten or Twelve hours, then Dry them Gently in a Warme Oven and soe you may powder them.

Litcott.   Novr 7th 1858.
Sunday eve.

My dearest John,

"Mary Jane is very unwell still in her breast & I think all raw. I call this afternoon & beg^d them to have the Doctor but wether they will or not I don't know. They be trusting to old women to cure it. I be afraid they wont be able to do it."

(Signed) T.K. Adams.

An extract from a letter to the Astronomer, John Couch Adams (1819~1892) from his Mother, Tabitha, upon his arrival at St. Andrews. This letter is taken from the correspondence in the family papers of Adams of Laneast & Egloskerry, housed at the County Record Office. Ref. No.: AM 527.

[Ed.: Please see the properties of Violet ~ Viola odorata, in relation to cancer on page 90.]

PLATE 4.

Fig. 70.   A bandage for the paracentersis of the abdomen, originally invented by the late Dr. Monro.

Fig. 71.   The common round trocar, with a triangular point for tapping for the ascites.

Fig. 72.   Mr. André's lancet-pointed trocar, the canular of which is made of two hollow plates of steel screwed together at the larger extremity.

Fig. 73.   A director used in the operation for hernia.

Fig. 74.   A spring truss for an inguinal or femoral hernia of one side.

Fig. 75.   A spring truss for an inguinal or femoral hernia of both sides.

Fig. 76.   A spring truss for an unbilical hernia.

Fig. 77.   Mr. André's trocar for evacuating the contents of an encysted hydrocele.

Fig. 78.   Mr. B. Bell's trocar for operating in hydrocele.

Fig. 79.   A suspensory bandage for the scrotum.

Fig. 80.   A straight-edged sharp-pointed bistoury.

Fig. 81.   A bag of resina elastica, with a stop-cock and short pipe, which fits the canula of the trocars (*figs.* 77, & 78) for the purpose of injecting wine and other fluids into the cavity of the tunica vaginalis in the case of hydrocele.

Fig. 82.   A sound used in searching for the stone.

Fig. 83.   A grooved staff for the operation of lithotomy.

Fig. 84.   A cutting gorget.

Fig. 85.   A double gorget invented by Dr. Monro.

Fig. 86.   Extracting forceps.

Fig. 87.   A scoop.

Fig. 88.   A grooved staff for the operation of lithotomy in females.

Fig. 89.   A tube containing a pair of elastic forceps for extracting stones from the urethra.

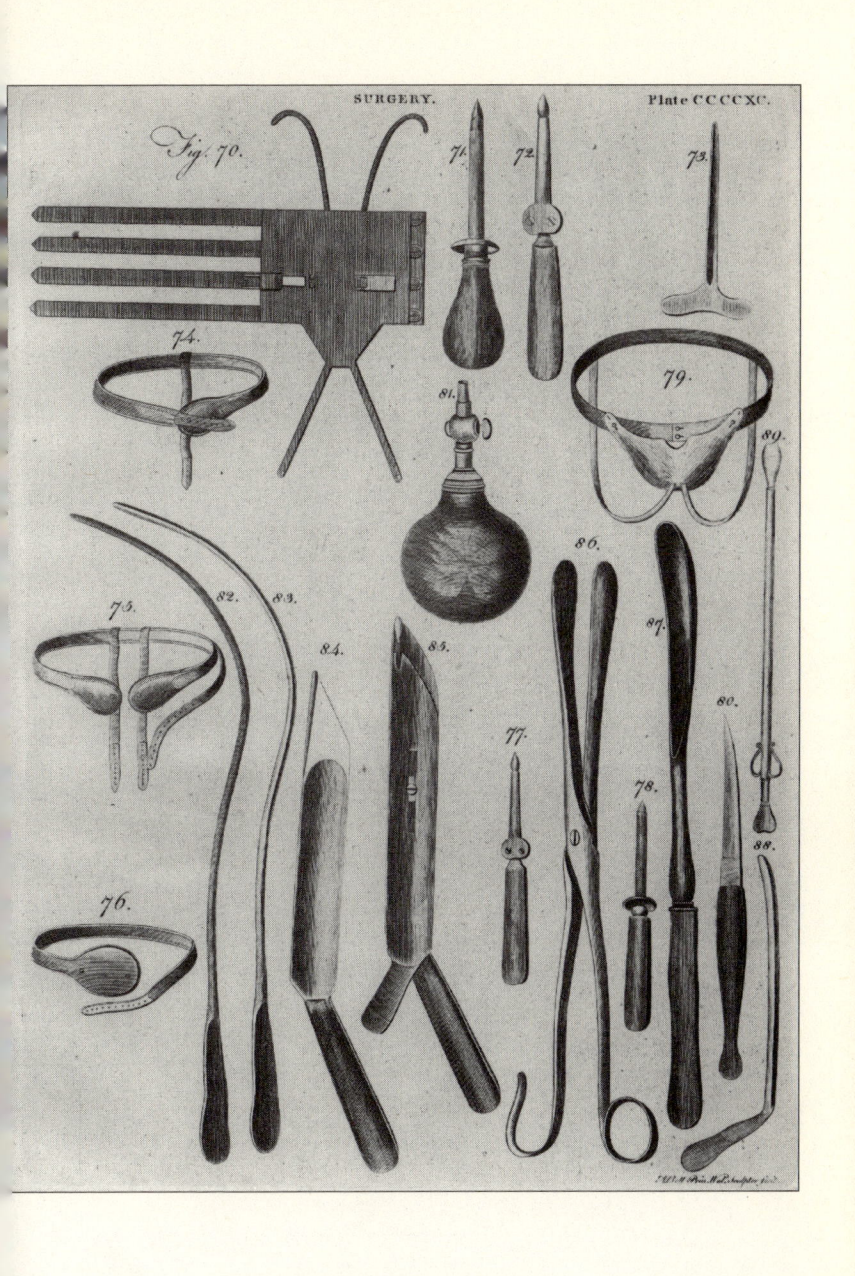

Surgical Instruments
taken from a copper-plate engraving within the
Encyclopædia Britannica of 1797.

Remedies for

Agues; Fits & the Plague

CURE OF PUTRID FEVER

To: Miss Stackhouse:

Two tablespoonfuls of Yeast every three hours to be given in a Putrid Fever.

Dr Haygarth ordered the Yeast to be put into Sweet Wort and set before the Fire then drink the Sweet Wort.

Rashleigh Papers of Menabilly. C.R.O. No R5683.

AN INFALLABLE CURE FOR A PLURISIE

Take in a Spoonfull or 2 of Sack a dram of Goats blood every half hour till you find it abate, then night & morning till you are cur'd.

Basset Pap of Tehidy. R.I.C.

FIT POWDER

For: Mrs Rashleigh of Menabilly.

℞ Cardamine Flowers to cure fits, gather them when fully blown & with about two inches of Stems, dry them in the shade & then put them on Pewter Plates in the Oven after the Bread is taken out to make them crisp but *great care* must be taken the oven is not too hot ~ then pound them in a Mortar and put the Powder in a Bottle well corked. 30 grains of this powder to be taken twice a day about a Dozen powders is sometimes sufficient if not more must be taken till the fits leave the patient.   Mrs W.G.'s recipe.

Rashleigh Papers of Menabilly. C.R.O. No R5683.

TO PREVENT FITTS IN CHILDREN

Take 10 grains of red Corrall prepared, mix it with a spoonfull of black~cherry water; or for want of that with a spoonfull of Sack, give it to the Child, y^e first thing it takes when it is new borne.

From the Basset Papers of Tehidy, held at the Royal Institution of Cornwall.

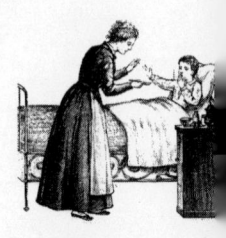

To Make Plague Water

Take Rosemary blossoms and green, 1^{lb} Dragons, Angelica, Rue, Wormwood, Mugwoort, Featherfew, Lungwoort & Terim~tal roots: Scabious, Pimpernel, Wood~Sorrel, Balm, Burnet, Celandine Auants, Marigolds, Agrimony, Bettony, Crown Sage, Carduus, Fumitory, Rock~rue of each half a pound, Elicampane roots 4 ounces, Hearts~ease 4 ounces, Sweet Fennel Seeds 2 ounces and Anniseeds 2 ounces, You much chop the Hearts and bruise the Seeds & Scrape the roots Chop them and mix them altogether and Steep them in Canary, or in the best Mallago Sack 8 Quarts: In two days still it, stiring that which is left every day, you must have a care your fire be not to Hot, you must put White Sugar Candy according to your taste, in every Bottle, and it must not be taken in the Bottle you intend to keep it in.

Basset Papers of Tehidy. R.I.C.

In Hysterical Fits

(Hysteria) *The patient, often a young girl, suddenly loses command of her feelings and actions, in consequence of mental excitement. She subsides on a couch or in some comfortable position, throws herself about, grinding her teeth and clenching her fists; she clutches at anyone or anything near her, kicks, cries and laughs alternately. The eyeballs may be turned upwards, and the eyelids opened and shut rapidly. At times froth appears at the lips, and other irregular symptoms may develop. Complete insensibility is not present. Avoid sympathy with the patient, speak firmly to her and leave her by herself. Taken from 'First Aid to the Injured', 38th. Edition of 1928, published by The St. John Ambulance Association. (See Periwinkle (Vinca major) ~ page 68.)*

Foxglove ~ Digitalis purpurea

OBSERVATIONS: It has a gentle, cleansing quality, and withal very friendly to nature.

GROWTH: A tall plant with reddish~purple flowers, with some black on white spots within them, the Foxglove has many long and broad leaves, dented upon the edges. The leaves have a hot and bitter taste.

WHERE TO FIND IT: It grows on dry sandy ground and under hedge~sides and is also cultivated in gardens.

FLOWERING TIME: It seldom flowers before midsummer.

ASTROLOGY: Under the dominion of Venus.

MEDICINAL VIRTUES: It is used by the Italians to heal fresh wounds, the leaves being bound thereon. The juice is used to cleanse, dry and heal old sores. The decoction with some sugar or honey cleanses and purges the body both upwards and downwards and opens obstructions of the liver and spleen.

MODERN USES: For the past two hundred years Digitalis has been the leading cardiac drug for heart failure. The dried leaf is listed as an official drug in the British Pharmacopœia. Pharmaceutical companies make synthetic versions of it for use by the orthodox medical profession. Recent evidence, however, suggests that the synthetic versions are more toxic than the dried leaf. Herbalists do not use Foxglove because of its reputed toxic effects. They have several other remedies from which to choose, including Hawthorn and Lily of the Valley.

The cardiotonic properties were reported to the medical profession by Dr. William Withering in 1775. He learned of its use from a medicinal herbalist of that time who cured a patient of heart failure when the college physicians had failed. Whereas modern physicians use Digitalis as a specific heart tonic, the herbal method would be to include it in a prescription aimed at treating the whole person. Used in this traditional way, the dosage would be such that toxicity is unlikely. This is not to say that Digitalis is recommended for domestic use. It is not. The drug is available only on a doctor's prescription.

(Taken from Culpeper's Colour Herbal, edited by David Potterton & published by W. Foulsham & Co. Ltd.).

Foxglove ~ Digitalis purpurea

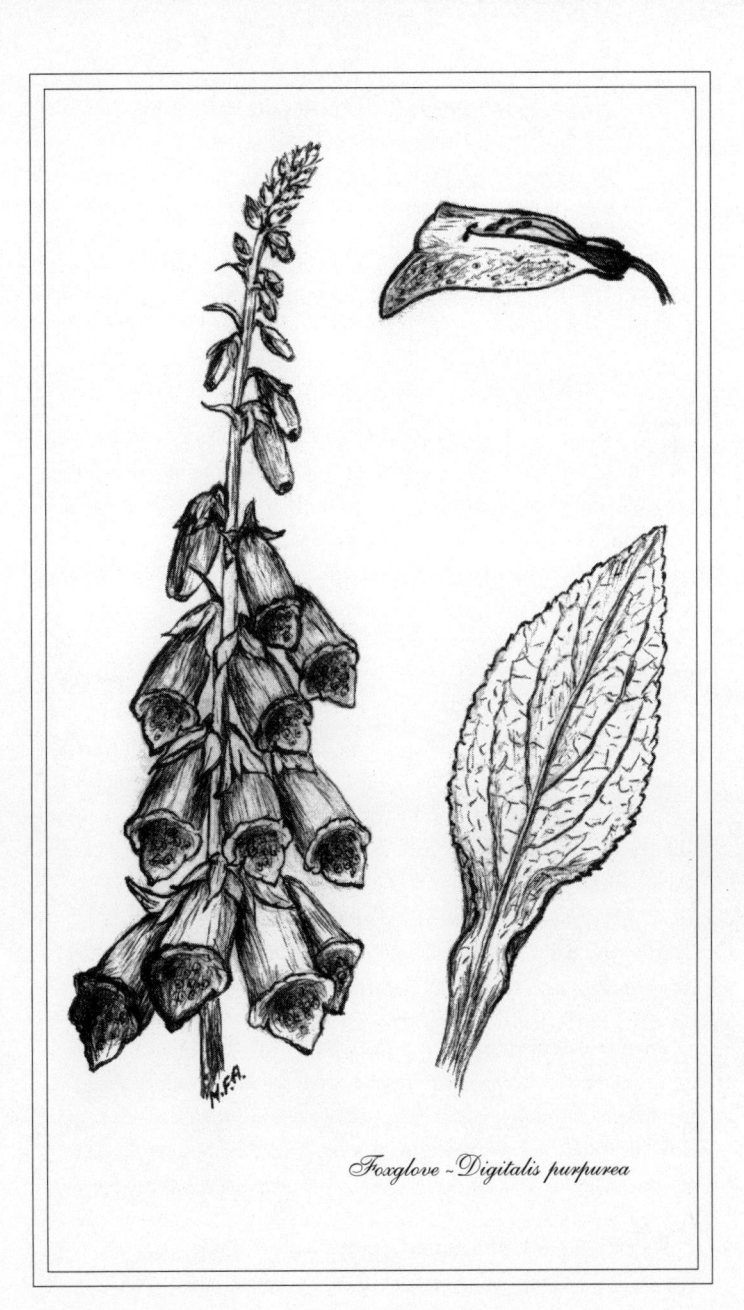

Herbal Cosmetics
Made in the Home
by
Elizabeth Parkinson.

The making of your own cosmetics with herbs is pure unspoilt fun, greatly rewarding to you and your skin, economical on the purse and intriguingly informative. So many of the ingredients are already in your kitchen: honey; yogurt; fruit; vegetables; oil and vinegar, and I am sure you have a plentiful supply of herbs and flowers growing in your garden. *[Editor: And I am sure that if you have NOT, you WILL have in future years following the reading of Elizabeth Parkinson's delightful and thoroughly practical article on the Growing of Herbs which is printed earlier in this book!]*. Make a rule of keeping equipment used for cosmetics ~ all of which are entirely basic ~ strictly reserved from everyday utensils. You will need enamel or ceramic saucepans, (never metal), heatproof glass or china bowls, a nylon sieve, funnel, wooden spoons, spatulas, non aluminium spoons and measuring cups or jugs, clean glass jars or bottles ~ all with lids ~ plenty of kitchen paper, and coffee filters (muslin is difficult to keep sterile). In addition you will need a pestle and mortar and sticky labels, for it is essential that you date all your named preparations.

Practise strict hygiene as you work, for mould and other bacteria are the chief enemies to your finished product. Always make small quantities at a time, which are kept airtight and refrigerated. Face up to the fact that anything you make yourself will have a short shelf life unless you are using a known preservative, such as alcohol or vinegar.

If your skin is sensitive, do a patch~test overnight by placing a tiny amount of your preparation on the inside of an elbow, covered with a plaster or a bandage, abandoning the product if redness or soreness greets you in the morning. Keep notes on what you achieve, especially quantities. Also note those ingredients that do not suit your personal use.

Your basic methods are roughly threefold, and each are accepted techniques. They are infusion, decoction and maceration. All call for fresh herbs, flowers, roots or seeds.

INFUSION:

Infusion is the simplest of all methods. It requires boiling water poured into a teapot containing freshly gathered young leaves or flowers, strained and used hot or cooled. Infusion usually lasts for about fifteen minutes, or longer if you require a strong extraction. A milk infusion would use cold milk, which is covered and left several hours to infuse before use. There is a short life span and refrigeration would be essential for such a preparation.

DECOCTION:

Brewing up a decoction would require a non aluminium saucepan and plant material ~ usually roots, bark or seeds ~ gently simmered for as long as two or three hours depending on required strength. Reduce the liquid, straining and cooling before storage or use. Amounts will always be governed by the recipe being used, which goes for any of the methods employed when making your own cosmetics.

MACERATION:

Taking longer, but most satisfying to make is a Maceration. A glass container is packed loosely with bruised herbs or flowers, then filled with a good quantity of olive oil, wheatgerm oil or almond oil. Cover with a perforated paper or muslin and place somewhere warm or sunny for two to three weeks, stirring daily. Strain off, and repeat with fresh herbs until the oil smells really herbal. It is never wise to mix more than two or three herb fragrances, or the result will be too nondescript and confused.

As well as those everyday kitchen ingredients you will gain a sense of adventure by incorporating purchased ones to add to your efforts. These might include: beeswax, cocoa butter, borax, glycerine and lanolin which are all easily obtainable from chemists or health stores without costing a fortune and will widen your scope and your enthusiasm enormously. Anything you include must be ultra fresh, free from blemish or taint, and used immediately. Try to be exact in your amounts and throw away any surplus ingredients.

Quite apart from the satisfaction when making your own cosmetic products, you have the complete peace of mind of knowing what went into them, whence the ingredients came, and by dint of use, what does, or sadly does not, suit your individual skin. Above all you have not paid for a famous brand name or been forced to buy expensive and superfluous packaging. No animal suffered pain, disfigurement or death on your account. Instead you had fun and the beauty of a herb garden to plant and care for, and in the fullness of time, the harvesting of all your creative efforts. It hardly needs to be said that the long term benefit to your skin and to the general health of your body, gained from the natural extracts of the plants you use, far outweighs their chemical counterpart. Try your hand at herbal cosmetics and prove it all true for yourself.

Here are some suggested recipes:

Elderflower Cream

The Elder was a sacred tree and the use of its flowers and berries appear in many remedies and preparations. A cream for hands, face and body can be prepared very simply by combining:

> $1/4$ Pint of Almond Oil (or other oil)
> 2 level tablespoons of dried elderflowers or sufficient fresh flowers to be just covered by the oil
> 4 teaspoons of Lanolin
> 1 teaspoon Honey

Warm the oil and lanolin in the top of a double saucepan. Add the flowers and simmer for 30 minutes. Strain and stir in the honey. Cool, place in small pots and label.

Lavender Astringent

3 Parts Lavender Flowers   1 Part powdered Orris
Sufficient Cider Vinegar to cover

Combine the ingredients and leave to stand covered, or in a stoppered bottle for at least two weeks. Strain and bottle. When using, dilute by stirring two tablespoons into a basin of water. Vinegar should not be put directly on to the skin.

Elizabeth Parkinson at Work on her Dried Flowers.

Lavender ~ Lavandula angustifolia
(Lavandula officinalis)

OBSERVATIONS: It strengthens the stomach, and frees the liver and spleen from obstructions.

GROWTH: The common Lavender is a shrubby plant having many woody branches and long narrow leaves. The purple~blue flowers are borne on long spikes.

WHERE TO FIND IT: Cultivated in gardens, but found wild in mountainous Mediterranean countries.

FLOWERING TIME: Midsummer.

ASTROLOGY: Mercury owns this herb.

MEDICINAL VIRTUES: It is of especial use for pains in the head and brain, following cold, apoplexy, falling~sickness, the dropsy or sluggish malady, cramps, convulsions, palsies and faintings. It provokes women's courses, and expels the dead child and afterbirth.

The flowers steeped in wine help those to produce water that are stopped, or troubled with the wind and colic, if the place be bathed with it. A decoction made of the flowers of Lavender, Horehound, Fennel and Asparagus root with a little Cinammon, is profitable to help the falling~sickness and giddiness or turning of the brain. The decoction used as a gargle is good against toothache.

Two spoonfuls of the distilled water of the flowers help them that have lost their voice. Applied to the temples or nostrils, it reduces the tremblings and passions of the heart, and faintings and swoonings, but it is not safe to use when the body is replete with blood and humours. The oil used with the Oil of Spike is of a fierce and piercing quality and ought to be carefully used, a very few drops being sufficient for inward or outward maladies.

MODERN USES: Lavender is stimulating and carminative. Its aromatic properties make it useful in pharmacy to add to lotions and creams. An infusion is made from the powdered flowers ~ 1 teaspoon to 1 pint of boiling water ~ and sipped to prevent fainting and to allay nausea. Lavender water made from the essential oil is used in therapeutic baths to reduce nervous excitement and as a perfume. The oil has a sedative action on the heart and will lower blood pressure. A small amount added to bland oils makes a useful application in skin diseases, such as eczema and psoriasis, and a rub for rheumatic conditions.

Caution is needed when using the essential oil as it is extremely potent. The dosage of the oil for internal conditions is no more than one or two drops.

(Taken from Culpeper's Colour Herbal, edited by David Potterton & published by W. Foulsham & Co. Ltd.).

*Lavender ~
Lavandula angustifolia*

The Holy Wells of Cornwall

The healing properties in the waters of the Holy Wells of Cornwall held great powers for the superstitious Cornishman. For Example:

Informatio taken fron 'Cornwall People' by Hamilton- Jenkin Esq published Messrs. Dc Charles of Newton A

St. Uny's Well, Redruth ~ Any person baptized therein was preserved from the danger of being hanged.

Gulval Well, when properly invoked, gave news of absent friends and this intelligence was gained by observing the way in which the waters bubbled.

Constantine's Well in St. Merryn; Dupath Well; the Lady Wells at Mevagissey & the Well at Nance in Colan, were all wells to which people resorted for the cure of illnesses of all descriptions.

St. Madron or 'Madern' near Penzance ~ Here, on the first three Wednesdays in May, children afflicted with Shingles; Wild fire; Tetters and other skin complaints were plunged through the waters three times 'against the sun', being afterwards carried nine times around the Spring, going from east to west, or 'with the sun'. 'At the conclusion of the ceremony a piece of cloth torn from the child's clothing was left, either between the stones bordering the brooklet, or affixed to the thorn tree which grows by the baptistry wall.'

'Figgy Dowdy's' Well on Carn Marth, near Redruth was where the children came with their dolls on Good Friday in order to have their dolls 'baptized'. This custom continued into this century and also occured at *Carn Galva in Morvah.*

The Frog & the Mouse

There was a little frog who lived in a well
With-a-ring-dom-bolla-dima-coy-me,
There was a little mouse who lived in a mill
With-a-ring-dom-bolla-dima-coy-me,
Coy-me-nero-kill-ta-care-o
Coy-me-nero-coy-me,
With-a-pim-strim-strama-diddle
Lara-bone-a-ring-ting,
Ring-dom-bolla-dima-coy-me.

Cosmetics & Perfumery
(Historical)

Hair to make Grow

℞ *Edw.ᵈ Luttrell.*
3 live frogs, burn them in a pott & take ye ashes & mix with yem a little honey or tarr, yen rub ye place yt is bare, & you will see ye effects.

Pendarves of Pendarves. C.R.O. No. PD 324.

French Queens Perfume

℞ a spoonfull of muscadine, damask rosewater. 8. spoonfulls, ambergreece a little, 12 cloves bruised, ye weight of a halfpenny of benjamin in powder, so boil yem together.

Pendarves of Pendarves. C.R.O. No. PD 324.

A Cosmetick for ye Face

℞ *Edw.ᵈ Luttrell.*
wild briony roots and steep y ᵐ in milk & so still y ᵐ & wash your face w.ᵗʰ it.

Pendarves of Pendarves. C.R.O. No. PD 324.

A Cream for yᴱ Face

Take a poynt of Oyle of Troters, an ounce of virgins wax an ounce of palmecity put these into a galle pott, ty'd very close & put yᵉ pott into a Scillit of Water and sett it over yᵉ fire tell yᵉ wax be dessolv'd yⁿ. Straine it into a bason and put to it an ounce of Oyle of ben 2 ounces of oyle of bitter almonds, beat all these very well then put in a quarter of an ounce of Oyle of Tartar a quarter of an ounce of Spirits of Lemon & a poynt of Damask Rosewater ~ it requires 6 hours beating.

Basset Papers of Tehidy. R.I.C.

To Make the Face Fair and For a Stinking Breath

℞ the flowers of rosemary and seeth them in white wine with which wash the face, and if you drink thereof it will make you have a sweet breath.

Pendarves of Pendarves. C.R.O. No. PD 324.

A White wash by y^E Lady Coo

℞ 1 pint of spirit of vinegar, put to it 4oz. of Litharge of Gold powder'd, put it in a new pipkin & lett it boyl at a quarter of an hour, scumming it; take it of ye fire, so lett it stand and settle for a day; then take Salt Gemm, 4oz. bruise it and putt it into a pint of Spring water into a new pipkin & lett it stand all night to dissolve; when dissolved pour of ye clear of ye spirit of vinegar into a white bason & pour into it ye clear of Sal Gemme: as also of Oyl of Tartar 8oz: shake all well together & putt it into a wide mouth glasse that holds near a gallon, wash it & change ye water often.

Pendarves of Pendarves. C.R.O. No. PD 324.

A Water to Wash y^E Face

℞ of gascoign wine 2 q^{r}ts. put wth 8 of flax food bruised. 6 pippins pared and Sliced, 2 lemons Sliced, 4oz. of rosemary flowers, balm, one handful raisons stoned, & bitter almonds blanch'd and beaten, ½lb: a quart of fatt snailes, a couple of fatt puppy dogs of 8 or 9 daies old, flay & gutt them and wipe them clean, but not wash yem; cutt yem in little peices, so putt all into your still & still it wth a gentle fire.

Pendarves of Pendarves. C.R.O. No. PD 324.

To Take Red Pimples Out of y^E Face

℞ of ye powd^r of lapis calaminarib, sulphur vive & litharge of gold, each 2oz: fine camphire gr. xx: & with oyl of roses & white wine vinegar equal parts make it into a liniment for your use.

Mrs Fleetwood & Mr Green.

Pendarves of Pendarves. C.R.O. No. PD 324.

Nits to Take Out of y^E Hair

℞ a close tooth comb, bridle it wth Silk, y^n wash your head wth warm'd vinegar, so comb it wth ye bridled comb.

Pendarves of Pendarves. C.R.O. No. PD 324.

Essence Of Ambergreece

Lady Jenning's receit.

℞ One dram of ambergreece, half a dram of Musk, half a dram of Civett, half an ounce of ye Oyl of benn, ye juyce of a Large Lemon, finely Strained, beat all ye aforesaid ingredients into a fine mass in a marble mortar, often drop in ye juice of ye Lemon, put in ye musk last, so beat it well again, till you see all is well Incorporated put it up into a glass Close Stop'd with a Cork & bladder on top, one grain of this will goe as far as Six times so much of ambergreece: you may have a Spirit of it to use by drops, put a part of it into Spirit of Wine, so stop ye glass close, & Shake it well once a day till it is well incorporated, So use it at your pleasure. This is a rare perfume, and will last twenty Years.

Pendarves of Pendarves. C.R.O. No. PD 324.

The Beautifying Water

Bate.]

℞ Mint~water ℔ *j.* fine common Salt ℥ *i* ß. boil and fcum it. It is to wafh the Face with after the Small~pox; it alfo takes away the Scurf and Itch. § But it is of known Efficacy, being us'd almoft fcalding hot, againft Kibes in the Feet and Toes, not broken, which the Vulgar call Bloody~falls.

Taken from Pharmacopœia Bateana or Bates Difpenfatory, 1693. Fifth Edition of 1720. This book has been lent to us most generously by Mr. G.J. Hendra of Truro.

To Keep the Hair from Growing Gray or White

Mix the Ashes of ground worms burned, in oyl, and rub ye comb with it when you combe your head, and it will never grow gray in old age; this is a Secret women Use.

Pendarves of Pendarves. C.R.O. No. PD 324.

To Make Hair Grow on a Bald Place

℞ oyl of Tartar and warm it, and rub ye place with it where you would have hair grow, and in eight or ten days you shall See ye Effect, 'twill make hair grow where 'tis shed, and increase it more than before. 'Twill make hair grow on the palm of the hand. *Mrs. Archer's recits.*

Pendarves of Pendarves. C.R.O. No. PD 324.

To Take Away Hair

℞ bay Salt powdered and mix it with fasting Spittle, So apply it to the place. Pigeons dung if applyed in Like manner hath the same effect.

Pendarves of Pendarves.

Violet ~ *Viola odorata*

OBSERVATIONS: A fine, pleasing plant...of a mild nature, and in no way hurtful.

GROWTH: A perennial with heart~shaped leaves and large fragrant deep blue or purple flowers.

WHERE TO FIND IT: Warm, sunny banks and edges of woods. [Ed: Violets used to be exported from Cornwall in large quantities up until the 1950's & Cornish Violets were always to be seen at Covent Garden Market, when in season.]

FLOWERING TIME: Late winter to mid spring.

ASTROLOGY: A plant of Venus.

MEDICINAL VIRTUES: It is used to cool any heat or distemperature of the body, such as eye inflammations, or hot swellings in the matrix or fundament. The leaves and flowers are taken by decoction and also used in a poultice. A dram by weight of the powdered leaves or flowers purges the body of choleric humours if taken in wine. The powdered flowers taken in water relieves the quinsy and the falling~sickness in children. The flowers of White Violets ripen and dissolve swellings. Taken fresh, the flowers or herb are effectual in pleurisy and diseases of the lungs and help hoarseness, hot urine and pains in the back or bladder.

MODERN USES: The leaves are antiseptic and are used internally and externally for the treatment of malignancies. Research is required in this area, but an infusion of the leaves appears to reduce pain in cancerous cases. A strong infusion is made by using 2 ounces of leaves to 1 pint of boiling water, which is left to stand overnight. It is then strained and taken in doses of 2 fluid ounces every two or three hours. The crushed leaves can be applied directly to the skin where an antiseptic is required. The flowers are expectorant and a syrup is made by adding honey to an infusion of them. This is an excellent remedy for coughs taken in desertspoonful doses. The roots and leaves are also expectorant, but the root tends to be emetic and has been used as an alternative to Ipecacuanha. In combination with Vervain (*Verbena officinalis*), it is effective in the treatment of whooping cough. Colt's Foot may also be added.

(Taken from Culpeper's Colour Herbal, edited by David Potterton & published by W. Foulsham & Co. Ltd.)

Violet - Viola odorata

Receipts & Remedies for use by the

Housekeeper & Butler

To Scour a House

Some use wood ashes to scour rooms or staircases wth., instead of fullers earth & it does very well. *Pbat.** — *Pendarves Pendarves. C.R.O. No PD 324.*

**Probat = proved*

To Clean Pictures

With a clean Spung rub some warm water on the Pickture & let it remain a short time to soak the dirt then take a very little Windsor Soap with a spung dipt in Warm Water & wash the Pickture. Clean your Spung & Wash every particle of Soap entirely off, beat up the White of an Egg with an exceeding small piece of double refined Sugar & two drops of Brandy put them on the upper part of a plate set sloping & dip a Clean Spung into the liquid at the bottom of the Plate & rub it gently over the Pickture.

Taken from a book of Housekeep Receipts w the Rashle Papers of Menabilly, dated 15th July, 178 (C.R.O. N R5681.)

A Perfume for Chamber Chimney's

Cos. Wightwicke's.

Some take a jarr & stew some bay salt in ye bottom, y^{n} strew Damask roses pickt upon that, y^{n} bay salt again, y^{n} roses, & so doe till ye earthen jarr is full & keep it cooled, this will keep many years & if you putt your hand into it & stir yem, yey will smell many years after as strong as at first. Some doe so wth ye pareings of Civill oranges & bay salt & it will smell very well; this will have a liquor at bottom after some time, wch is good agst ye Gout.

Pendarves Pendarves. C.R.O. N PD 324.

Drink to Make Clear

℞ some ground ivy & putt into ye vessel of disturb'd or new beer & it will clear it in 3 or 4 dayes time. Excellent.

Pendarves Pendarves

Flowers to Keep a Long Time in Pots and in Chimneys

℞ your flower pots or basons & fill yem wth house sand, wch is better yan Scouring Sand, & put some water to it & stir it together till ye sand is thorough wett but stiffe, so stick your flowers thick into ye sand, yis will keep yem fresh a fortnight, & yey will stand in order & hide ye sand; yey will do better if a' ye weeks end you take out ye flow^rs and wett ye sand again as before & so put yem in again. *Pbat.** (**Probat = proved.*)

Pendarves of Pendarves. C.R.O. No. PD 324.

To Make Red Sealing Wax

℞ of bees wax *℔j* : turpentine ℥ *j*: red lead or vermilion ℥ *jſs* fine ground, oyl olive ℥ *j*. Melt ye wax & turpentine, adding ℥ *j* of rozin finely powder^d, when all melted & ye drogge taken off, pour in ye red lead or vermilion, & stir yem well till yey are throughly incorporated & make it up in what form you will.

Pendarves of Pendarves. C.R.O. No. PD 324.

Pen to Make

If your quill be hard & thick, scrape it wth ye back of your penknife, yen wett it wth spittle & roul it in ye scrapings & yey will stick to it, yen wth your coat rub it bright, so make a Slitt in your quill & shape it into a pen. Observe ye softer your quill, ye shorter ye Slitt must be. Be sure your Slitt be clean, if not, scrape it & hold your left thumb nail so far as you would have ye Slitt, & it will goe just so far. The harder ye quills, ye clearer ye Slitt will be.

To Harden Quills: If your quill is soft, put it into hot ashes, stirring yem till 'tis as soft as maybe, & when it is cold it will harden. Boyle water & allom, & while it is boiling dip ye hard ends of ye quills in it for a minute, you lay yem by & yis till harden yem.

Pendarves of Pendarves. C.R.O. No. PD 324.

Black Ink

℞ 5 pints of rain water & put into a pot with ℥ *iij* of gum arabick beaten, stir it wth a stick once or twice a day, & when ye gum is disolved put to it of beaton galls ℥ *vj*, green copperis ℥ *j*, allom a q^rtor of an oz, so stir yem well together, & keep it for your use & from frost.

Pendarves of Pendarves. C.R.O. No. PD 324.

Red Ink

℞ brazil powdr ℥i. White lead & allom each ʒ ij Gum arabic ⊖ viij ☐ Urine one pint, Shake yem well togethr or Gum Arabick water mix'd wth vermilion will serve for a red. — *Pendarves Pendarves. C.R.O. N PD 324.*

Perfumed Wax

Mix ye oyl olive wth musk or amborgreece or what othr perfume you please. — *Basset Pap of Tehidy. R.I.C.*

To Varnish Iron

Take Ceres plaister and pitch melted together and rubb in on your Iron. — *Basset Pap of Tehidy. R.I.C.*

To Make Blacking for Shoes

(That wears well and don't come off)

℞ ½ one Gum arabick - 2 onces of lamp black boyled togr in a pint of two penny ale. — *Basset Pa of Tehidy. R.I.C.*

To Preserve Shoes, & Keep Them Dry and Beatifull

℞ Two Ounces of Bees~wax a pennyworth of Lamb black, twelve or thirteen drops of Neats Oyle or a little Grease, let them boyle, and stir them well together, then take it off and when cold make it into a Rou, and rub a little of it upon a hand Brush, then heat yor: Brush, and rub yor Shoes. Observe that yor Shoes must be rub'd frm Dirt Cleane, before you rub yor Wax, and like wise dry & this will keep out wett, and set a Gloss, & preserve yor Shoes. — *Pendarves Pendarves C.R.O. N PD 324.*

To Clean Silver

℞ the ashes of Wheatstraw burnt, and rub your Silver with it. — *Pendarve Pendarve C.R.O. N PD 324.*

To Clean Decanters

℞ Lead~shot & sand, mix with water in ye Decanter and agitate well. — *Tredinni Tredinni*

Remedies from

The Gamekeeper's Arsenal

GUNPOWDER

If it be upon proof under 2 degrees, it is good for nothing, if it be abt 5 or 6, it is good. but some will be 10 or 11 degrees an' that is very strong. The stronger ye powder is, ye lesser Charge will do. Powder, if it be decayed may be recover'd in some measure by drying it, or carrying it in ye pocket or drying it in a warm shovell, but take care, tis not so warm as to fire it.

Taken from 17th. & 18th. Century Receipts within the papers of Pendarves of Pendarves. C.R.O. PD 324.

TO DRIVE & KEEP YOUR HOUSE FREE FROM RATS & MICE

One ounce of Assasalid, one ounze of Tincture of Myrh, 2 ounces of Venice Turpentine, one ounce of Burgundy Pitch, 3 drachms of Oil of Swallows, pound these all together make it into a Small Pill as big as a pea, put them into holes or on the Walls or 5 or 6 under the Bark floor or other place and all the Rats will depart in 24 hours, to be done once a year.

Rashleigh Papers of Menabilly. C.R.O. No. R5681.

RECEIPT TO DESTROY RATS

One quart of Oatmeal, 4 drops of Rhodium, one grain of Musk, two Nuts of Newe Vomica finely rasp'd, the whole reduced very fine & to be continued while they eat it.

Rashleigh Papers of Menabilly. C.R.O. No. R5681.

For extensive coverage on the subject of Game, please purchase our first book in this series entitled:
RECIPES & RAMBLINGS
Articles include:
The Full Quarry List; Hanging Times for Game;
Notes on the Hanging of Game;
Swan ~ The Bird Royal (with Pictures & Recipes.)

Pendarves of Pendarves

'Nec Timeo Nec Tumeo' ~ *'Never Fear Never Boast' ~ the motto of the Pendarves family, a family whicl goes back into history to the Plantagenets. The pedigree dates from abou 1134, and they are believed to have come from St. Enoder to Camborne in the time of Elizabeth. From then on the Pendarves took an increasingly important share in the life of the district. A William Pendarves was High Sheriff of Cornwall in 1682. Upon the death of Sir William in 1726, who is the subject of the rallying song opposite, the estate was inherited by his sister, Mrs. (Grace) Percivall, and i was upon her death in 1763, that the family of Stackhouse came into the picture. [There is a prescription on page 76 to Miss Stackhouse, within the Rashleigh collection.] The Pendarves famil intermarried with many of the great Cornish families including the Bassets of Tehidy and the Rashleighs of Menabilly. There is a picture, in ownership of the Rashleighs, of the house of Pendarves wit Mr. & Mrs. Stackhouse in the foreground by the lake at Pendarves. The name of Stackhouse becam as well known as that of Pendarves, and John Stackhouse is credited with building of the family mansion in the 1790's. The picture on the adjacent page shows the solidity and lines so similar to those of a number of 18th. Century Georgian Cornish mansions built during the same period. Davies Gilbert [see page 67], recorded in 1837: 'Pendarves has become a very handsome seat.'*

This family stood for the best traditions of the landed gentry, illustrated by a gravestone (behind the eas window of Camborne Parish Church) to Elizth. Fine, Widow, (dec. Augt. 2nd 1794) 'who Change this Life For a Better', whereupon appreciation for Elizth. Fine is shown by Mrs. Stackhouse wh 'Caused this Stone to be erected in Memory of Her long and faithful Services'.

The Pendarves family, who gave their name to many institutions in the area, are commemorated b tablets in Camborne Parish Church. Memorials and a mausoleum further commemorate the famil at their Church at Treslothan. The Pendarves name came back with Edward William Stackhouse son of the builder of Pendarves, who took the name of Wynne Pendarves and as Sir Edwar Pendarves, sat in parliament. There is a fine commemorative stained glass window to his memor in the Parish Church of St. Martin and St. Meriadoc, Camborne, which shows 29 Coats of Arm and quarterings of the family and those families with whom they intermarried. It was presented b Typhena Wynne Pendarves (dec. 1873), his widow. Typhena Pendarves was remembered int this Century by old retainers of the estate as 'a formidable lady well known for her forthrightness an eccentricity.' Their son, Mr. W.C. Pendarves married Miss Alice Farrar, known as 'Th General'. She is remembered for her strong guidance and wise counsel, which literally ran so man organisations in the Camborne area, most notably the Nursing Association. Dame Alice as sh became, died at the end of the Second World War, and is still remembered by the older generation.

Mr. W.C. Pendarves died in 1929. His son John Stackhouse Pendarves, whose generation was the las to live in the house at Pendarves and who trained horses at Epsom, survived him by only a few years leaving a widow and two daughters. Double death duties resulted in the sale of much of the estate. Th mansion became a school for girls (under the name Normanhurst Court) and later a barracks for th Americans. During these tenures, severe structural problems of damp and dry rot began. Like so man great houses in the years immediately following the war, the family, unable to find the support require from the local authorities to help secure the preservation of the house, took the final step which lead to th mansion being demolished in 1955. During demolition the old family silver was discovered, burie within the walls of the house. 'The Cornishman' of Thursday, 3rd. March, 1955, records:

"This is sad news indeed, not so very long ago we made a pilgrimage to Pendarves, which has bee so closely woven into Camborne's more recent history. We have always looked on Pendarves as ou manor, and, more than many other places, it is a manor which really grew up with its town. Whe the early Pendarves' came here we were only a little Church town, with a farming communit grouped loosely around our Church. Then as we grew with tin and copper, so did the estate. W cannot but regret that no other use can be found for the fine house."

PENDARVES.
Ancient seat of the Family of Pendarves.

'PENDARVES IS COMING'

(*Sung to the tune: 'The Cambells are Coming'.*)

The rallying song of Sir William Pendarves, son of the Rector of Camborne, who was Liberal M.P. for St. Ives. He died in 1726.

Chorus, sung before and after each verse:

Pendarves is coming, Huzza, Huzza,
Pendarves is coming, Huzza,
Pendarves is coming
The Tories are running,
Pendarves is coming, Huzza, Huzza.

Haste my jolly boy
Put up your coats,
Let's up and be jogging
To give him our votes,
And we'll have some liquor
To clear all our throats
To vote for Pendarves, Huzza, Huzza.

Chorus:

With hearts never daunted
We'll meet all our foes,
Like fine Cornish yeoman
Will slavery oppose,
And those who've no horses
We'll tramp on our toes
To vote for Pendarves, Huzza, Huzza.

Chorus:

Tho' the great and mighty
Will battle array,
Have drawn up their forces
Will never give way,
But show them that yeoman
On the Election Day
Will bring in Pendarves, Huzza, Huzza.

Chorus:

Comfrey ~ Symphytum officinale

OBSERVATIONS: The roots of Comfrey taken fresh, beaten small, and spread upon leather, and laid upon any place troubled with the gout, doth presently give ease of the pains.

GROWTH: A common herb, Comfrey has large hairy green leaves which cause the hands to itch if they touch any tender part. The stalk grows two or three feet high and is hollow and hairy. The flowers stand in order one above another. They are long and hollow like the finger of a glove and are of pale purplish colour though some bear pale whitish flowers.

WHERE TO FIND IT: It grows by ditches and watersides, in moist fields, and is cultivated in the medicinal herb garden..

FLOWERING TIMES: Early to midsummer. The seeds ripen in late summer.

ASTROLOGY: A herb of Saturn and under the sign of Capricorn, cold, dry and earthy in quality.

MEDICINAL VIRTUES: Comfrey helpeth those that spit blood or make a bloody urine. The root boiled in water or wine and the decoction drunk helps all inward hurts, bruises, wounds and ulcers of the lungs and causes the phlegm to be easily spit forth. It helpeth the defluxion of rheum from the head upon the lungs, the fluxes of blood or humours by the belly, women's immoderate courses, the reds and the whites and the running of the reins.

A decoction of the leaves can be used for all the same purposes, but is not so effectual as the roots. The roots outwardly applied help fresh wounds or cuts and are especially good for broken bones and ruptures. It is also good applied to women's breasts that grow sore with an abundance of milk and also to repress bleeding of the haemorrhoids.

MODERN USES: A valuable demulcent and healing herb, also known as Knitbone for its power to mend broken bones. Comfrey contains allantoin which is used to encourage wound~healing and is an ingredient of skin preparations to treat psoriasis. A decoction of the root, or tablets made from the powdered root, available from herbalists, are used for peptic ulcers, colitis and hiatus hernia. The root and leaves are still recommended as an external application for wounds, fractures and leg ulcers, although it is more convenient to use as an ointment made by digesting the root or leaves in hot paraffin wax, straining and allowing to cool. The decoction of the root ~ 1 ounce to 1 pint of boiling water ~ is useful for the treatment of tonsillitis, bronchitis and irritating coughs.

(Taken from Culpeper's Colour Herbal, edited by David Potterton & published by W. Foulsham & Co. Ltd.).

Comfrey ~ Symphytum officinale

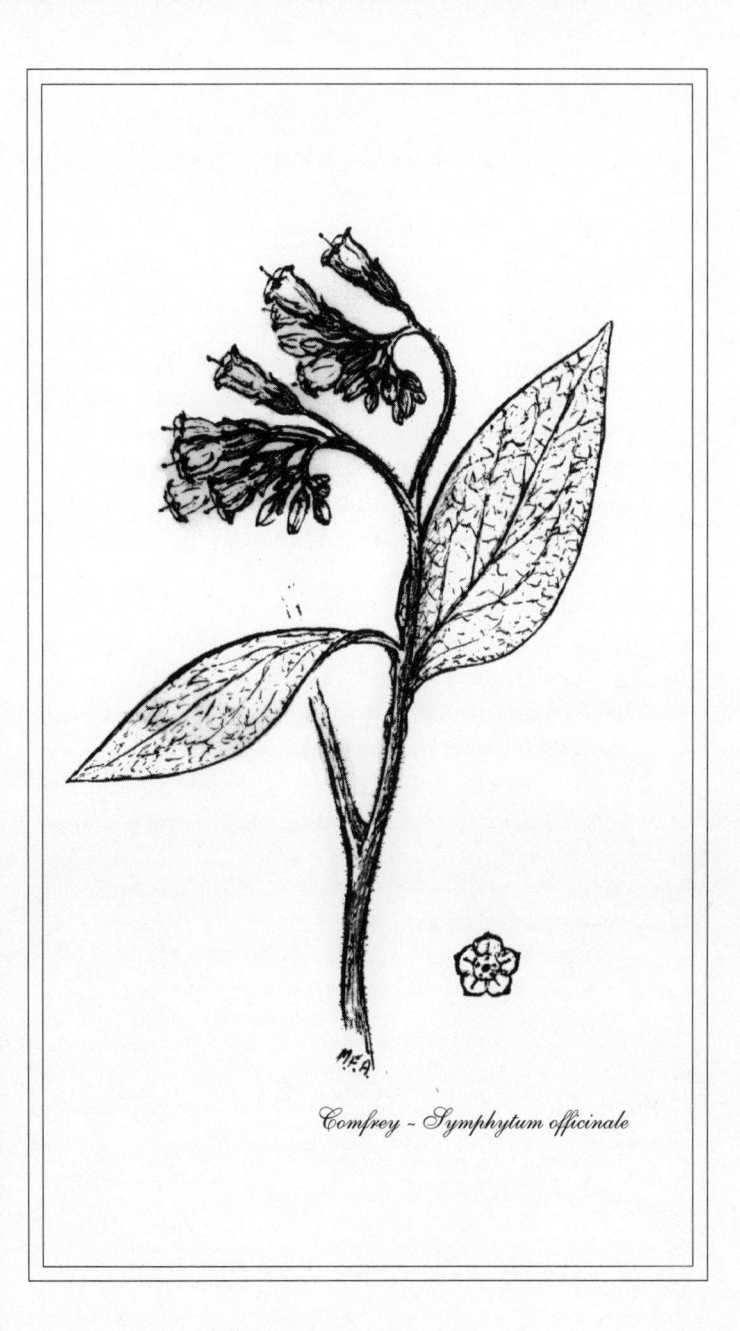

Taken from:

A Cornishman Abroad

Krakatoa

(To be read in rhythm with four beats to the bar, emphasising the marked syllables.)

(Fast) The ˈverbose ˈcomatose ˈKrakatoa ˈkettle with its
ˈsteam stack ˈspouting o'er the ˈribald ribboned ˈvalley while the
ˈmilk maids ˈcluster by the ˈgiant Adriˈatic with its
ˈtumult of ˈtorpid ˈrolling ˈrapids.

(Fast) The ˈtintinabulˈation of the ˈAbernethy ˈbiscuit as it
ˈjingles, ˈjangles with ˈcaraway and ˈcowslip ~
ˈfaster the ˈfrolicking with ˈgathering moˈmentum as it
ˈbounces down the ˈmountain~side ˈbang, bang, ˈbang.

(Slow) Primˈordial ˈplasma, ˈamoebic and ˈacrid
sulphˈureous ˈbubblings of ˈsaline soˈlution
the ˈphosphorous ˈBosphorus ˈfishes are ˈheated
by ˈKrakatoa's ˈcochineal ˈcoloured cosˈmography.

(Fast) ˈUp blows the ˈspume of the ˈwhite whale of ˈWigan and
ˈup fly the ˈvaricose ˈvultures of ˈWotan;
ˈmatriarchal ˈmonkeys offer ˈchattering ˈchorus in the
ˈbeachcombers ˈhut by the ˈBilberry ˈTree.

K. F A. ~ Tredinnick Press.

Remedies for
Gout & Rheumatism

DUKE OF PORTLAND'S RECEIPT FOR THE GOUT OR RHEUMATISM

| Birthwort or Gentian the last preferable } Roots of these | Ground Pine Germander Centaury } Tops & leaves of these | Rashleigh Papers of Menabilly. C.R.O. No. R5683. |

Of all these well dried powdered & sifted very fine take equal weight, mix them well, & of the mixed powder take a dram every morning fasting in Water, Broth or Tea, keep from Eating an hour after, when you have taken it thus for three months then lessen the dose to $3/4$ of a dram for three months longer, then for six months, $1/2$ a dram, & when you have taken it thus for twelve months every morning, you must the next year take $1/2$ a dram every other Morning, it must be taken in the fitt as well as out & if continued will not fail of making a perfect cure, it does not confine the Patient to any particular Diet.

FOR THE GOUT

Take White Archangell and Barrows Grease then take an earthen pott and lay y^e Archangell of a Good thicknesse in the bottome then lay your Barrows grease of the Same thicknesse upon it and so likewise fill up your pott then cover it close and sett it two foot under Ground and so let it stand untill it be mouldy then strain it an' put it into a pott and keep it and so annoint ye Grief.

Basset Papers of Tehidy. R.I.C.

FOR A RHUMATISME APROV'D

Take Speeties Cario Costinum, two Scruples and halfe made up into nine Pills with the Ballsum of Pewe Take 3 in the morning. Fasting with 3 days Entervall, if the Humour Goes not of with the second Dose. drink Poset Drink as with Other Phissick. then Take for 14 mornings together. 3 Spoonefuls of ye Juce of Scurvy~grass. in halfe a poynt of wormwood alle. posset Drink to Refine the Blood.

Basset Papers of Tehidy. R.I.C.

[Ed: Please see Comfrey ~ Symphytum officinale, on page 98.
Barrow's Grease ~ A Barrow is a castrated boar, therefore this is probably Boar's Grease, or the lard from the pig.]

Remedies for a Consumption

For a Consumption

Two ounces of the expressed Juce of hore hound mixed with a pint of Cows Milk, sweetened with honey to be taken in a morning fasting.

Basset Pap[ers] of Tehidy. R.I.C.

A Water for a Consumption

Take a Capon or old Cock, gutt it & take away ye Skin & fatt, boyl it in a Sufficient quantity of Water, in a close Vessell, till there is left 3 pints of ye Broth, wch you must put to 3 pints of new Milk, half a pound of Raisons Ston'd, of Burrige, Buglose, Violett, Cowslip flowers, of each half a handfull, of Agremony, Coltsfoot, Harts tongue each a handfull, of Liquorice 3 ounces, of Red Rose leaves 2 drams, of Cinamon bruised half an ounce, of Wheat Bread hott out of ye Oven half a pound, Still it in a Cold Still, of these you may draw four pints, drink of this Water eight or ten Spoonfulls twice a day, Sweetned wth Sugar of pearle, ye time to drink ye Water, is eight in ye Morning & four in ye afternoon. *Infallable.* *[Ed.: Consumption is Tuberculosis of the Lungs]*

Basset Pap[ers] of Tehidy. R.I.C.

A Charm for Banishing the 'King's Evil'

Pass the hand of a dead child over the affected parts. It was believed that as the hand decayed, so the scrofula itself would disappear. Scrofula is a constitutional weakness, due to malnutrition in early life, marked by tumours of the lymphatic glands, especially of the neck, & a predisposition to Tuberculosis. It was formerly believed to be cured by the touch of the King.

Taken fro[m] 'Cornwal[l &] its People' A.K. Ham[ilton] Jenkin Es[q] published [by] Messrs. D[avid &] Charles o[f] Newton A[bbot]

Tehidy
Ancient Seat of the Family of Basset.

Basset of Tehidy

'Pro Rege et Populo' ~ *'For King and People',* ~ *the Basset family motto, which served the family well for over 700 years until they began to ignore the wisdom contained therein, which resulted in the loss of the estate of Tehidy. In about the middle of the 12th. Century the Bassets obtained the manor of Tehidy by marriage of William with Cecilia, heiress of the great house of de Dunstanville. In 1330, William Basset obtained a licence to 'crenelate his dwelling at Tehidy & to maintain it firm with stone & chalk'. The mansion, extant at the early part of the century, was begun in 1734 by John Pendarves Basset.*

The Bassets had gained considerable respect by the reign of Charles I. Like many Cornish Royalist families, they suffered in the cause of the King & subsequent prosecution during the Commonwealth, not regaining their position until the 1700's when their mining interests began to pay enormous dividends. Further extensive remodelling at Tehidy took place in the years following 1769 when Francis Basset (1757~1835), inherited the estate. In 1796, he was raised to the peerage as Baron de Dunstanville of Tehidy, for his spirited actions for assembling his Cornish miners and marching to Plymouth to make good the neglected defences & deter the landing of the combined fleets of France & Spain which had unexpectedly anchored off Plymouth. He became a national figure. Lord de Dunstanville began the creation of the grandest dwelling, (in which he entertained most lavishly), and most extensive estates and mining interests ever seen in Cornwall.

Lord de Dunstanville was also a philanthropist, and in 1790 initiated the building of the Royal Cornwall Infirmary (now the City Hospital), which was begun in 1792 & completed in 1799. He gave great financial support to this project, both during life & by legacy. His funeral procession from London was probably the largest ever witnessed in Cornwall. The procession took twelve days to travel to Tehidy at walking pace from London. 800 tenants accompanied the hearse from Truro. At resting places, the hearse was met by mayors & corporations. At Truro the shops closed & the bell of St. Mary's was tolled. The landmark monument on Carn Brea was erected in 1836 to his memory. His son John Francis Basset will be remembered for the building of the Market House & Town Clock in Redruth. This philanthropy was not continued by the last of the Bassets, who lost vast fortunes in racing & the estate had to be broken up & sold by 1916. In 1917, the house was sold on & became the T.B. Isolation Hospital for Cornwall. On the 23rd. February, 1919, the sculptured Basset Coat of Arms in the Achievement, with motto ~ (above), was removed from the front of the mansion. Two days later, 'as in some ghostly protest', the great house was a raging inferno.

Footman in Basset livery at Tedidy. ~ c.19 (Believed to be Thomas Cockerill) (Royal Institution of Cornwall).

Taken from 'Tehidy and the Bassets' by Michael Tangye, published by Truran. The editor is most grateful for the content of research reproduced here by kind permission of the Author and Publisher.

The Destruction of Tehidy by Fire.
24th. February, 1919.

Tehidy, Rebuilt as a Chest Hospital,
closed in 1988 and now once again in disrepair.

PLATE 5.

Fig. 90.   A jugum penis used in cases of incontinence of urine in men.

Fig. 91.   Pessaries for supporting the uterus in cases of prolapsus uteri in females. *(a)* A pessary of wood or ivory. *(b)* One of resina elastica.

Fig. 92.   A receiver, which has been lately used with advantage in cases of incontinence of urine in the male.

Fig. 93.   A receiver, which has been lately used, in a few cases, with advantage in the female.

Fig. 94.   A catheter for the male.

Fig. 95.   A catheter for the female.

Fig. 96.   A bougie.

Fig. 97.   Mr. Hunter's caustic conductor.

Fig. 98.   A bistoury used in the operation for phymosis.

Fig. 99.   A bistoury used in amputating the penis.

Fig. 99(a).   A silver canular for conducting the urine after amputation of the penis.

Fig. 100.   A bistoury, with a probe of flexible silver joined to it, to be used in the operation for fistular in ano.

Fig. 101.   A bistoury, which has been lately used by some practitioners in the operation for fistula in ano.

Fig. 102.   A wire of silver or lead, with a tube of the same metal, for laying open a fistula in ano.

Fig. 103.   A bandage for supporting the end of the rectum in cases of prolapsus ani.

Fig. 104.   Mr. Park's leather case for supporting the fore-arm after luxations of the joints or fractures of the bones of the superior extremities.

Fig. 105. (a) & (b)
   Splints of wood glued to leather, and afterwards cut, as represented in the figures. They are used for fractures of the bones of the extremities, particularly for those of the fore-arm or leg.

Fig. 106.   Represents a fractured limb dressed with an eighteen-tailed bandage, and placed in the manner recommended by Mr. Pott.

Fig. 107.   Mr. Gooche's machine, improved by Dr. Aitken, for keeping a fractured thigh-bone properly extended. The upper circular bandage goes round the waist, the under one fixes immediately above the knee.

Fig. 108.   A bandage for a fractured patella.

Fig. 109.   A wooden splint for a fractured leg.

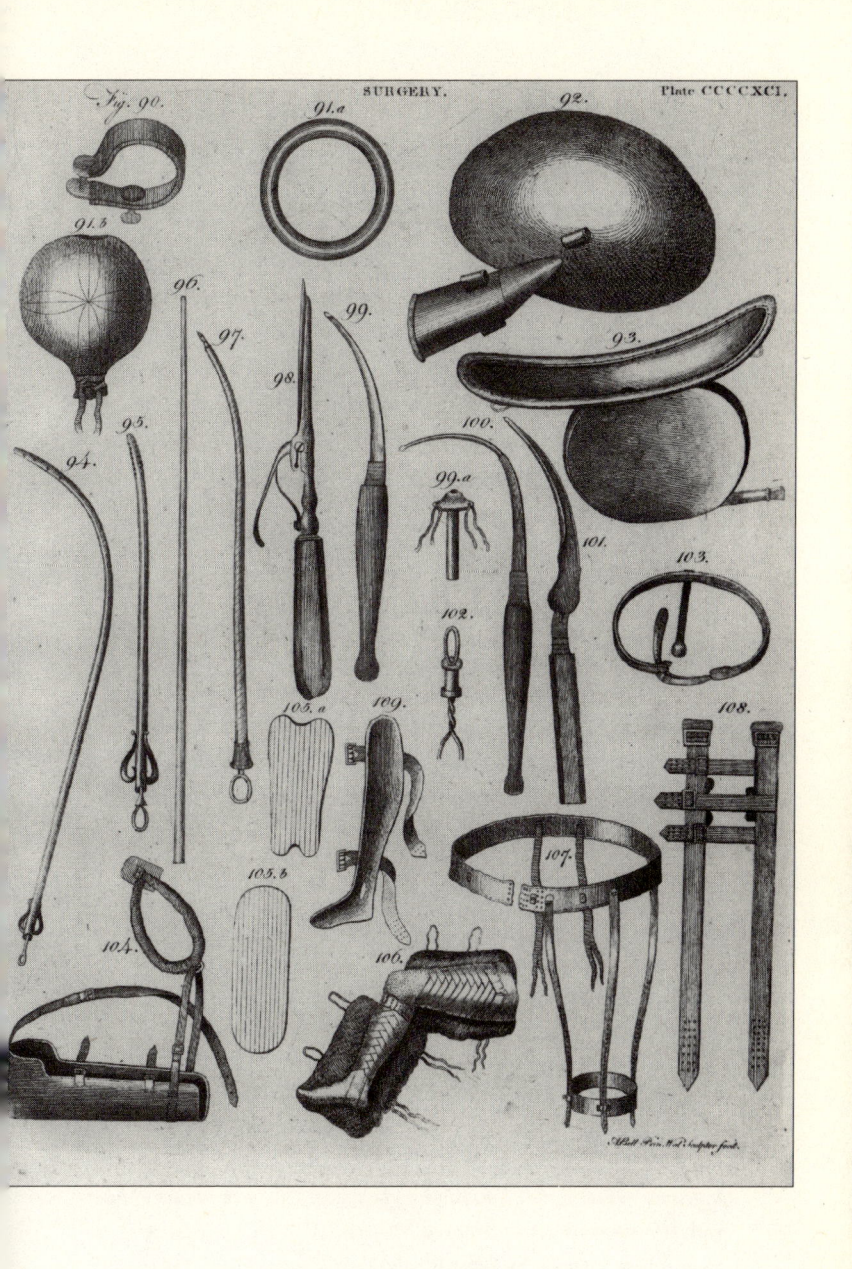

Surgical Instruments

taken from a copper-plate engraving within the
Encyclopædia Britannica of 1797.

Secret Sorrow
~
Certain Help

Numerous Extraordinary, Anatomical, Explanatory, Coloured Engravings.
Forty~ninth Edition illustrating:

THE NEW DISCOVERY IN MEDICINE

*Price 2s. 6d., in a sealed envelope through all Booksellers,
or sent post~free from the Author, for 42 postage Stamps;*

The Medical Adviser

On the exhausion and physical decay of the system produced by
delusive habits, excesses, and infection; followed by OBSERVATIONS on
the MARRIED STATE, its disqualifications, and their removal; remarks on
Spermatorrhœa, and the treatment practised by the Author with
such unvarying success, since his settlement in this country,

By Walter de Roos M.D.

35, Ely Place, Holborn Hill, London,
Member of the Faculté de Paris; Matriculated Member of the
Universities of London, and Berlin; and Honorary Member of the Bultimore Coll. U.S.

Agents for Truro, Mr. H.D. Martin, Boscawen~street
and Heard & Sons, West Briton Office.

*The Author, as the only qualified Physician in this branch of his
profession, deems it a duty to caution the Public against imitation of his
work and Advertisements by various self-styled M.D.'s (Chiefly Quacks)
whose assumed names, both English and Foreign ~ self-imposed titles, and
pretended translation of their works into several languages, are vile disrep-
utable impostures. To distinguish himself from such persons, he need only
refer to his qualifications enumerated above.*

Reviews of the Week

"Just the book everybody ought to read once in their life, and the sooner the better we say." ~ Pioneer.

"The information therein conveyed is really essential to those of either sex who contemplate marriage." ~ Record.

"It contains precisely the information too often studiously kept from the young and thoughtless. - However the knowledge must *come sometime, and happy is the person who does not become the possesor too late."* ~ Politician.

Notice to the Afflicted

DR. DE ROOS from long practical observation of the treatment pursued in the various institutions of this Country and the continent ~ has had perhaps unusual opportunities of witnessing the various stages of those dreadful complaints treated upon in the above work; this, with the assistance of medicines exclusively of his own preparation, enables him to treat with the most certain and speedy results.

From neglect or maltreatment, these diseases are too often followed by a train of mental and physical debility that renders life a burden, and death a boon, hence the necessity for sound practical judgement in such serious cases; and the inference that the greatest amount of benefit may be most reasonably expected at the hands of those qualified members of the medical profession who have made this class of complaints their practical study. To those only who possess the requisite qualifications can confidence be safely extended.

By Dr. De Roos' unfailing Remedies, even the worst forms of disease and debility may be thoroughly eradicated. Mercury, cubebs, and copaiba, which often produce worse results than the disease for which they are administered, form no component of his medicine. Nature's exhaust~less store affords remedies infinitely more certain, and less noxious, than the dangerous weapons of antiquated practice or modern innovation; and the unfortunate who may have deemed himself beyond the reach of medicine, an outcast doomed to sorrow, suffering and early death, is made sensible of the powers of science, and becomes again the happy possessor of health! The culpable neglect of these diseases by the majority of medical men, it has been for many years the Author's purpose to rectify; with what success, his present extensive practice sufficiently demonstrates; and he undertakes the removal of even the worst cases without hindrance from business or change of diet; with secrecy, safety and the most perfect certainty, or will return the money.

Persons in the Country will be minute in the details of their cases, and to prevent trouble, no letters from strangers will be replied to unless they contain £1 by Post~office Order, or otherwise, when advice and medicine will be sent to any part of the world, securely packed from observation or accident.

Post~office Orders to be made payable at the Holborn Office, to DR. WALTER DE ROOS, 35, Ely Place, Holborn Hill, London, where he may be consulted daily from 11 till 1, and 5 till 8, Sunday excepted.

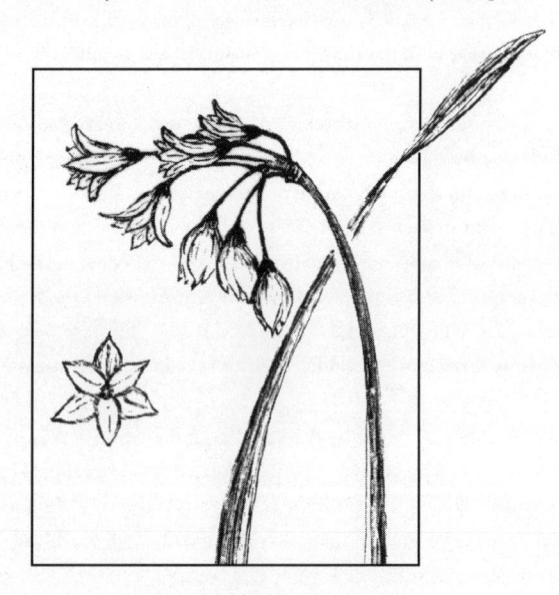

Triquetrous Leek ~ Allium triquetrum.
Grows profusely in Cornwall, where it is known as
'Sciffers' (colloquially), or Wild Garlic.
Formerly found only in Cornwall and the Channel Islands.

The Concentrated Guttæ Vitæ, or vegetable life drops, are especially recommended to all persons debarred from matrimony by the consequence of early error. They effectually relieve those who have injured themselves by solitary habits or excess, and brought on the dreadful disease known as Spermatorrhœa, or nocturnal emissions, obstinate discharges, impotency, barrenness, nervousness, weakness, languor, low spirits, aversion to society, study or business, timidity, trembling and shaking of the hands and limbs, indigestion, flatulency, shortness of breath, cough, asthma and consumptive habits, dimness of sight, dizziness, pains in the head, &c.

Female Complaints are under their immediate influence. They also possess almost marvellous properties in purifying the blood from *Venereal Contamination and Secondary Symptoms,* as eruptions, blotches, pimples, sore throat, threatened destruction of the nose, palate, &c., pains in the bones and joints, scurvy, scrofula, and all other impurities.

Price 4s. 6d., 11s., and 33s. per bottle; the latter contains four 11s. quantities, by which a great saving is effected.

The £5 cases, by which £1 12s. are saved, cannot be had but from the establishment.

Pains in the back, Gravel, Lumbago, Rheumatism, Gout, Diseases of the Bladder and Kidneys, Stricture, Gleet, &c.:

The Compound Renal Pills, as their name Renal (or the Kidneys) indicates, are a most safe and efficacious remedy for the above dangerous complaints, discharges of any kind and diseases of the urinary organs generally, which if neglected, frequently result in stone in the bladder and a painful death.

Posessing tonic properties, they agree with the most delicate stomach, strengthen the digestive organs, increase the appetite, and improve general health. They require neither confinement nor change of diet, and, as experience has already proved, they will effect a cure when mercury, copaiba, cubebs, and all other dangerous medicines of that class have failed.

ONE TRIAL will convince the most sceptical of their surprising properties.

Price 1s. 1½d., 2s. 9d., 4s. 6d., 11s., and 33s. per box, through all Medicine Venders. A considerable saving is effected by taking the large sizes.

FIFTY YEARS' SUCCESS
DR. DE ROOS'
COMPOUND
RENAL PILLS
have over FIFTY years' reputation as most safe, speedy remedy for Pains in Back, Gravel, Lumbago, Gout, Rheumatism, Weakness across Loins, Sandy or other deposits, Stone, Kidney, Bladder Diseases, &c. Price 1s. 9d. and 3s. 0d., Boots Cash Chemists, Taylor's Drug Co., and leading chemists, or post free Dr. De Roos Medicine Co., Kentish Town, London. Genuine packets bear Government stamp, with words "WALTER DE ROOS, LONDON," thereon.

CAUTION ~ There being highly injurious imitations of these Medicines, sufferers must guard against the recommendation of the spurious or any other articles by unprincipled Venders, who thereby obtain a large profit.

TO PROTECT THE PUBLIC FROM FRAUD, Her Majesty's Honourable Commissioners have directed the words "WALTER DE ROOS, LONDON" to be engraved in white letters on a red ground on the Government Stamp affixed to each Box and Bottle, without which none can possibly be genuine, and to imitate which is a felony.

Sold by Heard & Sons, Martin, chemist, Mrs. Blee, Mr. Hall, chemist, and Mr. Job, Truro; Ford, Hayle; Blee, chemist &c., & Prockter, chemist, Penzance; Woolcock, booksellers, Helston; Pearce, chemist, Fore~street, Bodmin; Hern, chemist, South~street, St. Austell; Corfield, chemist, St. Day; Sharpe & Co., chemist, St. Neots; Simms, 30, Whimple~street, Plymouth; Cole, bookseller, 12, Edgecombe~street, Stonehouse; Cole, bookseller, Allhalland~street, Bideford; and obtainable through all Medical Venders, of whom also may be had "THE MEDICAL ADVISER".

N.B. Should difficulty arise in procuring any of the above, by sending the amount by Post~office Order, or Stamps, to 35, Ely Place, Holborn Hill, London, they will be sent securely packed to any address.

[Extracted from an advertisement in the
Royal Cornwall Gazette of Friday, 9th. September, 1853.
This newspaper is held at the Royal Institution of Cornwall.]

Remedies for

The Stopping of the Water & the Stone

FOR YE STRANGURY DIFFICULTY OF URINE

Take in Good Draught of White Wine put to it two Spoonfulls of Sallet Oyle or a quart of Sweet Almonds or the Quantity of two Wallnuts of Fresh Butter beat them together, at the Fire beat them well together. Soe Drink it very Warme three or four Days every full Moone. It may help if you Noint your Back as the paine goeth from the Reine to the Share with this Oyntment, the Oyles of Scorpions, Cammomill and Lillees each, one ounce yellow Wax die once Melt them together and so use it.

Basset Papers of Tehidy. R.I.C.

TO CURE THE STONE

Take half a handfull of Camamoil Flowers and a handfull of Pellitory of the Wall, and boyl them in a pint of Rhenish or White Wine, and sweeten it with Syrup of Marsh Mallows, and drink it two or 3 times 'till you have ease.

Basset Papers of Tehidy. R.I.C.

A TURPENTINE CLYSTER

Bate.].
Decoctum Commune ℥*xij*. Venice Turpentine ℥ *ſs*. Yolk of one Egg, Syrup of Violets ℥ *iſs*. Diaphenicon ℥ *j*. Mix and make a Clyster. It is admirably good against the Pain of the Stone.

Salmon.]. § It is an excellent thing against the Cholick and Wind in the Bowels, but the chief design or intention of it is against the Stone and Gravel, whether in the Reins or Bladder, for the easing of the Pains thereof, it is truly a Specifick.

Taken from Pharmacopœia Bateana or Bates Diſpenſatory, 1693. Fifth Edition of 1720. This book has been lent to us most generously by Mr. G.J. Hendra of Truro.

The Well of Saint Kayne

Next, I will relate you another of the *Cornish* natural wonders, viz. S *Kaynes* well: but lest you make a worder first at the Saint, before you take notice of the well, you must understand, that this was not *Kayne* the man-queller, but one of a gentler spirit, and milder sex, to wit a woman. He who caused the spring to be pictured added this rime for an exposition:

In name, in shape, in quality,
    The well is very quaint;
The name to lot of Kayne befell,
    No ower holy saint.
The shape ~ four trees of divers kinds,
    Withy, oke, elme and ash,

Make with their roots an arched roofe,
    Whose floore this spring doth wash.
The quality ~ that man or wife,
    Whose chance or choice attaines,
First of the sacred stream to drinke,
    Thereby the mastry gaines.

Taken from 'The Survey of Cornwall',
Written by Richard Carew of Antonie,
in the Year of our Lord, ~ 1602.

Editor: '*The Well of St. Keyne, near the parish of St. Neot, is arched over with the robes of four kinds of trees; withy, oak, elm and ash. The reported virtue of the water is that whether husband or wife come first to drink thereof, they get the mastery thereby'. There is a story that a newly wed husband, immediately following the marriage service, left his wife at the Church and rushed straightway to drink of the waters. Unfortunately for the husband, the wife had taken the precaution of bringing with her to Church before the wedding, a bottle of the waters. She drank thereof first, and from that day forward, all was lost for the hapless husband.*

Miscellaneous Receipts

German Balls

Take Bee wax one ounce, Allum the Quantity of a Small Walnut, two Knifes pointfull of Mastick, half a Spoonfull Oyl, and Lamp~black as much as you may think it will make it black enough. Boyl these together in a Tin Saucepan and when it is all melted stir it up together and pour it into a Bason of Water: Then take it out of the water and roll it up into Balls. Beat the Allum well and put it not in till it boyles.

Basset Papers of Tehidy. R.I.C.

Testicles of a Horse prepared
(Testes Equi praparati)

Bate.].

They are taken from a living Horse, cut in Pieces and washed with White~wine, speedily dryed, and reduced into Pouder. Dose ʒ*j*. at a time twice a Day, against the Epilepsie, Stone, Pain in the Yard, pissing of purulent Matter, Cholick, Fits of the Mother, Barenness in Women, dead Child, difficult Labour, Suppression of the Loaches. *&c.*

Salmon.]. § It is singular good against Convulsions, Vapours, Wind, and other Distempers of the Bowels given in Juniper~water.

This remedy & the following remedy for Gunshot Wounds are Taken from Pharmacopœia Bateana or Bates Difpenfatory of 1693 ~ Fifth Edition of 1720. This book has been lent to us most generously by Mr. G.J. Hendra of Truro.

A Balsam for Gun~shot Wounds

Bate.].

℞ Oyles of Linseeds and Turpentine. A. ℔*j*. Verdigrise ℥ *fs*. ⊕ boil them a little, S.A. Lay it on with Lint, (the Part being anointed with it) and then a proper sticking Plaister. It is used against Gunshot Wounds, and old Ulcers, for which purposes it has no Equal.

Spirit of Benjamin

To a pint of Spirit of wine put ℥ *ij* of benjamin, ℥*i* of Storax, infuse yem in a glasse bottle in a skillet of warm water for *48* hours.

Pendarves of Pendarves. C.R.O. No. PD 324.

General Medical Practice in Cornwall

(DURING THE EARLY DAYS OF THE HEALTH SERVICE)

A Retired G.P. Reminisces:

On a sunny evening in late spring, my co-editor and I spent a pleasant couple of hours over a few glasses of sherry with a retired General Practitioner from the Redruth area. We listened with interest to reminiscences of rural medical practice in Cornwall in the early days of the National Health Service. In those days general practice was far less specialised and probably far more interesting in consequence for the practitioner, than is the case today. His experiences as an Army Surgeon during the war and later in 1950 as Senior Surgeon Registrar at the Royal Cornwall Infirmary provided practical surgical experience which was of enormous benefit to a General Practitioner and which possibly saved patients requiring minor surgery from lengthy delays and referrals.

These were the days when a G.P. attending a patient in the night watches might chance upon not only the delights of foxes and badgers framed in the car headlamps on a country lane, but also mysterious lorries said to be carrying illegal consignments up country of black-market meat. The hides of the carcasses were quite often thrown down the nearest mineshaft!. This was not the only thing which ended up down mineshafts. He remembers complaints being made against one of his patients by a local mine manager. This was before the days of the flushing lavatory, and the patient jettisoned on a daily basis the contents of the outside privy into that which he took to be one such shaft. Unfortunately it was the air vent to South Crofty Mine! The Editor heard also of caches of jet engines and even American jeeps which ended up at the bottom of mine shafts, so worried were people at one point during the war as to the possibility of a German invasion.

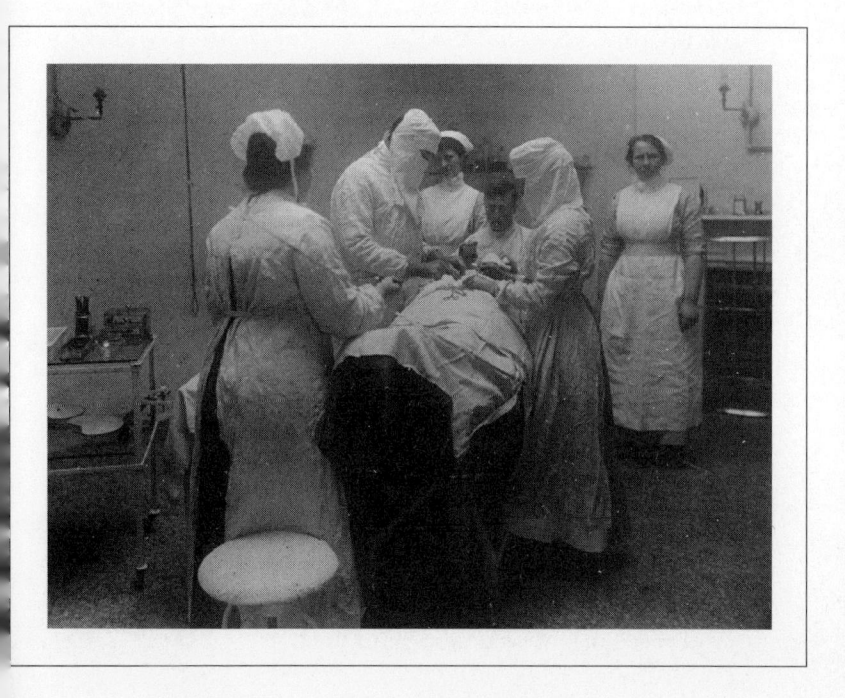

Operating Theatre at the Royal Cornwall Infirmary, about 1920.

Mining in Cornwall is intrinsically linked with Arsenic and there is a case of arsenical poisoning within this book. *[See page 125.]* The arsenic content of water sources in certain areas of this County, and particularly in and around St. Day, is relatively high. The Editor was told by another source that the Americans, who were encamped at United Downs during the war, insisted that all their drinking water was imported. Arsenic also is maintained in the food chain and can affect crop growth. The Editor also discovered only last week that the suspected reason for his inability to grow certain root crop vegetables during particularly wet years is probably directly due to the water-table being contaminated by arsenic. This mineral leaches from the water within the leat[1] flowing near his kitchen garden which is fed by an adit[2] from Tresavean Mine near Treviskey. The presence of arsenic may be detected within nail clippings and human hair. Our 'Retired G.P.' used his local knowledge to diplomatic advantage in preventing that which may have been the deliberate poisoning of an elderly male patient by the patient's much younger wife. He suggested to the wife that the symptoms presented by her husband were those of arsenical poisoning. He further suggested that it was probable that the patient's house water supply was to blame, as it may have become contaminated by the local mine out-flow. The wife was advised also that if the patient refrained from drinking from his own well-water, he would then see if an improvement occurred, thereby preventing the need for *stringent* medical investigations. The patient's wife heeded the warning and the patient made a *miraculous* recovery!

Pennance Mine, Carn Marth, known as Wheal Bloody Nose.

The ways of superstition are mysterious and wonderful to behold! At one time during his career, our retired G.P. held the post of Medical Officer to a local factory. The Manager of the factory in question reported to our friend that his son was suffering from a severe case of warts, on his hands. The Medical Officer advised: "Tell your son to count up the warts and then to find an ivy-leaf. Your son must then prick the ivy-leaf with a pin, exactly the same number of times, and the warts will vanish." Scepticism reigned supreme! The Manager reported to his wife that "Dr.-------- ought to be ashamed of

(1) Leat = Stream.
(2) Adit = Culvert or water course into which waste water is pumped in the process of draining and maintaining dry, a mine.

himself for talking such ignorant nonsense!" The boy however overheard the suggested remedy, did that which was advised and the warts were cured!

Up until the late 1950's, life lived west of the Tamar was rich in many respects. One aspect of this bounty resulted in considerable quantities of gall bladder surgery in Cornwall - a situation to which a direct contribution was made by the high fat content in foods such as Cornish Clotted Cream. *[Editor: Having said that, my Cornish Grandmother, Irene Tredinnick, who lived on Clotted Cream and the fat of the land in good measure, survived until the grand old age of 101 and a half.]* Clotted Cream was a commodity often proffered to the doctor when upon his rounds, where a pancheon of cream could be found in many a Cornish dairy.

The 1950's were also the swan~song years for the home remedy. Upon visiting one old man with a bad chest, the stethoscope was duly applied, and it stuck fast ~ in goose grease. This was an old fashioned remedy in regular use, but probably not particularly efficacious against the pleurisy diagnosed! Had goose grease been the only remedy administered, the patient may have ended up at Tehidy* (the home of the Basset family for many generations and from whom came many of the ancient remedies within this book.) Tehidy became a sanitorium and later the Chest Hospital. It is now depressingly derelict.

*[Ed.: See 'Basset of Tehidy', page 104].

In Redruth was the miner's Hospital and one of the most common diseases with which the tin miner was afflicted was that of Silicosis tuberculosis ~ Phthysis. Life expectancy was not as it is today and child mortality was a common occurrence right up to the end of the Victorian era from such diseases as measles; scarlet fever; whooping cough and diphtheria. Before the days of milk pasteurisation Bovine Tuberculosis was very prevalent and the surgical removal of T.B. glands was a regularly performed operation on children. Pulmonary T.B. was a highly infectious disease passed on in infected sputum. (The more ancient of us will remember the slogan prominently displayed on buses and the Underground - "No Spitting"!) T.B. was also a disease for which incarceration within an isolation hospital was a regular necessity. *[Editor: It is possible that I am only writing this* ☛ 122.

PLATE 6.

Fig. 110. Mr. James's machine, which is an improvement upon one invented some years ago by Mr. White of Manchester for retaining fractured thighs or bones of the leg in their natural situation.

Fig. 111. The common collar used in distortions of the spine.

Fig. 112. Stays recommended by Mr. Jones for distortion of the spine.

Fig. 113. An apparatus for a distortion of the leg.

Fig. 114. An apparatus for a distorted leg, where the sole is turned much out of its natural direction.

Fig. 115. Shoes which have been used with advantage in cases of club-feet.

Fig. 116. An amputating knife.

Fig. 117. Retractor of cloth or leather, used in amputating the larger extremities.

Fig. 118. Iron retractors recommended by Dr. Munro in amputation of the larger extremities.

Fig. 119. The amputating saw now most generally used.

Fig. 120. Pincers for nipping off any points of bone which may remain after the saw has been used.

Fig. 121. A catline used in an amputation of the leg.

Fig. 122. A spring saw employed in amputating the fingers.

Fig. 123. An instrument invented by Mr. Moore of London for compressing the nerves, and thereby diminishing pain in performing various operations upon the extremities.

Fig. 124. An apparatus invented by the late Dr. Munro for the cure of a rupture of the tendo Achillis.

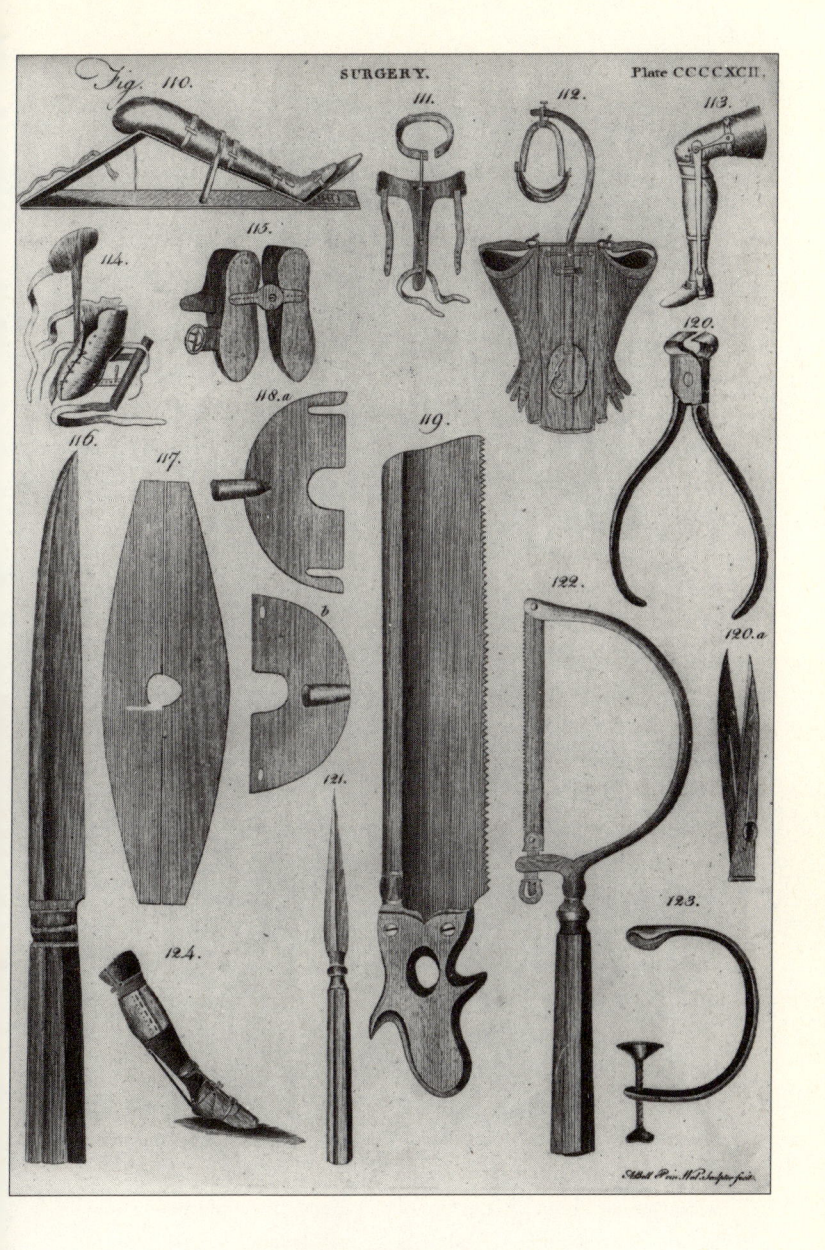

Surgical Instruments

taken from a copper-plate engraving within the
Encyclopædia Britannica of 1797.

today due to the fact that my paternal Grandmother, who contracted T.B., was removed to one such isolation hospital and thereby was prevented from travelling on the maiden voyage of the Titanic with her small son, my father. It will be seen that that, ultimately, led to a great boon for society!]. After about 1935, Pneumonia was treated with the sulphonamide manufactured by May and Baker and known as M & B 693.

Without doubt one of the greatest advances in medical science was the discovery by Fleming of Penicillin. *[Editor: Without wishing to bore our readers, again the editor is here only by another happy occurrence ~ for me! My father, gravely ill in the early 1940's with meningitis, survived only because my Grandfather, who was a consultant, was offered experimental treatment using penicillin on behalf of his patient from a Mr. Sweet, who was an American professor. Mr. Sweet came over to England with his own contingent of nurses to experiment on medically selected patients with a possible chance of recovery].* Penicillin did not become available generally until after the war, save for use within the Forces and our G.P. informs me that it had to be reserved for the British casualties at the front before being administered on the German wounded. Although this discovery was a turning point in modern medicine, it is astonishing to realise the extent of knowledge possessed by our ancestors ~ which was enormous. This is evidenced by the extracts and accompanying engravings from The Encyclopædia Britannica of 1797 and reproduced within this book. Modern medicine is undoubtedly a far cry from the services offered by Samuel Gee, chemist, of Penryn Street, Redruth. Without anaesthetics, (save probably for a bottle of whisky if one was not a Methodist), Mr. Gee pulled teeth for 1/6 each!

Before the introduction of the National Health Service in 1948 instigated by Beveridge, dentistry, like medicine, was largely a perquisite of the richer members of society. This is a situation sadly, which is again occurring with regard to dentistry today. For those who were unable to pay the fees of private dentistry (always charged in Guineas), the home remedy was often their only recourse for relief of pain. Any reader who has suffered from the pain of an abscess under a tooth, with its associated referred pain throughout jaw and head, will know that it is one of the most unpleasant maladies which can afflict mankind! Although the Editor has first hand knowledge of the dental abscess, it has to be said that he has never yet been tempted to try the remedies within this book described 'For the Scurvy of ye Gums' or 'For Loose Teeth'! However, he has like millions of others, received marginal benefits from the old home 'stop-gap' contained within a bottle of Oil of Cloves. And talking of 'stop-gaps', why not try: *'Mr. Howard's White Succedaneum for Stopping Decayed Teeth, as patronised by Her Majesty The Queen* (Queen Victoria), *His Royal Highness Prince Albert, and Her Royal Highness the Duchess of Kent and all the Nobility. Price 2s.6d., sold in sealed packets, and purchasable from Hamilton D. Martin, Chemist of Truro and all respectable Chemists and Medical Vendors in the Kingdom.'* This must have been all the rage in 1853.

Mental illness was and still is part of the General Practitioner's life ~ professionally speaking! Our G.P. remembers being summoned in the middle of a winter's night by the neighbour of a man who was threatening to finish off his wife with the contents of a double~barrelled shot gun. The police sergeant was also summoned, and, witness their astonishment when upon arriving on the scene they discovered the wife in question banished to the garden and dancing in thick snow. She was completely naked, save for a pair of high heeled shoes! Both husband and wife were sent away to Bodmin for treatment!

Perhaps the best indication of the tempo of life for the Cornish G.P. in the early days of this Century is the story told of a doctor in St. Agnes. This gentleman is reputed to have been a keen deep~sea fisherman. In the unfortunate and inconsiderate event of the illness of one of his patients, when the doctor was on the high seas with line in hand, these were his orders: he could be summoned from the sea by a maroon! We trust that they were none of them so selfish as to die in the meantime, thereby negating unnecessarily, the chance of a health~giving supper for the hard~working doctor. Surely a case of 'rejoicing with us, but upon another shore'!

K.F.A.

THE LOGAN OR ROCKING STONE.

"Beyond yon huge
And unhewn sphere of living adamant,
Which, pois'd by magic, rests its central weight
On yonder pointed rock, firm as it seems,
Such is its strange and virtuous property,
It moves obsequious to the gentlest touch."

(Taken from Stockdale's 'Excursions in Cornwall' ~ 1824.)

Arsenic Pasty

Royal Cornwall Gazette

Friday, 26th. August, 1853.

WILFUL MURDER ~ In consequence of certain unfavorable reports as to the cause of death of a child of a miner named Pellow, residing at Harrowbarrow, Calstock, which had been buried about a fortnight, the body was exhumed and an inquest held by E. Gilbert Hamley Esq., the deputy~coroner, which was adjourned to the following Tuesday in order that the contents of the stomach might be analysed, and which, on examination, contained arsenic sufficient to poison three people.

A verdict of wilful murder was returned against the child's mother, and also against a man named Tregay, whom it appears procured the arsenic for her, and with whom she eloped after the child's death. It appears that she attempted to kill her husband a little while before, by putting poison in a pasty which she prepared for him, and which he took with him to the mine where he went to work, but after eating some of it he became sick, and after drinking some warm salt and water, vomited it up again. A dog having eaten the remainder, died almost immediately.

A warrant was issued by the coroner for the apprehension of Tregay and the woman Pellow. On Wednesday night they were apprehended in bed together at St. Austell.

It is rumoured that this is the third instance in which Tregay has eloped with another man's wife.

[The newspaper containing the above report is held in the library of the R. I.C.]

Mitigating Circumstances?

CRANIOLOGY Of Propenſities.

"*I. The Organ of Amativeness,* or phyſical love is the moſt important. Nature has accordingly made the whole of the cerebellum or little brain the ſeat of this propenſity. And the relative ſtrength of the paſſion varies directly as the ſize of the cerebellum. We judge of it on the outside by the size of the ſkull. This organ gives the propenſity to erotic feelings, and excites the organs of generation to the performance of their ultimate functions in coition.

VI. The Organ of Deſtructiveneſs above the ears, gives the diſpoſition to kill or to destroy in general. It has been found much developed in wanton murderers."

Taken from Encyclopædia Perthensis or Universal Dictionary of the Arts, Sciences, Literature, &c. Printed by John Brown, Edinburgh for the Proprietors, and sold in all the Booksellers in the United Kingdom, 1816.

Miscellaneous Remedies

Fat Person to Make Lean

Lett the pty make his breakfast and suppers of watergruell for a month or two, made only of the leaves of mallow boyl'd in water, and thickned with a little oatmeal; This diuretick gruel will diminish the supfluous fatness.

If only to prevent the increase of fatness, then a week now and then will be Sufficient, and purging once a week wth Nendick's popular pills.

Lean Person to Grow Fat

First lett the party purge two or three times wth Nendick's popular pills; let him indulge ease, sleep and appetite, by drinking what is Sweet and Strong, as Ale, Mum, Malaga, Lent, Sack, Candies, new Eggs, broths, gellies etc.; not to rise for a few dayes, only to have the bed made, to eat and drink his fill, and often in bed or in a very gentle bath, and the fflesh will plump.

These two remedies … from the … and 18th Century Receipts … the Pend… Pendarves papers. … remedies … written n… them 'All… Mercury', are clearl… taken fro… publicatio… C.R.O. P…

An Electuary to Cause Chastity

Bate.].
Seeds of Agnus Castus, Henbane, a. ʒ *j* Camphire ʒ *ij*.
Liquorice ℈ *iv* mix, and make a Powder, add thereto Conserve of Water~lilly~Flowers ℥ *iij*. Syrup of Waterlillies, *q. f.* mix and make an Electuary.
Dose, ʒ*ij*. or *iij*. twice a day, drinking after it chalybated Whey; anointing also in the mean while the Reins *[Ed: Reins used here, means the Loins]* and Testicles with Oyl of Henbane~seed by Expression.
Salmon.]. § There is nothing upon Earth induces Chastity like Opium, and Preparations from Saturn, and therefore if you would make it effectual to all Intentions, you ought to add to the Composition, Saccharum Saturni ℈ iv. Opium in Powder ℈ ij. And then you give it ʒ ifs. ad ʒ iij. but it ought only to be given at Night going to Bed.

Taken fro… Pharmaco… Bateana … Difpenfat… 1693. F… Edition of 1720. … book has … lent to us generousl… Mr. G.J. … of Truro.

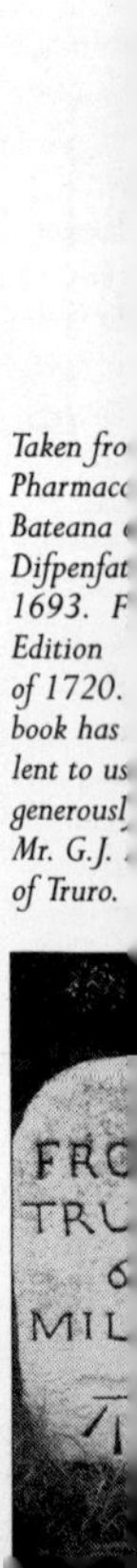

The Last & First Book From Tredinnick Press

Available from good book shops or direct from the Publishers.

CORNISH RECIPES:
(from the 17th. Century to 1945)
Fascinating Historical Fare
Delicious Country Cooking
Sauces & Preserves
How to Make Clotted Cream
The Genuine Cornish Pasty
Wartime Recipes

AN UNUSUAL BOOK:
Contrasting the Diet of Gentry & Working Cornishmen

ARTICLES ON:
The Story of Saffron
Fish, Foods, Famines & Fables
Game - Hanging Times,
Preparation & Cooking
The Quarry List & Seasons
Drink - A Cautionary Tale
Helston Flora
Swan - The Bird Royal
Puddings & Cakes
Assize Court
Bill of Fare •1605

PHOTOGRAPHS:
Historical Cornwall
Archive Pictures
Especially Commissioned
The Cornish Range
Old Fashioned
Cooking Apparatus
Cornwall in the Snow - 1994

OLD ENGRAVINGS:
Old St. Mary's Parish Church,
(Now Incorporated in Truro Cathedral)
Boscawen St., Truro
Bewick Birds

POETRY BY:
Zofia Ilinska & A. L. Rowse

THE IDEAL GIFT:
For Birthdays • For Christmas
To Take Home from Cornwall
As Presents for the Family
For Ex-Patriate Cornishmen

'Fascinating Book offers a Taste of Cornwall' ~
West Briton, 28th. July 1994.

'Find the Taste of Cornwall in this Book' ~
The Cornishman, 30th. June 1994.

DESCRIPTION IN THE CORNISH DIALECT OF:
How to Cook in a Cloam Oven
Cooking with Crock & Brandis
Using the Flat Ire & Baker

CORNWA

Re-drawn from a 17th Century Map.